U0878865

国家科学技术学术著作出版基金资助出版

# 智能车辆主动安全与控制技术

陈无畏　汪洪波　谈东奎　焦　俊　著

科学出版社
北　京

## 内 容 简 介

本书总结了合肥工业大学车辆系统动力学与控制研究所多年来在智能车辆主动安全与集成控制技术方面所取得的经验和部分研究成果，并结合智能车辆当前的发展状况，阐述了智能车辆的体系结构、基于机器视觉的智能车辆导航、智能车辆的跟踪控制、智能车辆的运动稳定性与控制、智能车辆的悬架系统模型降阶与控制、智能车辆技术展望等方面的研究内容。本书内容翔实、全面，理论与实践并重，既有理论水平和学术价值，对工程实践也有指导意义。

本书可供车辆工程、机械工程、计算机科学与技术、控制科学与工程、仪器科学与技术等学科的研究人员、工程技术人员、教师参考，也适合对智能车辆感兴趣的各类人员阅读，同时可以作为上述专业研究生、高年级本科生的参考书。

**图书在版编目(CIP)数据**

智能车辆主动安全与控制技术/陈无畏等著. —北京：科学出版社，2018.7
ISBN 978-7-03-058056-6

Ⅰ.①智… Ⅱ.①陈… Ⅲ.①智能控制-汽车-安全控制技术 Ⅳ.①U46

中国版本图书馆 CIP 数据核字(2018)第 132787 号

责任编辑：裴 育 赵微微 / 责任校对：张小霞
责任印制：吴兆东 / 封面设计：陈 敬

科学出版社 出版
北京东黄城根北街 16 号
邮政编码：100717
http://www.sciencep.com
北京凌奇印刷有限责任公司 印刷
科学出版社发行 各地新华书店经销
*
2018 年 7 月第 一 版 开本：720×1000 B5
2022 年 4 月第四次印刷 印张：22
字数：428 000
**定价：150.00 元**
(如有印装质量问题，我社负责调换)

# 前　言

智能车辆是计算机科学与技术、控制科学与工程、机械工程、通信工程、电子信息科学与技术、仪器仪表技术与传感器、力学、数学等领域高新技术综合应用的载体，是一个集环境感知、规划决策、自动驾驶、多等级辅助驾驶等功能于一体的综合性系统。

智能车辆通过车载传感器设备，如视觉传感器、超声波传感器、速度传感器和车载雷达等，感知周围道路、障碍物的信息和车辆自身位姿，通过计算机信息处理软件，结合智能车辆储存的历史信息，利用人工智能理论，自主分析和推理，规划出智能车辆的行驶路径。其主要执行功能包括：准确地沿着规定标线行驶并保持正确的姿态；在网络环境下，利用计算机技术、信息技术和控制技术向智能车辆发出指令，使智能车辆依靠自身能力和控制系统，安全、可靠地实现自主驾驶或辅助驾驶，完成特定的任务。

显然，智能车辆包含了辅助驾驶、主动安全、自主无人驾驶等多个方面。智能车辆在发展过程中逐渐实现了从辅助驾驶、主动安全到自主无人驾驶的目标，即具有单一功能的智能化、复合功能的智能化、有限条件的无人驾驶和全工况下的无人驾驶。

本书以智能车辆的主动安全与控制技术为核心，主要包括智能车辆的体系结构、环境感知与传感器信息融合技术、智能车辆路径规划与跟踪控制、智能车辆动力学系统的模型降阶与悬架控制技术、智能车辆的运动稳定性与控制技术等。

本书的研究成果得到了国家自然科学基金面上项目“基于功能分配的汽车底盘一体化集成控制方法和关键技术研究”(51075112)、“车辆横向运动中的人机共享控制方法与关键技术研究”(51375131)、“汽车横向辅助驾驶系统深度感知与人机协同控制研究”(51675151)，国家自然科学基金联合基金项目(重点支持项目)“智能汽车多状态系统动力学行为建模与协同控制研究”(U1564201)，以及安徽省科技重大专项“智能电动多用途乘用车研发”(17030901060)等的大力资助。书中部分内容涉及合肥工业大学李进、焦俊、汪明磊、王家恩、汪洪波、杨柳青、张荣芸、谈东奎等的博士学位论文的研究成果，并得到了课题组全体老师的大力支持，在此表示衷心感谢。

本书由合肥工业大学陈无畏教授、汪洪波副教授、谈东奎博士和安徽农业大学焦俊教授撰写，全书由陈无畏教授统稿。本书在撰写过程中引用了一些国内外期刊、文献资料，用以充实书中内容，在此向有关参考文献的作者表示感谢。

由于作者水平有限，书中难免存在不妥之处，恳请读者批评指正。

作　者

2017年8月于合肥

# 目　录

# 第 1 章　绪　　论

## 1.1　概　　述

自 1886 年汽车问世以来，汽车工业经历了 100 多年的快速发展。汽车自身也从最初的代步和运输工具，成为人们生活和人类文明的一部分。汽车的技术发展水平及其普及程度，是衡量一个国家或地区社会物质生活发展水平及现代化程度的重要标志。伴随着科学技术的突飞猛进和经济社会的迅猛发展，人们生活水平逐步提高，汽车也逐渐走入广大普通百姓家庭，极大地方便人们的出行和生活。近年来，汽车的产销量和保有量呈现出逐年增加的趋势。据统计，截至 2016 年 6 月底，全国机动车辆保有量达 2.85 亿辆，其中汽车 1.84 亿辆；机动车驾驶员达 3.42 亿人，其中汽车驾驶员 2.96 亿人。预计到 2025 年，全球在用车数量将超过 14 亿辆。随着汽车的普及和保有量的日益增长，在享受汽车给我们的出行和生活带来便利的同时，它也给社会的发展带来了道路交通安全、交通拥挤、环境污染、能源浪费等方面的问题，所造成的各类损失难以计算。日益频繁的交通堵塞和交通事故，严重影响了人们的日常生活和工作效率，甚至危害到人们的生命安全。大量汽车排放的尾气会加剧温室效应，污染环境，进而损害人们的身体健康。因此，发展安全、环保、节能、智能化的汽车成为当今汽车的发展趋势。尤其是随着公路路网的发展以及汽车行驶速度的提高，交通事故的发生呈逐渐上升趋势。统计资料表明，90%以上的交通事故都是由人为因素造成的，驾驶员不严格遵守交通规则、反应不及时以及错误操作是发生道路交通事故的主要原因，而这些也往往会带来交通堵塞。

如何利用各种先进技术有效地改进汽车的安全性能、提高环保与节能性能、减少道路交通事故、提高交通系统效率，已经成为各国政府和研究机构共同关注的社会问题和科学技术发展所面临的重要课题之一。为解决上述问题，世界各地已经投入大量的人力、物力开展智能交通系统（intelligent transportation system，ITS）的研究。智能交通的概念最早由美国智能交通学会提出，并在世界各国大力推广。智能交通系统的核心理念是从系统的观点出发，将道路系统和汽车系统综合起来考虑以解决相关交通问题，也就是将先进的信息技术、通信技术、自动控制技术、计算机处理技术以及人工智能等有效地综合运用于交通管理体系和汽车系统而建立起来的一种大范围、实时、高效、准确的先进运输系统，其主要目的是提高道路交通安全性、减少交通事故、提升交通系统的通行能力和效率、节约能源等。智能交通现已走过了 20 多年，当前的环境和技术都发生了巨大变化，智能交通的语境也发生了变化。现在的智能交通系统在基于移动互联、大数据的情况下，提出了新的技术要求，包括车辆管理系统、交通管理系统、人员管理系统、协同智能交通系统等。当前交通领域的一些研究和发展的热点，如城市交通安全、节能减排、基于移动互联下的智能交通系统等科技创新，都对汽车产生了重大的变化。当前，辅助驾驶员驾驶汽车或替代驾驶员自动驾驶汽车的系统，即常称的智能车辆(intelligent vehicle，IV)，已成为智能交通系统的一个重要组成部分。智能车辆可以通过先进的车载传感系统、信息处理与决策系统以及执行系统等对驾驶员、道路环境、车辆自身状态等进行实时监控，部分或者完全代替驾驶员完成驾驶操作，从而减轻驾驶员的劳动强度，提高交通安全性及通行效率、节约能源等。

在发展用于智能交通领域的智能车辆的同时，各国也都在大力发展用于工业生产、军事及航天探测等方面的自动引导车和无人驾驶车辆。综上所述，智能车辆的研究在提高道路交通安全和道路通行能力、工业生产、军事以及航天探测方面具有重大意义。

智能车辆是一个集环境信息感知、智能规划决策、辅助驾驶及自主驾驶等多种功能于一体的综合系统，它集中运用了计算机科学、现代传感、信号处理、人工智能、通信及自动控制等技术。典型的智能车辆组成结构及控制框图如图 1-1 所示。

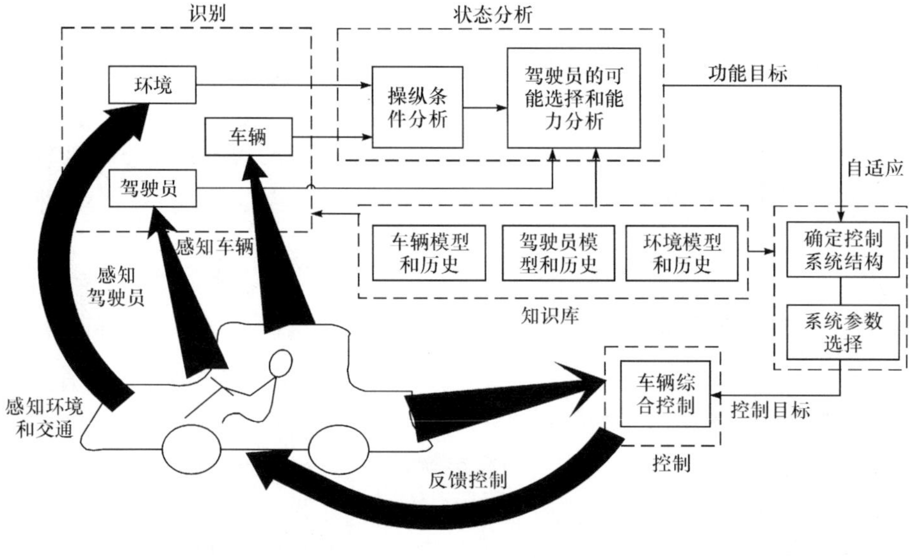


图 1-1　典型的智能车辆组成结构及控制框图

研究开发智能车辆技术有助于减轻驾驶员的劳动强度、提高其行驶安全性、减少道路交通事故和提高交通系统通行效率。随着科技进步和经济发展,机动车保有量的迅速增加,非专业驾驶员的增多,道路交通事故的发生更加频繁,已经严重影响人们的出行和生命财产安全。驾驶员注意力不集中是导致交通事故频发的重要原因,而智能车辆可以利用各种先进技术,在危险发生前,提醒驾驶员做出必要的回避动作或者在紧急状况下,如驾驶员无法做出反应时,自主控制车辆完成规避危险任务,从而避免交通事故的发生。例如,车道偏离报警及自动校正系统、自适应巡航系统、避障路径规划与控制系统、自动跟随驾驶系统、自动泊车系统都可以大大减轻驾驶员的劳动强度和疲劳程度,提高驾驶舒适性。发展智能车辆还可以优化使用交通设施、提高机动性、缩短旅行时间和减小能源消耗等,提高道路交通运输效率。

智能车辆技术不仅在智能交通、辅助驾驶等方面有着广泛的应用前景。在工业上,可以应用在自动仓库、港口、码头、车间等物流作业部门的自动引导车上,提高货物搬运效率,降低生产成本;同时它还可以用在人类无法工作的环境中代替人类完成恶劣、有毒环境下货物的搬运、设备的检测等任务,从而避免某些有害物质对人体造成的伤害。在军事上,智能车辆可以按设计者意图在战场上自动行驶,代替人类完成巡逻、侦察、排雷及对有毒物品的采样,迅速准确地搜集相关信息,从而提高军事任务执行的效率,有效地避免军事人员伤亡;在智能武器系统的开发上,智能车辆可作为其安装平台,能够实现自动搜索和攻击目标,提高攻击力和安全性。可见,智能车辆在军事领域也有着重要的意义。在航空航天科学研究方面,空间自主移动机器人是其中重要的组成部分。因此,智能车辆还可用在外星球探索和勘探上,对人类探测外星球、开发和利用外星球起到巨大的推动作用。

智能车辆一般具备三个特点:①对周围环境进行准确感知;②进行智能化的路径规划;③拥有辅助驾驶功能。智能车辆是典型的高新技术集合体。作为一个新型的交叉学科领域,智能车辆技术的研究涉及机械制造、信息感知、人工智能、自动控制、电子及通信技术等多个学科的理论与技术,集成了所涉及学科研究的最新成果,其发展必将推动相关学科和技术的迅猛发展。

综上所述,智能车辆在工业、军事、民用、科学等领域都具有广阔的发展空间和应用前景,国内外众多的科研院所、企业,正投入大量的人力、物力开展智能车辆中关键技术的研发。因此,研究开发智能车辆技术具有重要的科学理论意义和实际应用价值。

## 1.2 智能车辆的发展现状

人类社会的不断进步、相关科学技术的快速发展以及来自人们对工业生产自动化、交通运输安全和军事方面的迫切需求，有力地促进与推动了智能车辆的产生与发展。1954 年，美国 Barret Electronics 公司研制出了第一台自动引导车系统(automated guided vehicle system，AGVS)，它是一个运行在固定线路上的自动运输平台，具有无人驾驶车辆的基本特征，宣示着智能车辆的诞生。到目前为止，智能车辆经历多个发展阶段，取得了相当丰富的成果。纵观国内外智能车辆的发展，对其研究过程大体可分为四个阶段[1]：1950～1970 年为智能车辆研究的萌芽阶段；1970～1990 年为智能车辆研究的起步阶段；1990～2000 年为智能车辆技术的大发展阶段；2000 年至今为智能车辆技术实用化的快速推进阶段。

在智能车辆研究的萌芽阶段，研究者采用电缆或磁诱导方式来实现车辆的自动控制。此时的自动驾驶系统主要是依据铺设在道路上的制导电缆或磁诱导设备信息来对其进行横向行驶控制，从而实现车辆在预定车道内自动行驶。由于研究场所多为室内环境，其应用存在一定的局限性。除了 Barret Electronics 公司外，美国的 RCA(美国无线电公司)、GM(通用汽车)公司、OSU(俄亥俄州立大学)，英国道路交通研究所，德国西门子公司以及日本机械技术研究所等机构也都开展过相关方面的研究[2,3]。

在智能车辆研究的起步阶段，随着计算机及机器视觉技术的发展，智能车辆研究的焦点是基于计算机视觉引导的智能车辆系统，其研究应用场所也由室内逐渐转到户外。日本机械技术研究所在 1978 年进行了世界上首次基于机器视觉的自主车辆驾驶系统道路实验，速度达 30km/h。20 世纪 80 年代末期，日产汽车公司与富士通株式会社联合开发了 PVS(personal vehicle system)自动驾驶车辆，它具有主动避开静止障碍物及夜间、雨天等恶劣天气条件下自动驾驶的功能。美国马里兰大学等研制了 ALV(autonomous land vehicle)军用无人侦察越野车，美国卡内基梅隆大学(Carnegie Mellon University，CMU)研制了配备包括摄像头、激光和雷达等多种传感器的 Navlab 自主驾驶车。与此同时，德国慕尼黑联邦国防大学开发了基于视觉信息的 VaMoRs 自动驾驶车，其行驶速度达 90km/h。此外，自 20 世纪 80 年代开始，还有许多汽车企业、大学及相关研究所也对智能车辆系统及其相关技术开展了广泛而深入的研究，甚至开发出样车[4]。

在智能车辆技术的大发展阶段，世界主要发达国家都展开了相关研究。20 世纪 90 年代初期，智能交通系统概念的提出对智能车辆的研究起到了很大的推动作用，相关研究进入更为专业、系统的阶段。美国、日本、德国、法国、意大利等国家都高度重视并投入了大量的人力、物力用于智能车辆的研究，智能车辆技术也取得了突破性进展。

以美国加利福尼亚大学伯克利分校为中心，以 AVCSS(Advanced Vehicle Control and Safety Systems)为重点研究项目的车辆自动驾驶系统[5]是加利福尼亚州 ITS 项目中以增加道路容量、减小道路堵塞为目的的 PATH 项目的一部分，主要包括车辆横向控制和车距保持的车队列纵向行驶控制。美国国防部以军事应用(如危险地段军事侦察等)为目的先后研制了 DEMO I、DEMO II 和 DEMO III 系列军用智能车辆[6,7]。其中最先进的 DEMO III 智能车辆集成了多种子系统,包括 CCD(charge-coupled device)立体视觉系统、激光深度成像仪、全球定位系统(GPS)、惯性导航系统以及驾驶机器人驱动系统[7],该车辆可以在各种不利环境(如雨天、路面有污垢等)、各种光照条件(如白天、黑夜和阴影)下实现自主驾驶。日本由于交通问题突出,政府更加重视智能交通系统的发展。20 世纪 90 年代,日本运输省主导的 ASV(先进安全车辆)项目和通产省主导的 SSVS(Super Smart Vehicle System)项目都包含了自主驾驶系统的开发。从 1986 年开始,以欧洲汽车厂家为中心的 Prometheus 项目历时 8 年,其中的自动驾驶系统广泛采用了计算机视觉及雷达技术,研究了智能车辆自主导航和安全辅助驾驶,主要包括微处理器和通信方式等基础研究以及障碍物检测和防撞系统等应用研究。德国慕尼黑联邦国防大学(Universtitat der Bundestwehr Munchen,UBM)智能车辆研究组与德国奔驰(Benz)汽车公司合作,致力于自主导航车辆研究,先后研制成功 VaMoRs 和 VaMoRs-P 两种实验车。法国帕斯卡大学与法国雪铁龙汽车公司合作开发的 Peugeot 智能车辆在不同的路面状况下成功进行多次验证,证明了该车控制系统的有效性,最高车速达 130km/h[4]。美国斯坦福(Stanford)大学很早就开始研究智能车辆技术,并成立了人工智能实验室。其中 Sebastian Thrun 教授领导的科研团队一直致力于智能车的研究,并于 2005 年设计出了自主研发的智能车——史坦利号(Stanley),该车辆通过摄像头、雷达传感器等识别其他车辆,并根据卫星信息进行车辆导航,实现了车辆的自主驾驶。他们设计的智能车在第二届 Grand Challenge 大赛中夺冠,如图 1-2(a)所示。卡内基梅隆大学与美国通用汽车公司早在 2003 年就开始合作,并在无人驾驶技术方面取得了重大成果,他们自主研发的第一辆无人驾驶车“BOSS”于 2007 年问世,并获得了同年举行的城市挑战赛的冠军,如图 1-2(b)所示。

(a) Stanford Stanley

(b) CMU BOSS

图 1-2　斯坦福大学智能车(Stanley)和卡内基梅隆大学智能车(BOSS)

在智能车辆技术实用化的快速推进阶段，智能车辆技术的研究是以军方无人战争的迫切需求和全球汽车行业巨大的市场潜力为驱动和导向，在军事和民用领域都处于快速发展的高潮阶段。自 2002 年美国国防部高级研究计划局(Defense Advanced Research Projects Agency，DARPA)主持的 DEMO 计划完成以后，美国军方重点支持“未来战斗系统”(Future Combat System，FCS)计划。

2004 年和 2005 年，DARPA 组织了两次智能车辆越野挑战赛，在 2005 年举行的第二次挑战赛上，斯坦福大学的 Stanley 智能车以最短时间自主走完全程获得第一名，卡内基梅隆大学的 Highlander 和 Sandstorm 智能车分列二、三名。这些智能车辆都利用装备的激光雷达和视觉感知系统对前方环境进行分析和决策，自主行驶通过了含有高速公路、沙漠和涵洞等复杂的地形。2007 年该赛事的赛场转向了城市复杂环境(2007 Urban Challenge)，参赛车辆在一个模拟的城市环境中自主行驶 96km，自主判断交通状况，不断地进行决策控制，遵守交通规则并避开障碍物。卡内基梅隆大学的 BOSS 智能车历时 4 小时 16 分，完成了整个比赛行程，获得了冠军。此外，其他国家和地区也举办过类似的智能车挑战赛。2005 年，澳大利亚开展了名为 Smart Demo 的 ITS 领域赛事，用来验证近年来全球在车辆主动安全领域的最新技术进展。2006 年欧洲举办了第一届以军方为背景的 ELROB (European Land-Robot Trial)智能车挑战赛，共 20 个参赛队伍参与了比赛，全程穿越 240km 的沙漠。

同时，世界各大汽车厂商和科研机构也在积极推进智能车辆的市场化进展，逐渐把研究重点转向情况复杂的城市环境，展开了实用智能车辆及车辆辅助安全产品的研制。以色列的 Mobileye 公司开展了车辆视觉感知和集成技术的研究并取得了可喜的进展，已开发出实用产品，如基于视觉的车辆事前警告系统(advance warning system，AWS)。瑞典沃尔沃(Volvo)公司研究开发了新一代防撞技术，智能车 S60 城市安全系统(City Safety)，该车利用激光传感器来探测行驶前方道路中行人(图 1-3(a))和车辆(图 1-3(b))，最大程度协助驾驶员避免碰撞，减少损失。

(a) 行人探测　　(b) 车辆探测

图 1-3　沃尔沃智能车 S60 城市安全系统

2010 年上海世博会期间，意大利帕尔玛大学的无人驾驶电动车由意大利运抵上海，该智能车辆上搭载了最新科研成果，依靠车内高速计算机和传感系统可以让车辆在各种不同类型的交通、天气和道路状况下安全行驶,其中自主行驶系统所需能源由太阳能提供,如图 1-4(a)所示。Google 公司也于 2010 年推出无人驾驶车 Google Fleet1,并已经在加利福尼亚州的街道上成功实验行驶了超过 225000km,如图 1-4(b)所示。车载设备包括了雷达传感器、高分辨率摄像头等传感器,在车辆周围形成 360°视角,用以及时反映车辆周围的情况。Google 公司希望将来无人驾驶车辆正式面世并普及之后,有助于解决交通挤塞的问题,并减少交通意外。

(a) 帕尔玛大学无人驾驶车

(b) Google公司无人驾驶车

图 1-4 帕尔玛大学无人驾驶车和 Google 公司无人驾驶车

我国也于 20 世纪 80 年代末 90 年代初陆续开始了智能车辆相关技术的研究。在该领域开展相关研究工作的单位主要是一些大学和科研机构,具有代表性的有国防科技大学、清华大学、吉林大学、西安交通大学、重庆大学等。国防科技大学从 80 年代末期率先开始进行车辆的自动驾驶技术研究,并先后研制出基于视觉的 CITAVT 系列智能车辆。其中,CITAVT-IV 智能车于 2000 年 6 月在高速公路进行了全自动无人驾驶实验,测试最高速度达 75.6km/h,创下当时国内最高纪录。清华大学在国防科学技术工业委员会和 863 计划的资助下从 1988 年开始研究开发 THMR 系列智能车系统。该系列中 THMR-V 车体是由一辆七座厢式车改装并安装了方向、油门和刹车自动控制系统,车载传感系统主要用来完成道路模式识别以及远距离道路跟踪,控制体系采用基于模糊控制的局部路径规划及多层次"感知-动作"控制结构。经实验验证,该车具备在高速公路和一般道路上的自主驾驶功能,行驶过程中能够对周围环境进行监控,并且能够躲避障碍物,道路检测和跟踪的可靠性较高。吉林大学智能车辆课题组从 90 年代初开始,在智能车辆的体系结构、道路边界识别、车辆的路径跟踪及车体控制等方面取得了一定成果,部分研究成果已经通过测试并应用在工厂生产线上。重庆大学先后研制开发出 CQAC 系列视觉导航智能车辆。西安交通大学开发了基于 DSP(digital signal process)高速视频处理系统的 Springrobot 智能车,可实时完成道路检测、行人检测、车辆检测等。另外,国内的其他众多高校也在逐步加入智能车辆研究领域中并开发出相关智能车辆雏形,如湖南大学、北京理工大学等。

这一时期我国智能车辆技术研究也有了长足进步，研究方向由简单场景转向非结构化、复杂场景的应用环境以及实用化技术。2003 年国防科技大学和中国第一汽车集团公司合作研制的“红旗 CA7460”自主驾驶轿车在高速公路上实现了 130km/h 的自主驾驶速度，并具备了超车功能，标志着我国智能车辆技术达到了国际水平。2005 年，我国完成了由国内多家大学参与的第三代地面自主车 ATB-3 的研究，其核心内容是基于多传感器融合的全天候目标检测、识别、跟踪和自主导航技术等。吉林大学和上海交通大学分别研制了面向城市环境的智能车，并进行了公开演示。2005 年，上海交通大学启动与欧盟的合作项目 CyberC3 研究，旨在为未来的城市提供一种灵活、高效、安全、环保的新型公共交通工具；并研制出无人驾驶样车，于 2007 年在上海东方绿洲进行面向公众的大规模演示和游客体验。2015 年 9 月，配置有 2 个摄像头、4 部激光雷达、1 部毫米波雷达以及组合导航系统的宇通大型客车在全开放环境的郑开大道上由西向东安全行驶了 32.6km，最高速度为 68km/h，途经 26 个信号灯路口，完成了跟车行驶、自主换道、邻道超车、自动辨别红绿灯通行、定点停靠等实验科目，顺利到达测试终点。这是全球第一台无人驾驶大客车，在开放道路交通条件下，全程无人工干预首次成功运行。2015 年 12 月，百度公司宣布其自行研发的无人驾驶车在国内首次实现城市、环路及高速道路混合路况下的全自动驾驶，标志中国无人驾驶车的发展进入里程碑的新阶段。

为促进我国智能车辆技术交流和发展，2009～2016 年，国家自然科学基金委员会已经连续举办了八届“智能车未来挑战赛”(Intelligent Vehicle Future Challenge，IVFC)。比赛要求参赛智能车辆按照规定自主完成相关路线以及相关动作。其中，2009 年的冠军为湖南大学，2010 年的冠军由中国科学院合肥物质科学研究院先进制造技术研究所获得，国防科技大学摘取了 2011 年比赛的冠军，2013 年的冠军为北京理工大学，2012 年、2014 年、2015 年和 2016 年的冠军均为解放军军事交通学院，2016 年的高速道路比赛冠军由清华大学获得。

综观国内外智能车辆的发展和研究现状，智能车辆技术已经成为热门研究领域并呈现出高集成、高智能化和实用化的趋势。西方发达国家在智能车辆领域投入大量研究资源，取得了丰硕的研究成果，并研制出一系列自主车辆和安全辅助驾驶相关产品。从国内研究机构的研究现状来看，受各种条件的制约，我国智能车辆技术与国际先进水平相比仍有不小的差距，还需要深入开展有关研究。随着人工智能、控制技术和计算机技术的迅速发展，智能车辆的研究与应用呈现出美好的前景。目前自动泊车系统、智能巡航控制系统、车道保持系统、车辆队列行驶技术、主动防撞系统等技术已经开始在车辆系统中应用，不仅提高了车辆的智能化水平与安全性能，更带来了良好的社会效益和经济效益。

# 1.3 智能车辆的主动安全技术

## 1.3.1 智能车辆的几个发展阶段

随着汽车产业的快速发展,在不断完善被动安全系统的同时,逐渐发展和应用主动安全系统,尽量避免事故的发生,结合行人保护的概念和技术的引入,完善对行人的保护是当今车辆安全的发展趋势。过去,车辆安全设计主要考虑被动安全系统,如设置安全带、安全气囊、保险杠等;现在,车辆设计更多考虑的是主动安全,使其能够主动采取措施,避免事故的发生。例如,利用雷达技术和车载摄像技术开发各种自动避撞系统,利用近红外技术开发各种能监测驾驶员行为的安全系统、高性能的轮胎综合监测系统、自适应自动巡航控制系统、驾驶员身份识别系统、安全气囊和制动防抱死系统/驱动防滑系统(ABS/ASR)等。随着更加先进的智能型传感器、快速响应的执行器、高性能电控单元、先进的控制策略、计算机网络技术、雷达技术、新一代移动通信技术在车辆上的广泛应用,现代车辆正朝着更加智能化、自动化和信息化的机电一体化方向发展。智能车辆的安全设计要从整体上来考虑,不仅要在事故发生时尽量减少乘员受伤的概率,更重要的是要在轻松和舒适的驾驶条件下帮助驾驶员避免事故的发生。

智能车辆的最终目标是替代人,实现无人驾驶。一般来说,这需要经历以下几个阶段。

L1:驾驶员辅助装置,为无自动化阶段。辅助系统只提供预警功能,帮助驾驶员增强对环境和危险的感知能力,如行人检测、交通标志识别、盲点检测、前向防碰撞预警和车道偏离预警等。L2:单一功能自动化阶段。辅助系统开始介入加速、制动和转向中某一项控制,且这些功能是独立执行的。汽车仍然由驾驶员主导,辅助系统仅分担驾驶员的部分工作,如自适应巡航系统、自动紧急制动系统和车道偏离辅助系统等。L3:组合功能自动化阶段。辅助系统与驾驶员共享汽车的控制权,对汽车纵向和侧向运动进行集成控制。驾驶员可以部分放弃对汽车的控制,但需要随时观察周围情况,以便在系统退出时接管汽车。L4:有限度自动化阶段。在特定环境条件下,如汽车在高速公路上行驶时,驾驶员可以完全将汽车交给自动化系统操控。系统具有高度可靠性,驾驶员无须时刻关注道路交通状况,只需在系统请求下进行一些驾驶操作即可。L5:完全自动化阶段。此时,只要输入出发地和目的地,驾驶任务完全交给汽车自动控制系统。从L3进阶到L4是从高级辅助驾驶系统(advanced driver assistance systems,ADAS)到自动驾驶系统的跨越,但由于完全自动驾驶系统的安全性和有效性,需要经受大量的迭代测试和长期的应用挑战,因而目前大部分汽车企业正在进行的相关智能车辆技术研究和系统开发仍处于 L3 阶段。目前，欧盟成员国、美国和中国等国的新车评级机构，已经调整评分规则将更多的 ADAS 功能纳入评分体系。因此，与智能车辆 ADAS 有关的关键技术成为当前的研究热点。

ADAS 可利用安装于车上的各种传感器，在第一时间收集车内外的环境数据，进行静、动态物体的辨识、侦测与追踪等技术上的处理，从而能够让驾驶员在最短的时间内察觉可能发生的危险以引起注意，这是提高主动安全性的关键技术。ADAS 采用的传感器主要有摄像头、雷达、激光和超声波等，可以探测光、热、压力或其他用于监测车辆状态的变量，通常位于车辆的前后保险杠、侧视镜、驾驶杆内部或者挡风玻璃上。早期的 ADAS 技术主要以报警为主，当车辆检测到潜在危险时，会发出警报提醒驾驶员注意异常的车辆或道路情况。对于最新的 ADAS 技术来说，主动式干预也很常见，主要有自适应巡航控制系统、前/后向碰撞预警系统、前向防碰撞系统、车道保持系统、盲点监测、换道辅助、交通信号识别、智能车速控制、辅助/自动泊车系统、全景泊车辅助系统、驾驶员检测系统、车联网系统、夜视系统、车辆坡道辅助系统、车距控制辅助系统（智能踏板）、误踩踏板加速抑制系统、导航与实时交通系统等。

自动驾驶控制系统可根据车载传感器感知自身车辆状态和车外环境等信息，利用各种数据处理算法获得决策控制所需信息，并以此作为依据进行决策控制，同时根据当前行驶任务自主发出控制命令，控制车辆在没有驾驶员监督下完全自主、安全、有效地实现驾驶。这是智能车辆技术研究的最高目标，同时也是辅助驾驶集成控制发展的必然趋势。

### 1.3.2 自主导航关键技术

从控制理论的角度来看，智能车辆是一个集环境感知层、决策控制层和操作执行层于一体的综合控制系统。智能车辆是一个高度智能化的复杂系统，它综合运用了多种学科领域的多项技术实现其自主性、适应性和交互性。由于实际环境的动态复杂性及不确定性，智能车辆自主导航的研究主要包括环境信息感知、定位、自主规划与决策、传感器信息处理与融合、运动控制等方面的关键技术。

#### 1. 信息感知技术

智能车辆要达到其自主性、适应性和交互性的目标，前提是能够掌握车辆自身的状态信息以及车辆周围的环境信息以指导其行为，这些信息则需要通过信息感知系统来获得。因此，如何获取相关信息成为智能车辆实现其功能的关键技术之一。

智能车辆传感器包括内部传感器和外部传感器，内部传感器用于获取车辆本身的各种状态参数信息；外部传感器安装在智能车辆外部，用于感知外部环境信息。使用合适的传感器可以有效地获取车辆内、外部信息，有助于智能车辆正常工作，提高工作效率。目前主流的环境信息感知系统传感器有视觉传感器、激光雷达、GPS等。

(1) 视觉传感器是智能车辆感知外部环境的重要“器官”。视觉传感器与其他传感器相比，优势在于探测距离远，检测范围大，成本相对于雷达系统等来说也非常低，可以在车辆中安装多个视觉传感器，从不同角度全方位探测车外环境。目前，视觉传感器在智能车辆中主要用于识别车辆周围的交通环境，如确定车辆在车道中的位置和方位、车道的几何结构，检测车辆周围的障碍物如车辆和行人，识别交通标志和交通信号以及检测驾驶员疲劳等。视觉感知系统研究的主要内容包括信息采集压缩和滤波、道路特征提取和障碍物检测、交通标志和信号的识别以及目标识别与跟踪等。视觉传感器获得信息能否正确、及时的处理与分析直接关系到智能车辆运行的安全和效率，对路径规划和车体控制的效果具有决定性作用。因此，智能车辆系统中应用的视觉系统必须具备实时性、鲁棒性、实用性等三方面特点，即要求视觉系统的数据处理应与车辆行驶同步进行；应用视觉系统的车辆在空间、性能、价格等方面与普通车辆不能相差太大；对于不同道路状态如高速公路、城市道路、山区道路等，复杂的路面状况如积水、车道线污损、障碍物较多等，以及对恶劣天气条件如强光或阴影、雨雪等影响都应具有很好的适应性。

(2) 激光雷达是环境信息感知的另一重要部件，能够直接完成智能车辆与感知目标的距离、相对速度及方位的测量，同时在阴雨等恶劣天气影响下，激光雷达系统仍然能够工作。但是，激光雷达系统的成本很高，同时还存在光谱分辨率和扫描速度较低、多个雷达反射波产生相互干涉等缺点，这也是主动型传感器难以回避的问题。

(3) 高精度GPS是智能车辆进行全局规划的重要部件之一，能全天候实时感知车辆在环境中的位置，还可以提供准确的车辆行驶方向、速度、加速度等车辆自身状态信息。配合电子地图和先进的匹配算法能够提供丰富的道路信息，如弯道曲率、道路结构等，这也是其他传感器所难以提供的。应用差分定位技术的GPS可以为用户提供厘米级的导航信息，而厘米级的GPS能够更精确地进行车辆定位、实现道路跟踪。由于GPS的工作依赖于卫星信号，所以在卫星信号不佳或信号无法获取的情况下将会失效。

此外，在智能车辆领域除了上述几种传感器外，常用的还有超声波、红外探测、磁导引、惯性测量器件以及为完成不同的任务装备的一些特殊传感器，如感知气流的风速计，感知气候特征的温度、湿度和气压传感器，感知环境对智能车辆产生的触碰作用的加速度计、触觉传感器等。

### 2. 定位技术

为实现对智能车辆全面有效的控制，必须准确地获取车体自身状态及位置信息，这就涉及定位技术。目前常用的定位技术有惯性导航定位、卫星定位、磁航向仪、航位推算等。这些技术均有不同的优缺点，例如，惯性导航定位短时间内定位精度高，但其漂移误差随时间积累；卫星定位精度稳定，但时间响应特性和短时间内定位精度不如惯性导航定位，且易受外界环境干扰；磁航向仪的价格低廉，但定位精度低；航位推算价格低廉，但里程计刻度因子误差对定位精度影响较大。若将这些不同的定位技术进行合理组合，充分发挥各自优势，则可提高定位系统的精度和可靠性。

3. 决策技术

智能车辆决策技术是依据智能车辆信息感知系统获取的环境信息和车辆自身信息来进行自主决策判断，进而确定适当的工作模式并做出相应的控制策略，包括全局性决策和局部性决策。全局性决策是系统高层次决策，它根据智能车辆各个子系统的工作状况，通过评估得到系统的总体形势，再根据预先确定的原则做出总体决策。高层决策一般用来改变系统的工作方式和策略，决策过程需要一些高性能的模型，如专家推理机构。该决策将影响内部各个子系统的工作方式和协调方式，也可能在紧急状态下直接产生某些动作输出。局部性决策是低层次决策，低层的各个决策体根据与它们对应的环境信息的先验知识和规则，对该环境信息做出决策，即决定低层动作的执行，具体的驾驶操作指令一旦形成，低层的执行机构就会立即完成这些指令。智能车辆决策体系结构的研究已得到较多的关注。为了提高智能车辆的决策性能，研究人员提出了不同的体系结构[8]，典型的基本体系结构有分层递阶结构[9]、包容体系结构[10]、三层结构[11]、分布式体系结构[12,13]、自组织结构[14]、混合式进化控制体系结构[15]等。分层递阶结构信息流程是从低层的传感器开始，逐层向上传输，在高层进行总体决策，生成的控制命令逐层向下流动，间接地控制行为。该结构将智能系统与控制系统进行融合，具有良好的规划推理能力和慎思特性，较好地解决了智能和控制精度的关系，其缺点是系统鲁棒性及面对动态环境的实时反应能力较差。包容体系结构中的每个行为模块都是相互独立的，多传感器信息独自处理，模块之间信息流的表示也很简单，具有很快的响应速度，同时对传感器的输出不确定性要求也不高，具有很好的容错性能。但是包容体系结构过分强调各模块单独、并行工作，缺少全局的指导和协调，很难实现高层次的智能控制，限制了人类的启发性经验知识的融入。三层结构既吸取了分层递阶结构中高层规划的智能性，又保持了包容结构中低层反应的灵活性；其不足之处是忽视了传感器信息融合、学习和环境建模。分布式体系结构既保持了包容式结构对环境反应灵活的特点，又吸取了分层递阶式结构总体协调的优点，具有较大的实用价值，但该结构对分散的共享数据和资源缺乏有效的分配和管理，冲突的检测和协调比较困难。自组织结构打破了固定模式的体系框架，使系统的智能特性分布在动态可变的结构中，体现了较高可扩充性、自适应性和自组织性能，但其集中仲裁的机制往往是信息流通和系统控制的瓶颈。进化控制体系结构既具有反应式体系结构系统的实时性，又保持了慎思式结构的目标可控性。同时该体系结构能够根据先验知识、历史经验，对当前环境情况和自身的状况进行判断，自主调整目标、行为以及相应的协调机制，以适应动态、变化的环境。

4. 路径规划技术

智能车辆的路径规划是根据智能决策给出的驾驶任务和实时变化环境为智能车辆提供可行驶区域和驾驶引导的过程，分为全局路径规划和局部路径规划。全局路径规划是在已知地图数据库的情况下，利用局部信息把优化和反馈机制很好地结合起来，确定可行区域和最优的路径。由于全局路径规划所生成的路径只能是粗略路径，并没有考虑路径的方向、宽度、曲率、道路交叉以及路障细节信息，加之智能车辆在行驶过程中受局部环境和自身状态的不确定性的影响，所以车辆行驶过程中可能会遇到各种不可预测的情况。因此，必须以局部环境信息为基础，做出局部路径规划。局部路径规划是在全局路径规划生成的可行驶区域路线指导下，根据智能车辆各个子目标的要求及传感器感知到的局部环境信息对各种道路条件及意外事件做出迅速、准确的判断，并制定出智能车辆最优的可控行驶路径。目前，为了解决路径规划问题，人们已经探索出大量的解决方法，如用于全局路径规划的栅格法[16]、可视图法[17]、拓扑法[18]、自由空间法[19]、神经网络法等静态路径规划算法以及用于局部路径规划的人工势场(APF)法[20]、虚拟力场(VFF)法[21]、矢量域直方图(VFH)法[22]、模糊逻辑与遗传算法[23,24]等动态路径规划算法。

采用栅格法进行全局路径规划就是栅格遍历的过程，即遍历所有的可能路径直到找到可行路径。其特点是规划空间描述规范、形式简单、一致性好、容易实现；计算机存储网格结构方便，更新快，但忽视了环境本身的特点，搜索本身带有盲目性，对精度有依赖性。复杂环境下，搜索空间变大，算法的效率则对应降低。可视图法的优点在于其实现容易且概念直观；但当智能车辆的起始位置和目标位置发生变化时，需要重新构造可视图，缺乏灵活性；随着障碍物数量的增加，算法的复杂性相应增加，并不是任何时候都能得到最优路径。由于拓扑地图存储空间较小，拓扑法路径规划利用拓扑特征可以减少运动搜索空间，算法复杂程度取决于障碍物数目，不需要知道智能车辆的准确位置，位置误差对算法影响较小，适合于大规模环境的路径规划；但拓扑网络的构建过程比较复杂，消耗时间多且计算量大，并且当环境中障碍物数量改变时如何有效地修正已存在的拓扑网络及提高图形速度是该算法的一个难点。

APF法的基本思想是将智能车辆在周围环境中的运动视为一种处于虚拟人工受力场中的运动。目标对智能车辆产生吸引力，环境中的障碍物对智能车辆产生排斥力，引力场和斥力场共同构成了整个人工势场，对处在其中的智能车辆共同作用。根据引力和斥力的矢量和来决定智能车辆的运动方向，即搜索势场函数下降方向来完成无碰撞路径规划。APF 法在数学描述上简洁、美观，应用该方法规划出来的路径一般比较平滑并且安全，其算法结构简单、计算量小，便于低层的实时控制。但是 APF 法存在局部最优点的问题，即除了目标位置，还可能存在其他局部极小值，容易陷入并产生死锁现象，导致智能车辆无法到达目标位置；另外，APF 法还存在智能车辆在障碍物前方或者狭窄的通道中振荡或摆动的现象。VFF 法是 APF 法与栅格法相结合的算法，这种算法中每个单元格的值表示该位置处障碍物存在的概率。当智能车辆移动时，栅格图随着车辆运动，并根据当前观测结果更新每个栅格的值。每个栅格对车辆施加一个虚拟的排斥力，大小与单元格值的大小成正比，与单元格到智能车辆所在栅格的距离 $d$ 成反比。同时目标位置对智能车辆产生引力，两者的矢量和决定了智能车辆的运动方向。目前 VFF 法的缺点主要是误差累积，存储量较大，鲁棒性较差，以及在狭窄通道环境中呈现振荡现象的问题等。VFH 法是由 Borenstein 等[22]于 1991 年在 VFF 法的基础上对以上缺陷进行了分析并提出的一种新的改进方法。与 VFF 法相同，VFH 法同样用一个二维的笛卡儿坐标栅格 $G$ 来表示周围环境信息，根据传感器得到的障碍物信息更新栅格 $G$ 的每个栅格的概率，最后统计智能车辆每个方向上的障碍物密度，根据统计结果得到智能车辆接下来的运动方向。VFH 法的优点是计算速度快，适合短距离局部避障路径规划，缺陷在于环境分辨率高与信息存储量大之间的矛盾，以及同样会使智能车辆陷入局部振荡的状况，在实用上受到一定限制。为了克服 APF 法等传统算法易产生的局部极小问题，人们还提出了一些智能规划算法，如基于对驾驶员的工作过程观察研究得出的模糊逻辑算法。智能车辆避障动作并非通过对环境信息精确计算来完成，而是根据模糊化的环境信息，通过查表得到规划出的信息，完成局部路径规划；遗传算法以自然遗传机制和自然选择等生物进化理论为基础，构造了一类随机化搜索算法。利用选择、交叉和变异编制控制机构的计算程序，在某种程度上对生物进化过程进行数学方式的模拟。

5. 多传感器信息融合技术

智能车辆在运行过程中，必须实时地获取周围的环境信息及自身状态信息，为随后发出警告或自动操控车辆提供依据。由于智能车辆运行环境的复杂性、车辆自身状态的不确定性和单一传感器信息的局限性，仅靠一种传感器在任何情况下都能提供完全可靠的信息是不现实的，难以满足智能车辆系统所要求的精度和可靠性。为实现在复杂、动态及不确定性环境下的自主性，智能车辆通常配置多种传感器并实现它们的有机融合是最有效、最可靠的手段。目前，国内外许多在智能车辆环境信息感知研究中都不同程度地采用了多传感器信息融合的方法。多传感器信息融合技术已成为当前与今后的发展趋势。

多传感器信息融合是指将多个传感器所提供的在空间或时间上的冗余或互补信息或来自同一传感器的多特征信息依据某种准则进行融合和集成处理，形成对外部环境特征的一致性描述或解释。经过集成处理的多传感器信息融合扩大了系统的时空和频率覆盖范围，避免了单一传感器的工作盲区；由多源信息获得的目标属性具有更高的可靠性、可信度，能够增加系统的容错能力。先进的多传感器信息融合感知算法，是智能车辆系统在现实环境中实现高度灵活性及高鲁棒性的关键技术之一。

信息融合算法是多传感器信息融合的关键，准确高效的融合算法才能满足系统对于高精度、高实时性的需要。根据具体的应用情况不同，多传感器信息融合的方法也不相同，常见的方法有线性/非线性加权平均法[23]、Kalman/扩展 Kalman 滤波[24]、Bayes 估计[25]、Dempster-Shafer(D-S)证据推理[26,27]、模糊逻辑[28]、神经网络[29,30]以及基于行为的方法和基于规则的方法[31]等。在智能车辆多传感器信息融合自主导航方面，基于 D-S 证据推理的数据层多传感器信息融合方法，对非线性因素很强的智能车辆而言，要得到精确的传感器信息是相当困难的；基于模糊逻辑的决策层多传感器信息融合导航方法，其模糊控制的规则和隶属度函数一旦确定就不能更改，因此使系统难以对环境具有学习和自适应能力。而人工神经网络方法是一种仿效生物神经系统的信息处理方法，用它可以把多传感器的数据变换成一个实体的联合的属性说明，并且系统对环境具有一定的学习和自适应能力。对于鲁棒性和灵活性要求高的智能车辆自主避障导航控制系统，不仅需要融合多传感器数据，还要在多个层次上进行融合。

6. 运动控制技术

智能车辆运动控制的任务是根据当前车辆状态信息及规划完成的行驶路径生成控制命令，控制车辆准确、快速地跟踪期望的路径。性能优良的智能车辆路径跟踪控制器设计是车辆自动驾驶的关键技术。它主要包括车辆方向、速度、制动及其他动作的控制等。一般智能车辆控制研究分为横向控制和纵向控制两类。其中，横向控制是通过对车辆的转向机构进行调节，控制车辆沿道路中心运行，并保证车辆的行驶安全性、稳定性与乘坐舒适性等；纵向控制是对车辆的驱动进行控制使得车辆可以根据不同路段做出速度的适时调整，从而保持合适的车距等。

为保证智能车辆系统实时性、稳定性要求，国内外学者已经开展了大量的研究，提出了许多控制方法，包括传统的 PID 控制、反馈线性化控制等，也有一些新的方法，如滑模控制、最优控制、后退控制、预瞄控制、神经网络控制等，这些方法都取得了一定的成果。但大多假设智能车辆以一定的速度或在很小的速度变化范围内行驶，根据横摆角速度来控制车体横向运动姿态。当横摆角速度变化较大时，控制的跟踪性能变差，甚至出现振荡。总体来看，现有的路径跟踪控制方法主要包含以下两类。

（1）基于车辆与期望路径之间方位信息的位置偏差反馈控制系统[32,33]。文献[32]以当前路径信息作为反馈、以未来路径信息作为预瞄，设计了预瞄加反馈的控制器，预瞄距离和智能车辆速度根据预瞄路径的弯曲程度自动调整。文献[33]提出了一种基于车辆位姿误差模型的积分误差 Back-stepping 控制方法。这些都是以车辆前方或当前位置与道路的位置偏差作为输入，通过各种反馈控制方法设计车辆运动学反馈控制系统。由于其没有考虑车辆的动力学特性，与实际运行的智能车辆之间存在很多性能上的不同。同时由于智能车辆控制系统的时间滞后性，执行控制过程中会出现较大的延迟环节，故还存在着控制精度不高、实时性差的缺点。

（2）通过期望路径产生描述车辆运动的期望动力学物理量，然后根据车辆状态反馈进行跟踪控制[34,35]。这类控制方法主要是根据期望路径计算出描述车辆跟踪目标路径的车辆自身物理量，如车辆横摆角速度、侧向加速度等，然后设计反馈控制系统跟踪这些物理量。文献[35]基于车辆期望横摆角速度进行了路径跟踪横向控制，而文献[36]则根据最优曲率模型提出了基于侧向加速度的方法。考虑到智能车辆在行驶过程中的侧向加速度与横摆角速度共同影响着车辆的横向运动状态，且随着车速和行驶轨迹的变化，需要控制系统依据由传感器获取的尽可能多的环境信息、车辆信息并设计较多的期望物理参量，以确保智能车辆行驶时的合适车距，减小跟踪误差和车体与期望路径之间侧向距离偏差，提升行驶安全性和稳定性。

#### 7. 其他技术

除了上述几个关键技术，智能车辆的关键技术还包括无线通信技术、动态环境车辆状态估计等。为了对智能车辆行为进行实时高效智能决策，所需的车辆与道路、车辆与车辆之间信息应能够通过无线传输通道进行及时有效的传输。为实现对智能车辆全面有效的控制，必须准确地获取车辆自身状态及位置信息，这就涉及车辆的运动状态估计，如智能车辆横摆角速度、侧向加速度、纵向加速度以及路面附着系数估计等。由于智能车辆系统是一个智能程度高、多系统集成的综合系统，如何使系统能够在有限的时间和计算资源内完成各项功能，如各子系统的结构、组成、调用以及智能车辆的总线结构、数据的存储与调用等，要考虑智能车辆控制体系结构问题。

## 1.4 智能车辆系统动力学与控制技术

智能车辆系统与传统车辆系统一样，是由轮胎、制动、悬架、转向、动力传动等多个子系统组成的，各子系统间通过动态耦合进行能量、信息的传递与交换，实现复杂的行驶运动。近些年来，车辆多个子系统的多目标多变量集成控制已取得了很多的研究成果和工程应用实例，各种新的电控技术的深入研究和广泛应用有效弥补了驾驶员和智能车辆自身在复杂行驶工况下感知、决策、路径规划和操纵能力的不足，提高了智能车辆的各项性能。关于这方面的成果很多，较为典型的有：①悬架系统容错控制；②悬架系统模型降阶；③电动助力转向(EPS)系统及其控制；④电子稳定程序(ESP)系统；⑤主动制动控制系统；⑥基于EPS/ESP的车辆稳定性控制；⑦基于控制权分配的EPS与ESP协调控制；⑧基于车道保持和主动避障的车辆纵横向运动协调控制；⑨底盘多个可控子系统集成的可拓控制等。

综上所述，虽然采用各种方法来保证驾驶员的安全，但是如何避免事故发生才是人们对于未来车辆安全的讨论重点。因为只有最大限度地减少事故发生率，才能最好地体现车辆安全。可以预见，主动安全将成为未来车辆安全技术发展的重点和主要趋势。在不断完善被动安全系统的同时，逐渐地发展和应用主动安全系统，尽量避免事故的发生，结合行人保护的概念和技术的引入，完善对行人的保护是当今车辆安全的发展主流。通过数据总线进行系统集成，可以将车辆安全的很多方面，如防驾驶瞌睡装置、轮胎压力监测报警装置、行人碰撞保护装置集成在一起，提高车辆的安全性能。智能行人保护系统(IPPS)、高级辅助驾驶系统、车道保持状态系统、夜视系统、高灵敏度雷达传感器和激光雷达技术的应用将大大提高车辆主动安全的水平。目前，越来越多的国家颁布了新法规来保护行人和其他易受伤的道路使用者。相信随着各种先进技术和法律、法规的不断完善，智能车辆主动安全技术将成为未来车辆先进技术发展的核心部分，将与被动安全技术一起发挥作用，保护驾驶员和行人的安全。智能车辆安全性已经不仅是个技术问题，在某种程度上也是一个重要的社会问题。智能车辆的主动安全性因其定位于防患于未然，所以有着广阔的发展前景，越来越受汽车生产企业、政府管理部门和消费者的重视。

在汽车工业群雄逐鹿的今天，我国的汽车工业和世界先进国家的汽车工业一样，必须顺应智能车辆主动安全技术发展的主流，有计划、有步骤地发展现代智能车辆主动安全技术已是势在必行。虽然当前我国主动安全技术的研发还比较滞后，但广阔的前景不言而喻。综上所述，应不断加强智能车辆主动安全技术的研究、应用、推广和普及，让更多的研究机构、企业和使用者加入主动安全的行列中。

## 参考文献

[1] 刘华军. 面向智能车辆的道路环境理解技术研究. 南京：南京理工大学博士学位论文，2006
[2] 谈东奎. 人机共享的驾驶员横向辅助系统关键技术研究. 合肥：合肥工业大学博士学位论

文,2017

[3] 杨殿阁,李克强,郑四发,等. 智能交通系统中的汽车技术. 汽车工程,2003,25(3):223-226

[4] 汪明磊. 智能车辆自主导航中避障路径规划与跟踪控制研究. 合肥:合肥工业大学博士学位论文,2013

[5] Shladover S E,Desoer C A,Hedrick J K,et al. Automated vehicle control developments in the PATH Program. IEEE Transactions on Vehicular Technology,1991,40(1):114-130

[6] Bellutta P,Manduchi R,Matthies L. Terrain perception for DEMO III. The IEEE Intelligent Vehicles Symposium,Dearborn,2000:326-331

[7] Shoemaker C M,Bornstein J A. The Demo III UGV program:A test bed for autonomous navigation research. The IEEE ISIC/CIRA/ISAS Joint Conference,Gaithersburg,1998:644-651

[8] 刘海波,顾国昌,张国印. 智能机器人体系结构分类研究. 哈尔滨工程大学学报,2003,24(6):664-668

[9] Saridis G. Toward the realization of intelligent controls. Proceedings of the IEEE,2003,67(4):1115-1133

[10] Brooks R A. A robust layered control system for a mobile robot. IEEE Journal of Robotics and Automation,1986,2(1):14-23

[11] Gat E. On Three-Layer Architectures,AI and Mobile Robots. Cambridge:MIT/AAAI Press,1998

[12] Piaggio M. Non-hierarchical hybrid architecture for intelligent robots. Proceedings of ATAL:Workshop on Agent Theories Architectures and Languages,Paris,1998:243-259

[13] 李英. 多 Agent 系统及其在预测与智能效能系统中的应用. 上海:华东理工大学出版社,2004

[14] Rosenblatt J. Damn:A distributed architecture for mobile navigation-thesis summary. Journal of Experimental and Theoretical Artificial Intelligence,1997,9(2-3):339-360

[15] 蔡自兴,郭军华. 基于多 Agent 的移动智能车辆导航进化控制的体系结构. 控制理论与应用,2001,18(8):111-114

[16] Elfes A. Using occupancy grids for mobile robot perception and navigation. Computer,1989,22(6):46-57

[17] Lozano-Pérez T,Wesley M. An algorithm for planning collision-free paths among polyhedral obstacles. Communications of the ACM,1979,22(5):436-450

[18] Subbarao K,Larry S D. Multi-resolution path planning for mobile robots. IEEE Journal of Robotics and Automation,1986,2(3):135-145

[19] Brooks R A. Solving the find-path problem by good representation of free space. IEEE Transactions on Systems,Man and Cybernetics,1983,13(3):190-197

[20] Khatib O. Real time obstacle avoidance for manipulation and mobile robots. International Journal of Robotics Research,1986,5(1):90-98

[21] Borenstein J,Koren Y. Real-time obstacle avoidance for fast mobile robots. IEEE Transactions on Systems,Man and Cybernetics,1989,9(5):1179-1187

[22] Borenstein J,Koren Y. The vector field histogram-fast obstacle avoidance for mobile robots.

IEEE Transactions on Robotics and Automation,1991,7(3):278-288
[23] Blackman S S. Multiple sensor data association and fusion in aerospace application. Journal of Robot System,1994,9(3):445-485
[24] 蔡鹤皋,金明河,金峰. 卡尔曼滤波与多传感器数据融合技术. 模式识别与人工智能,2000,13(3):248-253
[25] 付华,杜晓坤. 基于 Bayes 估计理论的数据融合方法. 自动化技术与应用,2005,24(4):10-12
[26] Xu L J,Chen Y Z,Cui P Y. Improvement of D-S evidential theory in multisensor data fusion system. The 5th World Congress on Intelligent Control and Automation,2004,4:3124-3128
[27] 罗志增,蒋静坪. 基于 D-S 理论的多信息融合方法及应用. 电子学报,1999,27(9):100-102
[28] 陈志华,谢存禧. 移动机器人避障模糊控制. 机床与液压,2004,(11):77-78,176
[29] 李强,杨晓京,魏岚. 基于神经网络信息融合的智能机器人. 机电工程技术,2006,35(6):72-74,115
[30] 郭丽梅,罗大庸. 基于模糊神经网络的多传感器自适应融合. 系统工程与电子技术,2004,26(2):215-218
[31] Gamble R F. Using software architecture to formally derive synchronous knowledge based systems. International Journal of Expert Systems,1997,10(2):93-135
[32] 陈无畏,李进,王檀彬,等. 视觉导航智能车辆的路径跟踪预瞄控制. 机械工程学报,2008,44(10):277-282
[33] 游峰,王荣本,张荣辉,等. 智能车辆换道与超车轨迹跟踪控制. 农业机械学报,2008,6(11):42-45
[34] Wang J,Steiber J,Surampudi B. Autonomous ground vehicle control system for high-speed and safe operation. American Control Conference,Seattle,2008:218-223
[35] 王家恩,陈无畏,王檀彬,等. 基于期望横摆角速度的视觉导航智能车辆横向控制. 机械工程学报,2012,48(4):108-115
[36] 高振海. 汽车方向预瞄式自适应 PD 控制算法. 机械工程学报,2004,40(5):101-105

# 第 2 章　智能车辆的体系结构

智能车辆的体系结构是把感知、规划、决策、行为等多个模块有机地集成在一个紧凑的系统中，从而在动态、复杂环境中完成目标任务的一种结构框架，定义了各模块之间的相互关系和功能分配，包括逻辑、功能上的物理层次与计算结构以及系统所涉及的软件组织结构，决定着系统整体行为和性能，是智能车辆系统的基础。设计合理的智能车辆体系结构对发展具有高性能、低成本的智能车辆系统至关重要。智能车辆智能性的实现通常是通过模仿人类决策和行动时的行为规律：感知—思维—行动；刺激—反应。依据智能车辆对人类不同行为规律的模仿，智能车辆系统的感知、规划、执行等三类基本模块的组织方式也不相同，从而构成了智能车辆各种不同的体系结构。针对智能车辆的应用背景，本章在分析综合现有的各种智能车辆体系结构的基础上，为解决大量信息采集、处理、融合及规划运算与车辆运动快速性、实时性的矛盾，给出几种常用而有效的智能车辆体系结构和实例。

## 2.1　两种基本的体系结构

### 2.1.1　分层递阶式体系结构

Saridis 在 1979 年提出，智能控制系统必然是分层递阶式体系结构。其分层原则是：随着控制精度的增加，智能功能减少。根据这一原则可把智能控制系统分为三级，即组织级、协调级和控制级[1]（图 2-1）。其核心在于基于符号的规划，其思想源于 Simon 和 Newell 的物理符号系统假说。

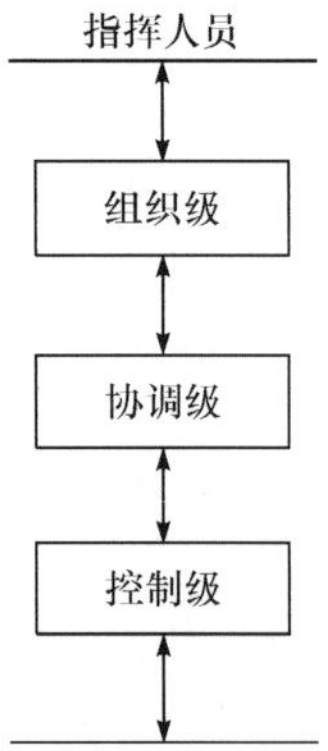

图 2-1　分层递阶式体系结构

分层递阶式体系结构的智能控制系统分布在顶层，通过信息逐层向下流动，间接地控制行为。该结构具有很好的规划推理能力，通过自上而下任务逐层分解，模块工作范围逐层缩小，问题求解精度逐层增高，实现了从抽象到具体、从定性到定量、从人工智能推理方法发展到数值算法的过渡，较好地解决了智能和控制精度的关系，其缺点是系统可靠性、鲁棒性、反应性较差。

### 2.1.2　包容式体系结构

1986 年，Brooks 以移动机器人为背景提出了一种依据行为来划分层次和构造模块的思想。他相信移动机器人行为的复杂性反映了其所处环境的复杂性，而非机器人内部结构的复杂性，于是提出了包容式体系结构(图 2-2)，这是一种典型的反应式结构。包容式体系结构中每个控制层直接基于传感器的输入进行决策，在其内部不涉及外界环境模型，可以在完全陌生的环境中进行操作。随后，涌现了一批基于行为的或吸纳了包容思想的研究成果，如 GAPP[2]、Herbert[3]、TCA[4]等。

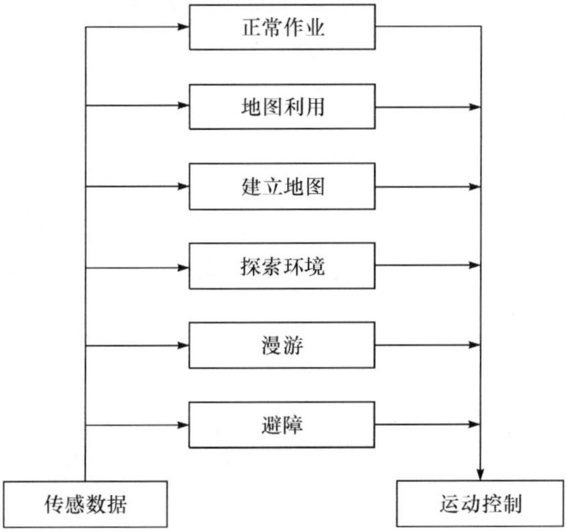


图 2-2　包容式体系结构

包容式体系结构中没有环境模型，模块之间信息流的表示也很简单，反应性非常好，其灵活的反应行为体现了一定的智能特征。包容式体系结构不存在中心控制，各层间的通信量极小，可扩充性好。多传感器信息各层独自处理，增加了系统的鲁棒性，同时起到了稳定可靠的作用。但包容式体系结构过分强调单元的独立、平行工作，缺少全局的指导和协调，虽然在局部行动上可显示出很灵活的反应能力和鲁棒性，但是对于长远的、全局性的目标跟踪显得缺少主动性，目的性较差，而且难以加入人的经验、启发性知识，限制了人的知识的应用。

## 2.2　其他几种典型的体系结构

随着社会学、组织学、行为学、生物学、心理学、进化计算、智能体等理论和思想的引入，体系结构的研究成果层出不穷[5]。文献[6]归纳出了 7 种典型的体系结构，除了基本的分层递阶式体系结构和包容式体系结构，还有三层结构、自组织结构、分布式结构、进化控制结构和社会机器人结构等。

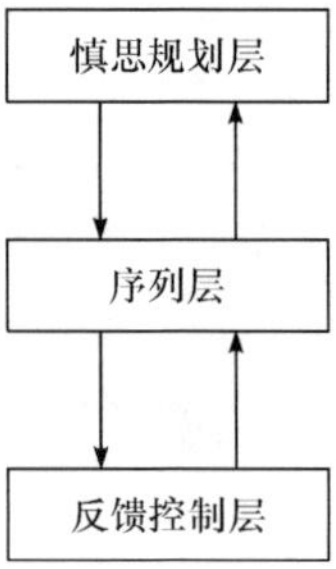

图 2-3 三层结构

### 2.2.1 三层结构

20 世纪 90 年代初，三个不同的研究小组[7-9]几乎同时独立地提出了极其相似的解决方案——三层结构。三层结构由反馈控制层、慎思规划层和连接二者的序列层构成(图 2-3)。三层结构是分层递阶式体系结构和包容式体系结构相融合的混合结构，它既吸取了分层递阶式体系结构中高层规划的智能性，又保持了包容式体系结构中低层反应的灵活性。三层结构的不足之处是忽视了传感器信息融合、学习和环境建模。

### 2.2.2 自组织结构

1997 年，Rosenblatt[10]在智能车辆导航中提出了自组织结构(图 2-4)。它由一组分布式功能模块和一个集中命令仲裁器组成。各功能模块基于领域知识，通过规划或反应方式自主产生行为，由仲裁器产生一致的、理性的、目标导向的输出到控制器。

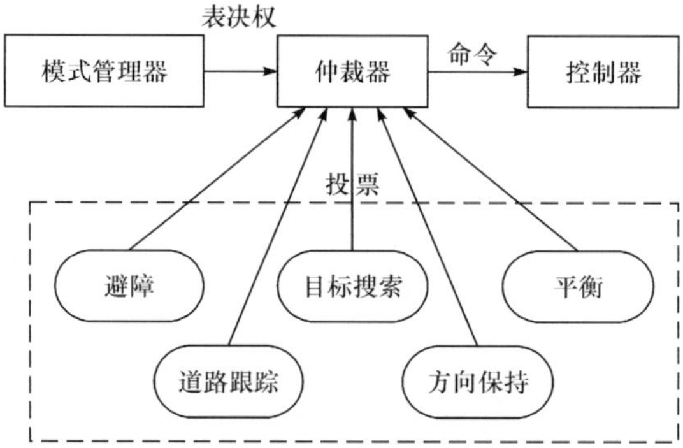

图 2-4 自组织结构

该体系结构的智能控制系统分布在其动态可变的结构中，突破了传统体系结构中功能分布模式固定的框架，具有良好的可扩充性、自适应和自组织性能，但其集中仲裁的机制往往是信息流通和系统控制的瓶颈。西班牙的 Pagoaga[11]和中国的朱森良[12]等均采用了类似的自组织结构。

### 2.2.3 分布式结构

1998 年，Piaggio[13]提出一种称为 HEIR(hybrid experts in intelligent robots)的非层次结构(图 2-5)。它由处理不同类型知识的三个部分组成：符号组件(S)、

图解组件(D)和反应组件(R)。每个组件又都是由多个具有特定认知功能、可以并发执行的 Agent 构成的专家组,各组件没有层次高低之分,自主、并发地工作,相互间通过信息交换进行协调。这是一种典型的分布式结构。

该结构中各个 Agent 具有极大的自主性和良好的交互性,但是每个 Agent 对于要完成的任务拥有不全面的信息或能力,缺乏系统的和宏观的问题求解观念,难以保证 Agent 成员之间以及与系统的目标、意愿和行为一致,对分散的共享数据和资源缺乏有效的分配和管理,冲突的检测和协调比较困难。

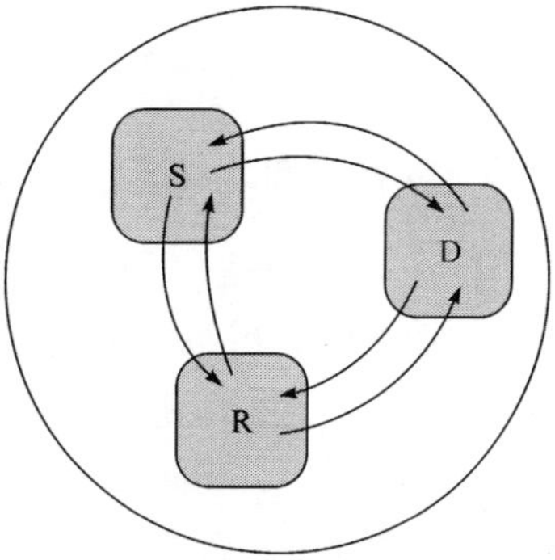


图 2-5　分布式结构

### 2.2.4　进化控制结构

2000 年,蔡自兴[14]提出了基于功能/行为集成的自主式移动机器人进化控制结构(图 2-6)。整个体系结构包括进化规划与行为控制两大模块。这种综合的体系结构的优点是既具有基于行为的系统的实时性,又保持了基于功能的系统的目标可控性。同时该体系结构具有自学习功能,能够根据先验知识、历史经验、对当

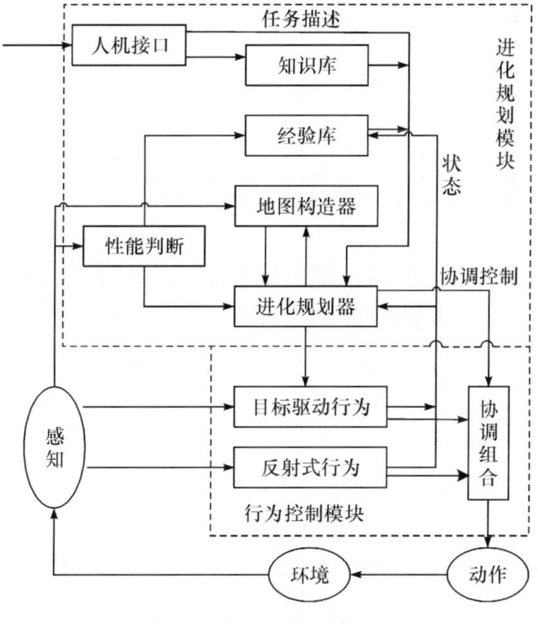


图 2-6　进化控制结构

前环境情况的判断和自身的状况，调整自己的目标、行为以及相应的协调机制，以达到适应环境、完成任务的目的。

### 2.2.5　社会机器人结构

1999 年，Rooney[15]根据社会智能假说提出了由物理层、反应层、慎思层和社会层构成的社会机器人结构（图 2-7），其特色之处在于基于 BDI（belief-desire-intention）模型的慎思层和基于 Agent 通信语言 Teanga 的社会层。BDI 赋予了机器人心智状态，Teanga 赋予了机器人社会交互能力。该体系结构继承了智能体的自主性、反应性、社会性、自发性、自适应性以及规划、推理、学习能力等一系列良好的智能特性，考虑了机器人内在的感性和理性、外在的交互性和协作性，实现了物理和逻辑上的统一。

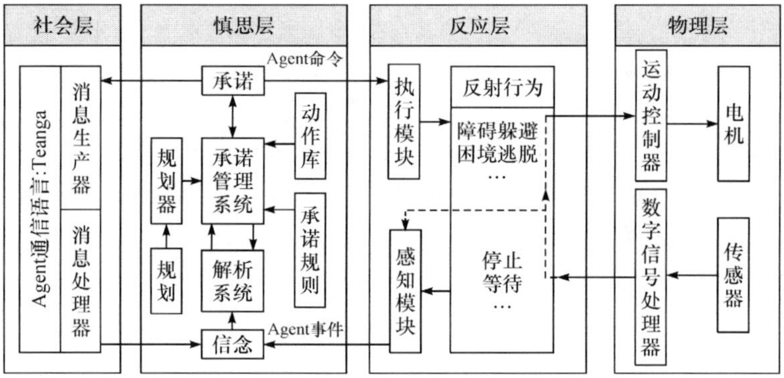


图 2-7　社会机器人结构

## 2.3　智能车辆的集散决策混合式体系结构

智能车辆系统应具有高度的自规划、自组织、自适应能力，在无须人工干预的情况下，自动完成路径规划、路径跟踪以及自主避障等功能，因而呈现出信息密集、环境交互复杂多样、信息与知识表示的多层次性以及信息与知识存储的分布性等典型特点。系统的总功能不是各个单元的简单连接，而是各子系统在多层次上的协调和分工。其中，每一个子系统均涉及各自复杂的智能处理问题，且对系统资源的占用各不相同，它们之间既相互独立、又协同工作。因此，为了使智能车辆系统能够高效、及时、稳定地工作，系统的计算必须具有一定的并行性，这就需要研究设计一种有效的结构框架，来组织包容各类计算机系统，将计算处理有效地分布在一组处理器上，并完成系统的任务分解、行为规划、行为协调和冲突消解等。也就是说，这是一种基于集中决策与分散决策集成的智能车辆混合式决策体系结构，即集散决策混合式体系结构。系统的决策分为低层次的分散决策和高层次的集中决策，分散决策对各种环境信息进行判断并得到局部决策结果；集中决策对各分散决策进行综合理解并做出最终决策。由于决策的分散性和并行性，该结构能较好地兼顾智能车辆系统的实时性和智能性[16]。

### 2.3.1　系统的分散决策效果

一个 $n$ 阶的高维系统可分散成 $k$ 个 $n_i$ 维的子系统，其中 $n=\sum_{i=1}^{k} n_i$。假设 $k$ 个分散子系统均为等阶，则有 $n=kn_i$。系统的调节时间 $t_a$ 同系统固有的调节振荡角频率 $\omega_0$ 直接相关，即

$$t_a=3.2\,\frac{2\pi}{\omega_0} \tag{2-1}$$

分散子系统串接排列是系统分散最常见的一种构成形式，其最长的调节时间相当于 $k$ 个分散子系统的调节时间之和。对等阶分散系统而言有

$$\tilde{t}_a=\tilde{t}_{i1}+\tilde{t}_{i2}+\cdots+\tilde{t}_{ik}=k\tilde{t}_i \tag{2-2}$$

为了分析方便，以过程控制系统一种等 $n$ 阶特性为例，因为这种特性具有普遍的意义。记对象特性为

$$G(s)=k_0/(Ts+1)^n \tag{2-3}$$

则分散前后调节时间比为

$$\frac{t_a}{\tilde{t}_a}=\frac{t_a}{k\tilde{t}_i}=\frac{\omega_{0i}}{k\omega_0}=\tan\left(\frac{k\cdot 180^\circ}{n}\right)\Big/\left[k\tan\left(\frac{180^\circ}{n}\right)\right] \tag{2-4}$$

当 $n$ 为一个相当大的数时，可得

$$\frac{t_a}{\tilde{t}_a}\approx\left[\frac{k\cdot 180^\circ}{n}+\frac{1}{3}\left(\frac{k\cdot 180^\circ}{n}\right)^3\right]\Big/\left\{k\left[\frac{180^\circ}{n}+\frac{1}{3}\left(\frac{180^\circ}{n}\right)^3\right]\right\}>1 \tag{2-5}$$

即 $t_a>\tilde{t}_a$。

这就证明分散系统调节时间总和 $\tilde{t}_a$ 小于原来未分散系统的调节时间。

### 2.3.2　集中决策与分散决策

基于集中决策与分散决策集成的智能车辆混合式决策体系结构主要由三大模块组成，即信息感知模块、规划决策模块和动作执行模块，如图 2-8 所示。其中，信息感知模块由多个信息感知体组成，它们分别获取某种特定的外部环境信息及智能车辆自身状态等信息。规划决策模块利用该信息给出决策结果，智能车辆能够根据决策结果来执行一定的动作，从而完成一定的功能。规划决策模块由多个分散的局部决策体和一个中央决策体组成。分散的局部决策体分别对由一种或几种信息感知体获得的信息进行分析处理并做出局部决策，包括定性判断和定量描述；

中央决策体对各局部决策结果进行集中判断后得到当前智能车辆动作执行的最终决策结果，即选取哪一个或哪几个局部决策体的决策结果为最终决策结果。动作执行模块由多个动作执行体组成，根据被选取的局部决策体获得的感知体信息，控制各动作执行一个或多个具体的动作，最终完成所选定局部决策体的决策结果所对应的功能。

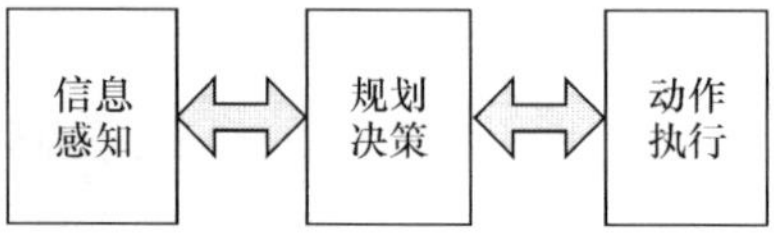


图 2-8　基于集散决策的智能车辆体系结构

由此可知，各个信息感知体、局部决策体、动作执行体形成对应关系，即信息感知体提供各种环境与车辆自身信息，各个局部决策体分别对某种信息进行处理并做出局部决策，并将决策结果提供给中央决策体；动作执行体根据最终被选取的局部决策体得出的结果，控制智能车辆执行相应的动作。

对于智能车辆这样一个复杂的系统，要对其进行最优规划决策控制，则必须把这个系统中处在同一层次的各子系统相互分离开，并使它们各自都按照某种最优方式行动，系统中心则主要起协调统筹作用，最后可达到全局和整体的最优。这就是大系统分解原理和协调控制的基本思想，也是集中决策与分散决策相结合的一种方法。从控制论的观点来看，集中决策实际上是开环控制系统，它的特点在于：系统内外部的有关信息全部集中在决策中心，决策中心全部集中了决策过程。无疑，这种决策方式有利于整体的统一和协调一致。但同时，对智能车辆系统决策权高度集中，必将导致全局的效率低下和局部缺乏活力，需要依靠基于动态环境实时调节的分散决策。按照控制论的观点，分散决策就是一个完全由环境决定的反应式闭环控制系统。在这个系统中依据运行环境和各反应规律动态调节智能车辆系统的输入输出状态。这时的子系统既为决策者又是执行者，它的规划决策方案及控制输出完全取决于环境信息。由于这种决策控制简单明了，且又较为灵活，所以对子系统内外部环境的变化及内外干扰较为敏感，子系统的适应能力较强。可见，采用开环集中决策控制，虽能使系统长期稳定，但会成为一种僵死的执行机器；而完全采用闭环分散决策控制，又不能使整个大系统协调运行。因此，将集中决策与分散决策有机协调结合，互相“取长补短”，不失为一种最佳的决策方式。

这里所提智能车辆混合式决策体系结构中的集中决策是由系统的中央决策体根据各分散决策体的局部决策结果进行决策的。各个分散的局部决策体与中央决策体构成分布式结构如图 2-9 所示。它将传统结构中独立控制机构的功能融于知识源中。知识源分为两类：一类是低层次的各个局部决策体的知识源，其中存储了与它对应的环境信息的先验知识和规则，用于对该环境信息做出决策，包括定性判断和定量描述;另一类是高层次的中央决策体的知识源,综合各个局部决策体的决策结果并在系统层次上做出集中决策。

每个分散的局部决策体的决策结果都可能激活一种动作,该动作能够完成一定的功能,并为该局部决策体所特有;而中央决策体对各个分散的局部决策体决策结果的协调过程就是选取最终的一个动作或将某几个动作进行合成,使用该动作控制智能车辆实现一定的功能。通过不断选取各个局部决策体的决策结果,使得智能车辆做出不同的动作,完成智能车辆的任务。这种协调机制是基于优先级的,即每个局部决策体的局部决策结果都有一个优先级,在某一时刻,当多个局部决策体实时做出多个可供选择的局部决策结果时,中央决策体根据它们的优先级高低选择或合成较高优先级的局部决策体决策结果,控制车辆完成其所具备的功能,如图2-10所示。中央决策体的知识源中存储了关于各个分散的局部决策体的先验知识和经验,可以对这些分散的局部决策体优先级进行评定、修改和判断,从而能够在多个分散决策结果之中做出最终决策。

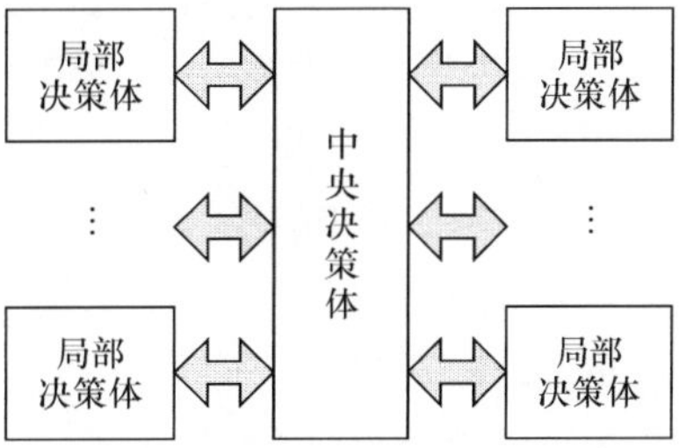


图2-9 局部决策体和中央决策体构成的分布式结构

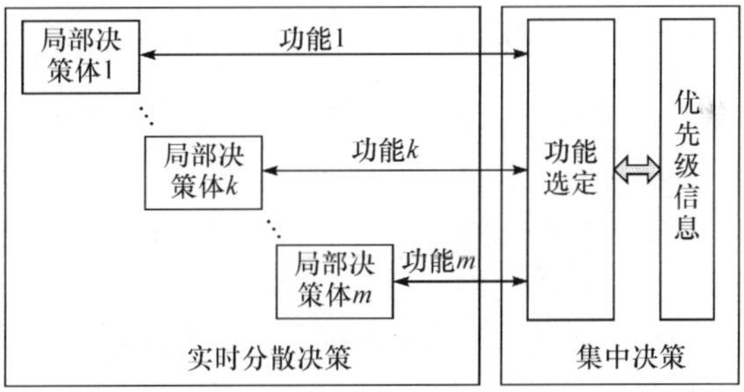


图2-10 基于优先级的集中决策模型

文献[17]中提出了一个慎思式结构的协调模型,将整个智能车辆的行为用一个离散事件状态模型来协调。在这个模型中,各个状态和事件有不同的实际含义。该离散事件模型可以用一个五元组来描述:

$$M=\langle E,Q,R,q_0,F\rangle \tag{2-6}$$

式中,$E$是事件集;$Q$是状态集;$R$是一个映射:$R(q_n,e_x)=q_m(q_m\in Q,e_x\in E)$;$F$是终止状态集合($F$是$Q$的子集)。

可以看到,这个模型对于智能车辆在突发事件和实时事件方面并没有做特殊的处理,因此可以专门针对慎思-反应模型,将此五元组进行扩充,使它能够对特殊事件做出相应的处理。以下是改进设计的协调模型的主要参考公式:

$$\mathrm{DM}=\langle E,E_U,Q,Q_U,R,R_U,q_0,F,F_U\rangle \tag{2-7}$$

式中，$E_U$ 是紧急事件集；$Q_U$ 是异常状态集；$F_U$ 是异常终止状态集合（$F_U$ 是 $Q_U$ 的子集）；$R_U$ 是一个映射：

$$R_U(q_n,e_x)=q_m(q_n\in Q\cup Q_U,q_m\in Q_U,e_x\in E_U) \tag{2-8}$$

当智能车辆处于某一个状态 $q_n$ 时，若遇到普通事件集合 $E$，则总体状态由 $q_n$ 变换成 $q_m(q_m\in Q)$；若遇到紧急事件集合 $E_U$，则总体状态变为 $q_m(q_m\in Q_U)$。通过将五元组扩充成九元组，能够使智能车辆在处理突发事件和特殊事件时更加快速，反应更为灵敏。

在接收和传送普通事件的状态下，局部决策体在传感器与融合规划网络中央决策体之间传递事件和状态；在处理紧急事件状态下，局部决策体直接将紧急事件转换为合理的控制命令送往控制执行器，同时完成事件。加入对突发事件的处理，在接收到紧急事件时，根据改进后的事件状态模型，找到适当的映射方法，模型直接将事件映射为控制消息，然后将这些控制消息发往控制执行器。这样做的目的是绕开庞大的融合规划网络中央决策体，提高系统反应能力和实时性。

整个系统的高层集中决策是基于优先级的逻辑性判断，而低层分散决策具有分散性、实时性和并行性，因此整个系统决策速度较高，在较好地保证系统智能性的同时兼顾其实时性。

### 2.3.3 道路环境下的决策体系结构

上述基于集中决策与分散决策的混合式体系结构在实际应用中与具体的智能车辆系统相结合，体系结构作为总体架构，组织和指导智能车辆系统中各种信息处理、规划决策及控制信号。这里，道路环境下智能车辆系统的功能包括车辆启动、自动识别路面车道线并进行跟踪（车道保持决策体）、巡航控制、与本车道前方车辆的车距控制（车距保持决策体）、自主避障及自动换道行驶（换道行驶决策体）、停车等。

启动：在车辆处于道路中且周围无障碍物情况下开始运行，该模块具有最低优先级。停车：当车辆在道路上行驶时，需要更换车道绕开障碍物，而欲更换的目标车道也存在障碍物阻止换道动作的执行时，需要停车，具有最高的优先级。

感知模块包括道路视觉感知体、距离探测感知体、车速感知体；规划决策模块中，局部决策体包括车道保持、车距保持、自主避障及换道行驶；中央决策体根据各局部决策体的预定义优先级，对多个可供选择的分散决策结果（功能）进行选取；执行模块包括智能车辆的启动控制、转向控制、车轮驱动及制动控制等，如图 2-11 所示。

各局部决策体的优先级从高到低依次为：停车、换道行驶、自主避障、车距保持、巡航控制、车道保持、启动等。

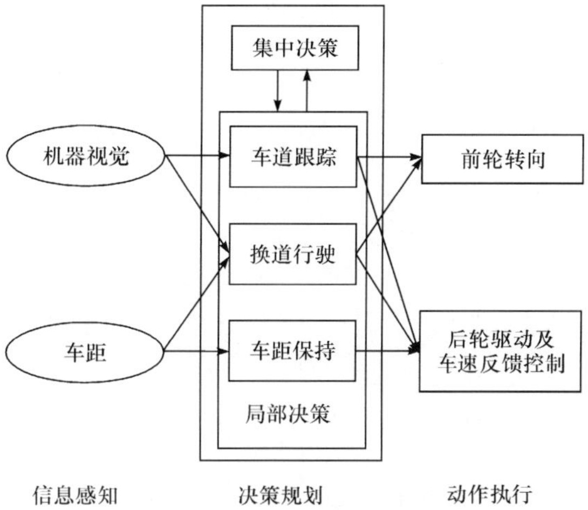


图 2-11　道路环境下的智能车辆体系结构

机器视觉感知体获取包含车道的图像信息，与该感知体对应的三个局部决策体是车辆启动、车道保持、车辆制动，对道路图像进行车道识别并做出是否启动、是否跟踪车道中心线、是否制动的定性判断及量化描述（局部决策）；车速感知体实时检测智能车辆的速度，并由车速控制决策体来决定是否以及如何进行速度控制；规划决策模块中的中央决策体，对各个局部决策体做出的局部决策结果，根据优先级进行集中判断并把某一个或几个局部决策体的决策结果选取为最终决策；动作执行模块利用所选取的最终决策结果对应的局部决策体的信息，对智能车辆进行一个或多个动作的控制。例如，当与机器视觉有关的各决策体——车辆启动、车道保持、车辆制动依次做出车辆已经启动完毕、可以进行车道保持、不需要制动的分散决策时，车速控制决策体则做出需要对车速进行控制的决策；中央决策体将最终得出进行车道保持和车速巡航控制的决定，并利用车道保持决策体得到的量化信息（智能车辆相对于车道中心线侧向距离和方位角度偏差信息）以及车速巡航控制决策体得到的实时车速信息对智能车辆进行相应控制，从而达到车道保持和车速巡航控制的目的。

## 2.4　仿真研究

为验证基于中央决策与局部决策的智能车辆混合式决策体系结构的有效性，对道路环境下智能车辆上述几种功能进行仿真研究。

### 2.4.1　运动学模型

这里所研究的对象是一个具有前轮转向和后轮驱动的四轮智能车辆，其运动学模型如图 2-12 所示，它的后两轮为驱动轮，前两轮为转向轮。

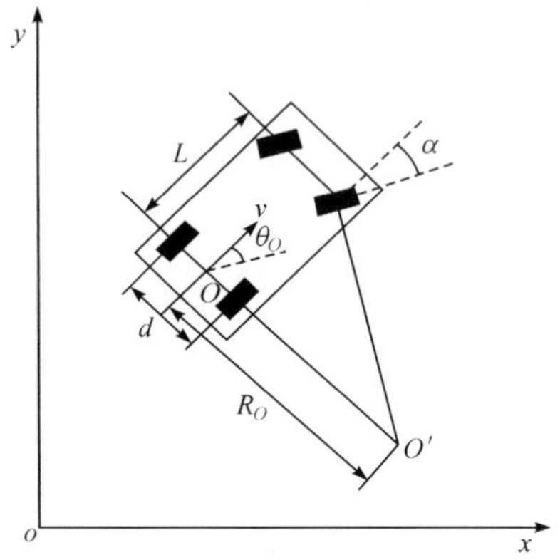


图 2-12 智能车辆运动学模型

图 2-12 中，$xoy$ 坐标系为世界坐标系，$L$ 为轴距，$d$ 为轮距，$O$ 点为后轴中心点，且以这一点的速度 $v$ 作为智能车辆的速度，$O'$ 为车辆转弯圆心，$R_O$ 为 $O$ 点的转弯半径，$\theta_O$ 为智能车辆车体纵轴线与世界坐标系横轴的夹角，$\alpha$ 为前轮转角。设 $O$ 点为智能车辆的中心点，则智能车辆在任一时刻 $t$ 的位置状态可用变量$(x,y,\theta_O)$表示，其中$(x,y)$为 $O$ 点在 $xoy$ 坐标系中的位置。

假定智能车辆在平面内运动且忽略侧滑，则有

$$R_O=\frac{L}{\tan\alpha}+\frac{d}{2},\quad \omega_r=\frac{v}{R_O} \tag{2-9}$$

式中，$\omega_r$ 为横摆角速度。

在 $\Delta t$ 时间内，有

$$\Delta x=2R_O\sin(\omega_r t/2)\cos\theta_O \tag{2-10}$$

$$\Delta y=2R_O\sin(\omega_r t/2)\sin\theta_O \tag{2-11}$$

$$\Delta\theta_O=\omega_r\Delta t \tag{2-12}$$

式中，$\Delta\theta_O$ 为 $\Delta t$ 时间内智能车辆在纵轴线方向上的变化量；$\Delta x$ 和 $\Delta y$ 分别为 $\Delta t$ 时间内智能车辆位置在 $x$ 轴和 $y$ 轴上的变化量。由 $v$ 和 $\alpha$ 可方便地计算出在每个 $\Delta t$ 时间后智能车辆的位置状态。

### 2.4.2 功能模型

1. 车道跟踪

通过检测路面车道边界线，求出当前车道的中心线，再经世界坐标系与车辆坐标系转换，可确定智能车辆相对路面车道的方向和位置关系，据此进行跟踪车道中

心线控制。文献[17]中给出了路面车道路径的识别和跟踪原理、方法及仿真结果。

2. 车距保持

(1) 安全车距。国内外的研究人员主要提出了三种安全距离模型[18]。这里采用目前为大多数车距研究工作者所接受的时距模型,即

$$SS = T_L v_0 + \Delta S \tag{2-13}$$

式中,SS 为安全车距;$T_L$ 为时距,与车辆制动过程中的驾驶员反应时间、制动器起作用时间等有关,这里取 3s;$v_0$ 为前车车速;$\Delta S$ 为制动停车后与前车保持的距离,一般选取为 2～5m,考虑到安全问题和系统延迟及前后车制动减速度可能不一致等问题,这里取最大值为 5m。

(2) 车距控制。车距控制最终是对本车车速的控制。根据实际车距 $S$ 和安全车距 SS 的偏差及其偏差变化率确定本车的加速度 $a$,从而得到期望车速 $v_d$,并对本车车速进行反馈控制,如图 2-13 所示。

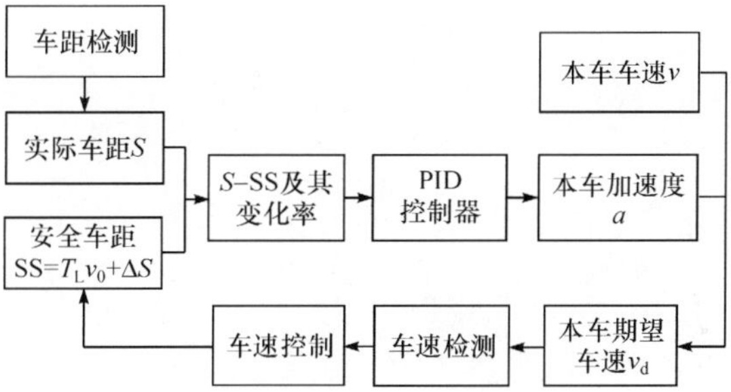


图 2-13　车距保持控制原理示意图

3. 换道行驶

这里采用基于圆弧的换道模型。为使换道时间最小,换道轨迹由两段曲率相同的圆弧组成,如图 2-14 所示。

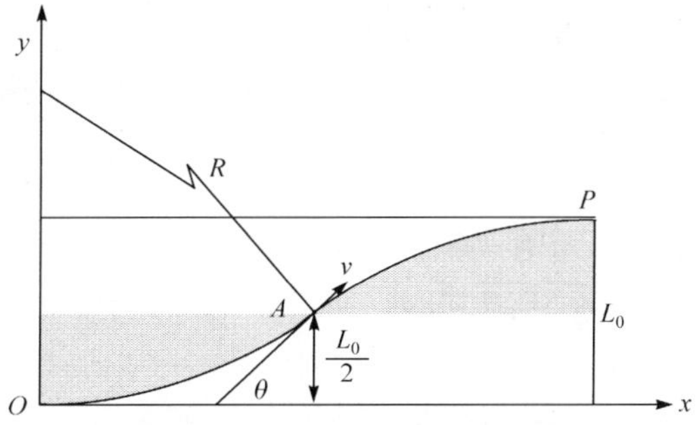


图 2-14　基于圆弧的换道模型

智能车辆换道前运动方向沿 $x$ 轴正方向，换道动作从 $O$ 点开始，到 $P$ 点结束，其横向运动距离为 $L_0$。处于两段圆弧的连接处 $A$ 点时，车辆与车道间的夹角达到最大值 $\theta$，这里假设 $\theta$ 较小。由该模型可得到圆弧的半径为

$$R=[L_0\cot(\theta/2)]/(2\sin\theta) \tag{2-14}$$

根据前述智能车辆运动学模型有

$$R=L\cot\alpha \tag{2-15}$$

因此，可得此时前轮转角应为

$$\alpha=\operatorname{arccot}(R/L) \tag{2-16}$$

智能车辆运动到 $A$ 点所用的时间为

$$t_c=R\sin\theta/v_x \tag{2-17}$$

式中，$v_x$ 为智能车辆沿 $x$ 轴方向的车速，因为 $\theta$ 值很小，$v_x$ 近似等于 $v$。

由此得到智能车辆位置坐标$(x,y)$随时间 $t$ 的运动方程为

$$x(t)=vt \tag{2-18}$$

当 $0\leqslant t\leqslant t_c$ 时，有

$$y(t)=R-[R^2-(vt)^2]^{1/2} \tag{2-19}$$

当 $t_c\leqslant t\leqslant 2t_c$ 时，有

$$y(t)=\{R^2-[v(2t_c-t)]^2\}^{1/2}-(R-L_0) \tag{2-20}$$

### 2.4.3 时间延迟分析

现在需要分析讨论的是，在采用以上设计后，集散决策体系结构的时延能否得到有效的缩短。这里自主导航系统的第 $n$ 次导航处理延迟时间是指从传感器第 $n$ 次感知环境，经过融合规划网络中央决策处理，传递消息给控制执行器，直到控制完成的时间，记为 $T(n)$。通过前面的分析，系统的导航延迟时间应为传感器、融合规划网络和控制执行器处理时间，融合规划网络处理时间，以及网络延迟时间。慎思协调式决策体系结构在紧急情况下的延迟时间表示为

$$T(n)=t_s(n)+t_{s\text{-}p}(n)+t_p(n)+t_{p\text{-}a}(n)+t_a(n) \tag{2-21}$$

式中，$t_s(n)$为传感器的最大处理时间；$t_{s\text{-}p}(n)$为传感器到融合规划网络之间的网络时延；$t_p(n)$为融合规划网络的总处理时间；$t_{p\text{-}a}(n)$为融合规划网络到控制执行器之间的网络时延；$t_a(n)$为执行器的控制时延。在集散决策体系结构中，紧急情况下，其延迟时间为

$$T'(n)=t_s(n)+t_{s\text{-}b}(n)+t_b(n)+t_{b\text{-}a}(n)+t_a(n) \tag{2-22}$$

式中，$t_s(n)$和 $t_a(n)$的定义和慎思协调式相同；$t_{s\text{-}b}(n)$为传感器到中央决策体之间的网络时延；$t_b(n)$为中央决策体综合处理时间；$t_{b\text{-}a}(n)$为中央决策体到控制执行器之间的网络时延。

可以看到，慎思协调式决策体系结构和集散决策体系结构的主要差别在于 $t_p(n)$和 $t_b(n)$，即融合规划网络的处理时间和中央决策体中优先级定序器的处理

时间。定序器的处理时间在设计上比融合规划网络的处理时间要短。所以，采用以上设计后，系统的时延得到了有效的缩短。

### 2.4.4　仿真结果分析

仿真环境为一段单向双车道路面，如图 2-15 所示。

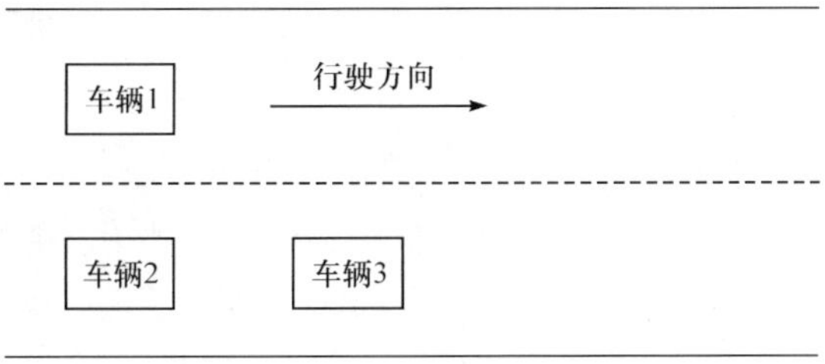


图 2-15　仿真道路环境

车辆 2 为本车，可对路面的车道线进行自动识别以及跟踪车道中心线，并可与车辆 1 和车辆 3 进行交互，即实现 2.3.3 节中智能车辆的各种功能，从而完成图 2-11所示的车道跟踪、车距保持、换道行驶等各项任务。车辆 1、2、3 的初始位置见图 2-15，其初始车速分别为 $v_1$、$v_2$、$v_3$，且满足 $v_1>v_2>v_3$，行驶方向相同。按照前述智能车辆的体系结构及各决策行为进行设计，其仿真结果如图 2-16 所示。

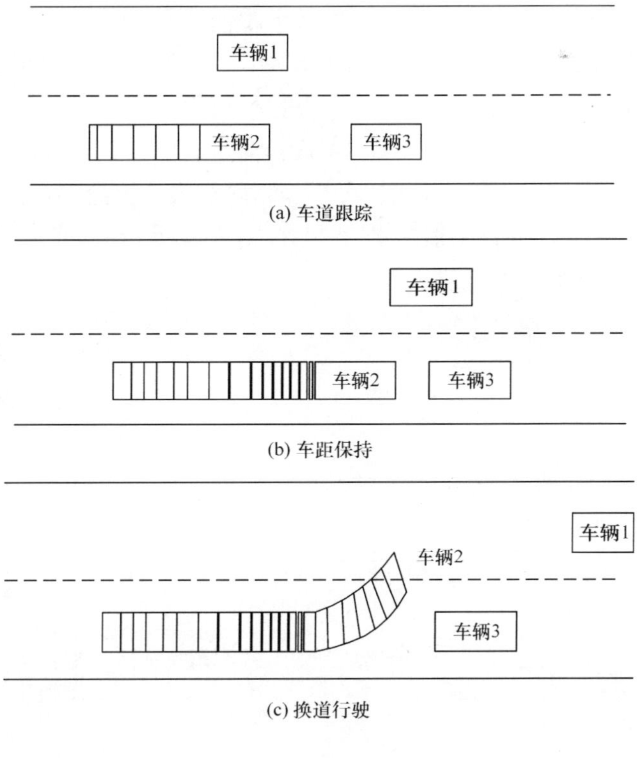

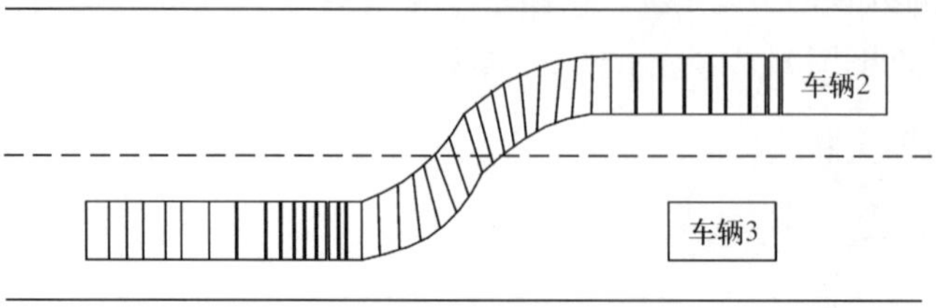


(d) 继续车道跟踪

图 2-16　仿真结果

由图 2-16 可知，本车在该路段的行驶过程分为以下几个阶段。

(1) 车道跟踪。本车与车辆 3 之间距离大于安全车距，车距保持决策体做出无须进行车距保持的局部决策；由于车辆 1 占据了邻近车道区域，换道行驶决策体做出不能进行换道行驶的决策；车道跟踪决策体对视觉传感器获取的车道图像进行处理，并做出可以进行车道跟踪的局部决策；中央决策体综合以上局部决策结果，做出进行车道跟踪的最终决策；动作执行体中的前轮转向模块与后轮驱动及车速反馈控制模块根据车道跟踪决策体提供的车道方位数据完成车道跟踪任务。

(2) 车距保持。本车与车辆 3 之间的距离接近安全车距，同时邻近车道有车辆 1 占据而无法换道，车距保持决策体做出进行车距保持的局部决策，并被中央决策体选定为最终决策，本车开始减速以进行车距保持。

(3) 换道行驶。车辆 1 远离本车，同时本车初始车速高于同车道的车辆 3，中央决策体做出换道行驶的最终决策，本车进行换道行驶。

(4) 继续车道跟踪。换道成功后，由于车辆 1 车速高于本车车速，不对本车构成影响，本车继续进行车道跟踪行驶，直至该路段结束。上述运动过程中本车与车辆 3 之间的车距及车速变化曲线如图 2-17 和图 2-18 所示。图 2-17 中，本车处于车辆 3 后方时，两车车距为负值。

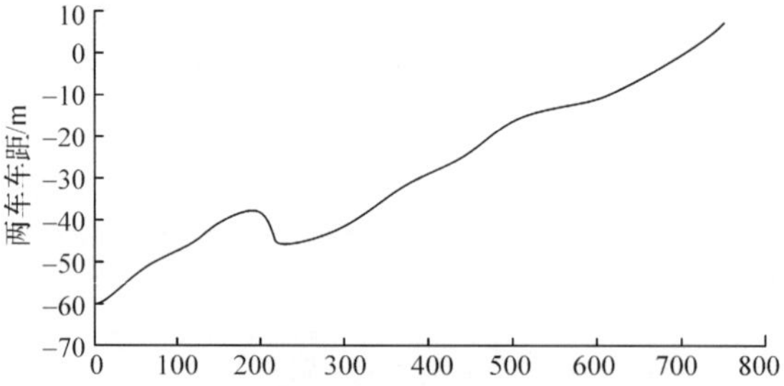


图 2-17　本车与前车(车辆 3)车距变化

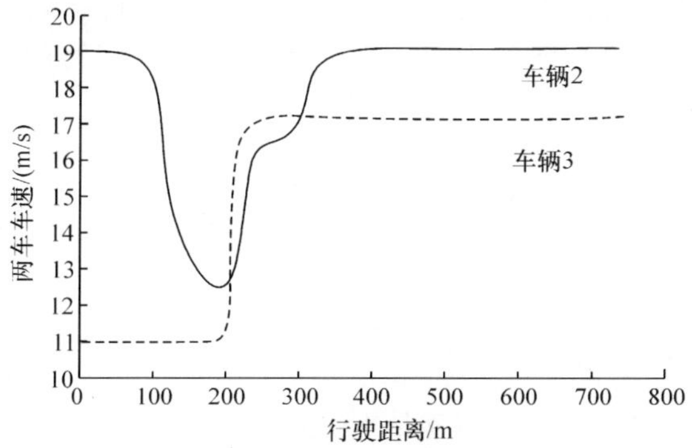


图 2-18　本车与前车(车辆 3)车速变化

由仿真结果可见,该体系结构下的智能车辆系统能够根据动态变化的道路环境,对各分散决策体的实时决策结果给出最终判断,并根据局部决策体提供的具体数据执行相应功能;各功能之间衔接顺利,最终完成整个路段的导航任务。

同时,在仿真实验中设计了一种紧急事件:当车辆 1 与车辆 3 并行时,车辆 1 和车辆 3 速度突变为 0,即本车正前方及左前方突然遇到障碍物并无法换道。传感器首先将紧急事件信息报告给中央决策综合处理的优先级定序器,定序器直接发出停车命令到控制执行器,并通知系统立即进入紧急状态;中央决策体收到紧急状态通知后,不再对传感器信息进行处理。对紧急事件的两种情况分别做了 100 组实验,并计算式(2-21)、式(2-22)中慎思协调式决策体系结构与集散决策体系结构的延迟时间,数据如表 2-1 所示。

**表 2-1　两种决策体系结构平均时延对比**(单位:ms)

| 体系结构 | 时间参数 | 前方出现障碍物的紧急情况 | 正常行驶 |
|---|---|---|---|
| 慎思协调式决策体系结构 | $t_s(n)$ | 46.2 | 107.8 |
| | $t_{s\text{-}p}(n)$ | 1.3 | |
| | $t_p(n)$ | 121.3 | |
| | $t_{p\text{-}a}(n)$ | 1.2 | |
| | $t_a(n)$ | 26.4 | |
| | $T(n)$ | 193.4 | |
| 集散决策体系结构 | $t_s(n)$ | 46.8 | 110.3 |
| | $t_{s\text{-}b}(n)$ | 0.9 | |
| | $t_b(n)$ | 10.6 | |
| | $t_{b\text{-}a}(n)$ | 0.8 | |
| | $t_a(n)$ | 26.8 | |
| | $T'(n)$ | 88.7 | |

从表 2-1 中可以看出,集散决策体系结构对于在普通状态下的反应能力影响不大,而紧急状态下的延迟时间大为缩短。数据表明,在处理紧急事件时,集散决策结构反应时间平均缩短约 100ms。

## 2.5　基于行为的智能车辆体系结构

### 2.5.1　体系结构框架

一个合理、有效的体系结构应保证对突发状况做出快速反应,同时在高层决策上允许目标对行为的引导和先验知识的利用,从而兼顾智能车辆系统的智能性和实时性。在综合分析各种智能车辆控制体系结构的基础上,本节提出基于行为的智能车辆导航控制体系结构,如图 2-19 所示。在该体系结构中,智能车辆的功能通过一个个行为及其组合来实现,每个行为都是一个有组织的单元或模块,能够独自进行低层的决策并完成一定的功能,从而保证了对突发状况做出快速反应;同时,在高层决策中综合各个行为的决策结果,并选取适合的行为组成行为序列以控制智能车辆完成导航任务[18]。

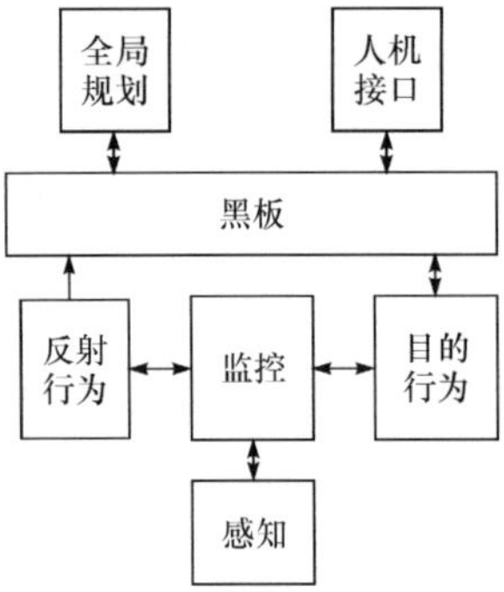


图 2-19　基于行为的智能车辆导航控制体系结构

该体系结构由感知、监控、目的行为、反射行为、黑板、全局规划和人机接口七个模块组成。

(1) 感知:由各种传感器组成,负责采集有关环境的原始信息。

(2) 监控:由一组监控器组成。各个监控器分别负责跟踪某种环境信息,并根据需要进行数据处理。

(3) 目的行为:智能车辆为达到某一目标,通过规划后产生的有目的的行为,如标线导航、墙面跟踪等,由黑板决定是否激活。

(4) 反射行为:用来躲避障碍物。它由监控器信息直接激活而不需黑板的介入,因此反应迅速,适合用来完成避障这种实时性要求高的任务。

(5) 黑板:与各模块交互,并在全局上理解各种信息以激活目的行为。

(6) 全局规划:由黑板激活,对智能车辆进行定位,并做出全局路径的规划。

(7) 人机接口:人与智能车辆的交互接口,以实现人对智能车辆的监控和干预。

该体系结构的工作过程是:操作人员通过人机接口向智能车辆下达命令,要求其从起始点到达某一指定位置;黑板激活全局规划模块,后者对车辆进行定位、规划全局路径，并把结果传给黑板。之后，智能车辆进入在线工作过程。各传感器开始采集有关环境信息，各监控器进行数据处理，如滤波、多传感器信息融合等。反射行为根据其监控器信息直接决定是否激活，并将决策结果发送给黑板，但其决策权完全在其内部而不需经过黑板；各目的行为同样根据其监控器信息做出决策并将结果发送到黑板，但其是否激活需经黑板对各种信息进行综合理解以做出决策。这种区分的目的与智能车辆的行为划分相一致，是为了兼顾系统的实时性和智能性。即对于需智能车辆迅速做出反应的突发情况（如避障），反射行为能够立即做出决策；而在需要完成有目的的动作且实时性要求在其次的情况时，能够综合各种信息做出规划以满足其智能性要求。

由此，智能车辆的各传感器与各监控器、各行为之间形成了如图 2-20 所示的对应关系：传感器向对应的监控器提供原始的环境信息，监控器对该传感器获得的信息进行处理；监控器向其对应的行为提供经过处理的信息，作为该行为决策的依据；各行为（激活后）则依据监控器的信息完成能够完成的动作。随着智能车辆的行驶和环境的变化，被激活的行为构成一个行为序列，引导智能车辆到达指定点。

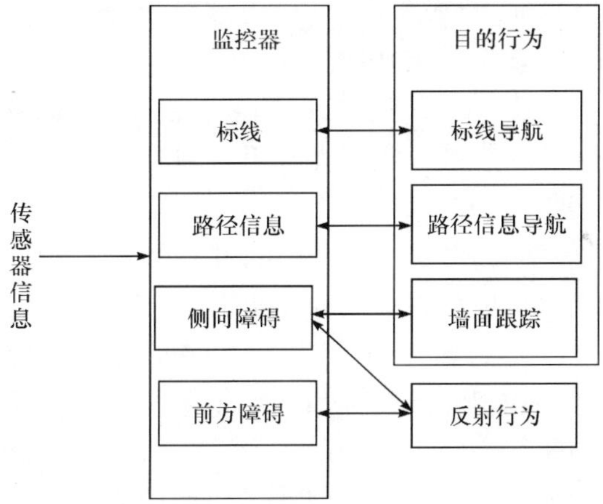


图 2-20　各传感器与各监控器、各行为对应关系

### 2.5.2　行为的优先级

对于通过各种行为的组合来导航的控制体系结构，如何在某一时刻选取合适的行为成为一个主要难点。以往的实现机制主要是预定义优先级、加权求和等。在该体系结构中，采用固定优先级的方法来协调各种行为。即在某一时刻，当有两个或两个以上的行为被触发时，具有最高优先级的行为取得智能车辆的控制权。这里规定图 2-20 中各行为的优先级从高到低依次为反射行为、墙面跟踪、路径信息导航和标线导航。

智能车辆在运行时，各行为的优先级会随着环境的变化而变化。为了提高智能车辆系统的运行效率，使各个传感器、监控器工作情况（工作频率）随其对应行为的优先级而变化，即高优先级行为对应的传感器、监控器的工作频率较高，从而为对应的行为提供充分、有效的信息依据；低优先级行为对应的传感器、监控器的工作频率较低，以减少不必要的数据采集和处理，同时能够关注环境的变化，为可能的优先级变化提供信息。

### 2.5.3 黑板模型

该体系结构中的黑板作为高层决策模块，综合利用多种信息并对目的行为进行选取，但它与标准黑板模型不同。标准的黑板模型由三个部分组成：知识源、黑板和控制组件。知识源用于存储解决问题所需相关知识；黑板是一个全局数据库，用于保存输入数据、中间结果以及在解决许多不同问题时所需的其他数据；控制组件主要作用于问题解决过程中运行时间及其他相关资源的分配。这种标准的黑板模型的工作方法为一种问题求解机制：黑板接收用户给定任务并进行任务分解；然后各模块对黑板中的可知信息做出反应，再通过黑板提供各自对全局决策所产生的影响；黑板的状态由此发生变化并激活其他模块工作。通过这种来回、反复的交互，各子任务全部得到解决，从而完成给定任务。但是，这也将导致大量的数据处理和信息传递，从而使黑板决策的实时性降低。对在实时、动态、复杂环境下工作的智能车辆来说，这是很不利的。

为解决标准黑板模型实时性较差的缺点，对该体系结构中的黑板进行了一定的改进，即取消了标准黑板模型中独立的控制机构，将其功能融于知识源中。知识源分为两类：一类是各个行为的知识源，其中存储了关于该行为的先验知识和规则；另一类是黑板本身的知识源。两种知识源为两个不同的层次。各行为的知识源是行为层次上的，为该行为的正常、有效运行服务；黑板的知识源是系统层次上的，其知识是为整个智能车辆系统安全有效工作而建立的。在智能车辆接收任务后，各个行为模块开始工作，把各自根据监控器信息并利用其知识源中知识进行决策的结果发送给黑板；黑板再根据各个行为的局部决策结果，利用自己的知识进行判断，得到需要激活的行为，如图 2-21 所示。此外，黑板在选定某行为的同时，能

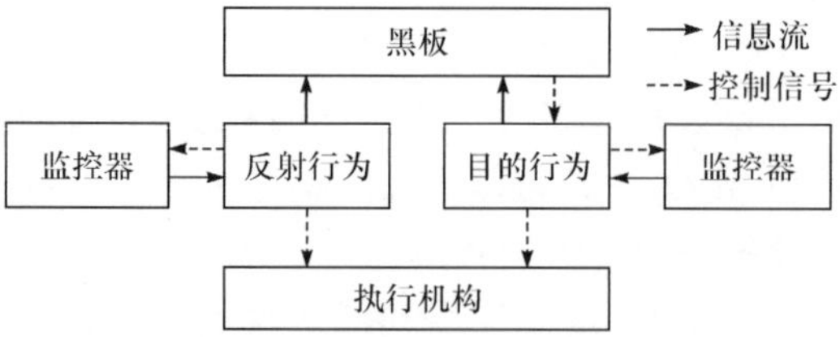


图 2-21　各行为和黑板决策结构图

够根据各行为决策结果对该选定行为的运行进行一定干预。这样可以使该行为在工作时更多地了解智能车辆所在环境的全局情况，从而更加安全有效地完成给定任务。由于知识源的分散性和并行性，其各部分分别进行其所辖范围内的决策，决策速度得到提高，保证了整个系统运行的实时性。

例如，智能车辆运行后，各传感器和各监控器开始工作；各个行为根据其监控器信息得出了各自的决策结果：标线导航行为检测到路面标线，认为可以进行跟踪，并将这个信息发送给全局黑板；路径信息导航行为未检测到可供智能车辆导航使用的路径信息；墙面跟踪行为未检测到可跟踪的墙面；避障行为得到智能车辆周围障碍物的相关信息，认为障碍物接近智能车辆，但还不需躲避。黑板获取了这些行为的决策信息，然后利用本身的知识和规则，做出了激活标线导航行为的决策，从而完成了这一控制时刻的行为选取。同时，由于得到了障碍物接近智能车辆的信息，在标线导航行为执行时，黑板对其进行了干预，如减速行驶、避免向障碍物方向急转等。智能车辆在完成当前动作的同时，能够兼顾车辆运行的未来环境，因此更加安全、高效。

### 2.5.4　智能车辆各行为设计和仿真

1. 行为设计

对于如图 2-12 所示的智能车辆运动学模型，对其行驶过程中的各行为进行设计，以图 2-22 给出的两条经全局规划后得到的局部路径为仿真环境。其中，实心矩形为障碍物，路径中间的虚线为导航标线。仿真中可能用到的行为有标线导航、反射行为、墙面跟踪和边缘信息导航等。每个行为能完成如图 2-20 所示的功能。

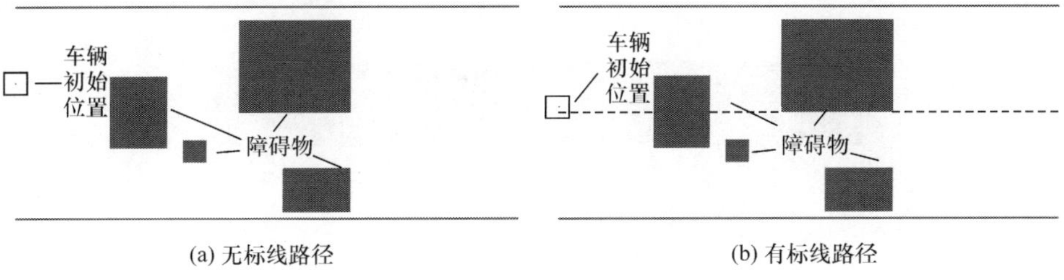


图 2-22　仿真环境

1）标线导航

通过传感器获取导航标线信息，经监控器提取导航参数并作为控制器输入；通过调节智能车辆的前轮转角和速度完成导航任务。

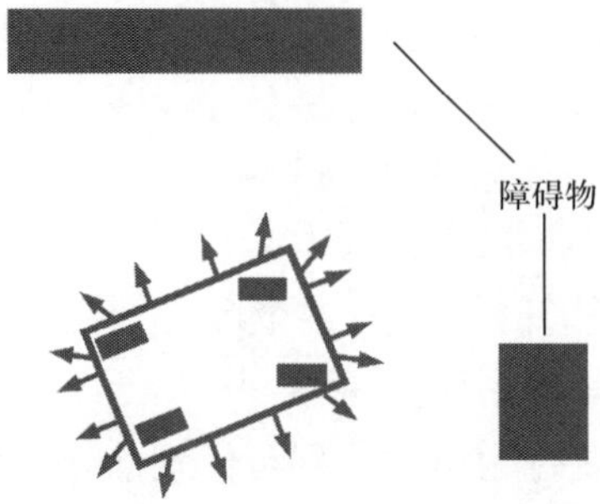


图 2-23 反射行为所需的环境信息

2）反射行为

反射行为使智能车辆躲开障碍物。所需的环境信息如图 2-23 所示，对称分布于智能车辆四周的 16 个位置到周围障碍物的距离，其算法如下：

(1) 得到 $k$ 时刻 16 个位置上的距离测量值 $l_i(k)(i=1,2,\cdots,16)$。

(2) 判断 $l_i(k)$ 和设定的阈值 $l_0^i$ 之间的关系($i=1,2,\cdots,16$；上标 $i$ 表示第 $i$ 个位置的阈值)，当 $l_i(k)<l_0^i$ 时，认为 $k$ 时刻 $i$ 位置上有障碍物。

(3) 根据障碍物在车辆周围的分布情况、距离关系，采用如下的避障方法，对智能车辆的转角和车速进行控制。

(4) 当连续数个时刻对所有的 $i$ 均满足 $l_i(k-1)\geqslant l_0^i$ 和 $l_i(k)\geqslant l_i(k-1)$，即智能车辆不受障碍物影响且在远离障碍物时，结束该行为。

3）墙面跟踪

采用以上方法虽然能够躲开障碍物，但当智能车辆在障碍物之间行驶时，由于交替检测到左右两侧的障碍物，智能车辆的运动将出现抖动。这时，可利用墙面跟踪行为来解决这个问题，其方法为：当智能车辆在一个较小的时间间隔内反复出现左右转向，并达到一定次数时，将中止躲开障碍物的反射行为，使智能车辆靠近一侧障碍物并沿着其行驶，从而实现在障碍物之间穿行。如图 2-24 所示，设智能车辆在跟踪时靠近障碍物一侧的中间两个传感器与障碍物的距离测量值为 $d_1$ 和 $d_2$，则智能车辆纵轴与障碍物夹角 $\gamma$ 为

$$\gamma=\arctan\left(\frac{d_1-d_2}{m}\right) \tag{2-23}$$

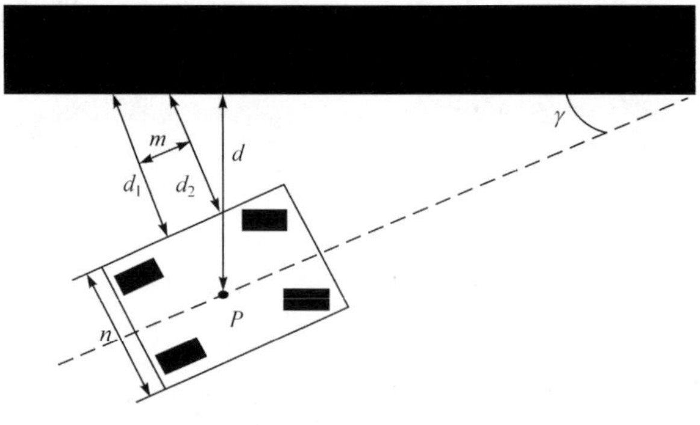


图 2-24 墙面跟踪

由此计算出智能车辆中心与障碍物的距离为

$$d=\frac{(d_1+d_2+n)\cos\gamma}{2} \tag{2-24}$$

其中，$m$ 为智能车辆侧面两个传感器之间的距离；$n$ 为车辆宽度。

以 $d$ 和 $\gamma$ 为被控量，在一个采样周期内，首先使 $D_1 \leqslant d \leqslant D_2$，$D_1$ 和 $D_2$ 分别为智能车辆中心与障碍物之间允许的最小距离和最大距离；然后使 $\gamma$ 尽量等于零。

4）边缘信息导航

边缘信息导航的原理与墙面跟踪行为类似，只是此时跟踪的不是墙面，而是局部路径的边缘。由全局规划模块可得局部路径的边缘信息和智能车辆的位置信息，并通过车载传感器得到车辆的方向信息；利用以上信息可计算出智能车辆相对于路径边缘的距离和方向角，即相当于图 2-24 中的 $d$ 和 $\gamma$，并进行导航控制。

2. 仿真结果及分析

智能车辆边缘信息导航以及标线和边缘信息导航结果如图 2-25 和图 2-26 所示。图 2-25 中，智能车辆利用边缘信息实现导航，即在无障碍物影响时，智能车辆沿局部路径的边缘行驶。当检测到障碍物时，反射行为被激活，引导智能车辆绕开障碍物；之后智能车辆行驶到两个靠近的障碍物间，墙面跟踪行为被激活，引导车辆穿过障碍物；并最终停在路径右端。图 2-26 中，标线和边缘信息均可用来为智能车辆导航。当这两种信息都可用时，利用标线导航，因为标线导航行为具有较高

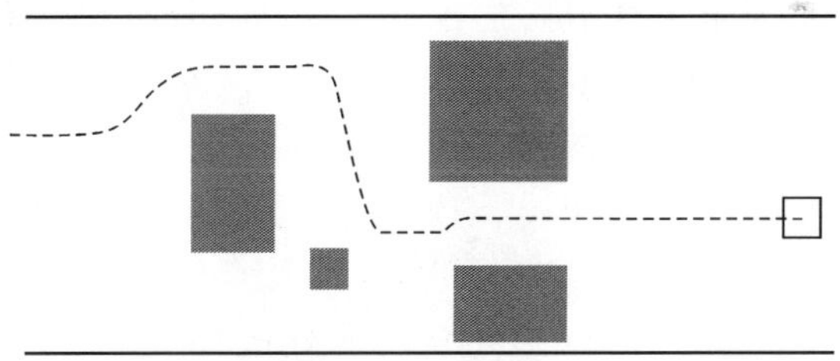

图 2-25　边缘信息导航

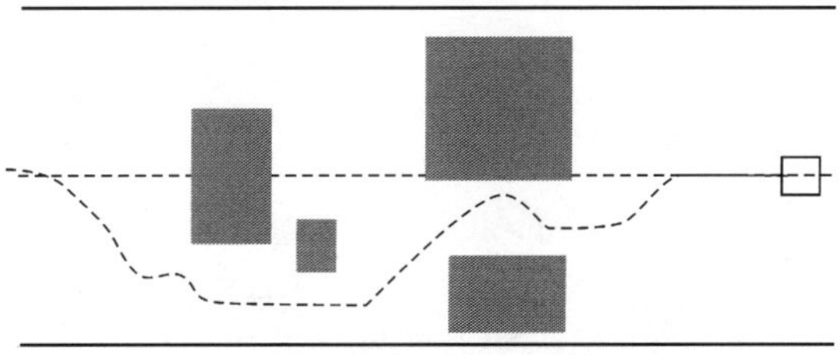

图 2-26　标线和边缘信息导航

的优先级。所以,智能车辆在开始工作时先沿标线行驶;后因障碍物影响,标线无法作为导航信息时,利用边缘信息导航;最后,智能车辆驶离障碍物区,再次利用标线导航,并最终停在标线右端,完成导航任务。

由仿真结果可见,智能车辆能够快速、有效地躲开障碍物;当其行驶到两靠近的障碍物前能做出正确判断,并迅速转换成墙面跟踪行为;各目的行为在黑板协调下引导智能车辆顺利地完成导航任务。

# 2.6 智能车辆多智能体系统的体系结构

## 2.6.1 智能体的基本概念

智能体(Agent)是一种处于特定环境中,感知环境、灵活自主计算,具有较高自治能力的抽象实体。它可以是一个系统、机器,或者是一个计算机软件程序;也可以接受其他实体的委托,为之提供帮助或服务。同时,Agent 与其所服务的主体还具有松散和相对独立的分布式关系,可以通过协作解决某些复杂问题,实现设计者和使用者的一系列目标[19]。

### 1. Agent 的特性

基于 Agent 的方法是从整体出发,在问题层次化、模块化分割解析的基础上,对问题从局部到整体,从同层次到跨层次并行不断地分解与重构,形成一种既有分析又有综合的多元整合求解机制。每个 Agent 具有各自不同的能力,具有以下主要特性。

(1) 自治性(autonomy):可以自行控制自身的状态和行为,在没有其他程序介入时操作和运行。

(2) 反应性(reactivity):可以感知自己所处的环境,对环境的变化及时做出反应。

(3) 通信性(communicability):也称为社会能力(social ability),可以用通信语言与其他 Agent 交换信息或相互作用。

(4) 预动性(pre-activeness):其行为是主动的,可以感知周围环境的变化,并做出基于目标的行为。

Agent 具有如图 2-27(a)所示的抽象结构,通过传感器感知外界环境信息,同时通过自身的有效行为去改变环境,这个有效行为就是 Agent 具有的所有可能的动作。Agent 需要解决的主要问题就是根据环境信息执行相应动作,最大限度地满足自己的要求。图 2-27(b)是 Agent 的基本工作过程,Agent 对采集的信息进行融合处理,再与环境进行交互,反作用于外部环境。

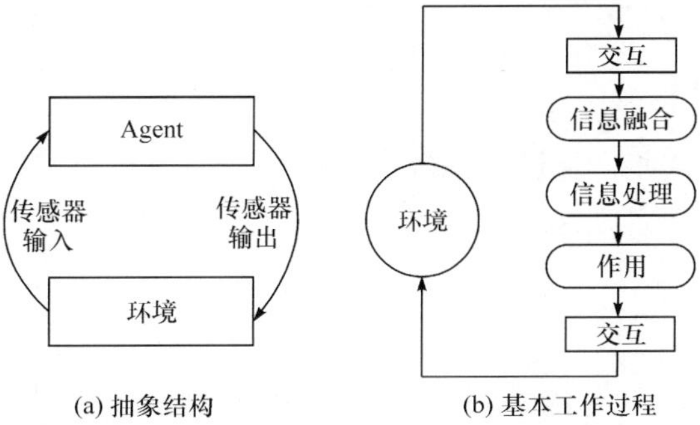


图 2-27　Agent 的抽象结构及基本工作过程

2. Agent 的结构

Agent 不仅要与环境交互，还要处理和解释接收的信息。Agent 接收到的信息首先要以适当的方式进行融合，并能为 Agent 知识库所接受。实现 Agent 功能的基本结构模型如图 2-28 所示，是由感知模块、执行模块、通信模块、信息处理模块、决策与控制模块、知识库模块以及任务表等组成。感知模块、执行模块和通信模块负责与环境和其他 Agent 进行交互；任务表是所要完成的功能和任务；信息处理模块负责对从外部感知或从其他 Agent 接收的信息进行加工、处理和存储；知识库模块对信息处理模块初步处理的信息进行分析、推理；决策与控制模块是赋予 Agent 智能的关键部件，其作用是从通信或任务表中选择适当的任务，以决策出执行模块的控制模式。针对不同研究对象的智能体将有不同的结构，主要分为以下几种结构。

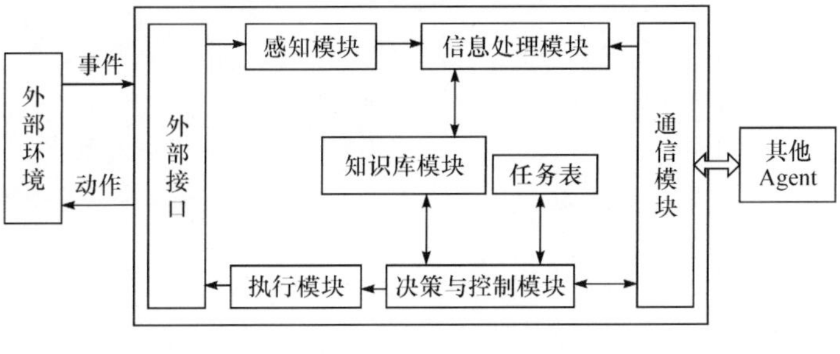


图 2-28　Agent 的基本结构模型

1) 慎思型 Agent

慎思型(deliberative)Agent 是一个显式的符号模型，具有环境和智能行为的逻辑推理能力，是一个基于知识的系统，如图 2-29 所示。通过传感器接收外界环境的信息，根据内部状态进行信息融合，产生修改当前状态的描述，然后在知识库的支持下制定规划，形成一系列动作。慎思型 Agent 的特点是将 Agent 看作一种意识系统，能够模拟人类个体或社会行为。慎思型 Agent 所要解决的问题是如何在一定时间内将现实世界构造成一个准确、合适的符号描述，以及如何使 Agent 在一定时间内根据这些信息进行推理和决策。

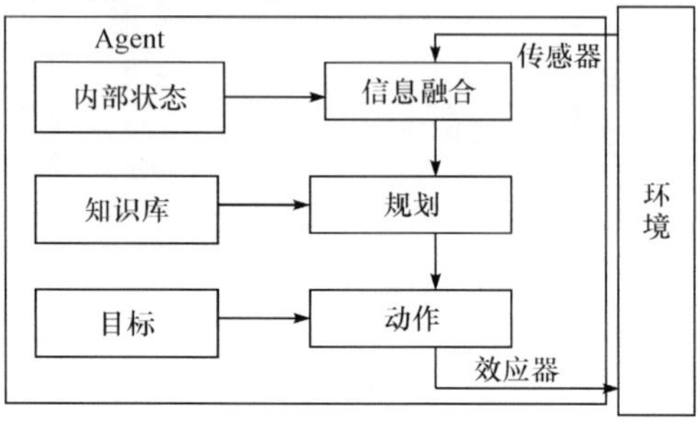


图 2-29　慎思型 Agent 结构

2）反应型 Agent

反应型 Agent 是行为学派代表 Brooks 提出的无须表示、无须推理的智能体，是面向现场、致力于智能的初级实现，特别是由行动来产生智能，直接根据感知产生行动，结构如图 2-30 所示。其假设为：Agent 行为的复杂性是环境复杂性的体现，不是复杂内部的反应[20-23]。反应型 Agent 不需要知识、不需要表示、不需要推理，具有一些行为模式，是感知-动作机制的演化。Agent 的行为只能在现实世界与周围环境的交互作用中整体表现出来。Agent 内部预置相关的知识，在外界刺激符合一定的条件后，直接调用预置的知识，产生相应的输出，因此响应速度极快。

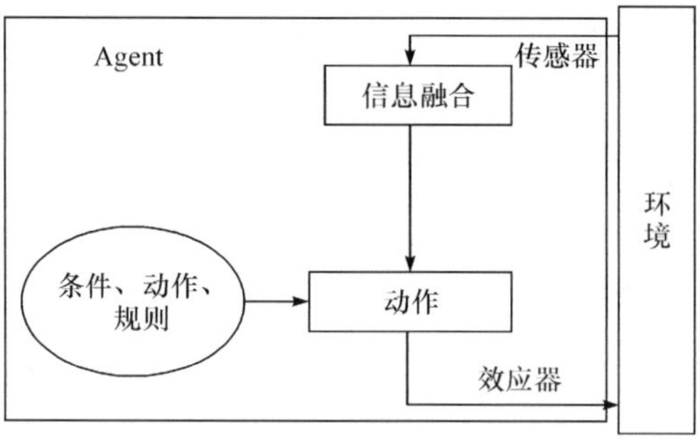


图 2-30　反应型 Agent 结构

### 2.6.2　多智能体系统的设计思想

对于复杂、大规模的问题，只靠单个 Agent 往往无法描述和解决，一个应用系统通常包括多个 Agent。Agent 不仅具备自身问题的求解能力和行为目标，而且能够相互协作，这样的系统就是多智能体系统(multi-Agent system，MAS)。MAS 可以进行问题求解，随环境改变而修改自己的行为，与其他 Agent 进行通信、交互和协作以完成求解同一问题的分布式智能系统。

常见的 MAS 结构主要有集中式、层次式和分布式等[24,25]。集中式结构中有一个核心 Agent 负责任务的动态分配和调度，协调各个 Agent 之间的竞争与合作。各 Agent 成员之间有一定程度的管理与被管理的关系，管理者以某种方式负责该结构内所有 Agent 成员的行为，保持该结构内部信息的一致，实现对内部 Agent的管理和协调。层次式结构中引入了层次的概念，将系统中的 Agent 按一定的层次结构进行组织，具有相似功能和控制范围的 Agent 处于同一层次上，每层 Agent 仅与相邻层少量 Agent 发生控制关系，降低了控制的复杂性。但这种结构是刚性的，控制流的传递也是严格按层次进行，系统的高级决策是由上层 Agent 做出，下层 Agent 独立决策能力薄弱，使系统难以适应动态变化的环境。分布式结构中，各个 Agent 地位平等，之间缺乏协调。

智能车辆的 MAS 是集中式结构和层次式结构的混合体，构成 MAS 的多 Agent根据各自所承担的任务，处于 MAS 的不同位置，利用集中式结构实现智能车辆相对标线的位置误差信息、障碍物的距离信息和自身速度信息的获取；利用层次式结构实现对智能车辆的驱动和转向控制，位于 MAS 中的下层 Agent 接受上层 Agent 的监控与协调。这样，智能车辆的 MAS 体系结构既具有集中式管理协调方便的特点，又具有分级分配控制任务，控制路线明确，易于解析描述的特点，克服了完全集中式或完全层次式结构的弊端。

### 2.6.3　基于多智能体系统的智能车辆控制

1. 控制体系结构

假设一个带有自动泊车功能的基于 MAS 的智能车辆控制是由协调 Agent、驱动控制 Agent、转向控制 Agent、速度 Agent、超声波 Agent、图像处理 Agent 等组成。由于控制层只有两个 Agent，将组织层和协调层合并为一个协调层。MAS 控制体系结构如图 2-31 所示。

图 2-31 的右侧是简化后的分层式结构，左侧是集中式结构。这些分布在不同位置的 Agent 具有局部自治能力，下层 Agent 的活动受上层 Agent 的监视和协调。另外，同一层次的 Agent 通过协调来共同完成各种工作，松弛了层次之间的关系，体现了 MAS 控制的优点。

基于 MAS 的控制系统具有如下特性：

(1) 将复杂的控制任务分散给驱动控制 Agent 和转向控制 Agent，这些 Agent 通过协调和合作完成总体的控制任务，这样单个 Agent 的局部问题求解规模较

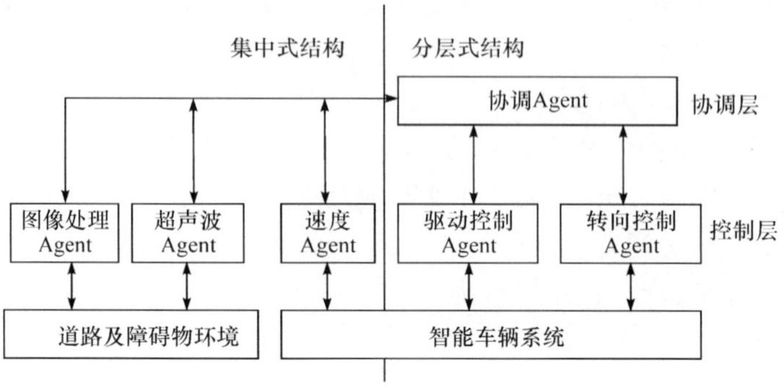


图 2-31　MAS 控制体系结构

小，降低了对智能车辆总体控制的难度。

(2) 驱动控制 Agent 和转向控制 Agent 具有独立做出局部控制和决策的能力；协调 Agent 对它们具有监控与协调作用；驱动控制 Agent 和转向控制 Agent 可以相互合作。上下层 Agent 以及同层 Agent 以松散耦合的形式连接，单个 Agent的故障仅会引起局部效率的降低或功能的丧失，不会影响其他 Agent 的正常行为，提高了整个系统的可靠性和容错能力。

(3) 信息获取 Agent 采用集中式管理方式，简化了其编程的复杂性，提高了整个控制系统的易维护性。

(4) 在不需要对系统进行大规模修改的前提下，通过加入新的 Agent 或调整已有的 Agent，适应系统的变更或扩充，使控制系统具有开放性和可重配置性。

MAS 控制的工作原理是：协调 Agent 根据各种信息获取 Agent 获得的信息或远程主控台发送来的信息，提出需要求解的问题，对该问题进行合理的分解，使原问题分解成一系列的子问题，连同相关的参数，发送到驱动控制 Agent 和转向控制 Agent，同时兼具"黑板"功能，协调它们之间的关系；驱动控制 Agent 和转向控制 Agent 根据上层协调 Agent 发送来的信息，利用各自 Agent 内相应的控制算法，计算出驱动 Agent 和转向 Agent 的控制量，控制智能车辆运行，并对智能车辆进行实时监控。

### 2. 协调 Agent

协调 Agent 是 MAS 的大脑，可以接受远程主控计算机发送的指令和信息获取 Agent 的反馈信息，将要执行的任务分解为子任务，再将这些子任务的参数分配给驱动控制 Agent 和转向控制 Agent。

1) 协调 Agent 的构成

协调 Agent 主要由输入接口模块、信息输出模块、GPRS 通信模块和任务分解模块组成，其结构如图 2-32 所示。

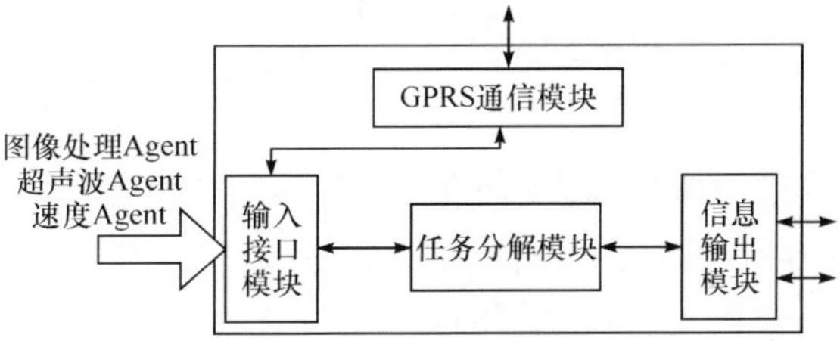


图 2-32　协调 Agent 结构框图

GPRS 通信模块:GPRS 无线数传模块及相应的通信软件完成协调 Agent 与远程主控计算机之间的不间断联系,再通过“黑板”实现 Agent 内部数据的交互。GPRS 通信模块的接口是 RS232,只需对 GPRS 进行设置,就会完成 GPRS 网络和互联网互连,实现透明数据传输。

输入接口模块:MAS 控制主要是通过输入接口获取信息,该接口由串口扩展电路与相应的分析软件构成。图像处理 Agent、超声波 Agent 和速度 Agent 通过串口扩展电路与协调 Agent 相连接。图像处理 Agent 传送智能车辆车体的纵线与标线的侧向距离误差和角度误差信息;超声波 Agent 传送障碍物的距离信息;速度 Agent 通过中断方式传送智能车辆的速度信息,再通过“黑板”将信息传送给任务分解模块。

协调 Agent 不停地向超声波 Agent 发送采集外部障碍物信息的命令,接收其回传信息,通过 GPRS 向主控计算机发送智能车辆当前状态信息。由于处理器的速度为纳秒级,在发生通信中断的情况下,一个循环周期也不会超过 1ms,有效保证了系统的实时性。

任务分解模块:任务分解主要由协调软件完成。根据输入的图像、超声波和速度信息,协调软件判断是否有障碍物。若有障碍物或需要转向,协调软件计算出相应的控制量,再将“激活”和控制量信息发送到“黑板”,传送给驱动控制 Agent 和转向控制 Agent;若直线行驶,协调软件将“激活”和控制量信息发送到“黑板”,传送给驱动控制 Agent;协调 Agent 也可以将某些无法在本地解决的复杂任务,通过 GPRS 提交给远程主控计算机来协助完成。

信息输出模块:通过“黑板”将激活信息或控制量信息实时传送给驱动控制 Agent 或转向控制 Agent。

2) 协调 Agent 的协调策略

协调 Agent 对下层的驱动控制 Agent 和转向控制 Agent 起协调和监控的作用,相当于一个选择开关。当智能车辆需要沿直线或小曲率路径行驶时,协调 Agent 激活驱动控制 Agent,使转向控制 Agent 处于随动状态,驱动控制 Agent 实时调整对智能车辆的控制量,并对智能车辆自身状态进行监控;当需要沿大曲率路径运行或遇到障碍物时，上层协调 Agent 根据智能车辆车体纵线相对标线的侧向距离误差和角度误差信息，激活驱动控制 Agent 和转向控制 Agent，使其同时进行转向操作。

根据自主行驶控制的需要，选取车载传感器探测的数据、侧向距离误差 $e_d$ 和角度误差 $e_\theta$ 作为上层协调 Agent 的主要决策指标，设计如下协调策略。

(1) 当超声波传感器没有探测到障碍物时，沿地面标线运行，根据侧向距离误差 $e_d$ 和角度误差 $e_\theta$ 启动不同的控制 Agent。

if$((-a_0\leqslant e_d\leqslant a_0)\&(-\theta_0\leqslant e_\theta\leqslant\theta_0))$

协调 Agent 激活各类信息获取 Agent 和驱动控制 Agent。

if $((-a_0\geqslant e_d)\&(e_\theta\leqslant-\theta_0))$or$((e_d>a_0)\&(e_\theta<-\theta_0))$
or$((e_d<-a_0)\&(e_\theta>\theta_0))$or$((e_d>a_0)\&(e_\theta>\theta_0))$

协调 Agent 激活各类信息获取 Agent 和转向控制 Agent。

if $((-\theta_0\leqslant e_\theta\leqslant\theta_0))\&(e_d\leqslant-a_0)$or$((-a_0\leqslant e_d\leqslant a_0)\&(e_\theta<-\theta_0))$
or$((-a_0\leqslant e_d\leqslant a_0)\&(e_\theta>\theta_0))$or$((e_d>a_0)\&(-\theta_0\leqslant e_\theta\leqslant\theta_0))$

协调 Agent 激活各类信息获取 Agent、驱动控制 Agent 和转向控制 Agent。

其中，$a_0$ 为侧向距离误差的逻辑门限，$\theta_0$ 为角度误差的逻辑门限。$a_0$、$\theta_0$ 的取值可根据实际测试结果而定。

(2) 超声波传感器探测到障碍物时，停止跟踪标线，根据超声波传感器探测的信息确定转向的方向，绕过障碍物后，再继续行驶。

协调策略的设计体现了 MAS 控制在智能车辆行驶过程中的重要性。沿直线或小曲率路径行驶时，通过驱动控制 Agent 对驱动轮的微调，实现对标线的准确跟踪，避免或减小过冲现象；沿大曲率路径行驶时，会出现侧向距离误差和角度误差较大的现象，通过驱动控制 Agent 和转向控制 Agent 的联合控制，提高侧向距离误差和角度误差减小的速度。当遇到障碍物时，也可通过驱动控制 Agent 和转向控制 Agent 的联合控制，迅速转向，这样可以保证智能车辆行驶过程中的稳定性。

3) 避障区域划分

智能车辆在自主行驶的过程中，要能够避免与障碍物发生碰撞。在环境不确定的情况下，可以在线探测障碍物并规划相应避障路径。这里将智能车辆的探测区域分为危险区、避障区和警戒区三部分，探测区域如图 2-33 所示。

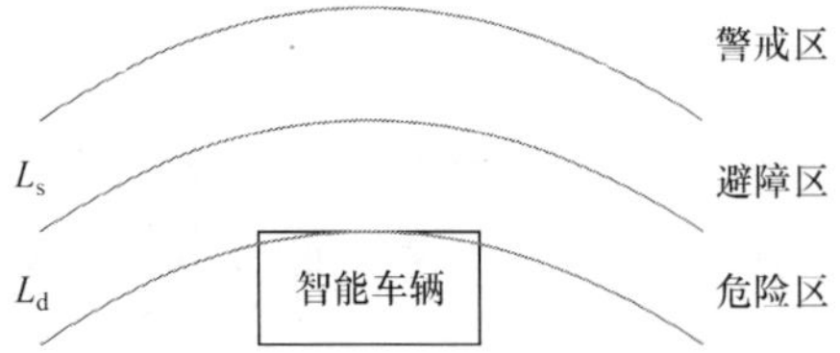


图 2-33 传感器探测区域

(1) 危险区。当传感器在危险区内检测到障碍物，表明智能车辆无法向前运动，必须采取急停或后退。危险区的长度 $L_d$ 的选择与智能车辆尺寸和性能有关。

(2) 避障区。当障碍物出现在避障区内，表明智能车辆必须采取避障行为。根据实际安全需求和智能车辆自身尺寸，来定义避障区的长度 $L_s$，从而实时调整智能车辆运行的路径，确定运行通道，实时避障。

(3) 警戒区。在避障区以外的区域，是智能车辆避障的准备区域，在该区域将降将低智能车辆的运行速度，为智能车辆的避障做好准备。

3. 控制 Agent

驱动控制 Agent 和转向控制 Agent 统称控制 Agent，是 MAS 控制中的主要组成部分。驱动控制 Agent 和转向控制 Agent 结构相似，如图 2-34 所示，其中 $i(k)$是协调 Agent 通过“黑板”发出的控制信号，$o(k)$是控制 Agent 向运动机构发出的控制量信号，$q(k)$是控制 Agent 向协调 Agent 发送的状态变化请求信号，$a(k)$是从协调 Agent 回传的信息。

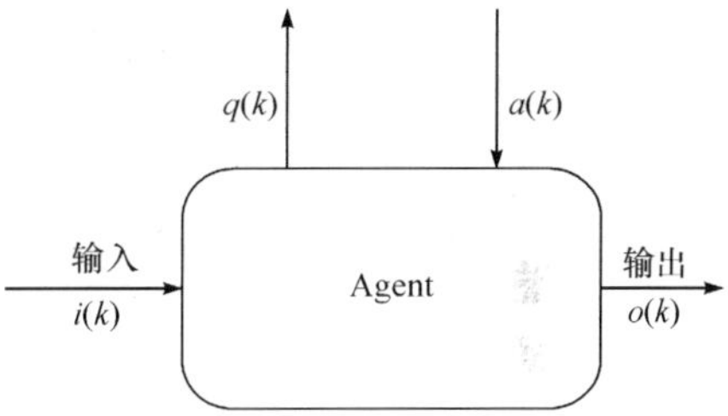

图 2-34　控制 Agent 的符号及其接口

驱动控制 Agent 和转向控制 Agent 的差别在于其内部的控制算法，其中驱动控制 Agent 采用基于 GA(遗传算法)和 LS-SVM(最小二乘-支持向量机)的变结构控制算法，输出驱动控制量，该算法见文献[26]。转向控制 Agent 采用基于 RBF(径向基函数)在线辨识的单神经元 PID 控制算法，输出前轮转向角度信息，该算法见文献[27]。

1) 控制 Agent 的功能

控制 Agent 的主要功能如下：

(1) 初始化功能：当协调 Agent 激活控制 Agent 时，初始化控制算法，为实时控制做好准备。

(2) 结束功能：当控制 Agent 由激活状态转向非激活状态时，对控制算法进行结束处理。

(3) 执行功能：当控制 Agent 被激活后，根据协调 Agent 输入参数和本控制 Agent 的控制算法，计算出相应的控制量，对智能车辆进行实时控制。

2) 控制 Agent 的状态

状态描述控制 Agent 所处的状态，Agent 组有三种状态：激活状态、后备状态和非激活状态，状态之间的关系如图 2-35 所示。

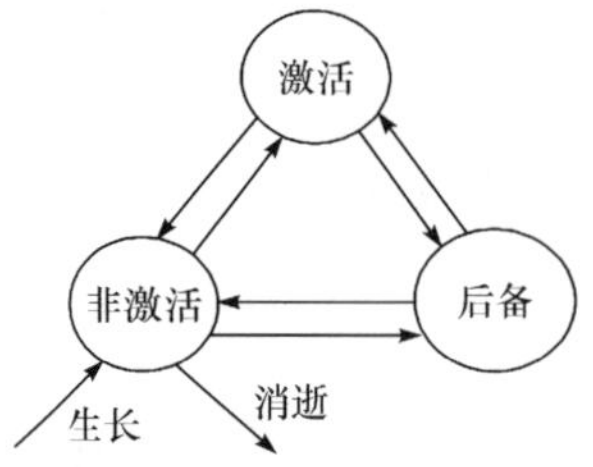


图 2-35 控制 Agent 的状态转换

(1) 激活状态。控制 Agent 根据协调 Agent 提供的信息,计算被控对象的控制量,实时向控制对象发出控制。进入激活状态的途径主要有两条:一是智能车辆刚刚启动时;二是从后备状态到激活状态时。例如,智能车辆从跟踪直线路径转为跟踪曲线路径时,转向控制 Agent 就从后备状态转变为激活状态。

(2) 后备状态。在某些情况下,激活后的控制 Agent 不需要工作,不需要输出控制量,例如,智能车辆在转向运行后,跟踪直标线,此时的转向控制 Agent 就从激活状态转变为后备状态。

(3) 非激活状态。非激活状态表示智能车辆运行到终点后,停止运行或控制 Agent 的离线学习时期。进入非激活状态的途径主要有两条:一是从激活状态进入;二是从后备状态进入。智能车辆沿直标线运行到达终点,停止运行后,驱动控制 Agent 从激活的状态进入非激活状态,而转向控制 Agent 从后备状态进入非激活状态。

3) 控制 Agent 的结构

根据控制 Agent 所要完成的任务,设计控制 Agent 的内部结构如图 2-36 所示,主要由输入处理、结束处理、初始化、算法计算、状态请求、状态转换和输出处理模块组成。控制 Agent 的结构描述了组成控制 Agent 的基本成分及其作用、各成分之间的联系与交互机制,通过获得的智能车辆内外部状态信息,计算控制 Agent 应输出的控制量。其中,$q(k)=0$:控制 Agent 的状态现在不能发生变化;$q(k)=1$:控制 Agent 的状态可以发生变化。$a(k)$是协调 Agent 向控制 Agent 发来的状态变化信息,状态变化情况如表 2-2 所示。

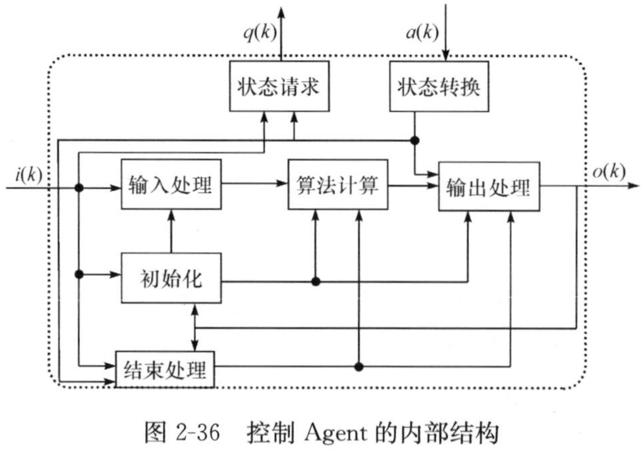


图 2-36 控制 Agent 的内部结构

表 2-2　控制 Agent 状态变化情况

| $a(k)$ | 状态变化 |
|---|---|
| 000 | 控制 Agent 的状态不变 |
| 001 | 激活状态 → 后备状态 |
| 010 | 后备状态 → 激活状态 |
| 011 | 激活状态 → 非激活状态 |
| 100 | 非激活状态 → 激活状态 |
| 101 | 非激活状态 → 后备状态 |
| 110 | 后备状态 → 非激活状态 |

如果控制 Agent 处在激活状态，在每一个采样周期，根据控制 Agent 内部的算法和协调 Agent 传送的信息，计算所需输出的控制量。

4. 信息获取 Agent

智能车辆主要是通过各类传感器 Agent、速度 Agent 和图像处理 Agent 获得自身和环境的信息，这些结构相似的 Agent 统称为信息获取 Agent。信息获取 Agent主要是根据协调 Agent 的指令，完成各种信息的获取，其内部主要由通道接口、替换选择、状态接口、指令处理、信息处理及输出和内部知识/数据库组成，结构如图 2-37 所示。

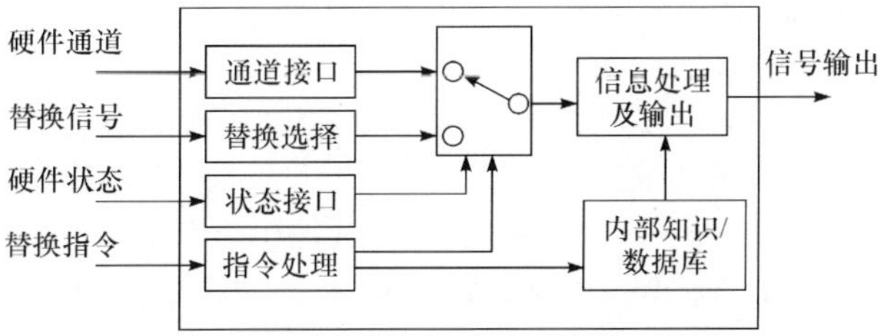


图 2-37　信息获取 Agent 的内部结构

工作原理：协调 Agent 检测信息获取 Agent 状态接口，判断信息获取 Agent 是处于“忙”还是“闲”状态。若是“忙”，则等待或检测其他信息获取 Agent 的状态；若是“闲”，则启动信息获取 Agent。然后，该信息获取 Agent 通过硬件通道接口接收硬件转换后的检测信号，通过选择器选择后进入信息处理及输出模块，进行量转换、线性化、有效性检查等处理。若数据合格，则存入内部数据库，再将处理后的信息输出给协调 Agent。

## 参考文献

[1] Saridis G. Toward the realization of intelligent controls. Proceedings of the IEEE,1979,67(4):1115-1133

[2] Kaelbling L. Goals as parallel program specifications. Proceedings of the 7th National Conference on Artificial Intelligence,Minnesota,1988:60-64

[3] Connell J. A colony architecture for an artificial creature. Cambridge:MIT AI Laboratory,1989

[4] Simmons R. An architecture for coordinating planning, sensing and action. Proceedings of Workshop on Innovative Approaches to Planning,Scheduling and Control,San Diego,1990:292-297

[5] Simmons R. Architecture,the backbone of robotic systems. Proceedings of IEEE ICRA,San Francisco,2000:67-72

[6] 刘海波,顾国昌,张国印. 智能机器人体系结构分类研究. 哈尔滨工程大学学报,2003,24(6):664-668

[7] Bonasso R. Integrating reaction plans and layered competences through synchronous control. Proceedings of IJCAI,Sydney,1991:1225-1233

[8] Gat E. Reliable goal-directed reactive control for real world autonomous mobile robots. Blacksburg:Virginia Polytechnic Institute and State University,1991

[9] Connell J. SSS: A hybrid architecture applied to robot navigation. Proceedings of IEEE ICRA,Nice,1992:2719-2724

[10] Rosenblatt J. DAMN: A distributed architecture for mobile navigation. Journal of Experimental and Theoretical AI,1997,9(2):339-360

[11] Pagoaga A. Agent-based control architecture for a mobile robot. Paris: University of Paris,2002

[12] 朱淼良. 基于 Agent 的自主式智能机器人体系结构及集成系统. 模式识别与人工智能,2000,13(1):37-41

[13] Piaggio M. HEIR—A non-hierarchical hybrid architecture for intelligent robots. Workshop on Agent Theories Architectures and Languages,Paris,1998:243-259

[14] 蔡自兴. 基于功能/行为集成的自主式移动机器人进化控制体系结构. 机器人,2000,22(3):170-175

[15] Rooney B. The social robot architecture:Towards sociality in a real world domain. Towards Intelligent Mobile Robots,Bristol,1999:1-8

[16] 汪明磊. 智能车辆自主导航中避障路径规划与跟踪控制研究. 合肥:合肥工业大学博士学位论文,2013

[17] 张友军,朱淼良,吴春明,等. 自主式移动机器人系统的体系结构. 机器人,1997,19(5):378-383

[18] 李进,陈无畏,李碧春. 基于行为的智能车辆导航控制体系结构. 机械工程学报,2007,43(7):162-167

[19] 焦俊. 基于多 Agent 系统的智能车辆自主行驶控制研究. 合肥：合肥工业大学博士学位论文，2010

[20] 张洁，高亮，李培根. 多 Agent 技术在先进制造中的应用. 北京：科学出版社，2004

[21] 蒋云良，徐从富. 智能 Agent 与多 Agent 系统的研究. 计算机应用研究，2003，4：31-34

[22] Xue X, Liu X Q, Li R. Towards a customized methodology to develop multi-Agent systems. Agent Computing and Multi-Agent Systems, 2006, 9: 105-116

[23] Boccalatte A, Gozzi A, Paolucci M, et al. A multi-Agent system for dynamic just-in-time manufacturing production scheduling systems. IEEE Transactions on Systems, Man and Cybernetics, 2004, 6(6): 5548-5553

[24] 史忠植. 智能主体及其应用. 北京：科学出版社，2000

[25] 谢学科. 多 Agent 交互协作研究及系统模拟. 西安：西北工业大学硕士学位论文，2005

[26] 焦俊，陈无畏，王继先，等. 基于 GA 和 LS-SVM 的 AGV 变结构控制. 系统仿真学报，2008，20(14)：3777-3781

[27] 焦俊，陈无畏，王继先，等. 基于 RBF 在线辨识的 AGV 转向单神经元 PID 控制. 仪器仪表学报，2008，29(7)：1431-1435

# 第 3 章　基于机器视觉的智能车辆导航

本章主要介绍基于机器视觉的环境感知技术,对各种道路环境场景的快速识别和理解,从而确定可行驶道路或可行驶区域。相对于其他方法,机器视觉是一种被动测量方法,本身不发出光以及其他辐射源,具有测量速度快、准确等优点。因此,机器视觉是智能车辆研究的一个重要内容,也是富有挑战性的一项关键技术。本章对智能车辆的机器视觉的图像特征提取、匹配等关键技术进行阐述,提出有效的图像处理算法,并将其用于智能车辆的导航控制中。

## 3.1　车道识别系统设计

车道识别技术作为驾驶员高级辅助驾驶系统中的关键技术之一,能有效减少因车辆偏离车道而发生的横向碰撞事故。实时性和复杂情况下(如阴影干扰、标线模糊等)的可靠性是车道识别技术的难点和关键。近年来,许多学者对其进行了深入的研究[1-8]。为使模糊的车道边缘能够被检测,这里设计一种基于车道线宽度和边缘点数量统计的边缘检测算法,有效抑制图像噪声的影响。同时,针对传统直线检测比较耗时的问题,提出一种基于车道模型的消失点投票定位检测方法,并将投票于消失的边缘点进行分类和统计,在此基础上实现车道线的快速检测。

### 3.1.1　车道识别算法流程

车道识别算法流程如图 3-1 所示[1]。整个车道识别算法分为车道线预提取和车道线跟踪两部分。在车道线预提取阶段,初步获得可能存在车道线的区域,处理分为高斯平滑滤波、边缘检测、消失点检测、直线检测和车道模型匹配等多个过程,为车道线识别界定感兴趣区域(ROI),提高算法的实时性。

若车道线预提取成功,表明道路可能存在车道线,进入车道线跟踪阶段,否则重新对下一帧图像进行车道线预提取。车道线跟踪阶段,在 ROI 内进行滤波、分方向边缘检测、局部消失点重定位、直线提取、标线特征确认、模型匹配和参数寻优等处理过程。若标线确认成功,则进行车道模型匹配,否则转入第一阶段对下一帧图像进行车道线预提取;若标线被确认,同时车道模型匹配成功,则对车道线参数进行寻优,否则转入第一阶段对下一帧图像进行车道线预提取。如此反复循环,完成车道识别。

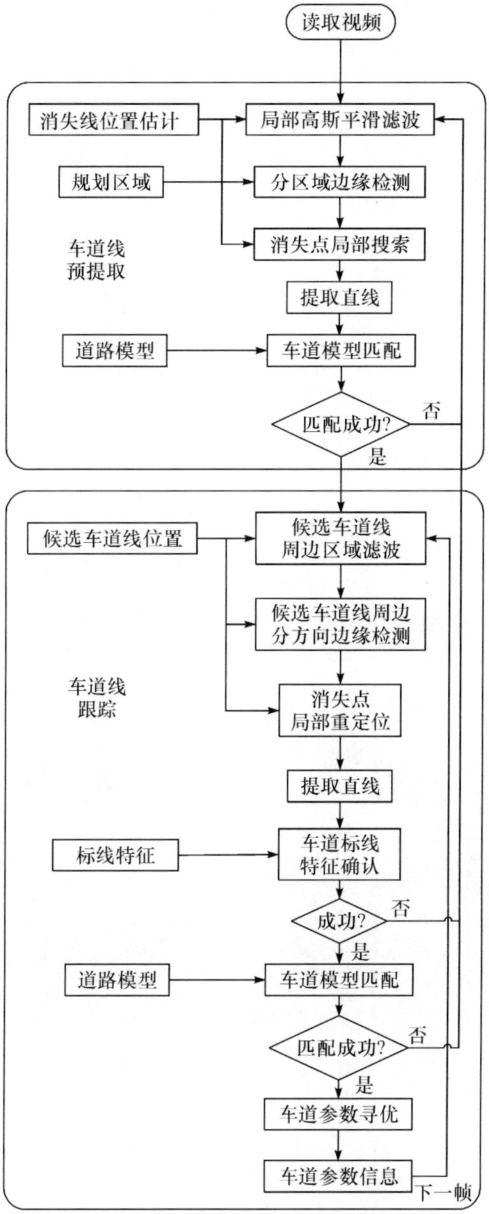


图 3-1　车道识别算法流程

### 3.1.2　车道线预提取

在车道线预提取过程中，对车道图像进行平滑滤波处理，减少噪声点的影响，并通过边缘检测突出道路边缘，被检测出的直线进行车道模型匹配，搜索出可能存在的车道线，为车道跟踪阶段的车道线感兴趣区域提取参考输入。

1. 高斯平滑滤波

将下述二维高斯型函数与原图像 $f(x,y)$ 进行卷积，以得到模糊化的图像 $I(x,y)$，图像的模糊程度由 $\sigma$ 值决定。

$$G(x,y)=\frac{1}{2\pi\sigma^2}\exp\left(-\frac{x^2+y^2}{2\sigma^2}\right) \tag{3-1}$$

$G(x,y)$ 的梯度为

$$\nabla G(x,y)=\left[\frac{G(x,y)}{\partial x},\frac{G(x,y)}{\partial y}\right]^{\mathrm{T}} \tag{3-2}$$

高斯模糊化的图像输出为

$$I(x,y)=\nabla G(x,y)*f(x,y) \tag{3-3}$$

式中，$(x,y)$ 为摄像头的像素坐标。

模糊化的图像部分为车道消失线以下部分，消失线在像素坐标系中的位置从摄像头外部参数标定中估计得到。图 3-2 为模糊化的图像，模糊化的过程使得在后续边缘检测过程中减少噪声。

图 3-2　模糊化的图像

2. 边缘检测

车道线具有一定的宽度范围，且宽度值沿着图像 $x$ 轴正方向逐渐增加，其最大宽度不会超过一个最大值。车道线边缘灰度值分别存在 $x$ 和 $y$ 方向上的灰度跃变性能，因而车道线边缘点与同一行或列上的其他车道线点仍然构成灰度跃变特性，并且这样的点数在 $y$ 方向上一般不少于车道线的宽度，即车道线的像素个数大致相等。根据这一特点，边缘检测时若灰度跃变图像像素个数不符合标线宽度条件，则将其剔除，以减少非车道线的边缘噪声影响。

当标线边缘由于磨损等变得模糊时，车道线边缘形成一个梯度很小的斜坡数字边缘模型，如图 3-3 所示。常见的几种边缘检测算子由于梯度阈值的限制，很难检测出模糊车道线边缘。采用 Laplace 算子虽然可以准确定位边缘，但其对噪声极其敏感，一般不作为原始边缘检测，采用 Canny 算子则耗时较多。仔细分析可以发现，虽然模糊车道线边缘 $y$ 轴上前后像素的对比度小，但是当两像素 $y$ 轴位置较远时二者之间的对比度仍然较大，这是因为虽然斜坡梯度小，但二者的 $y$ 轴坐标之差较大，从而使得对比度增加。因此，通过计算 $y$ 轴坐标相邻较远的两像素灰度值之差来计算梯度值，仍能检测出较为模糊的车道线边缘。

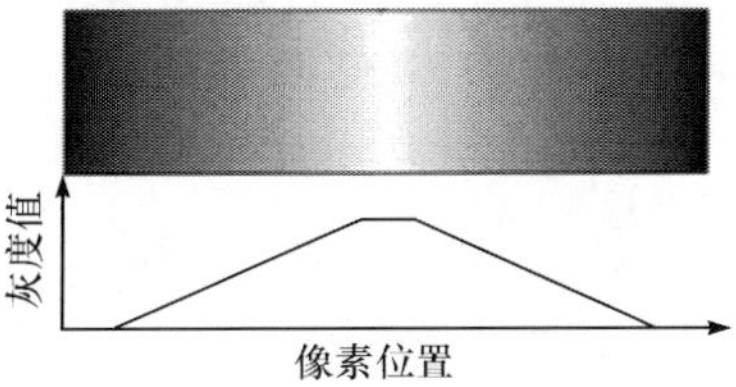

图 3-3　模糊车道线边缘示意图

当车辆在道路上正常行驶时，若车道线越靠近车辆纵轴方向，则车道线与 $y$ 轴的夹角越趋近于垂直，而越远离图像中心的车道线与 $x$ 轴的夹角趋近于垂直，因而这里在图像的近景处和远景处分别采用 $y$ 轴方向扫描和 $x$ 轴方向扫描获得边缘点。根据以上分析，边缘检测算法的步骤如下：

在近景处 $y$ 轴（0～$N/2$ 像素）和远景处（$N/4$～$N/2$ 像素）内进行 $y$ 轴正方向扫描，如图 3-4 所示。

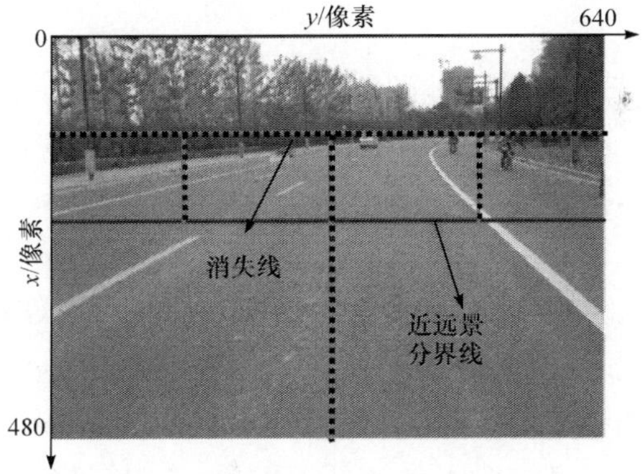

图 3-4　车道线预提取阶段分区间扫描区域

（1）计算 $y$ 方向上相邻 $p$ 个像素长度的像素点灰度值之差 $T_{i,j}^{p}: f(x_i, y_j)-f(x_i, y_{j+p})$，若 $T_{i,j}>T_{\min}$，则计算 $T_{i,j}^{p+1}: f(x_i, y_j)-f(x_i, y_{j+p+1})$；若 $T_{i,j}^{p+1}>T_{\min}$，则后续计算 $T_{i,j}^{2}, T_{i,j}^{3}, \cdots, T_{i,j}^{p-1}, T_{i,j}^{p+2}, \cdots, T_{i,j}^{2p}$，并转入第(2)步，否则重新进入第(1)步计算 $T_{i,j+1}^{p}$。

（2）对灰度值之差大于最小阈值 $T_{\min}$ 的像素点数进行统计，若统计数量超过车道最小宽度 $w_{\min}$，则进行第(3)步运算，否则进入第(1)步计算 $T_{i,j+1}^{p}$。

（3）追踪所有像素灰度值之差的最大值点，若最大值点有多个，则将其中距离

$f(x_i, y_j)$最近的点 $f(x_i, y_{\min})$作为最大跃变点，并将其对应的二值化图像数值置为 255，其余点置为 0，同时转入第(1)步计算 $T^p_{i,\min+1}$。

其中，$T_{\min}$取较小的阈值，目的是检测到对比度小的车道线边缘。车道线最小宽度 $w_{\min}$是为了保证在滤掉噪声的基础上能检测到宽度较小的车道线，其值随像素点在 $x$ 轴上坐标的增大而增大。初始跳跃长度 $p$ 的大小决定能够检测到的车道线模糊程度，若 $p$ 取值过大，则可能会检测不到宽度窄的标线，因而 $p$ 的取值不宜过大且小于 $w_{\min}$。

向 $y$ 轴负方向的边缘扫描与上面类似，仅将边缘点的灰度值置为 200 以区别扫描的方向，其扫描范围为在近景($N/2$～$N$ 像素)和远景($3N/4$～$N$ 像素)内进行 $y$ 轴负方向扫描。

在远景处 $x$ 轴正方向扫描。由于 $x$ 轴正方向上车道线的两边缘点之间不能构成车道线的宽度信息，且原图像在远处的噪声远比近景处的要小，所以这里不利用车道线的宽度信息，仅利用 $x$ 轴方向上间隔像素点之间的灰度阈值之差进行分析。算法步骤如下：

(1) 计算 $x$ 方向上相邻 $p$ 个像素长度的像素点灰度值之差 $T^p_{i,j}$：$f(x_{i+p}, y_j)-f(x_i, y_j)$，若 $T_{i,j}>T_{\min}$，则计算 $T^{p+1}_{i,j}$：$f(x_{i+p+1}, y_j)-f(x_i, y_j)$；若 $T^{p+1}_{i,j}>T_{\min}$，则后续计算 $T^2_{i,j}, T^3_{i,j}, \cdots, T^{p-1}_{i,j}, T^{p+2}_{i,j}, \cdots, T^{2p}_{i,j}$，并转入第(2)步，否则重新进入第(1)步计算 $T^p_{i,j+1}$。

(2) 追踪所有像素灰度值之差的最大值点，若最大值点有多个，则将其中距离 $f(x_i, y_j)$最近的点 $f(x_{\min}, y_j)$作为最大跃变点，并将其对应的二值化图像数值置为 255，其余点置为 0，同时转入第(1)步计算 $T^p_{\min+1,j}$。其中，初始跳跃长度 $p$ 比 $y$ 轴方向扫描的取值小。

图 3-5 为本边缘检测算法与几种常见的边缘检测算法对一边缘较模糊车道线进行的边缘检测对比。可以看出，Sobel 算子和 Prewitt 算子检测的边缘点少且产生了大量噪声，本算法检测的边缘准确平滑、噪声小，比 Canny 算子速度快。

完成边缘点检测后，在边缘点处计算梯度角，并根据梯度角计算其方位角，方位角方向与梯度角方向垂直。这里不计算整幅图像而计算边缘点处的梯度角是为了减少算法执行时间，同时为后面的直线和消失点检测做准备。

梯度角度计算公式如下：

$$\alpha_G(x, y)=\arctan\left(\frac{G_y}{G_x}\right) \tag{3-4}$$

$$G(f(x, y))=\left[\frac{\partial f}{\partial x}, \frac{\partial f}{\partial y}\right]^{\mathrm{T}}\approx[G_x, G_y]^{\mathrm{T}} \tag{3-5}$$

式中，$G_x$ 和 $G_y$ 为利用 Sobel 算子计算得到的边缘点处 $x$ 方向和 $y$ 方向的梯度值。

(a) Sobel算子

(b) Prewitt算子

(c) Canny算子

(d) 本检测算法

图 3-5　不同方法对模糊车道线边缘检测结果对比

图 3-6(a)为不同车道下本检测算法的边缘点位置提取结果,图 3-6(b)为边缘点方向角计算结果,灰度值越大,代表方向角越大。从图中可以看出,所提边缘检测算法能够准确有效地检测车道线边缘,且产生的噪声小。

3. 消失点检测

消失点检测对于整个车道识别过程尤为重要,消失点不仅代表道路的延伸方向,还为各车道线提供参数信息。为提高实时性,这里不采用常见的 Hough 变换检测直线后再根据直线检测消失点的方法,而是采用边缘点对未知消失点进行投票选择的方式进行消失点定位。为提高实时性和可靠性,这里将消失点的位置选定在消失线上,而消失线的 $x$ 轴坐标可以根据 CCD 摄像头安装参数经过坐标变换得到。式(3-6)表示的是边缘点对候选消失点的投票函数:

$$\text{vote}(x_d, y_j)=\begin{cases}1, & |\alpha_D(x,y)-\alpha_A(x_d,y_j)|\leqslant\tau; j\in(0,N)\\0, & |\alpha_D(x,y)-\alpha_A(x_d,y_j)|>\tau; j\in(0,N)\end{cases} \tag{3-6}$$

式中,$x_d$ 代表消失点的 $x$ 轴坐标;$\alpha_D(x,y)$代表边缘点坐标为$(x,y)$处的方向角;

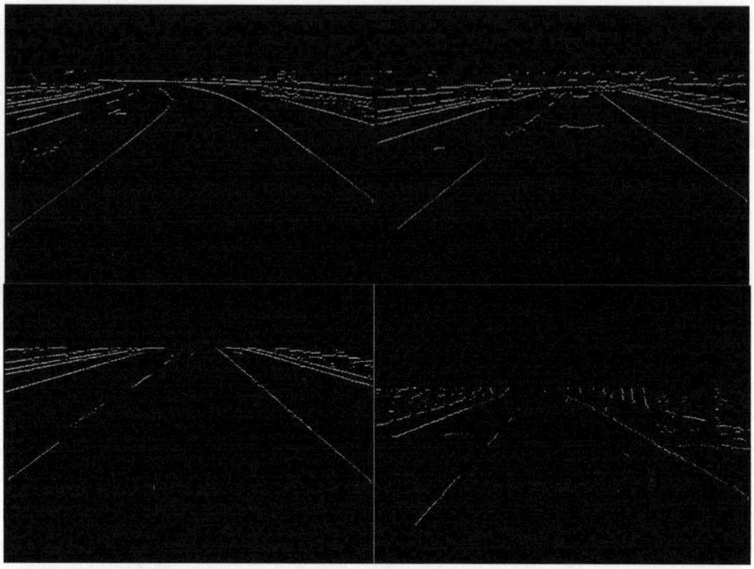

(a) 边缘检测

(b) 方向检测

图 3-6　不同工况下的检测结果

$\alpha_A(x_d, y_j)$代表坐标为$(x_d, y_j)$的候选消失点与边缘点之间连接线的方向；$\tau$为方向角度偏差的阈值。经过边缘点对候选消失点投票选择后，消失点的位置坐标 vp 为得票最多的候选消失点坐标，其表达式为

$$\mathrm{vp}=\max(\mathrm{vote}(x_d, y_j); j\in(0,N)) \tag{3-7}$$

消失点检测结果如图 3-7 所示。可以看出，不同工况下的消失点定位准确性高。

4. 直线检测

在检测到消失点后，通过投票对消失点的边缘点进行分类和统计，减小车道识别算法执行时间。当边缘点对候选消失点投票有效时，候选消失点记录下边缘点的方向角，并对当前方向角进行统计。当遍历完所有边缘点后，所有候选消失点均

(a) 车道线模糊　(b) 车辆遮挡　(c) 阴影干扰　(d) 夜晚　(e) 雨天　(f) 大雾　(g) 道路有标志　(h) 大曲率道路

图 3-7　不同环境下的车道消失点定位

已记录下不同方向角的边缘点数量，这时若对聚焦于消失点的不同方向边缘点数量进行统计排序，则可获得聚焦于消失点的不同方向上直线的参数信息。不同环境下聚焦于消失点的直线检测效果如图 3-8 所示。可以看出,检测的直线准确性高,漏检的直线较少,有效减少了不聚焦于消失点的非车道线带来的干扰。

(a) 车道线模糊　(b) 车辆遮挡

(c) 阴影干扰　(d) 夜晚

(e) 雨天　(f) 大雾

(g) 道路有标志　(h) 大曲率道路

图 3-8　不同环境下的直线检测

5. 车道模型匹配

检测出的直线为车道线提取提供了参考，从检测出的直线中筛选出候选的车道线也成为下一帧图像中车道线跟踪的目标区域。车道线满足车道模型匹配关系，即车道线之间的距离满足车道宽度的要求。

根据公路设计准则，当车道由世界坐标系经过多重坐标系转换投影到像素坐标系时，车道线方程可近似表达为[6]

$$y-y_d=B(x-x_d)+\frac{K}{x-x_d} \tag{3-8}$$

式中，$y_d$ 为消失点在图像坐标系下的纵坐标，$y_d=\frac{-f_e\theta}{\cos\phi}+c_0$；$x_d$ 为消失点在图像坐标系下的横坐标；$K=\frac{f_e^2\rho H}{2\cos^3\phi}$；$B=\frac{d\cos\phi}{H}$。其中，$\phi$ 为摄像头安装俯角，$f_e$ 为摄像头等效焦距，$\rho$ 为道路曲率，$d$ 为车道线与道路中心的距离，$\theta$ 为车道线与摄像头光轴在水平面投影的夹角，$c_0$ 为图像物理坐标原点在像素坐标下的纵坐标，$H$ 为摄像头安装高度。

由于车道模型匹配的是直线型车道，这里的车道模型可以简化为

$$y-y_d=B(x-x_d) \tag{3-9}$$

由于消失点的坐标$(x_d,y_d)$及代表直线的斜率 $B$ 均在检测直线时已经获得，而摄像头安装俯角 $\phi$ 和摄像头安装高度 $H$ 在标定过程中也已获得，所以通过计算直线之间的斜率 $B$ 之差通过转换即可得到两直线之间的距离，从而对其是否为候选车道线进行判断。这里首先对每条直线进行候选车道线置信度计算，找出其中置信度最高的直线，然后以此直线为基础根据车道宽度的要求，对其他直线是否构成候选车道线进行筛选。

第 $i$ 条直线的候选车道线置信度函数如式(3-10)和式(3-11)所示：

$$\mathrm{CL}_i=\mathrm{DIS}_j\left(\sum_{j=1}^{\mathrm{NOL}}x_{ij}\right),\quad i\in(1,\mathrm{NOL}) \tag{3-10}$$

$$v_{ij}=\begin{cases}1, & \left[\left|\dfrac{H}{\cos\phi}(B_i-B_j)\right|-d\right]\leqslant\lambda, j\in(1,\mathrm{NOL})\\ 0, & \left[\left|\dfrac{H}{\cos\phi}(B_i-B_j)\right|-d\right]>\lambda, j\in(1,\mathrm{NOL})\end{cases} \tag{3-11}$$

式中，$\mathrm{DIS}_j$ 代表在消失点检测过程中第 $j$ 条直线上的边缘点统计数量；NOL 代表检测直线的总数量；$v_{ij}$ 代表第 $i$ 条直线与第 $j$ 条直线之间满足车道宽度的标志；$d$ 代表车道的宽度，分别取单车道、双车道、三车道的宽度，单车道的标准宽度设为 3.5m；$\lambda$ 则为满足车道宽度的判断阈值。找出 $\mathrm{CL}_i$ 中的最大值并将其视为最合理

的车道线，同时在此基础上根据车道宽度搜索剩余的其他候选车道线，若车道线缺失，则补充相应的候选车道线，这样即可实现候选车道线的搜索过程。

不同环境下的候选车道线搜索结果如图 3-9 所示，可以看出，根据车道宽度的要求能够准确检测出所有候选车道线。

(a) 车道线模糊　(b) 车辆遮挡

(c) 阴影干扰　(d) 夜晚

(e) 雨天　(f) 大雾

(g) 道路有标志　(h) 大曲率道路

图 3-9　三车道线预提取

### 3.1.3 车道线跟踪

若车道线预选取成功，则在下一帧图像处理时以第一帧图像中车道线的位置为跟踪模型的参考输入，对下一帧车道图像上的车道线位置进行预测，在车道线预测的基础上建立感兴趣区域，并针对感兴趣区域进行预处理及车道线检测等，以提高车道识别的鲁棒性和实时性[9]。

1. 卡尔曼滤波跟踪预测

卡尔曼滤波(Kalman filter)可利用目标的动态信息，设法去除噪声的影响，估计出较为精确的目标位置。这个估计可以是对当前目标位置的估计(滤波)，将来位置的估计(预测)，也可以是对过去位置的估计(插值或平滑)。一般来说，根据观测数据对随机量进行定量推断就是估计问题，特别是对动态行为的状态估计，它能实现实时运行状态的估计和预测功能。卡尔曼滤波本质是实现预测校正估计的一种方法，它在最小均方差(minimum mean square error，MMSE)上是最优的。卡尔曼滤波仅需根据上一时刻状态估计值和当前测量值对当前时刻的值进行估计，递推的计算方法使其计算速度快且适合现代计算机的处理要求。

这里采用常用的卡尔曼滤波方法，对当前帧车道图像中的参数进行最优估计。设离散的线性随机系统模型及其测量模型为

$$\begin{cases} X(k)=AX(k-1)+BU(k)+W(k) \\ Z(k)=HX(k)+V(k) \end{cases} \tag{3-12}$$

式中，$X(k)$为 $k$ 时刻的系统状态；$U(k)$为 $k$ 时刻对系统的控制量；$A$ 和 $B$ 为系统参数，对于这里的多参数模型系统二者均为矩阵；$Z(k)$为 $k$ 时刻的测量值；$H$ 为测量系统参数，为矩阵形式的参数；$W(k)$和 $V(k)$分别为过程和测量中的噪声，这里假设其为高斯白噪声，二者的协方差分别为 $Q$、$R$。卡尔曼滤波器对于这种线性随机微分系统具有最优的估计能力，其计算步骤如下：

(1) 利用系统的过程模型，预测下一时刻的状态参数，假设现在的系统状态是 $k$，根据系统的模型，可以基于系统的上一状态而预测出现在状态：

$$X(k|k-1)=AX(k-1|k-1)+BU(k) \tag{3-13}$$

式中，$X(k|k-1)$是利用上一状态预测的结果；$X(k-1|k-1)$是上一状态最优的结果；$U(k)$为现在状态的控制量，这里没有控制量，因而其值为 0。

(2) 更新预测结果的协方差，这里用 $P$ 表示，计算公式如下：

$$P(k|k-1)=AP(k-1|k-1)A^{\mathrm{T}}+Q \tag{3-14}$$

式中，$P(k|k-1)$为 $X(k|k-1)$对应的协方差；$P(k-1|k-1)$为 $X(k-1|k-1)$对应的协方差；$A^{\mathrm{T}}$ 为 $A$ 的转置矩阵。

上述两式实现系统状态参数的预测，下面结合系统的当前时刻测量结果和前

面的预测值对当前时刻系统的状态参数进行最优估计，即估计 $X(k|k)$，其计算公式如下：

$$X(k|k)=X(k|k-1)+Kg(k)(Z(k)-HX(k|k-1)) \tag{3-15}$$

式中，$Kg(k)$ 为当前时刻的卡尔曼增益(Kalman gain)，其计算公式如下：

$$Kg(k)=P(k|k-1)+H^{\mathrm{T}}/(HP(k|k-1)H^{\mathrm{T}}+R) \tag{3-16}$$

联立以上几个公式可计算出当前时刻的最优估计参数，同时为计算下一时刻的最优状态参数，需要对当前状态下的协方差进行更新，其计算公式如下：

$$P(k|k)=(I-Kg(k)H)P(k|k-1) \tag{3-17}$$

当进入 $k+1$ 时刻时，$P(k|k)$ 即转化为式(3-14)中的 $P(k-1|k-1)$，随着时间的推移，各参数不断循环计算，以实现对不同时刻参数的最优估计。

2. 跟踪模型建立及感兴趣区域提取

根据式(3-12)建立起预测和测量的系统参数方程，系统各矩阵参数分别为

$$A=\begin{bmatrix}1&0&0&0&0&0\\0&1&0&0&0&0\\0&0&1&0&0&0\\0&0&0&1&0&0\\0&0&0&0&1&0\\0&0&0&0&0&1\end{bmatrix},\quad H=\begin{bmatrix}1&0&0&0&0&0\\0&1&0&0&0&0\\0&0&1&0&0&0\\0&0&0&1&0&0\\0&0&0&0&1&0\\0&0&0&0&0&1\end{bmatrix}$$

由于没有控制输入，所以 $B=0$，$W(k)$ 和 $V(k)$ 的噪声协方差 $Q$、$R$ 选择合适的常数矩阵即可。这里假设参数预测值与上一帧的最优预测值相等，且测量变量和预测参数为同一变量，因此 $A$、$H$ 均为单位矩阵。图 3-10 为测量值和卡尔曼滤波值的效果对比。其中，图 3-10(a)和(b)分别为当前车道左右侧车道线斜率测量值和卡尔曼滤波值的对比图；图 3-10(c)和(d)分别为消失点像素坐标系下横向位置和纵向位置测量值与卡尔曼滤波值的对比。

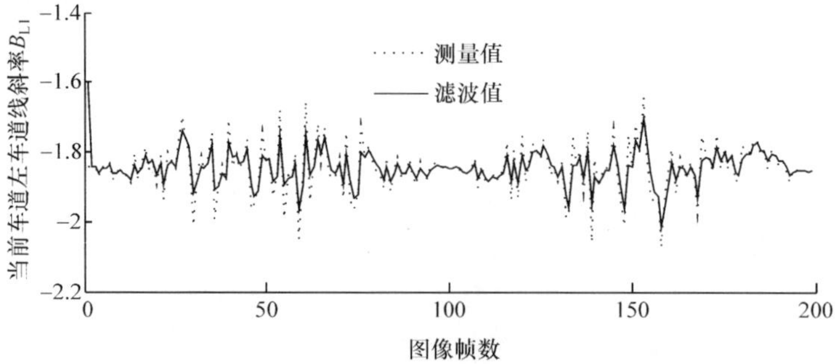


(a) 当前左侧车道线斜率的测量值和卡尔曼滤波值

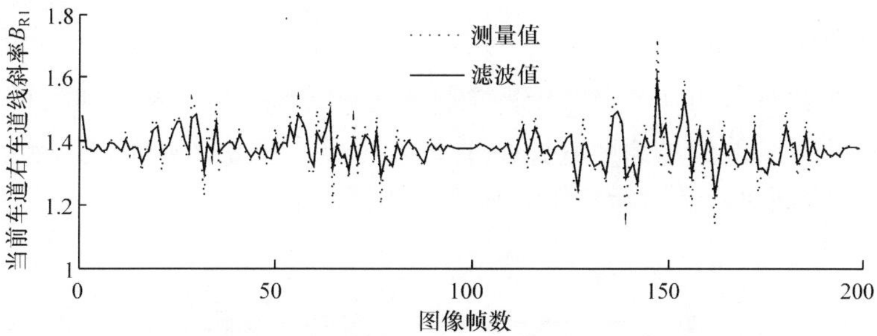


(b) 当前右侧车道线斜率的测量值和卡尔曼滤波值

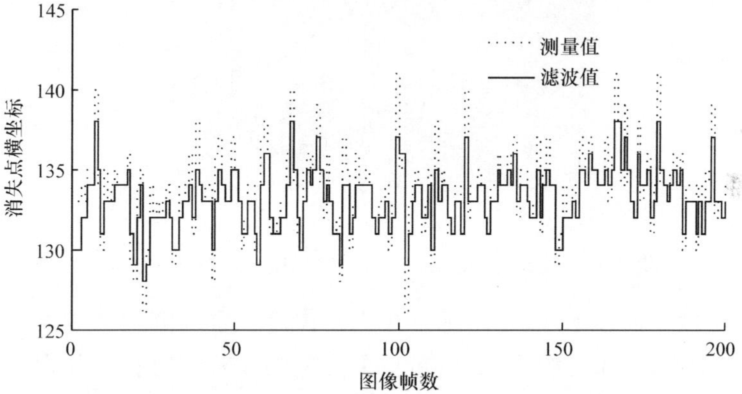


(c) 消失点像素坐标系下横向位置测量值与滤波值

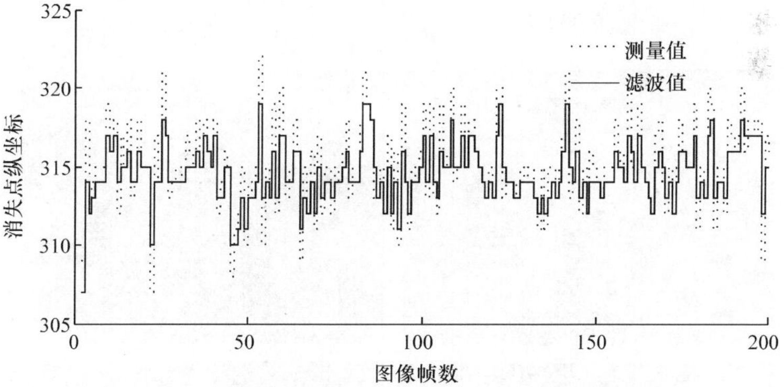


(d) 消失点像素坐标系下纵向位置测量值与滤波值

图 3-10　测量值和卡尔曼滤波值的对比

在得到消失点位置和车道线斜率的卡尔曼滤波最优估计参数后，可根据需求参数建立局部的感兴趣区域以对车道消失点及车道边缘点进行检测，提高车道识别的实时性和可靠性。

3. 预处理

车道线跟踪阶段的预处理包含局部区域平滑滤波、基于车道线方向的边缘检测两部分。平滑滤波的局部区域如图 3-11 中箭头指向的内部区域所示。显然，滤波的区域较小，而对应的边缘检测区域也相应缩小。

图 3-11　车道跟踪阶段的感兴趣区域及边缘检测方向

边缘检测的方向如图 3-11 所示。在当前车道左右两侧的直线周围采用 $y$ 轴双方向扫描方式检测车道线边缘点，在左车道左侧和右车道右侧分别进行 $x$ 轴的正方向扫描，这是因为当前车道两侧车道线与 $y$ 轴趋近于垂直而左车道的左侧车道线与右车道的右侧车道线与 $x$ 轴趋近于垂直。相应的平滑滤波算法和边缘检测算法在车道线预提取阶段相同。图 3-12 为跟踪阶段的边缘检测结果，可以看

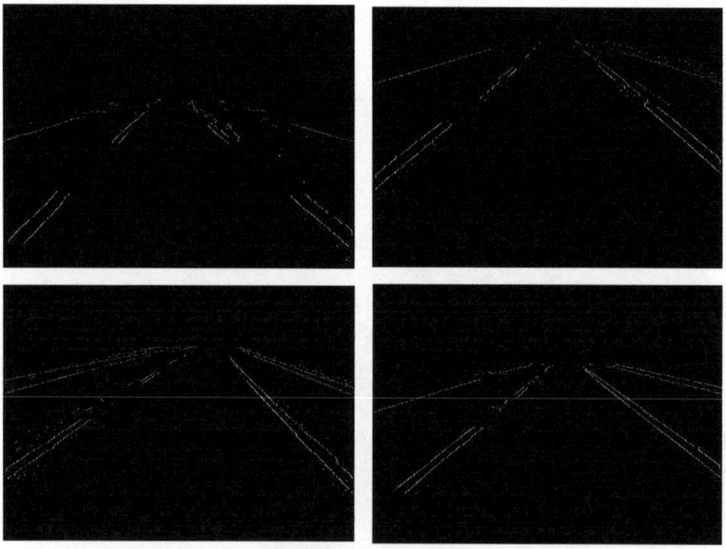

图 3-12　车道跟踪阶段标线边缘检测结果

出，车道跟踪阶段的边缘检测能检测到当前车道两侧车道线的双边缘，避免了其他非车道边缘检测带来的噪声干扰。

4. 消失点重定位与直线检测

消失点的重定位方法和直线预提取相同，只是投票的候选点区域发生了变化。预提取直线候选点的区域为消失线，由于车辆在行驶过程中会发生上下颠簸或者道路上下坡等情况，道路消失线在图像坐标系中会发生微小变化，所以这里将消失点的候选点区域设定为预测消失点周围的矩形框内，如图 3-11 所示。同理，在消失点检测的基础上对汇聚于消失点的边缘点进行分类统计，即可检测出不同方向的直线，如图 3-13 所示。可以看出，当前车道左右侧车道线的左右侧边缘均被检测为直线。

图 3-13　车道跟踪阶段的直线检测结果

5. 车道线确认及模型匹配

车辆正常行驶时车道线一般满足如下关系：当前车道左侧车道线的左侧边缘点满足 $G_x \geqslant 0$ 且 $G_y > 0$，当前车道左侧车道线的右侧边缘点满足 $G_x \leqslant 0$ 且 $G_y < 0$，当前车道右侧车道线的左侧边缘点满足 $G_x \geqslant 0$ 且 $G_y < 0$，当前车道左侧车道线的右侧边缘点满足 $G_x \leqslant 0$ 且 $G_y > 0$。

根据投影可知，两条平行的车道线边缘到像素坐标系中会相交，车道左侧边缘直线的方向角要比右侧的小，且二者的差值范围可根据车道线的宽度及摄像头标定后估计得到。根据这一特征，可排除阴影边缘直线对车道检测的影响，提高车道线检测的准确性。若车道线确认成功，则对检测直线进行车道模型的匹配，匹配的算法与前面类似。车道跟踪阶段的三车道线检测结果如图 3-14 所示。

图 3-14　车道跟踪阶段的三车道线检测结果

6. 车道参数寻优

若车道线匹配成功，则对车道线进行参数寻优。当车道为曲线型车道时，需在直线型车道的基础上对车道的曲率等参数进行寻优，以获得更加准确的车道信息。寻优的过程即搜索式(3-8)中 $K$ 和 $B$，使得车道线上分布的边缘点在满足方向角度条件下最多，保证非边缘点被剔除，参数寻优过程及不同 $K$ 和 $B$ 值下的车道线分布如图 3-15 所示。

图 3-15　车道参数寻优过程

7. 车道中心线提取

三车道线参数寻优过程结束后，分别根据车道线的位置找出各车道中心线，这里取两侧车道线的中心位置作为车道中心线。图 3-16 为三车道的检测结果，白色线为各车道中心线位置。通过 $K$ 和 $B$ 的寻优结果并结合式(3-8)即可换算出车道的曲率、各车道中心与车辆的横向距离及其方向偏差，并作为车辆辅助驾驶系统的控制参数。

图 3-17 为车辆与车道中线在当前道路最近点的相对距离偏差 $\Delta d$、方位偏差

(a) 车道线模糊　(b) 车辆遮挡

(c) 阴影干扰　(d) 夜晚

(e) 雨天　(f) 大雾

(g) 道路有标识符　(h) 大曲率道路

图 3-16　不同路况下三车道检测结果

$\Delta\phi$ 以及当前道路曲率 $\rho$。从图中可以看出，参数测量值变化稳定，可用于车辆横向运动的控制。

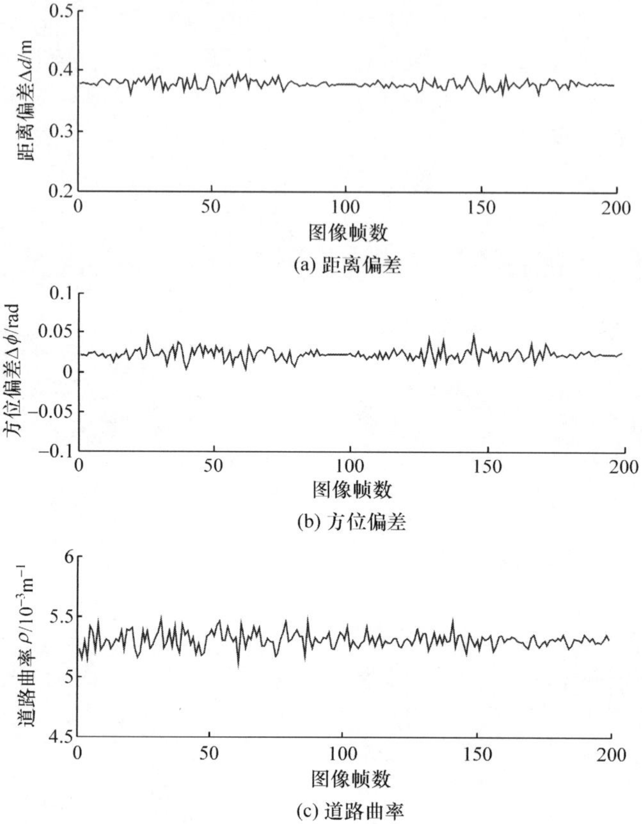


图 3-17　车-路相对距离偏差、方位偏差及道路曲率测量值

## 3.2　基于边缘点投影的车道线快速识别

基于边缘点投影的车道线识别算法是运用投票机制检测消失点，利用投影方向划分目标搜索区域，通过边缘点沿其梯度方向投影计数获得车道线上的两点，并进行置信度判断以获取车道线。该算法能有效准确地快速实现车道线识别，并且在噪声干扰、车道线模糊等恶劣情况下，准确识别车道，具有一定的应用价值[10]。

### 3.2.1　快速识别和跟踪算法流程

一种车道快速识别和跟踪算法逻辑框图如图 3-18 所示。流程如下：①对摄像头捕获到的图像进行预处理，并进行中值滤波及 Sobel 边缘检测，通过摄像头标定及坐标转换的方式获得水平消失线，划分图像的感兴趣区域。②针对图像感兴趣区域内的有效点，沿梯度方向向水平消失线投票，在消失线上出现一个峰值，即左右车道线的相交点,也是所求的消失点。③通过求取的消失点,定义目标搜索区域,在此区域内检测车道线。边缘点向车道线上下两部分的水平线进行投影,统计局部峰值,以获得车道线上的两点坐标,由两点获取车道直线。为提高算法的准确性,计算左右车道线的置信度,并利用置信度高的一侧车道线补充另一侧车道线,以避免发生因车辆或阴影遮挡、车道线模糊等而无法检测其中一侧车道线的情况。④为进一步提高实时性,在车道跟踪中重新定义带状区域,进行边缘点跟踪,若满足跟踪条件,则一直循环车道跟踪模块;否则转入车道识别模块,重新检测车道线。

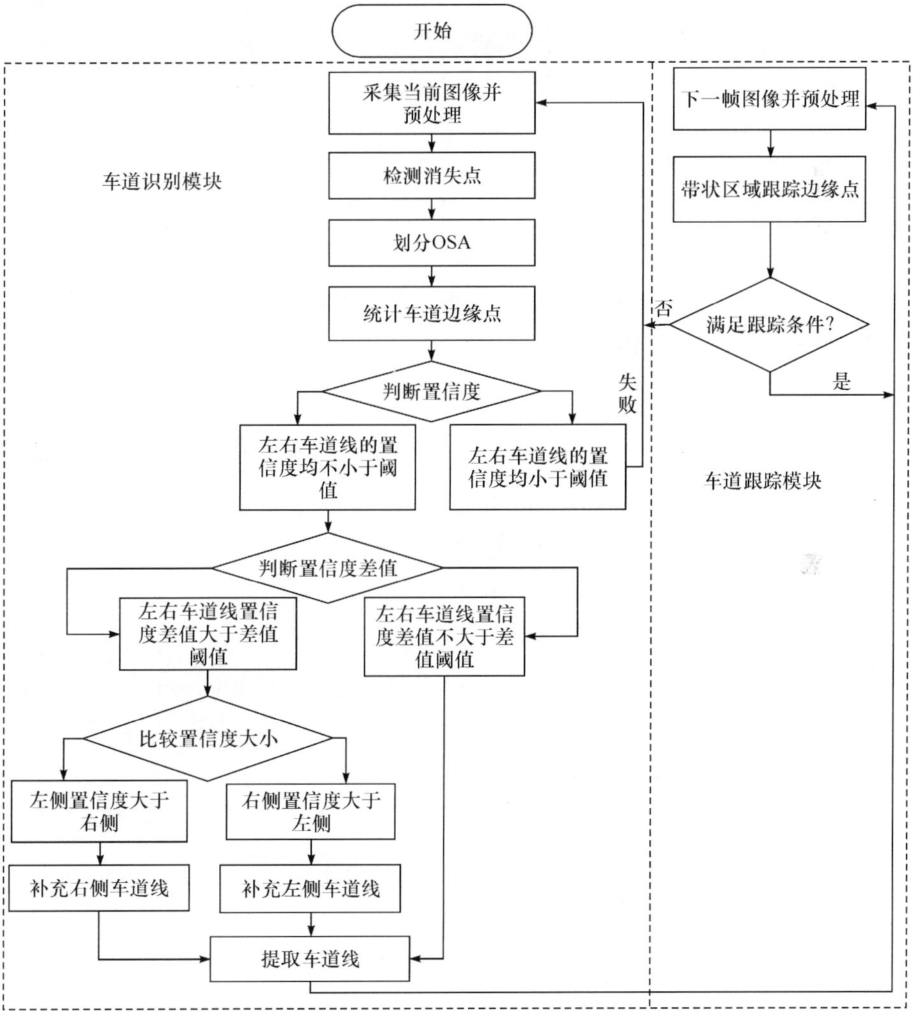


图 3-18　车道快速识别和跟踪算法逻辑框图

### 3.2.2　图像预处理

图像预处理是指在处于最低抽象层的图像上所进行的操作，这时处理的输入和输出都是亮度图像。这些图像是与传感器抓取的原始数据同类的，通常是用图像函数值的矩阵表示的亮度图像。预处理并不会增加图像的信息量。如果信息用熵来度量，那么预处理一般都会降低图像的信息量。预处理在很多情况下是非常有用的，因为它有助于抑制特殊的图像处理或分析与任务无关的信息。因此，预处理的目的是改善图像数据，抑制不需要的变形或者增强某些对于后续处理重要的图像特征。图像预处理方法按照计算新像素亮度时所使用的像素邻域的大小分为四类：处理像素亮度变换；描述几何变换；考虑使用待处理像素一个局部领域的预处理方法；整个图像知识的图像复原技术。

大多数图像存在着与处理任务和所获信息无关的数据冗余，这使得图像预处理方法可以使用图像数据本身来学习一些统计意义上的图像特征。这里通过对 $M$ 行 $N$ 列的图像进行中值滤波以减少噪声点的干扰；通过 Sobel 边缘检测以突出车道边缘点；然后划分目标搜索区域，缩减检测区域的范围来减少冗余的信息，提高图像处理的运算速率。

| | | |
|---|---|---|
| $P_0$ | $P_1$ | $P_2$ |
| $P_3$ | $P_4$ | $P_5$ |
| $P_6$ | $P_7$ | $P_8$ |

图 3-19　3×3 滤波器模板

1. 中值滤波

针对 3×3 中值滤波，这里采用一种快速的并行中值滤波方法以提高运算速度[11]。如图 3-19 所示，分别计算模板内每一列元素的最大值、中值及最小值，可得到式(3-18)所示的三组数据：

$$\begin{cases}\mathrm{MAX}:\mathrm{Max}_0=\max(P_0,P_3,P_6),\mathrm{Max}_1=\max(P_1,P_4,P_7),\mathrm{Max}_2=\max(P_2,P_5,P_8)\\ \mathrm{MED}:\mathrm{Med}_0=\mathrm{med}(P_0,P_3,P_6),\mathrm{Med}_1=\mathrm{med}(P_1,P_4,P_7),\mathrm{Med}_2=\mathrm{med}(P_2,P_5,P_8)\\ \mathrm{MIN}:\mathrm{Min}_0=\min(P_0,P_3,P_6),\mathrm{Min}_1=\min(P_1,P_4,P_7),\mathrm{Min}_2=\min(P_2,P_5,P_8)\end{cases} \tag{3-18}$$

计算 MAX 中的最小值，MED 中的中值，MIN 中的最大值，求取以上三个值的中值，即 9 个元素的中值。图像的滤波过程由式(3-19)给出：

$$p_{x,y}=\mathrm{Med}[\min(\mathrm{Max}_i),\mathrm{med}(\mathrm{Med}_j),\max(\mathrm{Min}_k)],\quad i,j,k=0,1,2 \tag{3-19}$$

2. 摄像头标定

人眼在比较图像中的亮度和色彩时，其感知是相对意义下的，而摄像头可以作为测量仪器提供绝对的量测值。摄像头获取图像是从现实中三维世界的图像映射到摄像头二维空间的几何变换过程，而从二维图像出发测算现实三维世界中的车辆距离,实际上是上述过程的一种逆变换。在已知摄像头参数的情况下,根据针孔成像原理建立现实三维空间与摄像头二维图像的透视关系,然后利用二维图像来计算现实三维世界中车辆的距离值。考虑单个薄透镜的摄像头情况(从几何光学的角度考虑),针孔模型是适合于很多计算机视觉应用的一个近似。针孔摄像头完成中心投影,其几何关系如图 3-20 所示。将图像平面在水平方向伸展,即可得到真实世界投影中的图像平面。

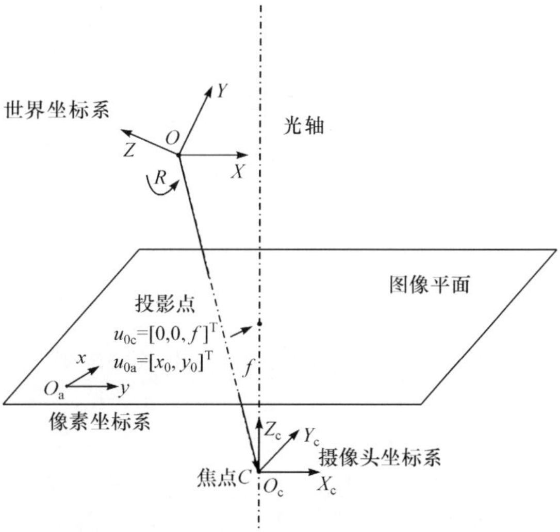


图 3-20　线性透视摄像头的几何关系

根据摄像头内部标定,式(3-20)表达了摄像头坐标系中的点($X_c$,$Y_c$,$Z_c$)和它的像素坐标表示的像点($x$,$y$)的关系[12]:

$$\lambda\begin{bmatrix}y\\x\\1\end{bmatrix}=K\begin{bmatrix}X_c\\Y_c\\Z_c\end{bmatrix}=\begin{bmatrix}f&0&y_0\\0&f&x_0\\0&0&1\end{bmatrix}\begin{bmatrix}X_c\\Y_c\\Z_c\end{bmatrix}\tag{3-20}$$

式中,$f$ 为摄像头焦距,$f=f_e$,$f_e$ 为摄像头等效焦距;$\lambda$ 为常数因子;$K$ 为摄像头内标定矩阵;($x_0$,$y_0$)为图像物理坐标原点在像素坐标系下的坐标。

摄像头安装在车辆前挡风玻璃后方向下倾斜,固定在车内侧挡风玻璃正中央。摄像头的安装高度必须在刮雨器的运动范围以内,光轴位于车辆的纵向对称面内,与水平面平行并朝向前方,如图 3-21 所示。摄像头标定过程中已获得摄像头的倾斜角 $\phi$ 和摄像头高度 $H$,由式(3-21)表达出世界坐标系与摄像头坐标系的关系如下:

$$\begin{bmatrix}X_c\\Y_c\\Z_c\end{bmatrix}=\begin{bmatrix}1&0&0\\0&\cos\phi&-\sin\phi\\0&\sin\phi&\cos\phi\end{bmatrix}\begin{bmatrix}X\\Y+H\\Z\end{bmatrix}\tag{3-21}$$

联立式(3-20)和式(3-21),并消去 $X_c$、$Y_c$ 和 $Z_c$,得

$$\begin{cases} x=f_e\dfrac{H\cos\phi-Z\sin\phi}{(H+Y)\sin\phi+Z\cos\phi}+x_0 \\ y=f_e\dfrac{X}{(H+Y)\sin\phi+Z\cos\phi}+y_0 \end{cases} \tag{3-22}$$

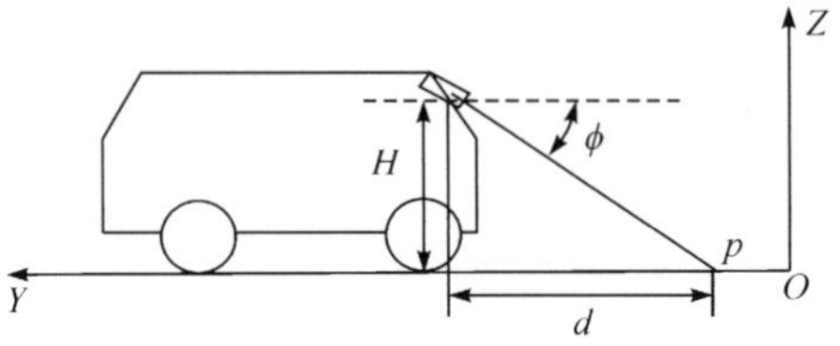


图 3-21 摄像头安装示意图

令 $Z\to\infty$,则 $x$ 的值为 $x_d$,即路面的消失线方程:

$$x_d=\lim_{Z\to\infty}f_e\frac{H\cos\phi-Z\sin\phi}{(H+Y)\sin\phi+Z\cos\phi}+x_0=-f_e\tan\phi+x_0 \tag{3-23}$$

以消失线为界,图像中的道路区域即设定为感兴趣区域。

3. Sobel 边缘检测

边缘是亮度函数发生急剧变化的位置,边缘检测算子是一组用于在亮度函数中定位变化的局部图像预处理方法。假定区域具有均匀的亮度,其边界就是图像函数变化的位置,在理想情况下具有高边缘幅值的像素中没有噪声,边界和其组件(边缘)与梯度方向垂直。

Sobel 算子是一阶导数算子,可以求出每个像素 $f(x,y)$的梯度矢量为

$$\nabla f(x,y)=[\Delta_x f(x,y)\quad \Delta_y f(x,y)]^{\mathrm{T}} \tag{3-24}$$

梯度矢量突出区域内水平和垂直边缘,梯度幅值接近于真实梯度值,并能够获得性能一致的全方位响应。基于获得的矢量梯度,得到像素的梯度幅值$|\nabla f(x,y)|$和梯度方向 $\alpha$,分别由式(3-25)及式(3-26)给出:

$$|\nabla f(x,y)|\approx|\Delta_x f(x,y)|+|\Delta_y f(x,y)| \tag{3-25}$$

$$\alpha=\arctan\frac{\Delta_y f(x,y)}{\Delta_x f(x,y)},\quad \alpha\in\left[-\frac{\pi}{2},\frac{\pi}{2}\right] \tag{3-26}$$

4. 消失点检测

摄像头的安装位置处获取的图像具有明显的透视效果。现实场景中车道线多为平行线,但在摄像头采集的图像中,车道线呈现明显的汇聚趋势,两侧车道线将相交于一点。根据摄像头标定来获得消失线,消失线位置可通过摄像头标定计算得到。以消失线为界,有道路的区域即为感兴趣区域。在感兴趣区域内,每个有效

像素点沿其梯度方向投影，两侧车道线的边缘点数汇集之和总是最大的，用此方法检测消失点，能提高有效性和实时性。通过对像素点梯度幅值的设定，实现图像二值化。将消失点设定在消失线上，只需求出 $y_d$ 便可得到消失点坐标（$x_d$，$y_d$）。具体实现算法如下：

(1) 为了尽可能地保留车道线的信息点而又不产生过多的噪声点，设定合适的像素点幅值阈值 $\tau$，并请求数组空间 $1\times N$。

(2) 逐行搜索有效点，判断该点的梯度幅值，若 $|\nabla f(x_i,y_j)|<\tau(i=d,d+1,\cdots,M;j=1,2,\cdots,N-1)$，则将其对应的二值化图像数值点置为 0，否则置为 255。当点的数值为 255 时，进行投影计算：

$$y_k=y_j-(x_i-x_d)\times\tan\alpha_{ij},\quad k=1,2,\cdots,N-1 \tag{3-27}$$

(3) 搜索数组空间 $1\times N$ 的最大元素，即 $y_d$。

按照该算法执行消失点检测，其结果如图 3-22 所示。

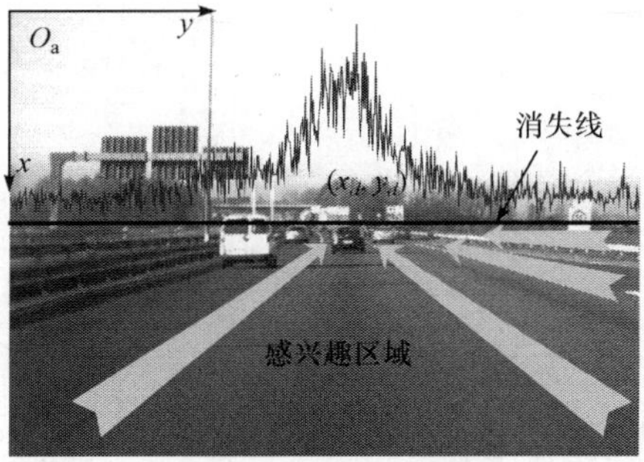


图 3-22　消失点检测

5. 目标搜索区域划分

为进一步提高实时性，在感兴趣区域中划分检测车道线的目标搜索区域，过滤图像中不属于车道线的多数干扰线和干扰点，减少车道线中央标志的干扰，以便快速筛选出车道边缘点。

投影到消失点的边缘点来自不同的方向，根据边缘点较多的投影方向来划分车道线检测搜索区域。由图 3-22 可知，投影到消失点的边缘点最多来自左右车道线的边缘点，在检测消失点时已获得其投影方向，左右方向分别记为 kl 和 kr。为了后续车道线检测的准确性，将方向角扩大 20°，并在感兴趣区域内上下两处各提取一条水平线 $x_a$ 和 $x_b$，然后由消失点（$x_d$，$y_d$）和投影方向获取目标搜索区域的 4 条边。

为防止水平线与边界线交点超过图像边缘，先判断交点 $y_{ai}$ 和 $y_{bi}$（$i=1,2,3,4$）的数值，若左侧交点超过图像左边界，则由式(3-28)求出图像左边界的截点；若右侧交点超过图像右边界，则由式(3-29)求出图像右边界的截点；若左右侧交点未超过图像边界，则分别由式(3-30)和式(3-31)求出图像左右直线与水平线的截点，完成对目标搜索区域的划分。

$$\begin{cases} y_{mi}<0 \\ x_{mi}=x_d-\dfrac{y_d}{k_i}, \end{cases} \quad m=a,b;i=1,2 \tag{3-28}$$

$$\begin{cases} y_{mi}>N \\ x_{mi}=x_d+\dfrac{N-y_d}{k_i}, \end{cases} \quad m=a,b;i=3,4 \tag{3-29}$$

$$y_{ai}=k_i\times(x_a-x_d)+y_d, \quad i=1,2 \tag{3-30}$$

$$y_{bi}=k_i\times(x_b-x_d)+y_d, \quad i=3,4 \tag{3-31}$$

式中

$$k_1=\tan(\arctan kl-10°), \quad k_2=\tan(\arctan kl+10°)$$

$$k_3=\tan(\arctan kr-10°), \quad k_4=\tan(\arctan kr+10°)$$

按照以上方法划分完成的目标搜索区域如图 3-23 所示。

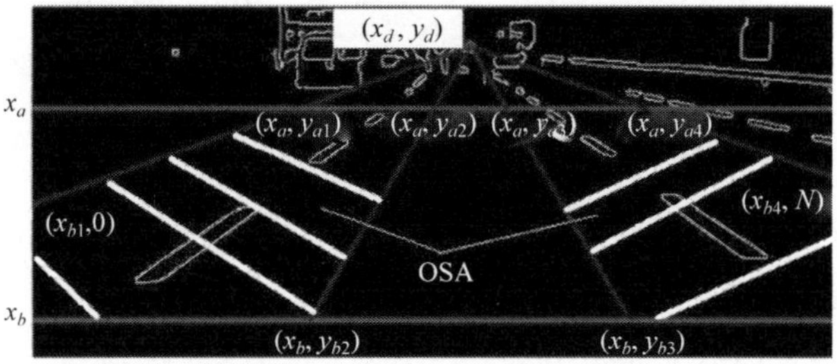


图 3-23 目标搜索区域的划分

6. 车道线检测

在目标搜索区域，车道线有两条明显边界，虽然梯度幅值相近，但梯度方向角不同，在水平方向上往往具有相反梯度方向的特性。采用 Sobel 边缘增强算子对图像进行边缘增强，图像目标识别的可靠性不高。因此，为增加车道线检测的准确率，在目标搜索区域内，通过置信度判断和车道宽度信息补充存在模糊、阴影或车辆遮挡等情况下的车道线，实现车道线的检测。车道线检测实现步骤如下：

(1) 将投影点设定在两条水平线 $x_a$ 和 $x_b$ 上，并请求一组 $1\times N$ 和一组 $1\times 2N$ 的数组空间。

(2) 从左至右逐行搜索车道边缘点：

$$\begin{cases} f(x_i, y_{j1}) = 255 \\ f(x_i, y_{j2}) = 255 \\ \Delta_x f(x_i, y_{j1}) < 0 \\ \Delta_x f(x_i, y_{j2}) > 0 \end{cases} \tag{3-32}$$

式中，$i=a,a+1,\cdots,b,j=1,2,\cdots,N-1$。若搜索到连续两点满足式(3-32)，且当$y_j<y_d$时，则以点$(x_i,y_{j2})$计算出与消失点的连线梯度$\tan\alpha_{ij2d}$，并判断其与边缘点梯度$\tan\alpha_{ij2}$的差值：

$$|\tan\alpha_{ij2}-\tan\alpha_{ij2d}| \leqslant \tau_1 \tag{3-33}$$

式中，$\tau_1$是梯度偏差阈值。

(3) 若满足式(3-33)，则进一步保证了车道边缘点的可靠性，然后进行投影计算：

$$\begin{cases} y_{ja} = y_{j2} - (x_i - x_a) \times \dfrac{\Delta_y f(x_i, y_{j2})}{\Delta_x f(x_i, y_{j2})} \\ y_{jb} = y_{j2} - (x_i - x_b) \times \dfrac{\Delta_y f(x_i, y_{j2})}{\Delta_x f(x_i, y_{j2})} \end{cases} \tag{3-34}$$

同理，当$y_j>y_d$时，以点$(x_i,y_{j1})$进行计算，在右侧也可得到两个投影点。

(4) 逐行搜索完成后，在数组空间中统计左右部分投影点数目的极大值$n_l$和$n_r$，得到像素坐标系下的四个坐标值$(x_a,y_{al})$，$(x_b,y_{bl})$，$(x_a,y_{ar})$，$(x_b,y_{br})$，如图3-24所示。

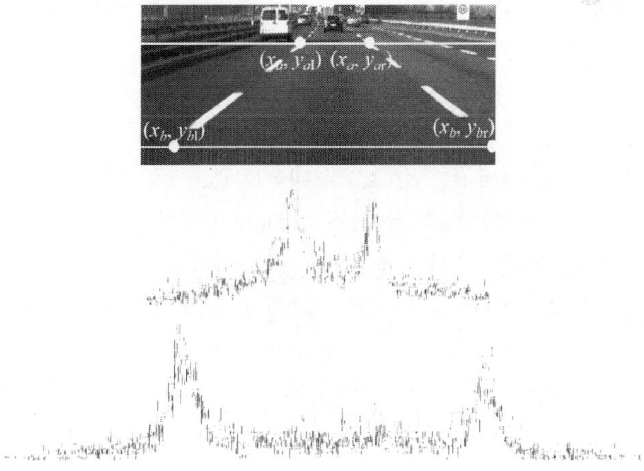


图3-24　车道边缘点投影结果

为避免车道线与图像$x$方向边界交点在水平线$x_b$上方而无法统计到投影点的情况，将投影到$x_b$的数组空间大小置为$2N$。为了能较好地反映出各车道线的识别准确程度，对统计的投影点数目置信度$D_l$、$D_r$进行计算，如式(3-35)所示：

$$\begin{cases} D_l = \dfrac{n_l}{x_b - x_a} \\ D_r = \dfrac{n_r}{x_b - x_a} \end{cases} \tag{3-35}$$

(5) 若 $D_l<\zeta$ 且 $D_r<\zeta$，$\zeta$ 为置信度判断阈值（考虑到车道线虚线、阴影遮挡等状况，$\zeta$ 不宜过大），则表明车道线提取失败，重新检测下一帧图像。

(6) 若 $D_l\geqslant\zeta$ 或 $D_r\geqslant\zeta$ 且 $|D_l-D_r|\leqslant\Gamma$，$\Gamma$ 为置信度差值阈值，则以步骤(4)中的四点检测出车道线，计算左右车道线方程分别由式(3-36)和式(3-37)给出：

$$\begin{gathered}(y_{bl}-y_{al})\times x_i+(x_a-x_b)\times y_{jl}+x_b\times y_{al}-x_a\times y_{bl}=0,\\ i=a,a+1,\cdots,b;j=1,2,\cdots,d\end{gathered} \tag{3-36}$$

$$\begin{gathered}(y_{br}-y_{ar})\times x_i+(x_a-x_b)\times y_{jr}+x_b\times y_{ar}-x_a\times y_{br}=0,\\ i=a,a+1,\cdots,b;j=d,d+1,\cdots,N-1\end{gathered} \tag{3-37}$$

(7) 若 $D_l\geqslant\zeta$ 或 $D_r\geqslant\zeta$ 且 $|D_l-D_r|>\Gamma$，同时 $D_l>D_r$，表明左侧车道线的置信度更高，则根据左侧两点的坐标值检测出左车道线，并基于车道宽度 $W$ 补充右侧两处车道边缘点，结果由式(3-38)给出：

$$\begin{cases} K_r=\dfrac{W\times\cos\phi}{H}+\dfrac{y_{bl}-y_{al}}{x_b-x_a} \\ y_{ar}=K_r(x_a-x_d)+y_d \\ y_{br}=K_r(x_b-x_d)+y_d \end{cases} \tag{3-38}$$

再由式(3-37)来获取右车道线。同理，当 $D_l<D_r$ 时，可根据右侧两点坐标值来获取左侧车道线。式中，$x_a=x_d+\dfrac{1}{5}(M-x_d)$，$x_b=M-\dfrac{1}{8}(M-x_d)$，$\tau=0.6$，$\tau_1=0.1$，$\zeta=0.6$，$\Gamma=0.2$。

其中，像素点幅值阈值 $\tau$ 在二值化过程中的选取对于识别结果的影响非常大。若阈值过大，会过滤掉图像中的部分识别目标，即部分模糊、阴影等环境下的车道线；若阈值过小，会大大增加图像中的噪声点，增大检测车道线误差的同时，也会增大检测车道线的计算量。合理选取阈值，同时采用车道线检测步骤(1)～(7)，经过边缘点投影、置信度判断以及车道宽度信息获取等一系列过程，可大大减少阈值过大或过小带来的负面影响。即使在光照条件不好、路面复杂的环境下，也能较好地识别出车道线。使用该算法在不同道路状况下的检测结果如图 3-25 所示。

### 3.2.3　车道线跟踪

考虑到相邻帧间的道路位置变化是连续的，可在初始检测的基础上预测新的道路位置并由此建立感兴趣的带状搜索区域，在小的搜索窗进行车道识别，可明显提高系统处理的速度和准确性。

图 3-25　不同路况下的车道线检测结果

采集的道路图像中通常包含树木、车辆及建筑物等干扰信息，需要进行滤除操作。在车辆稳定行驶时，利用前帧检测结果，在本帧的预测位置上定义一搜索窗，动态地调整感兴趣区域以屏蔽干扰。以前帧提取特征点的坐标 $v_i$ 为中心，在本帧图像的相应水平邻域$[v_i-25, v_i+25]$内搜索新特征点，搜索范围缩小为两个狭长的带状区域，如图 3-26 所示。

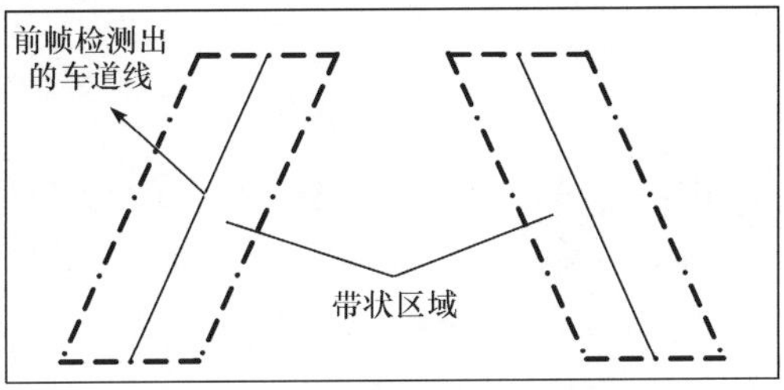


图 3-26　车道跟踪的带状区域

在此基础上采用前述方法在带状区域重新检测车道线，并根据检测到的左右车道线计算车道中线。为进一步提高实时性，在检测车道线时，直接以数组空间统计的极大值所得到的四个坐标点获取车道线，不再进行置信度的计算。若带状区域内无极大值或极大值不及前帧统计极大值的一半，则退出车道跟踪模块，重新启动车道识别模块。采用该算法的跟踪结果如图 3-27 所示。

图 3-27　车道线跟踪结果

### 3.2.4　实车实验

为验证所给算法的可靠性和实时性，本节进行道路实车实验。选用高速数字多媒体处理器 TMS320DM6437 为开发平台的主处理器，在集成开发环境 CCS 下实时仿真调试程序。实验系统布置如图 3-28 所示，将执行程序加载到 DSP 中，将摄像头按要求装在车内，并与 DSP 相连，通过显示器观测车道线识别结果。

实车实验结果表明，车辆在 60～120km/h 的不同行驶速度下，本算法受车辆颠簸和车道线模糊等复杂情况的影响极小，在夜晚、雨雾天气下都能较好检测并跟踪车道线。该系统能够以 60 帧/s 的速度采集并处理像素为 752×480 的图像。经过测试，单帧图像处理时间在 11.68ms 左右，在不同状况下的结构化道路的平均识别率能达到 93%以上。不同状况下的车道线识别率如表 3-1 所示。

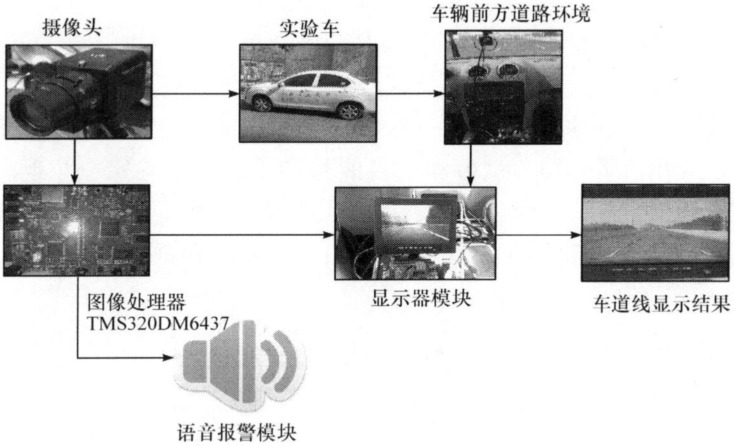


图 3-28　实验系统布置示意图

**表 3-1　不同状况下的车道线识别率**

| 道路状况 | 总帧数 | 识别率/% |
|---|---|---|
| 晴天结构化道路 | 18000 | 98.55 |
| 雨雾天气 | 18000 | 87.27 |
| 夜晚 | 18000 | 93.20 |
| 遮挡干扰车道 | 6000 | 94.35 |

基于边缘点投影获取车道线中的两点，大大减少了运算过程，能够快速准确地提取出车道线。本算法与文献[13]利用 Hough 变换、文献[14]利用边缘点信息识别车道线的算法相比，识别速度与识别率均达到了较好效果，比较结果如表 3-2 所示。

**表 3-2　不同算法的识别速度与识别率**

| 算法 | 识别速度/(ms/帧) | 识别率/% |
|---|---|---|
| 本算法 | 11.68 | 93.34 |
| 文献[13] | 33 | 93.4 |
| 文献[14] | 30～50 | 92 |

## 3.3　基于机器视觉的前方车辆距离检测

智能车辆安全辅助驾驶系统研究中的一个重点为检测前方车辆距离。在安全辅助驾驶系统中，对周围有威胁行车安全的其他车辆进行有效可靠的检测，是对可能发生的碰撞进行判断和预防的重要前提。

为解决通过具体的计算模型精确地对前方车辆进行距离检测的问题，可采用一种基于机器视觉进行前方车辆距离计算的方法。通过机器视觉得到的前方车辆可能存在的感兴趣区域内的边缘特征来确定车辆的具体位置，对采集到的图像进行去噪与增强，并基于路面灰度值和窗口能量的方法来准确定位车辆。在对摄像头进行预先标定的基础上，通过透视投影的几何关系，计算出前方车辆距离。采用路面灰度值与基于窗口能量的方法能够应用在确切的距离计算模型中，则可保证该算法的通用性。

### 3.3.1　前方车辆距离检测计算流程

车辆距离检测计算流程如图 3-29 所示。首先，采用基于 Haar-like 特征结合 Adaboost 分类器的识别算法，训练车辆检测的分类器，检测前方车辆，再对图像进行去噪增强处理。然后，基于路面灰度值和窗口能量相结合的方法定位车辆在图像中的像素位置。最后，根据摄像头二维空间的车辆像素位置与现实三维空间的车辆距离的逆转换原理，并根据几何关系计算前方车辆的距离。

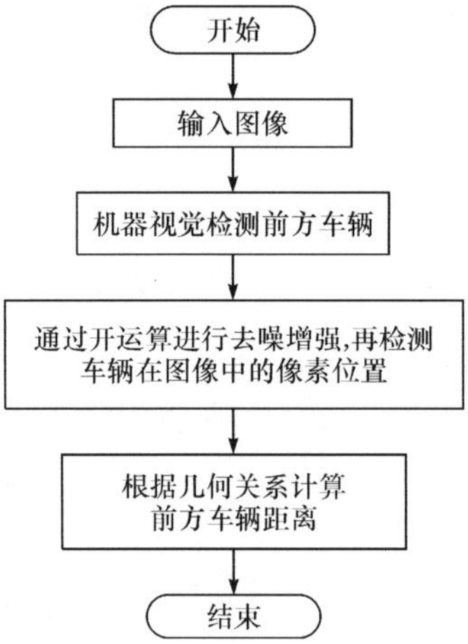


图 3-29　前方车辆距离检测计算流程图

### 3.3.2　机器学习

使用基于 Haar-like 特征结合 Adaboost 分类器的识别算法，从数据中提取规则或模式，对数据进行分类识别，训练车辆检测的分类器，实现在高等级公路环境中对前方车辆快速、有效地识别，并通过边缘特征确定车辆的具体位置[15,16]。

1. Haar-like 矩形特征

Haar-like 矩形特征能够快速、简单地提取图像特征。对大量样本来说，像素值之间的差异，将使分类很难完成，Haar-like 矩形特征的计算方法为深色矩形区域内所有像素值的和与相邻浅色矩形区域内所有像素值和的差，这些矩形区域大小、形状相同并且垂直或水平相邻。常用的矩形特征有如图 3-30 所示的 3 种：二矩形特征、三矩形特征、四矩形特征。二矩形区域的大小以(1×2)像素为基础进行变换，三矩形区域大小以(1×3)像素为基础进行变换，四矩形区域大小以(2×2)像素为基础进行变换。矩形特征窗口扫描整幅图像，然后变换大小继续下一次扫描。因此，一幅完整图像将会生成大量的 Haar-like 矩形特征。

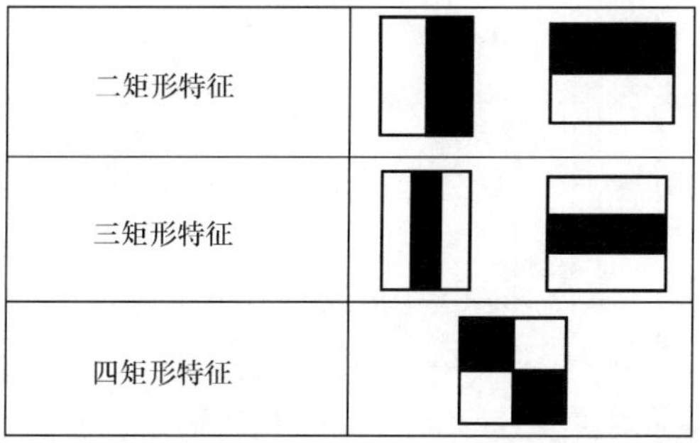


图 3-30　矩形特征窗口

2. Adaboost 算法

Adaboost 算法是一种迭代的学习方法，可以将一组弱学习算法提升为一个强学习算法。算法是通过改变数据分布来实现的，可根据每次训练集中每个样本的分类是否正确，以及上次的总体分类准确率，来确定每个样本的权值，然后将每次训练得到的弱分类器融合起来，作为最后决策分类器。弱分类器的分类结果比随机猜想的准确率高，即准确率大于 50%，随着弱分类器个数的增加，最终集成的强分类器的错误率将趋近于零[17]。

1）弱分类器

在确定了训练子窗口中的矩形特征数量和特征值后，需要对每一个特征 $f$，训练一个弱分类器 $h(x,f,p,\theta)$：

$$h(x,f,p,\theta)=\begin{cases}1, & pf(x)<p\theta \\ 0, & 其他\end{cases} \tag{3-39}$$

式中，$f$ 为特征；$\theta$ 为阈值；$p$ 指示不等号的方向；$x$ 代表一个检测子窗口。

对每个特征 $f$，训练一个弱分类器 $h(x,f,p,\theta)$，就是确定 $f$ 的最优阈值，使得这个弱分类器对所有的训练样本的分类误差最低。对其进行训练，就是在当前权重分布的情况下，确定 $f$ 的最优阈值，使其对所有训练样本的分类误差最低。

2）强分类器

在训练强分类器中，$T$ 表示的是强分类器中包含的弱分类器的个数。经过 $T$ 次迭代，获得 $T$ 个最佳弱分类器 $h_1(x),\cdots,h_T(x)$，按照如下方式组合成一个强分类器：

$$C(x)=\begin{cases}1, & \sum_{t=1}^{T}\alpha_t h_t(x)\geqslant \frac{1}{2}\sum_{t=1}^{T}\alpha_t \\ 0, & 其他\end{cases} \tag{3-40}$$

式中

$$\alpha_t=\ln\frac{1}{\beta_t}=\ln\frac{1-\varepsilon_t}{\varepsilon_t}=-\ln\varepsilon_t$$

这个强分类器处理一幅待检测图像时，相当于让所有弱分类器投票，再对投票结果按照弱分类器的错误率加权求和，将投票加权求和的结果与平均投票结果比较得出最终的结果。

通过 Haar-like 特征结合 Adaboost 分类器可以确定前方车辆在图像中的具体位置。其检测结果如图 3-31 所示。

图 3-31　前方车辆检测结果

### 3.3.3　车辆位置的确定

1. 图像去噪增强

在图像采集过程中，天气、车辆运动、随机干扰等不确定因素的影响，不可避免地造成获取的图像质量下降。因此，需对图像进行去噪与增强预处理。小波变换拥有时域和频域“变焦距”分析能力，在图像去噪与增强处理方面能取得很好的效果，并且运算简单，因此可以对采集图像在小波域同时实现去噪与增强处理。对二维图像进行小波变换，能够得到一个低频子带和不同尺度下的多个高频子带，低频子带系数反映图像整体的对比度信息，高频子带系数反映图像的细节与噪声信息，可以对低频子带系数进行非线性变换以实现图像增强，对各尺度高频子带系数进行阈值处理以消除噪声[18]。低频子带系数采用的非线性变换函数为

$$\mathrm{MAG}(x)=a(\mathrm{sgn}(c(x-b))-\mathrm{sgn}(-c(x+b)))\tag{3-41}$$

式中

$$a=\frac{1}{\mathrm{sgn}(c(1-b))-\mathrm{sgn}(-c(1+b))},\quad 0<b<1$$

$$\mathrm{sgn}(x)=\frac{1}{1+\mathrm{e}^{-x}}$$

经过去噪增强处理后的图像明显变得清晰明了，如图 3-32 所示。

(a) 原图像　　(b) 去噪增强图像

图 3-32　图像去噪增强处理结果

2. 确定车辆位置

通常车辆在两条车道线之间行驶，为减少计算量，只考虑在两条车道线之间定位车辆，这时车道线已检测出。对于目标车辆的识别，可采用基于路面灰度值得到的初始目标车辆与基于窗口能量得到的车辆定位相结合的方法，较为准确地定位出车辆在图像中的像素点位置。

通常车道范围内灰度值基本保持不变，而在车底将出现阴影，有阴影的路面灰度值小于周围路面的灰度值。因此，可以在去噪增强后的图像中通过求路面的平均灰度值找到车辆底部位置，实现对车辆的粗定位。在图像中，从下至上进行扫描，车辆底部阴影部分的平均灰度将出现一个负阶跃，车辆底部可以通过 $m\times m$ 窗口内的局部平均值相对较小来确定，局部平均值定义为

$$\mathrm{mean}=\frac{1}{mm}\sum_{i=1}^{m}\sum_{j=1}^{m}x(i,j) \tag{3-42}$$

车辆进行初定位后，进行阈值分割可获取的图像边缘信息较多，难以对车辆进行精确定位，可采用数字形态学中的开运算去除不利的边缘。开运算定义如下：

$$X\otimes S=(X\ominus S)\oplus S \tag{3-43}$$

开运算是用一个结构体 $S$ 对图像进行腐蚀后膨胀，从而去掉图像中小于结构体 $S$ 的边缘，而车辆的局部形状保持不变。开运算处理过程如图 3-33(a)所示。

初步定位出车辆底部位置后，在车辆底部位置上面区域进行能量法搜索，找到车辆的准确位置。其具体过程为：以初定位的车辆底部为底边确立一个 $n\times k$ 的矩

(a) 阈值分割图像　　(b) 开运算后的图像

图 3-33　车辆定位结果

形窗口，对矩形窗口内进行开运算后得到的图像进行局部能量计算：

$$\text{Loenergy} = \sum_{i=1}^{n} \sum_{j=1}^{k} x(i,j) \tag{3-44}$$

式中，$x(i,j)$是矩形窗口内的像素点。

计算出局部能量最小的位置点，即为车辆的精确像素位置，如图 3-33(b)所示。

### 3.3.4　前方车辆距离的计算

由 3.2 节可知，摄像头完成从实际三维世界的图像映射到摄像头二维空间的几何变换过程，而从二维图像出发测算现实三维世界中的车辆距离，实际上是上述过程的一种逆变换。在已知摄像头参数的情况下，可根据针孔成像原理建立现实三维空间与摄像头二维图像的透视关系，然后利用二维图像来计算实际三维世界中车辆的距离值。如图 3-21 所示，地面上的点 $p$ 到摄像头焦点的水平距离 $d$ 为

$$d = \frac{h}{\tan(\theta(x_p))} \tag{3-45}$$

式中，$\theta(x_p) = (\phi - \alpha) + x_p \dfrac{2\alpha}{N-1}$，其中 $x_p$ 为前方车辆在图像坐标系中的横坐标；$\phi$ 为摄像头中心轴与 $y$ 轴方向的夹角；摄像头的孔径张角为 $2\alpha$；$N$ 为图像列数。

将提出的前方车辆距离检测方法进行仿真实验验证。利用 MATLAB 联合 veDYNA 建立仿真环境，算法所测距离与现场采集的实际距离误差如表 3-3 所示。数据显示，其相对误差可控制在 5%以内，验证了方法的有效性。

表 3-3　本算法所测距离与实际距离的误差值

| 序号 | 本算法所测距离/m | 实际距离/m | 误差/% |
|---|---|---|---|
| 1 | 20.85 | 20.00 | 4.1 |
| 2 | 36.80 | 35.00 | 4.9 |
| 3 | 47.50 | 50.00 | 2.1 |
| 4 | 62.33 | 60.00 | 3.7 |
| 5 | 67.64 | 65.00 | 4.0 |

### 3.3.5　基于毫米波雷达与机器视觉的前方车辆检测

利用多传感器对目标进行检测时需要对检测到的信息进行融合，一般采用以下两步信息融合的步骤：假设产生、假设验证。假设产生：利用毫米波雷达检测得到有效目标，利用其信息在图像上确定感兴趣区域；假设验证：利用机器视觉对感兴趣区域进行目标的验证，判定感兴趣区域内是否存在车辆。毫米波雷达以及视觉传感器数据融合包括空间融合以及时间融合[19]。

1. 空间融合

为了将毫米波雷达获取的数据信息与机器视觉识别信息在空间上实现统一，将三维世界空间坐标系下的信息转换到图像像素坐标系下。实现各坐标系(即三维世界坐标系、毫米波雷达坐标系、摄像头坐标系以及图像像素坐标系)的转换统一之后，可实现毫米波雷达探测到的前方车辆在三维世界坐标系中的信息与图像像素坐标系中信息的融合，进而利用毫米波雷达信息在图像中生成感兴趣区域。将三维世界坐标系转换到摄像头坐标系的整个过程与摄像头标定过程是互逆的，因为摄像头标定是基于机器视觉将摄像头坐标系中的二维图像信息转换到三维世界坐标系信息的过程。所以，基于毫米波雷达与机器视觉的融合模型而建立的测距模型，同时通过摄像头标定对融合过程进行修正，实现毫米波雷达与机器视觉在空间上的信息融合。

2. 时间融合

所选用的毫米波雷达频率为 77GHz，而 CCD 摄像头的帧速率为 24 帧/s，两种传感器的采样频率不同，即两种传感器获取信号的时间点不能相互对应。虽然两种传感器对信息数据获取的时间上不一致，但是对于毫米波雷达传感器和 CCD 摄像头视觉传感器依旧可以将两者联合标定。如果车辆行进的速度加快，两种传感器采样频率的不同造成的时间差对最后的联合标定结果将产生影响。因此，传感器之间时间上的融合成为关注的重点，即联合标定能够完成传感器之间空间上的融合，而实时性是传感器之间时间上的融合，只有对空间和时间都进行融合才能保证最后融合结果的准确性。

图 3-34 为 CCD 摄像头视觉传感器与毫米波雷达传感器采样周期的关系，$T_1$ 是 CCD 摄像头采样对应的周期，$T_2$ 是毫米波雷达采样对应的周期，黑色箭头为信号发送的时间点。当信号触发后，同一时间利用 CCD 摄像头获取一帧图像数据、利用毫米波雷达获取一帧雷达数据，采集到的图像数据以及雷达数据原则上应该是处于触发点最近的一帧数据。由于两种传感器采集周期之间存在差别，所以两种传感器采集到数据的时间并不是同时的，如图 3-34 所示，$\Delta T$ 即两种传感器采集信号之间的时间差。为使两种传感器能够在时间上实现融合，这里采用插值法。具体采用基于样条函数的拟合插值法进行各传感器的数据融合。设某一传感器在某一个时间段$[a,b]$内共有 $N+1$ 次测量（队列中保存 $N+1$ 次测量值），将该时间段根据采样时刻的不同划分为 $a=t_0<t_1<\cdots<t_n=b$，给定时刻点 $t_i$ 对应的观测值为 $f(t)=y_i(i=0,1,\cdots,n)$，构造一个三次样条插值函数 $s(t)$，令其满足下面三个条件：

(1) $s(t_i)=y_i, i=0,1,2,\cdots,n$；

(2) $s(t)$在各个时间区间$[t_i,t_{i+1}]$上是三次多项式，$i=0,1,2,\cdots,n-1$；

(3) $s(t)$在$[a,b]$上具有二阶连续导数，即

$$s^{(k)}(t_i^-)=s^{(k)}(t_i^+),\quad k=0,1,2;i=1,2,\cdots,n-1 \tag{3-46}$$

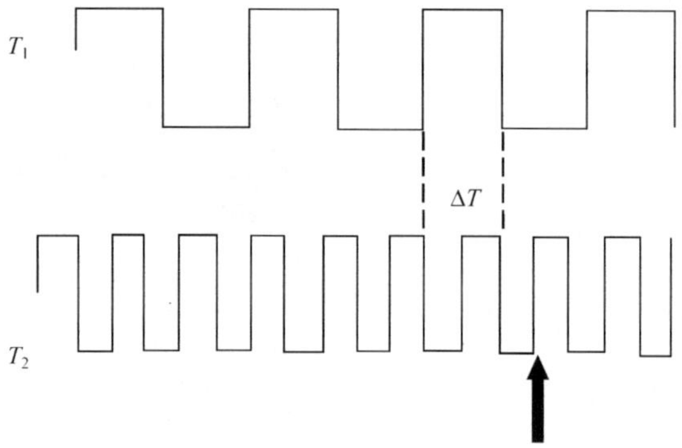


图 3-34 传感器采样周期示意图

分段三次样条插值函数采用以下过程进行构造：记 $m_i=s'(t_i)(i=0,1,2,\cdots,n)$，在各个时间区间$[t_i,t_{i+1}](i=0,1,2,\cdots,n-1)$上，根据 Hermite 差值法写出三次样条插值函数 $s(t)$的计算公式：

$$s(t)=\left(1+2\frac{t-t_{i+1}}{t_{i+1}-t_i}\right)\left(\frac{t-t_{i+1}}{t_i-t_{i+1}}\right)^2 y_i+\left(1+2\frac{t-t_{i+1}}{t_{i+1}-t_i}\right)\left(\frac{t-t_{i+1}}{t_i-t_{i+1}}\right)^2 y_{i+1}$$
$$+(t-t_i)\left(\frac{t-t_{i+1}}{t_i-t_{i+1}}\right)^2 m_i+(t-t_{i+1})\left(\frac{t-t_i}{t_{i+1}-t_i}\right)^2 m_{i+1} \tag{3-47}$$

根据条件(3)即式(3-46)，$s''(t_i^-)=s''(t_i^+)(i=1,2,\cdots,n-1)$，以及边界条件 $s''(t_0)=s''(t_n)=0$，可得如下方程组：

$$\begin{cases}2m_0+\alpha_0 m_1=\beta_0\\(1-\alpha_i)m_{i-1}+2m_i+\alpha_i m_{i+1}=\beta_i, \quad i=1,2,\cdots,n-1\\(1-\alpha_n)m_{n-1}+2m_n=\beta_n\end{cases} \tag{3-48}$$

式中

$$\alpha_0=1,\alpha_i=\frac{h_{i-1}}{h_{i-1}+h_i}, \quad i=1,2,\cdots,n \tag{3-49}$$

$$\beta_0=\frac{3}{h_0}(y_1-y_0),\beta_i=3\left[\left(\frac{1-\alpha_i}{h_{i-1}}\right)(y_i-y_{i-1})+\frac{\alpha_i}{h_i}(y_{i+1}-y_i)\right], \quad i=1,2,\cdots,n \tag{3-50}$$

$$h_i=x_{i+1}-x_i \quad i=1,2,\cdots,n-1 \tag{3-51}$$

通过式(3-49)～式(3-51)，可以求出式(3-48)中 $m_n,m_{n-1},\cdots,m_0$，将已知参数代入式(3-47)中的 $s(t)$，即得所求的三次样条函数，即可实现时间融合。

毫米波雷达和机器视觉进行空间和时间上的融合后，对模型进行验证，结果如图 3-35 所示。

(a) 车辆检测环境　　(b) 融合结果图

图 3-35　融合模型验证

其中，毫米波雷达获取前方有效目标障碍物信息，利用滤波后的有效距离数据及相对角度数据对前方车辆进行实时跟踪，拟合结果如图 3-36 所示。

3. 车载软件系统

设计检测系统软件，对融合模型的准确性、有效性以及是否具有实际应用价值进行验证。

车载障碍物检测系统软件可基于 OpenCV 计算机视觉库进行算法的编写，对获取到的各类数据进行融合处理、显示等。搭建的界面流程如图 3-37 所示。

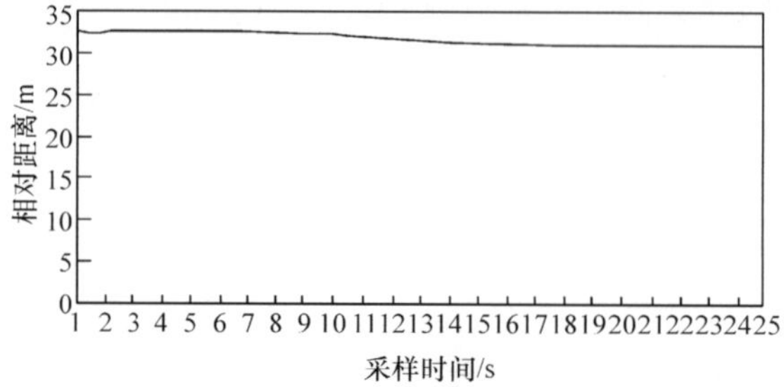


(a) 相对距离变化

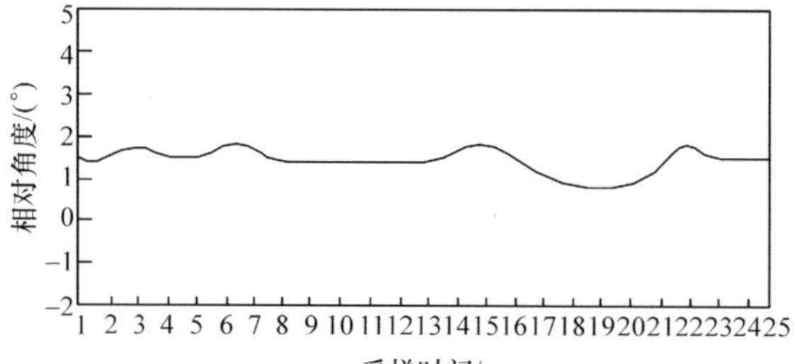


(b) 相对角度变化

图 3-36　拟合结果

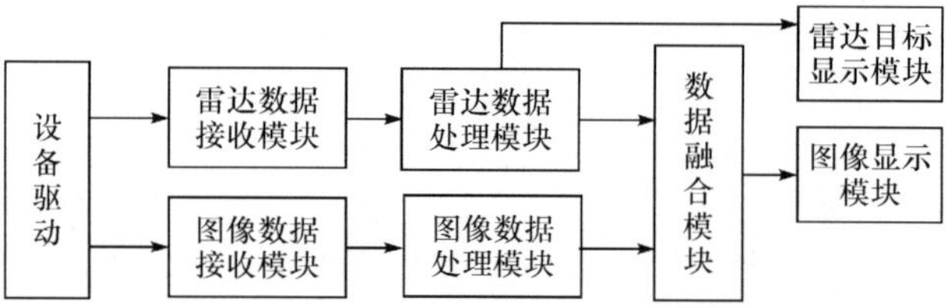


图 3-37　车载软件组成图

毫米波雷达和机器视觉的融合完成后，可以将获取的前方车辆目标在三维世界中的位置映射到图像像素中。直接利用 OpenCV 中 CVProjectPoints2 函数便可对三维世界与图像像素之间关系进行转换。通过摄像头标定确定摄像头的内外参数、旋转矩阵以及平移向量，以毫米波雷达检测到的前方车辆质心为基点，并且根据一般车辆长度和宽度的大小映射到图像中，创建与前方车辆纵向距离成反相关关系的感兴趣区域。如此搜索可以减少对图像扫描的范围，进而使得系统能够计算得更快，保证系统对前方车辆检测的实时性。毫米波雷达数据和图像数据的信息融合流程如图 3-38 所示。

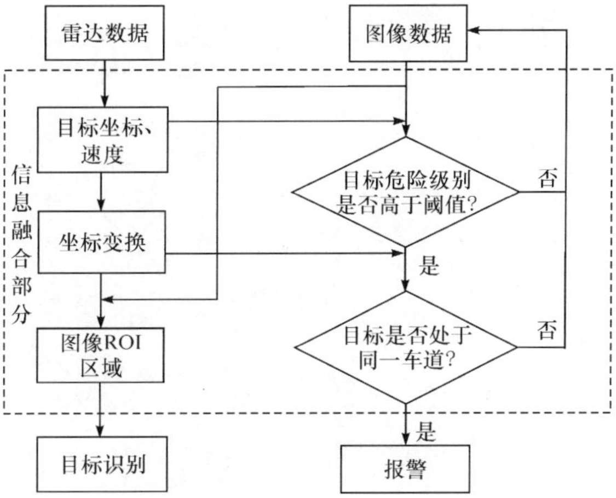


图 3-38　信息融合流程图

4. 仿真实验

利用 MATLAB 联合 veDYNA 建立仿真环境，利用仿真实验验证融合模型对于前方车辆障碍物检测的有效性。通过 veDYNA 中 Traffic 模块搭建的载有毫米波雷达的自车对前方车辆进行检测。图 3-39 为仿真环境，包含驾驶员视角图以及俯视视角图。

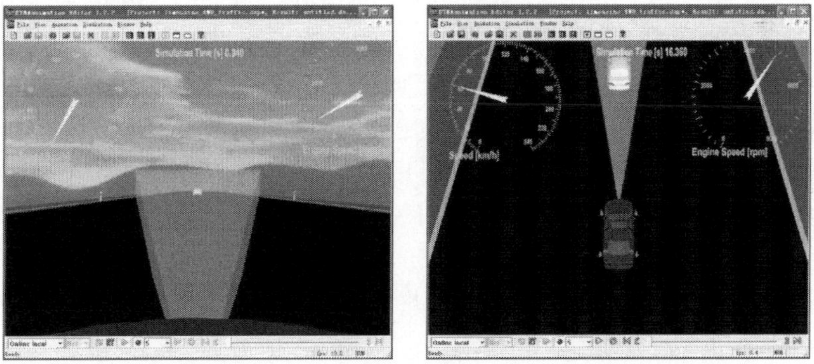

(a) 驾驶员视角　　(b) 俯视视角

图 3-39　仿真环境图

对于前方车辆的检测是通过毫米波雷达以及 CCD 摄像头两种传感器进行的，因此将仿真的行车环境通过投影的方式来映射，并且在驾驶员视角下通过 CCD 摄像头对仿真行驶环境进行获取，通过图像处理对前方车辆进行识别。其中投影仪以及 CCD 摄像头的安装位置如图 3-40 所示。

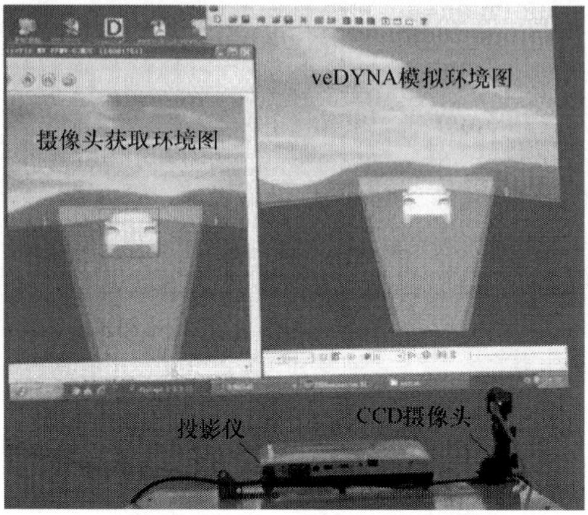


图 3-40 前方车辆识别结果图

图 3-40 中，veDYNA 仿真行驶道路环境中的车辆已安装毫米波雷达，因此需要通过 CCD 摄像头获取行驶过程的画面。通过训练基于 Haar-like 矩形特征的 Adaboost 分类器对前方车辆进行识别，其识别结果能够准确地将前方车辆的范围确定出来，并通过矩形框将其锁定。

在该实验台上，对提出的前方车辆检测融合模型在仿真环境以及实际环境下分别进行运算，并根据结果来进行分析比较。

从实验结果中可以看出，结合危险程度的预警信息融合方法具有较快的响应时间，能满足防撞预警要求。通过搭建的实验台对前方车辆进行检测，并与仿真实验中的前方车辆检测结果进行对比分析，验证了所建模型的有效性。

在对前方车辆进行检测的过程中，对于预警判断的重要信息是前方车辆与自车之间的相对距离信息和前方车辆的速度信息。通过 MATLAB 与 veDYNA 的联合仿真可以获取自车与前方车辆之间的相对距离、相对速度以及相对加速度。仿真条件为前方车辆与自车初始相距 85m，行驶过程中自车以 60km/h 行驶，并且自车速度比前方车辆速度要大，因此会进行相对较为广泛的距离检测，其结果如图 3-41所示。

如图 3-41(a)所示，前方车辆/自车的曲线代表自车与前方车辆的相对距离，自车曲线代表自车行驶过程中的行驶距离，前方车辆曲线代表前方车辆行驶过程中的行驶距离。通过图 3-41(a)中的三条曲线可知在行驶过程中，初始时，自车距离前方车辆为 85m，但由于自车速度比前方车辆速度大，两车间的距离逐渐减小，并且在 38s 时相遇，两车之间的距离变为 0。为了清楚地表示出行驶过程中两车之间的距离，提取出前方车辆/自车的曲线如图 3-41(b)所示。行驶过程中前方车辆的速度曲线如图 3-41(c)所示，启动过程中逐渐加速达到 50km/h，当两车相遇时，

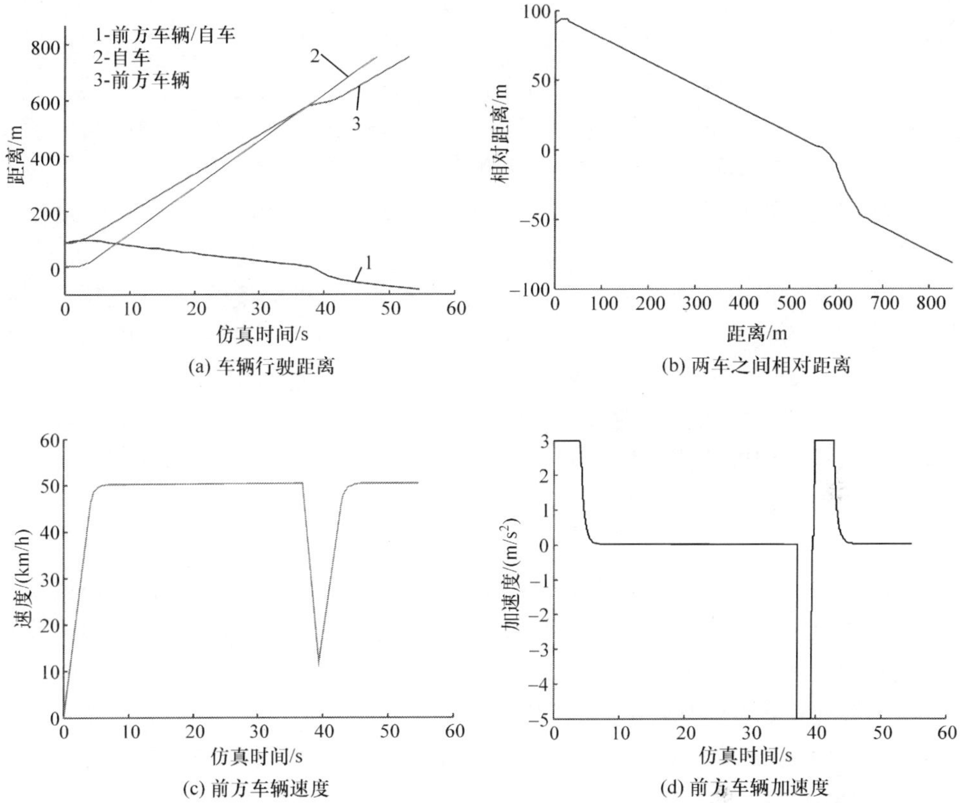


图 3-41　仿真结果图

由于自车速度比前方车辆速度大，所以前方车辆在躲避过程中速度有短暂下降，然后及时提升速度到达 50km/h 并进行平稳运行。图 3-41(d)清楚地显示了行驶过程中前方车辆的加速度信息。通过图 3-41 中的信息，可以获取行驶过程中自车与前方车辆之间的距离、速度、加速度信息并与图 3-40 所示的车辆识别结果相融合，对检测过程进行及时预警。

通过仿真实验结果可知，设计的融合模型能够通过毫米波雷达获取自车和前方车辆的距离信息以及前方车辆的速度信息，同时通过基于结合 Haar-like 矩形特征的 Adaboost 分类器对前方车辆进行识别，识别精度高，并能够在智能车辆行驶过程中，根据外界情况给予及时的预警。

## 3.4　基于自适应阈值的矢量域直方图法路径规划

路径规划是智能车辆导航的一项关键技术，是基于拓扑结构的道路网络，在智能车辆行驶前或行驶过程中通过环境信息感知，同时确定其在环境中的位置，按照一定的搜索策略，找出一条从出发点到目标点最优行车路径的过程。路径规划的方法根据智能车辆工作环境信息的完整程度，可分为两大类：基于完整环境信息的全局路径规划方法，如栅格法、可视图法、拓扑法、自由空间法、神经网络法等静态路径规划算法；基于传感器实时获取环境信息的局部路径规划方法，如人工势场(APF)法、矢量域直方图(VFH)法、虚拟力场(VFF)法、遗传算法(GA)等动态路径规划算法。

智能车辆运行的道路环境复杂多变，难以获知全局的环境信息，仅能依靠传感器获知智能车辆当前局部环境的信息，根据局部环境的信息进行路径规划，引导智能车辆运动。这就涉及如何利用获得的环境信息建立模型，利用算法寻找一条从起始位置到目标位置的最优或近似最优的无碰撞路径；如何处理环境模型中的不确定因素和路径跟踪中出现的误差；如何利用已知的信息来引导智能车辆的动作从而得到相对更优的行为决策。由此可见，环境感知建模是智能车辆路径规划的重要前提。

在结构化道路环境下，以道路方向来约束智能车辆的行驶方向，以道路的中心来约束行驶位置，将道路作为搜索对象进行局部避障路径规划。考虑到结构化道路环境对智能车辆运行速度的实际需求，采用图像对道路环境信息进行感知，然后根据 VFH 法求可通行方向，进而完成结构化道路环境下的智能车辆避障路径规划。针对 VFH 法的阈值敏感性，提出一种自适应阈值的 VFH 法局部避障路径规划方法[20,21]。

### 3.4.1 改进的矢量域直方图法路径规划

1. VFH 法的阈值敏感性

VFH 法是建立以智能车辆为中心的极坐标系，将障碍物对智能车辆的影响量化为各个角度上的极坐标下障碍物密度值(POD)，在 POD 低于某个确定阈值的角度范围内选择移动方向。但它具有阈值敏感性[22,23]，阈值的严重失调会对智能车辆路径规划系统造成以下影响：阈值过小时，智能车辆可能发现不了前方的障碍物，错误地把实际不可行通道当成可行通道，导致车辆陷入局部“死区”；阈值过大时，一些可行通道将被忽略，导致智能车辆不能在相对狭窄的通道环境下规划出可通行路径。总之，VFH 法需要一个良好的阈值来适应更多的应用环境。

2. 自适应阈值的 VFH 法避障路径规划

1) 虚拟障碍物的构造

为实现基于 VFH 法的避障路径规划，在道路及车道边界上构造虚拟障碍物[24]，可依据理想路径以及车辆所在道路的信息，如车道宽度、道路宽度、可行驶车道数等生成，共分为两组：一组是目标车道两侧的虚拟障碍物 $w_{\mathrm{left}}$ 和 $w_{\mathrm{right}}$；另一组是可行驶道路两侧的虚拟障碍物 $R_{\mathrm{left}}$ 和 $R_{\mathrm{right}}$。通过在理想路径的垂直方向上进行适当的平移生成可行驶道路两侧的虚拟障碍物。可行驶道路是指依照交通法规车辆可行驶道路的边沿，如车辆可在左侧车道临时行驶，则 $R_{\mathrm{left}}$ 和 $R_{\mathrm{right}}$ 分布如图 3-42 所示。

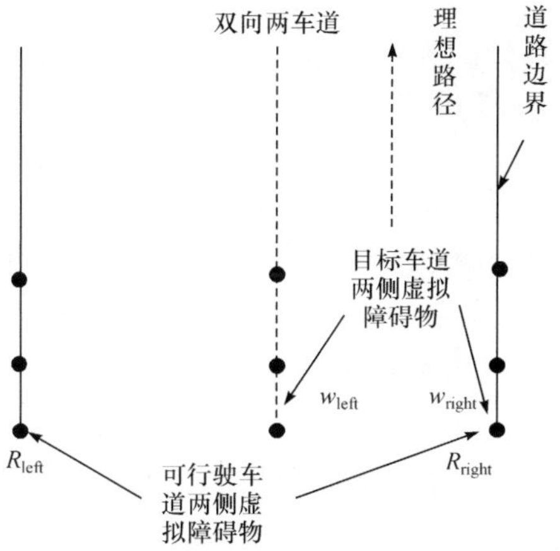


图 3-42 虚拟障碍物示意图

在进行局部路径规划时，并不需要所有的虚拟障碍物都有效，而是要根据车辆所处的环境决定。有效虚拟障碍物在局部路径规划时被视为真实的障碍物，当车辆前方没有检测到障碍物时，取目标车道两侧的虚拟障碍物 $w_{\mathrm{left}}$ 和 $w_{\mathrm{right}}$，车辆前方距离为 $L_{\mathrm{e}}$ 的虚拟障碍物有效，如图 3-43 所示，$L_{\mathrm{e}}$ 为虚拟障碍物的有效距离。

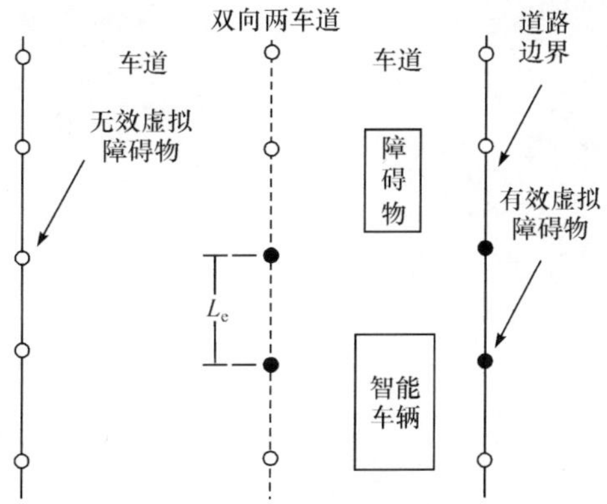


图 3-43 有效虚拟障碍物

为保证车道可通行，不会因为虚拟障碍物有效距离太大而错误地把其当成不可通行车道或使可行通道变窄，$L_e$ 不能取得太大或太小，否则当道路中车辆前方出现真实障碍物时会错误地规划出多条可行路径。车载雷达的最大量程决定了车辆前方存在障碍物时最早发现的距离。为此 $L_e$ 的取值应大于其量程，使所取的两侧有效虚拟障碍物之间的区域能够包含道路中的实际障碍物。

2）自适应阈值的 VFH 法

针对 VFH 法的阈值敏感性问题，采用自适应阈值的 VFH 法获得可通行路径方向，进行避障路径规划[21]。利用前述道路边界及障碍物检测算法感知智能车辆前方道路环境，对某个给定的阈值 $T$ 由如下步骤求得智能车辆可行方向：

(1) 将车辆前方 180°感知区域，按每 1°一个区间分成 180 个区间，并沿着逆时针方向由小到大对它们进行编号，第 $i$ 个区间用 $Z_i$ 表示，$i=1,2,\cdots,180$。

(2) 找出每个区间 $Z_i$ 内的障碍物与智能车辆之间的最小距离值 $d^i_{\min}$。

(3) 对每个 $d^i_{\min}$，若 $d^i_{\min}\geqslant T$，则区间 $Z_i$ 称为候选区间。

(4) 合并相邻的候选区间构成准可行扇区。

假设共获得 $N_c$ 个准可行扇区，某个准可行扇区由一个向量 $S_j$ 来描述，如图 3-44所示（为了便于区分，图中的每个区间为 10°）。

$$S_j=(T_j \quad \theta_j \quad n_j^{\mathrm{S}} \quad n_j^{\mathrm{E}}) \tag{3-52}$$

式中，$j=1,2,\cdots,N_c$；$T_j$ 为用于求解可行扇区所给定的阈值；$n_j^{\mathrm{S}}$ 和 $n_j^{\mathrm{E}}$ 为该准可行扇区中包含的第一个和最后一个候选区间在全部区间中的编号；$\theta_j$ 为准可行扇区角平分线的方向与智能车辆坐标系 $x$ 轴的夹角，其大小为

$$\theta_j=\frac{(n_j^{\mathrm{S}}+n_j^{\mathrm{E}})\times 1^\circ}{2}\times\frac{\pi}{180^\circ} \tag{3-53}$$

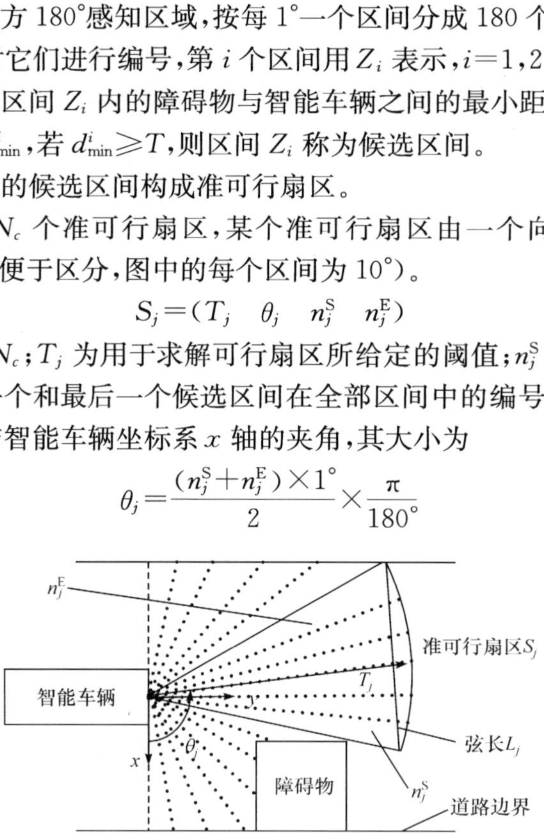


图 3-44　求可通行方向

(5) 对于准可行扇区 $S_j(j=1,2,\cdots,N_c)$：

① 弦长条件：$S_j$ 对应的弦长 $L_j$ 满足 $L_j>L_T$，$L_T$ 为预先确定的常数，$L_T=\lambda_L D$，$\lambda_L$ 为放大系数（保证智能车辆能够安全通过可行扇区），这里取 1.2，$D$ 为车宽。

② 矩形条件：没有一个扫描点落在长为 $R$、宽为 $D'$ 的矩形区域内，这个矩形有一对边与准可行扇区 $S_j$ 的角平分线方向平行。其中，$D'=\lambda_D D$，$\lambda_D$ 为放大系数(保证智能车辆能沿可行扇区的角平分线方向安全通过)，这里取 1.2。判断一个点是否在某个矩形区域内的必要条件为

$$\begin{cases} L_1+L_3=W \\ L_2+L_4=H \end{cases} \tag{3-54}$$

式中，$H$ 为矩形的宽度；$W$ 为矩形的长度；$L_i(i=1,2,3,4)$ 为点到矩形四条边的距离，如图 3-45 所示。

若 $S_j$ 同时满足弦长条件和矩形条件，则称它为可行扇区。可行扇区的角平分线方向称为可行方向。

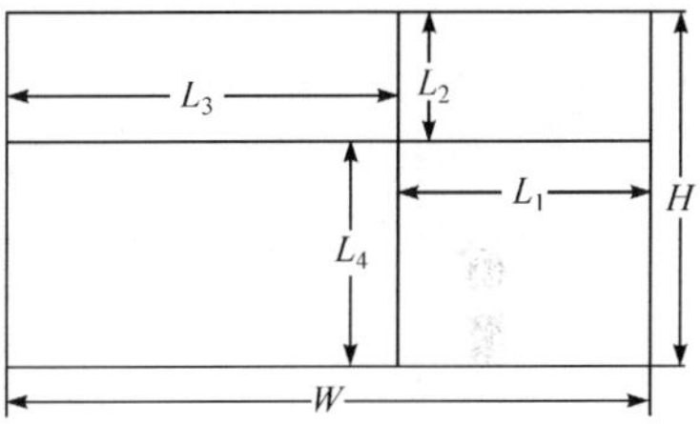


图 3-45　落在矩形内的一个点

为了使智能车辆及早地发现前方障碍物或者能够更早发现前方的可行路径，在能产生与目标方向接近的可行方向的阈值中，阈值 $T$ 越大越好。这里首先根据最小制动距离 $D_{\min}$ 确定一个阈值区间 $[T_{\min}, T_{\max}]$。$T_{\min}$ 为最小阈值，定义为

$$T_{\min}=\lambda D_{\min},\quad D_{\min}=v_{\max}^2/(2a) \tag{3-55}$$

式中，$\lambda$ 为放大系数(由于路径规划时智能车辆最小速度不能为零，放大以保证规划的路径安全有效)；$a$ 为最大制动减速度。$T_{\max}$ 为最大阈值，令 $T_{\max}=(N-1)\Delta T$；区间中其他阈值 $T_i=T_{\min}+i\times\Delta T, i=0,1,\cdots,N-1$；其中，$N$ 为正常数，$\Delta T$ 为固定增量。

在路径规划中 $T$ 由最大值 $T_{\max}$ 逐渐减小，如果车辆前方没有真实障碍物存在或者存在的障碍物足够小，总能够找到一个可通行的行驶方向，使其路径规划成功。在所有可通行方向中，选择最大阈值 $T_{\max}$ 所对应的可通行方向作为智能车辆行驶的参考方向，它与智能车辆当前行驶方向之间偏差记为 $\theta_T$，取角速度输出：

$$\omega=k_1\theta_T \tag{3-56}$$

式中，$k_1$ 为智能车辆当前行驶方向与参考行驶方向之间的偏差对角速度输出的影响系数。

同时，智能车辆在行驶过程中，当无障碍物存在时，应保持较高的行驶速度以尽快到达目的地。但当智能车辆距离障碍物较近，即所选阈值 $T$ 较小时，应减小行驶速度以免发生碰撞。另外，当 $|\theta_T|$ 较大时，智能车辆也应减速。采用以下规则确定速度输出：

$$v=v_{\max}-\frac{k_2}{k_{2m}}(v_{\max}-v_{\min}) \tag{3-57}$$

$$k_2=w_1|\theta_T|+w_2(T_{\min}/T-T_{\min}/T_{\max}) \tag{3-58}$$

式中，$v_{max}$和 $v_{min}$分别为预先设置的智能车辆最大运行速度和在避障过程中的最小运行速度；$k_{2m}$为$k_2$在$|\theta_T|=\pi/2$且$T=T_{min}$时的值；$w_1$和$w_2$为权重系数($w_1+w_2=1$且$w_1>w_2$)，其中$w_1$为智能车辆当前行驶方向与参考行驶方向之间的偏差对速度的影响系数，$w_2$为所选阈值对速度的影响系数。

如果当$T=T_{min}$时依然不能规划成功，则说明车辆前方遇到的障碍物使智能车辆在本车道内无法通行，这时需要采用改变虚拟障碍布局的方法进行绕障。

在路径规划时，若当前车道中有障碍物使智能车辆在本车道内无法通行，则需要改变有效虚拟障碍物的布局，从而在可通行车道内进行“借道”绕障。这里用有效虚拟障碍物的布置来描述智能车辆的绕障过程，如图 3-46 所示。图中空心圆圈表示车道边界无效虚拟障碍物，实心黑点表示有效虚拟障碍物。初始时，智能车辆前方没有检测到障碍物，有效障碍物的布局为理想路径两侧的虚拟障碍物有效，如图 3-46(a)所示；若传感器检测到智能车辆前方存在障碍物而且没有规划到可行方向，则有效障碍物的布置为可行驶道路两侧的虚拟障碍物有效，如图 3-46(b)所示。若上一次的布置为图 3-46(b)且目标车道空，则有效虚拟障碍物的布置需要采用一些过渡的障碍物，由两侧过渡到目标车道，如图 3-46(c)所示(图中智能车辆前方实心黑点即为过渡的有效虚拟障碍物)。若上一次布置为图 3-46(c)且车辆已驶入目标车道，则此时的布置变为图 3-46(a)，否则保持不变。绕障过程中，对改变有效虚拟障碍物布置后的环境，同样利用自适应阈值方法来进行路径规划。

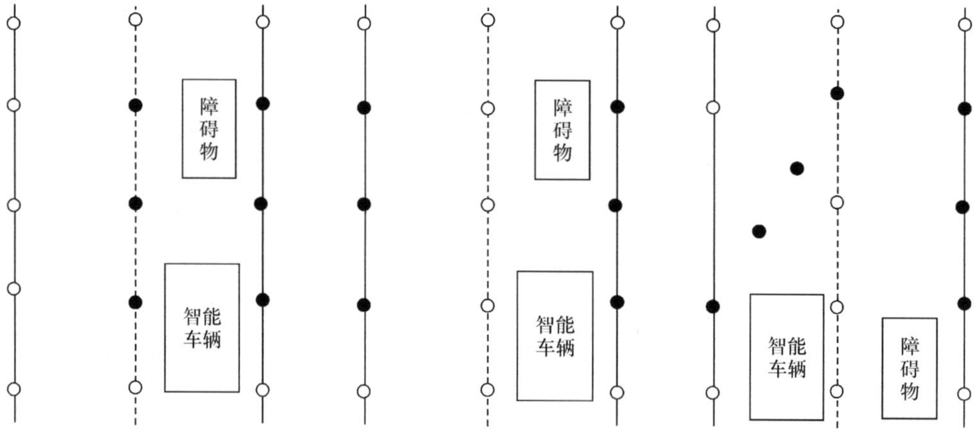


图 3-46　避障时有效虚拟障碍物的布置

### 3.4.2　路径规划仿真结果分析

为了验证以上所提出的局部路径规划方法的有效性和可行性，建立起如图 3-47

所示的仿真环境，在双向两车道道路中对智能车辆的车道保持与避障运动进行仿真分析，车道内分布着大小不一的障碍物。

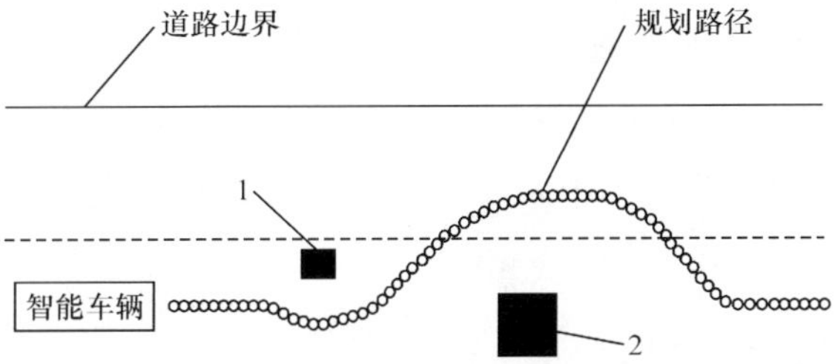


图 3-47　局部路径规划仿真环境及结果

仿真计算假设在 8m×300m 的区域内进行，设车道宽为 3.5m，车身宽为 2m，车辆的起点设在目标车道中心，初始方向与道路边界线平行，通过改变车辆的行驶方向和速度使其沿着已规划出的可行方向前进。仿真中，取虚拟障碍物有效距离 $L_e=40$m，最大行驶速度 $v_{max}=8$m/s，避障过程中最小行驶速度 $v_{min}=1$m/s，制动减速度 $a=4$m/s$^2$，放大系数 $\lambda=1.2$。由式(3-55)可知最小阈值 $T_{min}=10$m；取 $N=21$，$\Delta T=0.5$m，则最大阈值 $T_{max}=20$m；$k_1=0.8$，$w_1=0.7$，$w_2=0.3$。

1. 路径规划仿真

仿真结果如图 3-47 所示，黑色方块表示车道中的较小障碍物 1 和较大障碍物 2，其尺寸分别为 0.5m×0.5m×0.5m 和 2m×2m×2m。黑色实线为道路边界。由圆圈组成的曲线表示规划出的路径。图 3-48 为路径规划仿真过程中检测到障碍物时其有效虚拟障碍物的分布，图中的黑色圆点代表有效虚拟障碍物。

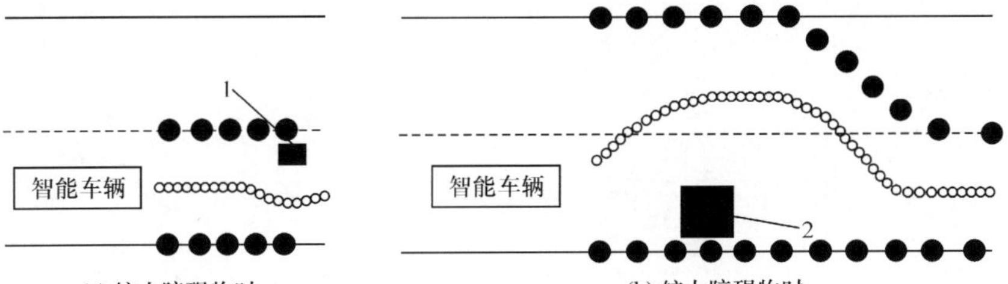


(a) 较小障碍物时　　(b) 较大障碍物时

图 3-48　避障时有效虚拟障碍物的分布

从图 3-48 中可以看出，初始阶段智能车辆在目标车道内沿着车道中心线运行，在车辆检测到较小障碍物 1 时，有效虚拟障碍物的分布如图 3-48(a)所示，局部路径规划器通过调节阈值规划出避障路径，由于障碍物较小，车辆仍能够保持在当前车道内运行。由图 3-48(b)可见，在车辆前方检测到较大障碍物 2 时，局部路径规划器重新布局有效虚拟障碍物，从而实现在可通行车道内"借道"绕障。当目标车道为空时，车辆驶入目标车道，继续保持沿车道中心线运行。

2. 路径规划过程阈值变化

路径规划的仿真过程中，智能车辆在避障运动中轨迹平滑，安全通过了障碍区。在避障路径规划仿真过程中智能车辆行驶速度的变化与所选阈值的变化如图 3-49 所示。

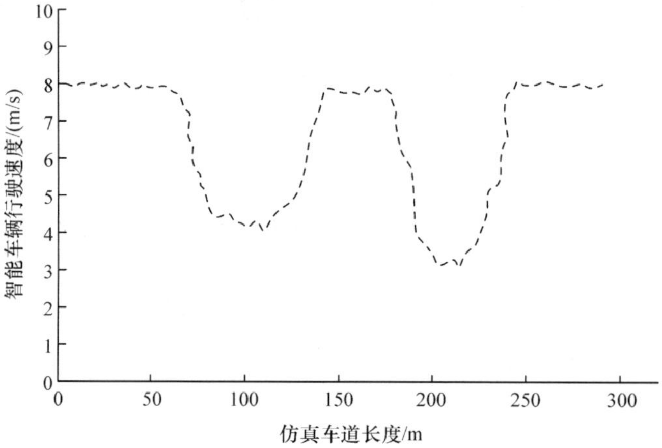


(a) 路径规划过程智能车辆行驶速度变化

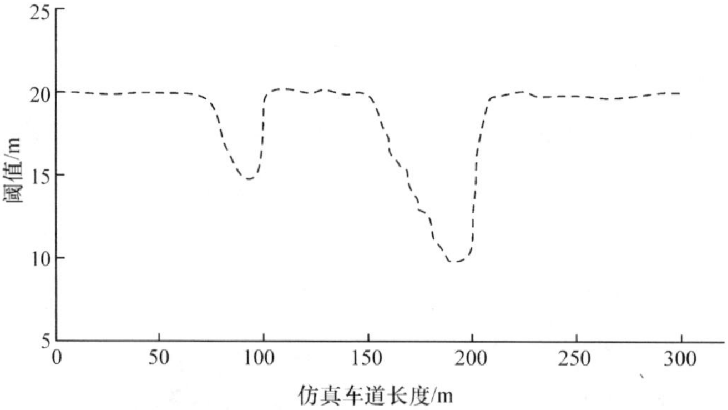


(b) 路径规划过程所选阈值的变化

图 3-49　仿真结果

智能车辆在起始位置时，前方没有障碍物，这时选取阈值 $T$ 的最大值 $T_{max}=20m$，在本车道内规划出沿车道中心线的可通行路径，行驶速度也保持在最高速度 8m/s。随着智能车辆距离障碍物 1 越来越近，可通行区域变小，其行驶速度逐渐减小，路径规划阈值 $T$ 也逐渐减小。随着阈值 $T$ 的减小，车辆依然能够在本车道内规划出可通行的路径，由自适应阈值的 VFH 法来改变车辆行驶方向，使其沿规划出的可通行路径避开障碍物1。当车辆通过障碍物1后，由于距离障碍物2还有较远距离，此时可通行区域恢复为原车道区域，车辆的行驶速度逐渐增加，路径规划阈值 $T$ 也增加至最大阈值 $T_{max}$。随着障碍物2的靠近，车辆的行驶速度逐渐减小，同时路径规划阈值 $T$ 也由 $T_{max}$ 逐渐变小。由于障碍物2尺寸比较大，当 $T$ 减小到 $T_{min}=10m$ 时仍然规划不出可通行路径，此时路径规划器改变了虚拟障碍物的布置，如图3-48(b)所示。随着虚拟障碍物布置的改变，实际可通行区域变大，路径规划阈值 $T$ 增大到 $T_{max}=20m$，规划出"借道"绕障的可通行路径。当车辆绕过障碍物2后，再重新回到无障碍物的原车道中，行驶速度逐渐增加到最大值，路径规划阈值 $T$ 继续选择最大值 $T_{max}$，规划出沿本车道中心线的可通行路径。

## 参考文献

[1] 王家恩，陈无畏，汪明磊，等. 车辆辅助驾驶系统中的三车道检测算法. 汽车工程，2014，36(11)：1378-1385

[2] Jung H G，Lee Y H，Kang H J. Sensor fusion-based lane detection for LKS+ACC system. International Journal of Automotive Technology，2009，10(2)：219-228

[3] Choi H C，Park J M，Choi W S，et al. Vision-based fusion of robust lane tracking and forward vehicle detection in a real driving environment. International Journal of Automotive Technology，2012，13(4)：653-669

[4] Kim Z W. Robust lane detection and tracking in challenging scenarios. IEEE Transactions on Intelligent Transportation Systems，2008，9(1)：16-26

[5] 郭磊，李克强，王建强，等. 应用方向可调滤波器的车道线识别方法. 机械工程学报，2008，44(8)：214-218

[6] Zhou Y，Xu R，Hu X F，et al. A robust lane detection and tracking method based on computer vision. Measurement Science and Technology，2006，17(4)：736-745

[7] Chen J，Xu Y C，Zhao M，et al. A randomized hough transform based on road edge identification algorithm. Journal of Image and Graphics，2009，14(5)：905-911

[8] 陈无畏，李进，王檀彬，等. 视觉导航智能车辆的路径跟踪预瞄控制. 机械工程学报，2008，44(10)：277-282

[9] 王家恩. 基于视觉的驾驶员横向辅助系统关键技术研究. 合肥：合肥工业大学博士学位论文，2013

[10] 陈无畏，蒋玉亭，谈东奎. 一种基于边缘点投影的车道线快速识别算法. 汽车工程，2017，39(3)：357-363

[11] Shieh J Y，Liao Y L，Huang W C，et al. Applying FPGA to implement real-time infrared tracking of moving objects. Journal of Selected Areas in Microelectronics，2012，(11)：12-18

[12] Wu Q，Zhang W，Chen T，et al. Prior-based vanishing point estimation through global perspective structure matching. IEEE International Conference on Acoustics Speech and Signal Processing，Dallas，2010：2110-2113

[13] Son J, Yoo H, Kim S, et al. Real-time illumination invariant lane detection for lane departure warning system. Expert Systems with Applications, 2015, 42(4): 1816-1824

[14] Lin Q, Han Y, Hahn H. Real-time lane departure detection based on extended edge-linking algorithm. Proceedings of the 2nd International Conference on Computer Research and Development, Washington, 2010: 725-730

[15] Viola P, Jones J. Robust real-time face detection. International Journal of Computer Vision, 2009, 57(2): 137-154

[16] Freud Y, Schapire R E. A decision-theoretic generalization of on-line learning and application to boosting. Journal of Computer and System Sciences, 2007, 55(1): 119-139

[17] 慕永云，王荣本，赵一兵，等. 基于多特征融合的前方车辆检测方法研究. 计算机应用研究，2011，28(9)：3572-3575

[18] 文莉，刘正士，葛运建. 小波去噪的几种方法. 合肥工业大学学报（自然科学版），2002，25(2)：167-172

[19] 那田. 基于雷达和机器视觉融合的前方车辆障碍物检测. 合肥：合肥工业大学硕士学位论文，2016

[20] 汪明磊. 智能车辆自主导航中避障路径规划与跟踪控制研究. 合肥：合肥工业大学博士学位论文，2013

[21] 汪明磊，陈无畏，王家恩. 智能车辆车道保持系统中避障路径规划. 合肥工业大学学报，2014，37(2)：129-133

[22] 徐玉华，张崇巍，徐海琴. 基于激光测距仪的移动机器人避障新方法. 机器人，2010，32(2)：179-183

[23] 李云翀，何克忠. 基于激光雷达的室外移动机器人避障与导航新方法. 机器人，2006，28(3)：275-278

[24] 叶炜垚，王春香，杨明，等. 基于虚拟障碍物的移动机器人路径规划方法. 机器人，2011，33(3)：273-278

# 第 4 章　智能车辆的跟踪控制

智能车辆的跟踪控制是其高效、实时、稳定工作的基础。在复杂、结构化或非结构化环境中，智能车辆必须具备在无人干预的情况下，完成环境感知、动态决策、规划、行为控制与执行等多种功能，也要具备克服传感信息噪声和执行机构不确定性以及适应复杂环境的能力。因此，智能车辆应该具有丰富的感知能力、学习能力、决策能力和适应能力。可见需要分析研究控制系统中各个部分之间的相互关系和功能分配，研究控制系统控制逻辑的合理分层、功能划分及各层之间的相互逻辑关系，提高智能车辆的智能化水平。

本章在分析现有路径跟踪控制方法特点的基础上，研究智能车辆的横向运动自适应预瞄方法、基于人机共享和分层控制的车道偏离辅助系统、基于深度神经网络的车道偏离预警、基于期望横摆角速度的车辆横向运动控制、基于轨迹预测的驾驶员方向控制模型、智能车辆横向运动安全决策方法、基于道路势场法的车道偏离辅助控制、基于自抗扰控制的自动泊车路径跟踪、智能车辆的滑模变结构控制、基于转向盘转角安全边界的人机共享控制等内容。从不同的角度展示最新研究成果，为智能车辆的跟踪控制理论研究与应用发展提供借鉴。

## 4.1　智能车辆的横向运动自适应预瞄方法

基于视觉的车道保持系统是根据前方道路情况，结合其他影响因素寻找一个理想的预期轨迹点，根据预期轨迹点位置控制车辆行驶，寻找预期轨迹点的过程相当于预瞄过程。预瞄轨迹点选择近，车辆对前方道路预见性小，易在道路中央两侧来回摆动，乘坐舒适性差且系统有失稳趋势；预瞄轨迹点选择远，车辆从某一偏离车道位置到达预瞄轨迹点的响应时间长且跟踪偏差大。基于此，本节提出智能车辆横向运动自适应预瞄方法，首先，建立车-路横向动力学模型；其次，基于最优预瞄曲率设计侧向加速度 PD 跟踪控制器，联立车-路动力学模型来构建车辆横向控制闭环系统，分析预瞄距离、车速、道路曲率三者对系统的影响；最后，构建优化的预瞄距离模糊选择规则，以横向控制偏差及侧向加速度为优化目标，使路径跟随性能和乘坐舒适性达到最优[1,2]。

### 4.1.1　系统结构

系统结构包括车道识别系统、预瞄距离模糊规则推理器、“预瞄-跟随”驾驶员模型及侧向加速度跟踪控制四部分。侧向距离偏差 $e_V$、方向偏差 $e_\psi$ 及前方道路曲率 $\rho$ 由车道识别系统输出，离线优化时车-路侧向距离偏差 $e_V$ 和方向偏差 $e_\psi$ 由坐标系转换计算得到，道路曲率 $\rho$ 由设定的仿真实验车道决定。预瞄规则推理器根据道路曲率 $\rho$ 及车辆速度 $V_x$ 推算合理的道路预瞄点位置，对应为道路预瞄距离 $x_{la}$。

驾驶员模型依据车辆行驶轨迹与预期路径误差最小原则计算理想车辆侧向速度 $V_y$，跟踪控制器负责跟踪理想的期望侧向加速度。预瞄规则推理器的输入输出为非线性映射，采用模糊逻辑设计推理器。采用全局优化能力强的遗传算法对模糊规则进行离线优化，系统结构如图 4-1 所示。

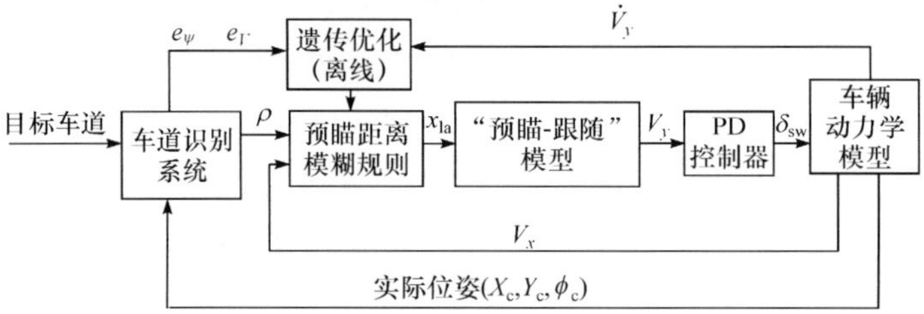


图 4-1　系统结构图

### 4.1.2　车辆-道路模型

1. 坐标转换

在 $t$ 时刻，车辆质心在全局世界坐标系中的位置坐标为 $(X_c(t), Y_c(t))$，车辆纵轴线与横坐标的夹角为 $\phi_c(t)$。设 $t_p$ 为预瞄时间，$(X_p(t), Y_p(t), \phi_p(t))$ 为预瞄点处的坐标，$e_{la}$ 为局部坐标系中车辆与预瞄点的横向位置偏差，如图 4-2 所示。上述参数的关系可根据式(4-1)来描述：

$$p_e=\begin{bmatrix}x_{la}\\e_{la}\\e_\psi\end{bmatrix}=\begin{bmatrix}\cos\phi_c(t) & \sin\phi_c(t) & 0\\-\sin\phi_c(t) & \cos\phi_c(t) & 0\\0 & 0 & 1\end{bmatrix}\begin{bmatrix}X_p(t)-X_c(t)\\Y_p(t)-Y_c(t)\\\phi_p(t)-\phi_c(t)\end{bmatrix} \tag{4-1}$$

2. 车辆-道路动力学模型

采用二自由度车辆模型作为仿真车辆模型，如式(4-2)和式(4-3)所示：

$$\dot{V}_y=\frac{-C_f-C_r}{mV_x}V_y+\left(\frac{l_rC_r-l_fC_f}{mV_x}-V_x\right)r-\frac{C_f}{m}\delta_f \tag{4-2}$$

$$\dot{r}=\frac{l_rC_r-l_fC_f}{I_zV_x}V_y-\frac{l_f^2C_f+l_r^2C_r}{I_zV_x}r+\frac{l_fC_f}{I_z}\delta_f \tag{4-3}$$

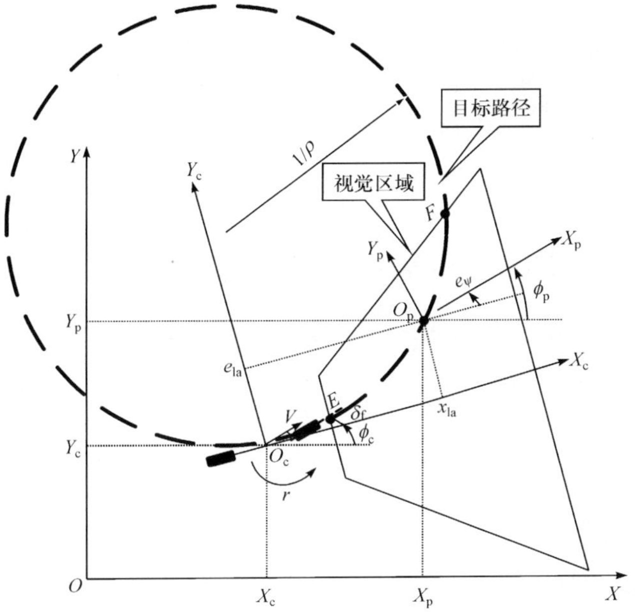


图 4-2　坐标系转换

式中，$m$ 为整车质量；$I_z$ 为绕 $z$ 轴的转动惯量；$l_f$ 和 $l_r$ 分别是质心至前轴、后轴的距离；$C_f$、$C_r$ 为前、后车轮侧偏刚度；$V_x$ 为车辆纵向速度；$V_y$ 为车辆侧向速度；$r$ 为横摆角速度；$\delta_f$ 为前轮转角。

根据图 4-2 中几何关系，局部坐标系 $X_cO_cY_c$ 中车辆与预瞄距离为 $x_{la}$ 处的单预瞄点 $O_p$ 的侧向偏差与方向偏差的变化率为[3]

$$\dot{e}_{la}=-V_y-x_{la}r+V_xe_\psi \tag{4-4}$$

$$\dot{e}_\psi=V_x\rho-r \tag{4-5}$$

视转向系统为一阶惯性环节，则

$$\dot{\delta}_f=-\frac{1}{T_s}\delta_f+\frac{1}{T_s}\delta_{sw} \tag{4-6}$$

式中，$T_s$ 为惯性环节时间常数；$\delta_{sw}$ 为转向盘转角输入。联立式(4-2)～式(4-6)，可得车辆-道路横向动力学模型：

$$\begin{bmatrix}\dot{V}_y\\ \dot{r}\\ \dot{e}_\psi\\ \dot{e}_{la}\\ \dot{\delta}_f\end{bmatrix}=\begin{bmatrix}a_{11} & a_{12} & 0 & 0 & b_{11}\\ a_{21} & a_{22} & 0 & 0 & b_{21}\\ 0 & -1 & 0 & 0 & 0\\ -1 & -x_{la} & V_x & 0 & 0\\ 0 & 0 & 0 & 0 & -1/T_s\end{bmatrix}\begin{bmatrix}V_y\\ r\\ e_\psi\\ e_{la}\\ \delta\end{bmatrix}+\begin{bmatrix}0\\ 0\\ 0\\ 0\\ 1/T_s\end{bmatrix}\delta_{sw}+\begin{bmatrix}0\\ 0\\ V_x\\ 0\\ 0\end{bmatrix}\rho \tag{4-7}$$

式中，各参数表达式如下：

$$\begin{cases} a_{11}=\dfrac{-C_f-C_r}{mV_x}, \quad a_{12}=\dfrac{-l_fC_f+l_rC_r}{mV_x}-V_x \\ a_{21}=\dfrac{-l_fC_f+l_rC_r}{I_zV_x}, \quad a_{22}=-\dfrac{l_f^2C_f+l_r^2C_r}{I_zV_x} \\ b_{11}=\dfrac{C_f}{m}, \quad b_{21}=\dfrac{l_fC_f}{I_z} \end{cases}$$

### 4.1.3　闭环控制系统设计及特性分析

闭环控制系统中的驾驶员模型采用最优预瞄曲率模型，下层控制器采用 PD 控制器实现车辆状态的跟踪。同时，联立驾驶员模型和车辆-道路相对位置模型，分析车辆纵向车速、道路曲率及预瞄距离对车辆横向运动的影响，给出三者对车辆横向运动影响的一般规律。

1. 闭环控制系统状态方程

设车辆侧向加速度对转向盘转角的传递函数可近似由下列一阶线性系统描述：

$$\frac{\dot{V}_y}{\delta_{sw}}(s)=G_{ay}\frac{1+T_n s}{1+T_d s} \tag{4-8}$$

式中，$G_{ay}$为侧向加速度响应稳态增益；$T_n$、$T_d$ 为常数。仿真计算时，$T_n$、$T_d$ 为 $\delta_{sw}$ 到 $\dot{V}_y$ 的传递函数模型中的参数。

为避免纯微分运算可能给系统带来高频干扰，将一阶滞后近似纯微分环节来代替纯微分环节。从而 PD 控制器的传递函数形式写为

$$C(s)=K_P\left(1+\frac{T_D s}{T_D/Ns+1}\right) \tag{4-9}$$

根据预瞄跟随原理可得[4]

$$\frac{\dot{V}_y}{\delta_{sw}}(s)\cdot C(s)\approx 1 \tag{4-10}$$

联立驾驶员最优曲率模型及车辆-道路模型，可得系统的闭环控制如图 4-3 所示。

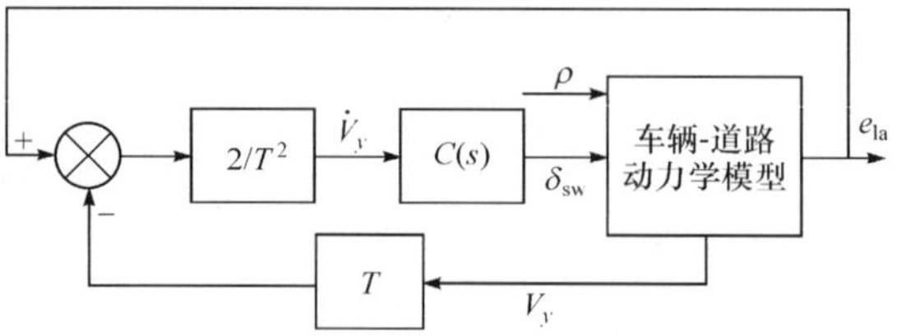


图 4-3　闭环控制

### 2. 闭环控制系统特性分析

$e_{la}$的响应过程不仅与车辆结构参数，如质量 $m$，质心至前、后轴距离 $l_f$ 和 $l_r$ 以及纵向车速 $V_x$ 等有关，还受到预瞄距离 $x_{la}$及道路曲率 $\rho$ 的影响。选择车辆模型参数值见表 4-1。

**表 4-1　车辆模型参数**

| 参数说明 | 数值 |
|---|---|
| 整车质量 $m$/kg | 1704 |
| 整车绕 $z$ 轴的转动惯量 $I_z$/(kg · m$^2$) | 3048 |
| 整车质心至前、后轴的距离 $l_f$,$l_r$/m | 1.015,1.675 |
| 前、后轮轮距 $D_f$,$D_r$/m | 1.535 |
| 前、后轮侧偏刚度 $C_{yij}$/(N/rad) | −105850,−79030 |
| 前、后轮纵向刚度 $C_{xij}$/(kN/m) | 650,600 |
| 质心高度 $h$/m | 0.542 |
| 轮胎滚动半径 $r_e$/m | 0.25 |

(1) 设车辆纵向车速及道路曲率为定值，取 $V_x$ 为 12m/s，$\rho$ 为 0.005m$^{-1}$。不同预瞄距离 $x_{la}$对应的系统响应如图 4-4 所示。从图中可知，当预瞄距离取 2m 时，

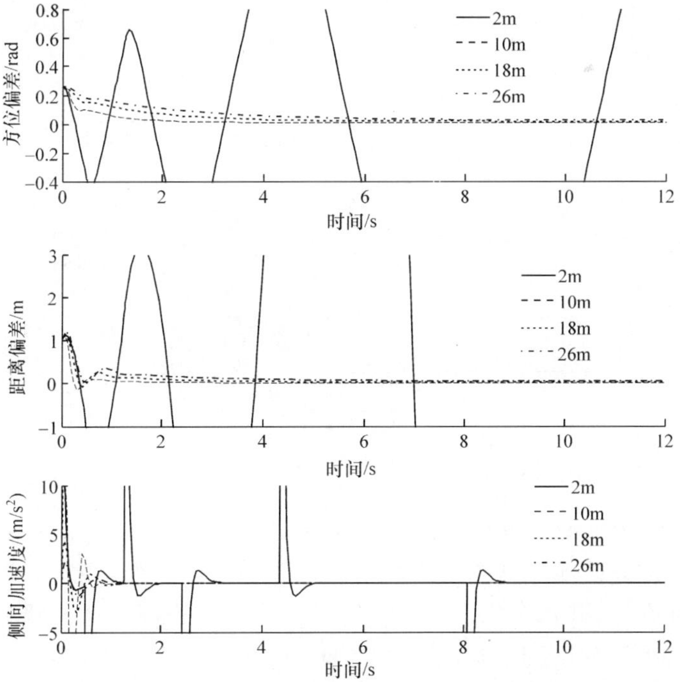


图 4-4　不同预瞄距离对应的系统响应

系统不能趋近于稳定，呈发散状态。当预瞄距离取 10m 时，车辆侧向加速度较大，影响乘坐舒适性，同时增加转向系统负担。随着预瞄距离的逐步增加，系统趋近稳定，反应时间增大，侧向加速度减小，但同时对于曲率不等于零的道路其稳态误差逐步增大。因此，预瞄距离的选择不能太小也不能太大，应根据纵向车速、道路曲率合理选择。

(2) 设车辆纵向车速及预瞄距离为定值，取 $V_x$ 为 12m/s，$x_{la}$ 为 20m。不同道路曲率 $\rho$ 对应的系统响应如图 4-5 所示。从图中可以看出，当车辆以恒定纵向车速及预瞄距离跟踪不同曲率道路时，其稳态误差随着道路曲率的增大而增加。因此，为减小稳态误差，应随着道路曲率的增加而适当减小预瞄距离。

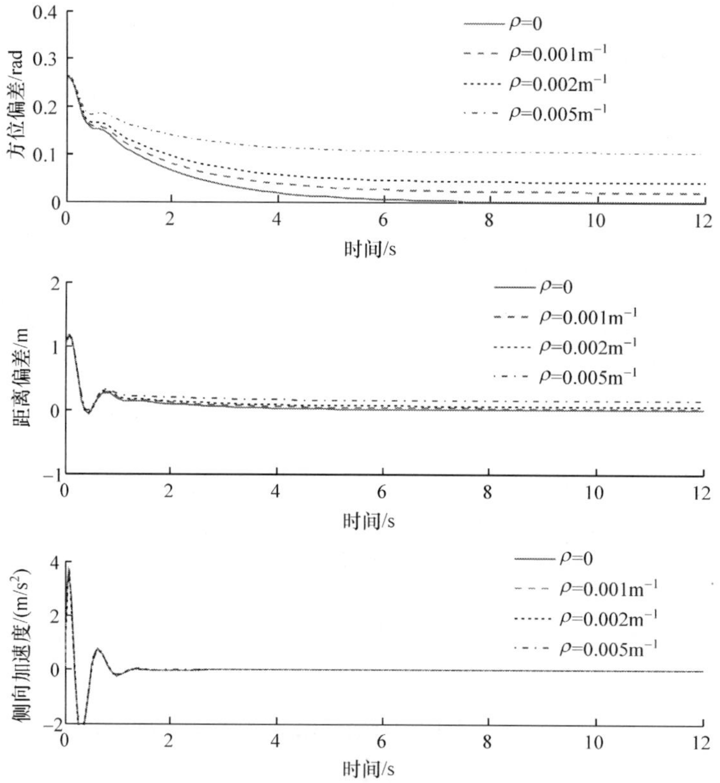


图 4-5 不同道路曲率对应的系统响应

(3) 设车辆预瞄距离及道路曲率为定值，取 $x_{la}$ 为 20m，$\rho$ 为 $0.001\text{m}^{-1}$。不同纵向车速对应的系统响应如图 4-6 所示。从图中可以看出，当车辆以恒定预瞄距离跟踪某一曲率道路时，车辆以不同纵向车速从某一偏离车道位置趋近道路中心的响应差别很大。速度较小时，系统反应时间长；速度较大时，系统反应时间短，但速度过大会使得超调量增大。因此，结合前面分析的结果可知，纵向车速较大时宜选择较大预瞄距离以提高乘坐舒适性，纵向车速较小时宜选择较小预瞄距离以减小系统稳定时间和误差。

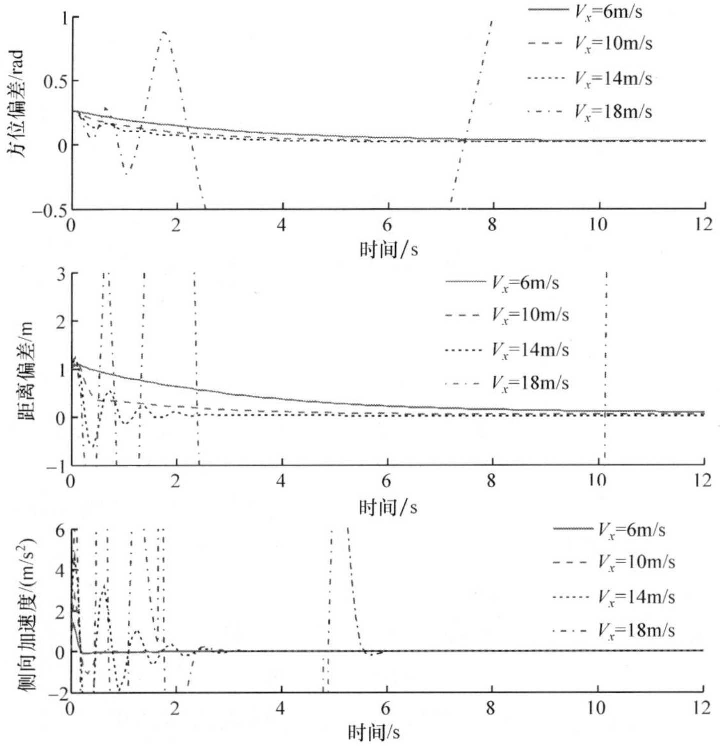


图 4-6　不同纵向车速对应的系统响应

图 4-7(a)和(b)分别为纵向车速和预瞄距离变化时闭环系统极点分布的变化。可以看出，当纵向车速一定时，随着预瞄距离的减小，车辆横向闭环控制系统极点趋近于实轴正半轴，系统逐渐失稳。而当预瞄距离一定时，随着车速的逐渐增加车辆横向闭环控制系统极点也趋近于实轴正半轴，横向闭环控制系统同样会趋近于失稳状态。

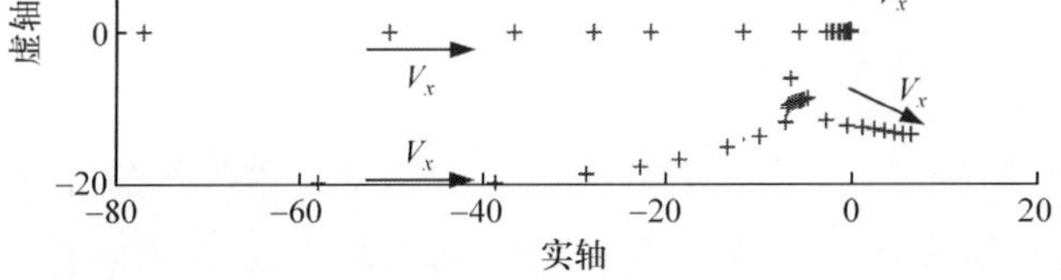


(a) 纵向车速变化, $x_{la}$=15m

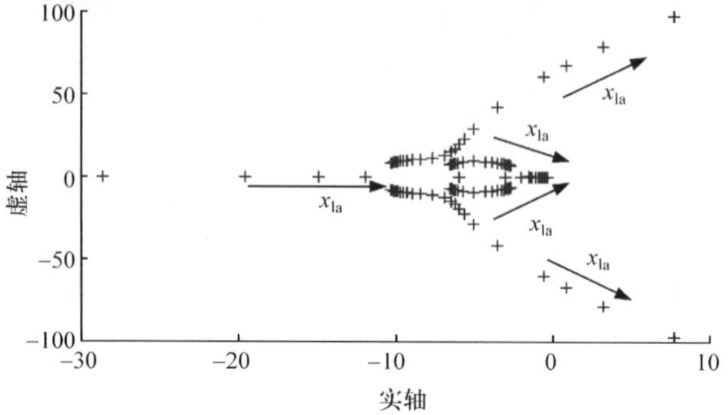


(b) 预瞄距离变化, $V_x$=12m/s

图 4-7 极点分布图

# 4.2 基于人机共享和分层控制的车道偏离辅助系统

当驾驶员因操作失误、身体损伤或疲劳等原因而引起车辆偏离车道时，车道偏离辅助系统(LDAS)可有效避免或减轻车道偏离事故。LDAS包括辅助决策和辅助控制两方面的关键技术，根据车-路位置关系，建立车辆预瞄处偏差的线性参数变化(linear parameter varying，LPV)动态模型，设计鲁棒LPV/$H_\infty$控制器以跟踪车道中心线，确定期望前轮转角；应用滑模观测器估计转向阻力矩，设计基于驾驶员转矩和转向阻力矩的二阶滑模控制器，确定电动机辅助转矩，再经过主权分配模块切换人机控制主权，最后由EPS系统的助力电机来执行，实现LDAS的人机共享控制[5]。

## 4.2.1 控制系统结构设计

LDAS采用分层结构，主要由车道偏离辅助决策层、车道偏离辅助共享控制层、执行层以及信号传感器组成，如图4-8所示。利用安装于车上的基于视觉的车道检测系统以及车速、转向盘转角和转矩等传感器，实时获取车辆航向角偏差 $e_\psi$、预瞄处横向位置偏差 $e_{la}$、车道曲率 $\rho$、纵向车速 $V_x$、转向盘转矩传感器测量值 $T_{se}$ 和电动机转角 $\theta_m$ 等信号。驾驶员转矩 $T_d$ 可用 $T_{se}$ 替代。

### 1. 车道偏离辅助决策层

车道偏离辅助决策层考虑了驾驶员行为的影响。根据 $T_d$、$\rho$ 和 $V_x$ 三个因素，设计模糊控制器，自适应地调整虚拟车道边界的宽度 $d$，$d$ 表示虚拟车道边界到车道中心的距离。若车轮超出虚拟车道边界，则进入辅助干预阶段。

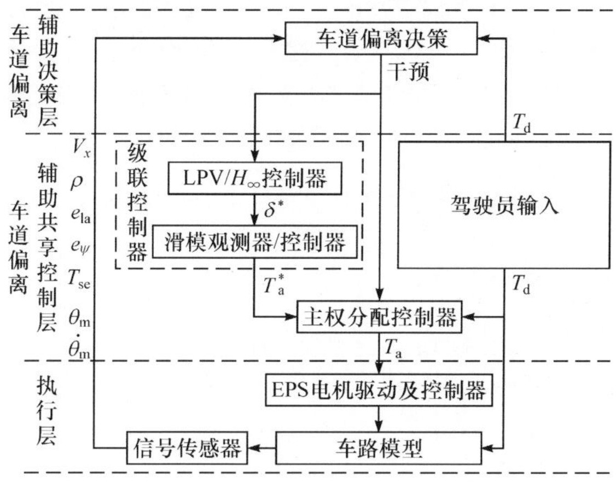


图 4-8　车道偏离辅助控制系统结构

2. 车道偏离辅助共享控制层

车道偏离辅助共享控制层由 LPV/$H_\infty$ 控制器、二阶滑模控制器和主权分配模块组成，其中还包括滑模未知输入观测器。所设计的 LPV/$H_\infty$ 控制器以车速为变参数，根据不同车速自动进行增益调度。其输入为预瞄处横向位置偏差 $e_{la}$，输出为期望前轮转角 $\delta^*$，再根据电动机减速机构传动比得到期望的电动机转角 $\theta_m^*$。

滑模控制器跟踪期望的电动机转角 $\theta_m^*$，输出期望电动机辅助转矩 $T_a^*$，并在控制律中对驾驶员转矩 $T_d$ 和转向阻力矩 $T_r$ 进行补偿，$T_r$ 值可利用未知输入观测器估计。主权分配模块根据车辆、控制器和驾驶员三者的状态进行人机控制主权切换，得到目标辅助转矩 $T_a$，最后由 PID 控制器输出 PWM 信号驱动电动机。

### 4.2.2　控制器设计

1. 车道偏离辅助决策模糊控制器

模糊控制器的目标是通过考虑道路结构和驾驶员驾驶行为的变化来提高辅助决策性能，以减少驾驶员有意靠边行驶时 LDAS 的误启动次数。其模糊规则为：当驾驶员转矩较大时，增大 $d$；当道路曲率较大时，增大弯道内侧的 $d$，而对于弯道外侧的 $d$，曲率取零；纵向车速 $V_x$ 越大，$d$ 越小。定义虚拟车道边界的宽度 $d=d_0+d_v$，$d_0$ 是固定值，取 1.1m，$d_v$ 为模糊控制器输出量。

模糊控制器以 $|T_d|$、道路半径 $1/\rho$ 和纵向车速 $V_x$ 为输入，输出虚拟车道边界的宽度增量 $d_v$。设论域 $U_{T_d}=[0,T_d^{max}]$是驾驶员转矩的变化范围，$T_d^{max}$ 取6N·m，模糊子集为{S,M,L}，分别代表转矩的小、中和大三个状态。论域 $U_{1/\rho}=[250,$

1200]，$U_{V_x}=[V_x^{\min},V_x^{\max}]$，$V_x^{\min}=60\text{km/h}$，$V_x^{\max}=120\text{km/h}$，模糊子集均为{S，M，L}。输出量 $d_v$ 的论域为 $U_{d_v}=[0,0.3]$，模糊子集为{VS，S，M，L，VL}，分别表示较窄车道、窄车道、中车道、宽车道和较宽车道。输入输出皆采用三角形隶属度函数，制定模糊推理规则库如表 4-2 所示。

**表 4-2 虚拟车道边界宽度模糊推理规则库**

| 道路半径 $1/\rho$ | 纵向车速 $V_x$ | 驾驶员转矩 $\lvert T_d\rvert$ | | |
|---|---|---|---|---|
| | | S | M | L |
| S | S | L | VL | VL |
| | M | S | M | L |
| | L | VS | VS | S |
| M | S | L | L | VL |
| | M | S | M | M |
| | L | VS | VS | S |
| L | S | L | L | VL |
| | M | S | S | M |
| | L | VS | VS | S |

令 $d_l$ 和 $d_r$ 分别表示左、右侧虚拟车道边界的宽度，由图 4-9 可知，$d_l=d_{0l}+d_{vl}$，$d_r=d_{0r}+d_{vr}$，左、右两前轮的横向偏差为

$$\begin{cases} y_l=e_V+(l_f\sin e_\psi+W_b/2)\cos e_\psi \\ y_r=e_V+(l_f\sin e_\psi-W_b/2)\cos e_\psi \end{cases} \tag{4-11}$$

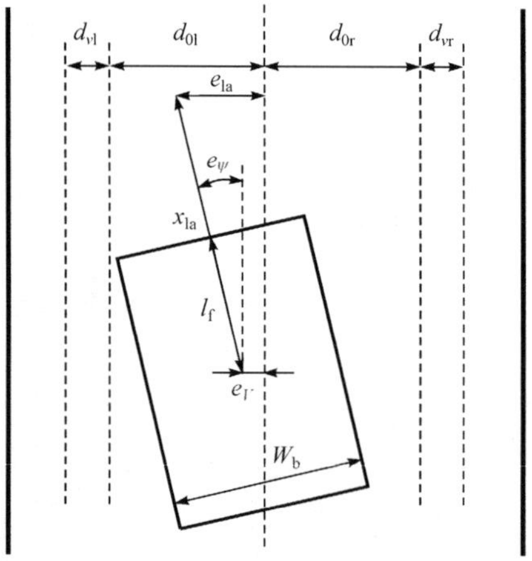


图 4-9 车道偏离决策

式中，$W_b$ 为车辆宽度；$e_V$ 为车辆质心横向位置偏差。若 $y_l \leqslant d_l$ 且 $y_r \geqslant -d_r$，则认为车辆处于安全区域。又因为 $e_V = e_{la} + x_{la}\sin e_\psi$，$e_\psi$ 一般很小，有 $\cos e_\psi \approx 1$，代入式(4-11)得

$$-d_r + \frac{W_b}{2} \leqslant e_{la} + (l_f - x_{la})\sin e_\psi \leqslant d_l - \frac{W_b}{2} \tag{4-12}$$

定义偏离决策函数 $\Gamma(\cdot)$，若状态矢量 $x_s = [e_{la}, e_\psi, T_d, \rho, V_x]$ 使得式(4-12)成立，则 $\Gamma(x_s)=0$；反之 $\Gamma(x_s)=1$，则认为车辆偏离车道。

2. LPV/$H_\infty$ 转角控制

该控制系统结构原理如图 4-10 所示。令 $x_V$、$u_V$、$y_V$、$\omega_V$ 分别表示状态矢量、控制信号、测量信号和外部干扰输入，$z_V$ 为 $H_\infty$ 指标评价输出；$W_r$、$W_n$、$W_u$、$W_y$ 为 $\omega_V$ 和 $z_V$ 的权函数，除 $W_r=1$ 外其余权函数均为一阶动态系统，权函数分别取 $W_n=0.1(s+1)/(s+100)$，$W_u=10(s+1)/(s+10)$，$W_y=0.01(s+100)/(s+1)$。定义该系统为

$$\begin{cases} x_V = [e_{la}, \dot{e}_{la}, e_{VR}, \dot{e}_{VR}]^T \\ u_V = \delta_d \\ y_V = e_{la} \\ \omega_V = [r_r, n]^T \\ z_V = [y_V, u_V]^T \end{cases} \tag{4-13}$$

式中，$r_r$ 为预瞄处横向偏差的参考值；$n$ 表示偏差的测量干扰。系统的控制目标是保证车辆具有横向鲁棒性且具有较小的转角输出波动。以车速倒数 $\theta(t)=1/V_x(t)$ 为变参数，则变参数的顶点个数 $k=2$，将权函数的增广状态矢量加入原系统(4-13)，得到广义仿射参数依赖 LPV 系统为

$$\begin{cases} \dot{\hat{x}}_V = \hat{A}_V(\theta(t))\hat{x}_V + \hat{B}_{1V}(\theta(t))\omega_V + \hat{B}_{2V}u_V \\ z_V = \hat{C}_{1V}(\theta(t))\hat{x}_V + \hat{D}_{11V}(\theta(t))\omega_V + \hat{D}_{12V}u_V \\ y_V = \hat{C}_{2V}\hat{x}_V + \hat{D}_{21V}\omega_V + \hat{D}_{22V}u_V \end{cases} \tag{4-14}$$

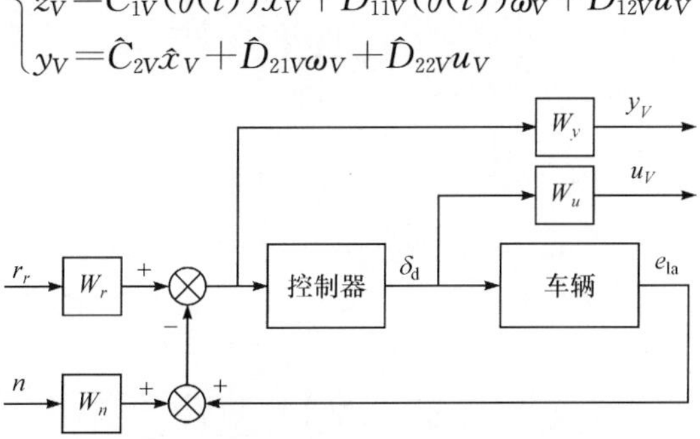


图 4-10　LPV/$H_\infty$ 控制系统结构原理图

式中，$\hat{x}_V$ 为增广后状态矢量，现在的目标是寻找一个 LPV 控制器 $K(\theta)$，使得闭环系统在整个 $\theta(t)$ 轨迹上具有二次 $H_\infty$ 性能 $\gamma$，即 $\| T_{\omega z} \|_\infty < \gamma$，$T_{\omega z}$ 表示外部干扰输入 $\omega_V$ 到指标评价输出 $z_V$ 的传递函数。

$$K(\theta) = \sum_{i=1}^{k} \alpha_i K_i = \sum_{i=1}^{k} \alpha_i \begin{bmatrix} A_{Ki} & B_{Ki} \\ C_{Ki} & D_{Ki} \end{bmatrix} \tag{4-15}$$

3. EPS 系统未知输入观测器

简化齿轮齿条式 EPS 系统模型的状态方程，可表示为

$$\begin{gathered} J_{\mathrm{eq}}\ddot{\theta}_{\mathrm{m}} + B_{\mathrm{eq}}\dot{\theta}_{\mathrm{m}} + K_{\mathrm{eq}}\theta_{\mathrm{m}} = T_{\mathrm{m}} + \frac{T_{\mathrm{se}}}{N} - \frac{T_{\mathrm{r}}}{N} \\ J_{\mathrm{eq}} = J_{\mathrm{m}} + \frac{M_{\mathrm{r}} r_{\mathrm{p}}^2}{N^2}, \quad B_{\mathrm{eq}} = B_{\mathrm{m}} + \frac{B_{\mathrm{r}} r_{\mathrm{p}}^2}{N^2} \end{gathered} \tag{4-16}$$

式中，等效刚度 $K_{\mathrm{eq}} = K_{\mathrm{r}} r_{\mathrm{p}}^2 / N^2$，其中 $r_{\mathrm{p}}$ 为小齿轮分度圆半径，$K_{\mathrm{r}}$ 为齿条当量刚度；$B_{\mathrm{eq}}$ 为等效阻尼；$J_{\mathrm{eq}}$ 为转向柱等效转动惯量；$N$ 为电动机减速机构传动比；$T_{\mathrm{m}}$ 为电动机输出转矩，$T_{\mathrm{m}}$、$T_{\mathrm{se}}$ 已知；$J_{\mathrm{m}}$ 为电动机转动惯量；$M_{\mathrm{r}}$ 为齿条上的当量质量；$B_{\mathrm{m}}$ 为齿条阻尼。该未知输入系统的状态方程可描述为

$$\begin{cases} \dot{x} = Ax + B_1 u_1 + B_2 u_2 \\ y = Cx \end{cases} \tag{4-17}$$

式中，$x = [\theta_{\mathrm{m}}, \dot{\theta}_{\mathrm{m}}]^{\mathrm{T}}$，$u_1 = [T_{\mathrm{a}}, T_{\mathrm{se}}]^{\mathrm{T}}$，$u_2 = T_{\mathrm{r}}$。假设 $u_2$ 是有界的，即对所有 $t$，有 $\| u_2(t) \| \leqslant \rho_{\mathrm{b}}$，$\rho_{\mathrm{b}} > 0$。令 $e_y = y - C\hat{x}$，则该系统的 Walcott-Zak 滑模观测器[6]为

$$\dot{\hat{x}} = A\hat{x} + B_1 u_1 + G_{\mathrm{l}} e_y + G_{\mathrm{n}} v_{\mathrm{c}}(e_y) \tag{4-18}$$

式中，$G_{\mathrm{l}}$ 和 $G_{\mathrm{n}}$ 分别是线性和非线性反馈增益[7,8]；$v_{\mathrm{c}}(e_y)$ 是非线性滑模输出信号。

4. 二阶滑模转矩控制器

转向系统模型中的电动机转角可表示为

$$\theta_{\mathrm{m}} = \left( -J_{\mathrm{eq}}\ddot{\theta}_{\mathrm{m}} - B_{\mathrm{eq}}\dot{\theta}_{\mathrm{m}} - \frac{J_{\mathrm{c}}}{N}\ddot{\delta}_{\mathrm{sw}} - \frac{B_{\mathrm{c}}}{N}\dot{\delta}_{\mathrm{sw}} \right) \Big/ K_{\mathrm{eq}} + \left( T_{\mathrm{m}} + \frac{T_{\mathrm{d}}}{N} - \frac{T_{\mathrm{r}}}{N} \right) \Big/ K_{\mathrm{eq}} + d(t) \tag{4-19}$$

式中，$J_{\mathrm{c}}$ 为转向柱转动惯量；$B_{\mathrm{c}}$ 为转向柱阻尼系数；$\delta_{\mathrm{sw}}$ 为转向盘转角；$d(t)$ 为系统的不确定部分，且有 $|\dot{d}(t)| \leqslant D$。通过分析式(4-19)可知，电动机转角受驾驶员转矩、转向阻力矩和电动机转矩影响[9]，又因驾驶员转矩测量值 $T_{\mathrm{se}} = -J_{\mathrm{c}}\ddot{\delta}_{\mathrm{sw}} - B_{\mathrm{c}}\dot{\delta}_{\mathrm{sw}} + T_{\mathrm{d}}$，代入式(4-19)得

$$\theta_{\mathrm{m}} = (-J_{\mathrm{eq}}\ddot{\theta}_{\mathrm{m}} - B_{\mathrm{eq}}\dot{\theta}_{\mathrm{m}}) / K_{\mathrm{eq}} + \left( T_{\mathrm{m}} + \frac{T_{\mathrm{se}}}{N} - \frac{T_{\mathrm{r}}}{N} \right) \Big/ K_{\mathrm{eq}} + d(t) \tag{4-20}$$

若 LPV/$H_\infty$ 控制器输出的期望前轮转角是 $\delta_f^*$，则期望电动机转角 $\theta_m^*=i_{sw}N\delta_f^*$，$i_{sw}$ 为前轮到转向柱的传动比。为减少系统干扰和参数不确定性的影响，设计基于 Super-Twisting 算法[10]的二阶滑模控制器跟踪期望电动机转角 $\theta_m^*$。滑模切换面设计为

$$S=(\dot{\theta}_m^*-\dot{\theta}_m)+c_s(\theta_m^*-\theta_m) \tag{4-21}$$

式中，$c_s>0$，对滑模面求导并取 $\dot{S}=0$，则

$$\dot{S}=(\ddot{\theta}_m^*-\ddot{\theta}_m)+c_s(\dot{\theta}_m^*-\dot{\theta}_m)=0 \tag{4-22}$$

将式(4-20)代入式(4-21)，消去 $\ddot{\theta}_m$ 项，得等效控制：

$$u_{eq}=J_{eq}\ddot{\theta}_d+J_{eq}c_s(\dot{\theta}_m^*-\dot{\theta}_m)+K_{eq}\theta_m+B_{eq}\dot{\theta}_m+\frac{T_r-T_{se}}{N} \tag{4-23}$$

设 $u_{st}$ 为 Super-Twisting 控制律，即

$$u_{st}=V_1+V_2 \tag{4-24}$$

其中，$V_1=-\alpha|S|^{1/2}\mathrm{sgn}(S)$，$\dot{V}_2=-\beta\mathrm{sgn}(S)$，$\alpha>0$，$\beta>0$ 为设计参数。则最终期望电动机辅助转矩为

$$T_a^*=NT_m=N(u_{eq}+u_{st}) \tag{4-25}$$

将式(4-25)代入式(4-21)，得

$$\dot{S}=-\alpha\ |\ S\ |^{1/2}\mathrm{sgn}(S)-\int_0^t\beta\mathrm{sgn}(S)\mathrm{d}\tau-d(t) \tag{4-26}$$

式中，$\alpha$ 和 $\beta$ 是根据文献[9]来选取的，取 $\alpha=0.08$，$\beta=0.001$。在此条件下，$S$ 和 $\dot{S}$ 可在有限时间内收敛至(0,0)。在转向控制启动瞬间，控制律中积分项 $V_2$ 会产生过大的控制输出，发生转向盘打手现象，需要限制 $|V_2|$ 的大小。为降低抖振，可用双曲正切函数 tanh($S$)替换符号函数 sgn($S$)。

5. 主权分配模块

假定测量点处于车道左侧偏差为正，转向盘向右转时转矩为正，主权分配方法如下：

(1) 当偏离决策函数 $\Gamma(x_s)=0$ 时，车辆处于正常状态，或 $|T_d|>T_d^{max}$，驾驶员处于紧急状态，则驾驶员掌握控制主权，电动机输出转矩 $T_a$ 为零。

(2) 当 $\Gamma(x_s)=1$ 且 $|T_d|\leqslant T_d^{max}$ 时，车辆处于偏离状态，此时若测量点处于车道左侧即 $e_{la}>0$，则根据 $T_d$ 和 $T_a^*$ 的方向分情况讨论。

状态Ⅰ：若 $T_a^*>0$ 且 $T_d>T_d^0$，此时驾驶员与控制器协同纠正车辆偏离，虽然控制器占据主权，但辅助电动机始终提供助力。

状态Ⅱ：若 $T_a^*>0$ 且 $T_d<-T_d^0$，则认为驾驶员操纵失误，此时控制器掌握控制主权。

状态Ⅲ：若 $T_a^*<0$ 且 $T_d<-T_d^0$，驾驶员和控制器都向车道外侧转向，认为此

时的操纵是为了防止车辆跟踪车道发生超调，由于驾驶员和控制器目标一致，与状态Ⅰ相同。

状态Ⅳ：若 $T_a^* < 0$ 且 $T_d > T_d^0$，控制器往往较驾驶员先开始防止超调，但驾驶员的操纵不会导致车辆向左侧偏离。因此，驾驶员掌握控制主权，$T_a$ 为零，以减少控制器的干预。

状态Ⅴ：若 $|T_d| \leqslant T_d^0$，认为驾驶员注意力不集中，此时控制器掌握控制主权，$T_d^0$ 取 0.3N · m。

测量点位于车道右侧时，控制主权的切换方法类似，具体的切换策略如下：

若 $(\Gamma(x_s)=1) \wedge (|T_d| \leqslant T_d^0)$，则 $T^{da}$。

若 $(\Gamma(x_s)=1) \wedge (|T_d^0| < |T_d| \leqslant |T_d^{max}|) \wedge (T_d T_a^* > 0)$，则 $T^{da}$。

若 $(\Gamma(x_s)=1) \wedge (e_{la} > 0) \wedge (-T_d^{max} \leqslant T_d < -T_d^0) \wedge (T_a^* > 0)$，则 $T^{da}$。

若 $(\Gamma(x_s)=1) \wedge (e_{la} < 0) \wedge (T_d^0 < T_d \leqslant T_d^{max}) \wedge (T_a^* < 0)$，则 $T^{da}$。

若 $(\Gamma(x_s)=0) \vee (|T_d| > T_d^{max})$，则 $T^{ad}$。

若 $(\Gamma(x_s)=1) \wedge (e_{la} > 0) \wedge (T_d^0 < T_d \leqslant T_d^{max}) \wedge (T_a^* < 0)$，则 $T^{ad}$。

若 $(\Gamma(x_s)=1) \wedge (e_{la} < 0) \wedge (-T_d^{max} \leqslant T_d < -T_d^0) \wedge (T_a^* > 0)$，则 $T^{ad}$。

其中，$\wedge$、$\vee$ 分别表示与逻辑、或逻辑，$T^{ad}$ 表示控制主权从控制器到驾驶员的切换，$T^{da}$ 表示控制主权从驾驶员到控制器的切换。主权分配模块不仅要在驾驶员注意力不集中和误操纵时防止车辆偏离车道，且给予驾驶员更多的控制权，以减少控制过程中的人机冲突。

### 4.2.3　仿真计算与分析

在 Simulink 中搭建 veDYNA 车辆模型、驾驶员模型和 LDAS 作为仿真环境，采用的驾驶员模型如图 4-11 所示。

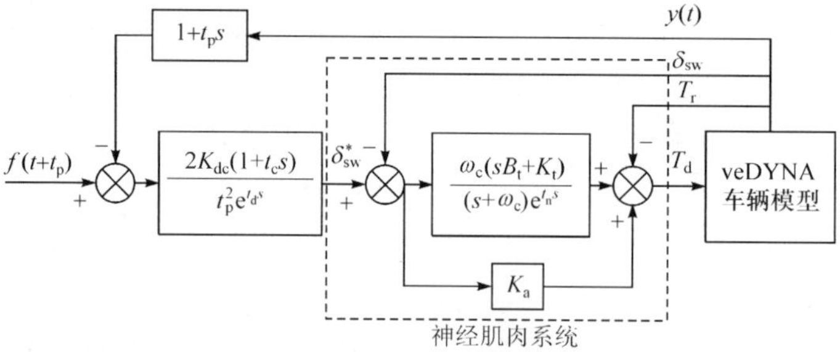


图 4-11　驾驶员模型

驾驶员模型由最优预瞄加速度模型和神经肌肉系统（neuromuscular system，NMS）组成[11]。其中，$f$ 和 $y$ 分别为实际和期望侧向位移，$\delta_{sw}^*$ 和 $\delta_{sw}$ 分别为理想和实际转向盘转角，驾驶员模型的主要参数有预瞄时间$t_p$、微分校正时间常数 $t_c$、比例校正增益 $K_{dc}$和神经反应滞后时间 $t_d$，$\omega_c$、$B_t$、$K_t$、$t_n$ 分别为 NMS 的上截止频率、反射阻尼、反射刚度和神经传递滞后时间，$K_a$ 表示由肌肉共同收缩产生的主动刚度。假设驾驶员正常操纵车辆，限制其输出转矩大小为±5N·m。车辆和驾驶员模型参数如表 4-3 所示。

**表 4-3　仿真模型参数表**

| 参数 | 数值 |
|---|---|
| 整车质量 $m$/kg | 1296 |
| 整车绕铅垂轴转动惯量 $I_z$/(kg·m$^2$) | 1750 |
| 质心到前轴的距离 $l_f$/m | 1.01 |
| 质心到后轴的距离 $l_r$/m | 1.56 |
| 前轮胎侧偏刚度 $C_f$/(N/rad) | 35000 |
| 后轮胎侧偏刚度 $C_r$/(N/rad) | 42000 |
| 车辆宽度 $W_b$/m | 1.4 |
| 预瞄距离 $x_{la}$/m | 16 |
| 转向柱转动惯量 $J_c$/(kg·m$^2$) | 0.046 |
| 转向柱阻尼系数 $B_c$/(N·m·s/rad) | 0.361 |
| 转向柱刚度系数 $K_c$/(N·m/rad) | 115 |
| 齿条当量质量 $M_r$/kg | 32 |
| 齿条当量阻尼 $B_r$/(N·s/m) | 3620 |
| 齿条当量刚度 $K_r$/(N/m) | 46000 |
| 电动机转动惯量 $J_m$/(kg·m$^2$) | 0.00045 |
| 电动机阻尼系数 $B_m$/(N·m·s/rad) | 0.0033 |
| 电动机减速机构传动比 $N$ | 22 |
| 前轮到转向柱的传动比 $i_{sw}$ | 16.5 |
| 驾驶员预瞄时间 $t_p$/s | 0.9 |
| 驾驶员反应时间 $t_d$/s | 0.25 |
| 微分校正时间常数 $t_c$ | 0.2 |
| 比例校正增益 $K_{dc}$ | 0.0075 |
| NMS 上截止频率 $\omega_c$/(rad/s) | 30 |
| NMS 反射阻尼 $B_t$/(N·m·s/rad) | 3 |
| NMS 反射刚度 $K_t$/(N·m/rad) | 10 |
| NMS 神经传递时间 $t_n$/s | 0.04 |
| NMS 主动刚度 $K_a$/(N·m/rad) | 30 |

在直道工况下,模拟发生车道偏离后驾驶员可能出现的四种情况,分别为未反应、误操纵、跟踪车道中心以及跟踪车道一侧。利用前两者验证 LDAS 的有效性,利用后两者对人机冲突情况进行仿真分析。

实验 1:以固定车速在路宽为 3.75m 的直道行驶,路面附着系数为 0.8,在 10s 时因驾驶员误操纵并保持转向盘转角为 5°。

情况 1:辅助控制系统启动后,驾驶员未反应,对比车速分别为 60km/h、80km/h 和 120km/h 的控制性能,结果如图 4-12 所示。由于决策层中的模糊控制器根据车速调整虚拟车道边界,车速越大,虚拟边界越窄,LDAS 启动时间越早。图 4-12 中三种车速对应的系统启动时间分别为 12.1s、11.6s 和 11.4s。尽管车速为 120km/h 时系统启动更早,但其最大横向偏差仍然大于前两种车速,说明车速越大,车辆发生偏离的危险程度越大,因此所设计的模糊规则是合理的。此后驾驶员未及时纠正,其输出转矩为零,系统一直处于开启状态。车辆在 LDAS 控制下平稳地趋近车道中心而不发生横向位置超调,辅助转矩快速收敛到零值附近。之后驾驶员恢复意识重新保持对车辆的操纵,且由于车辆已处于安全状态,系统关闭。由图 4-12 可知,所设计的 LDAS 在各种车速下均能有效地防止车道偏离发生。

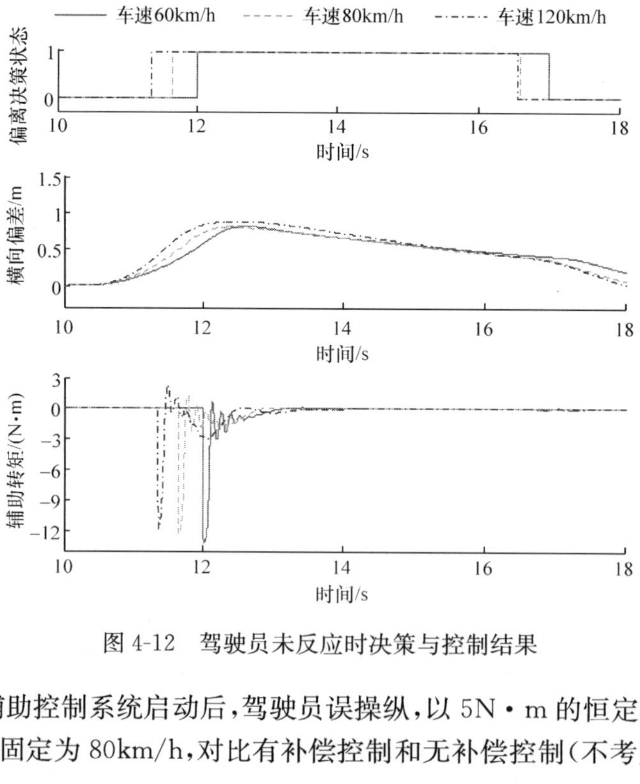


图 4-12 驾驶员未反应时决策与控制结果

情况 2:辅助控制系统启动后,驾驶员误操纵,以 5N·m 的恒定转矩向车道外侧转向。车速固定为 80km/h,对比有补偿控制和无补偿控制(不考虑驾驶员转矩和转向阻力矩）两种方法，结果如图 4-13 和图 4-14 所示。有补偿控制时，辅助电动机克服驾驶员的干扰，将车辆纠正回车道内，15.01s 时系统关闭，驾驶员恢复正确操纵。而无补偿控制时，辅助转矩无法有效克服驾驶员的转矩，两者相抵抗并保持稳定，导致横向偏差保持在 1.0m 左右，车辆无法回到车道中心，系统一直处于开启状态。尽管可以通过增大控制律中的积分项增益来解决该问题，但会导致系统抖动增大，易发生转向盘打手现象，造成驾驶员舒适性下降。而对驾驶员转矩和转向阻力矩进行补偿的控制方法则可实现控制精度和舒适性的权衡。图 4-14 为采用有补偿控制时的转向阻力矩的估计结果，其结果表明所设计的未知输入滑模

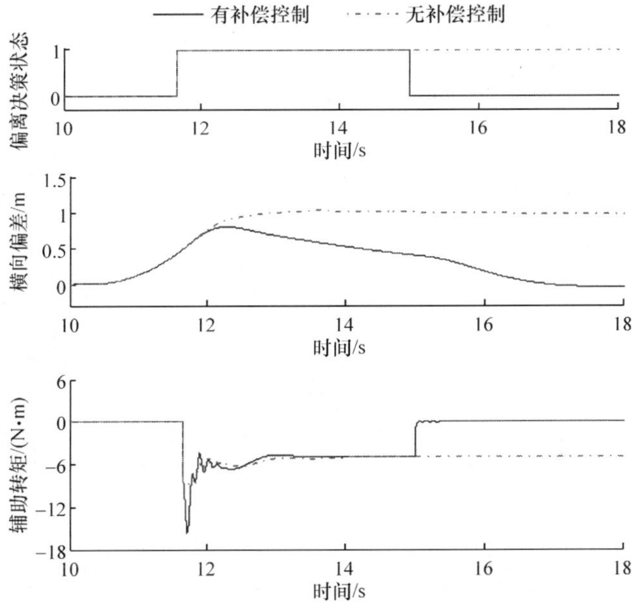


图 4-13　驾驶员误操纵时决策与控制结果

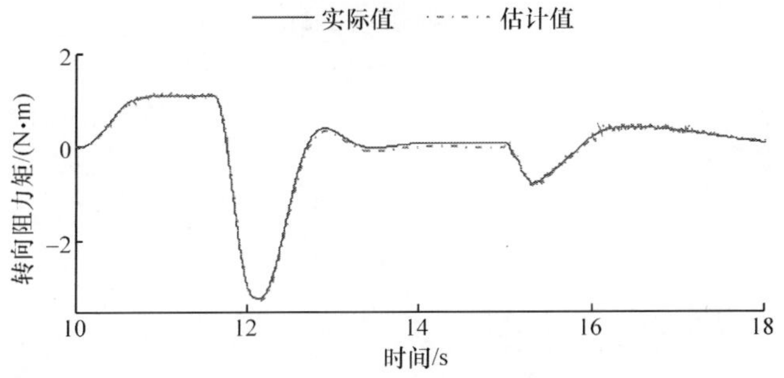


图 4-14　转向阻力矩及估计值

观测器可有效地估计转向阻力矩。

实验 2：采用与实验一相同的仿真条件，车辆以 80km/h 的车速行驶。

情况 3：辅助控制系统启动后，驾驶员同样纠正车辆跟踪车道中心线，驾驶员与控制器的跟踪目标一致，对比共享控制和无共享控制（无主权分配模块）两种方法，结果如图 4-15 和图 4-16 所示。无共享控制时控制器始终占据控制主权，尽管其减小了车辆的横向超调，但控制器与驾驶员之间冲突明显。在 11.71～16.57s 时，驾驶员与控制器的转矩相抵抗，驾驶员的操纵相当于干扰。采用共享控制在确保纠正车辆回车道的同时，给予驾驶员更多控制主权，人机冲突显著减少。同时系统的启动时间也降低，人机协同使车辆更快地达到横向稳定。

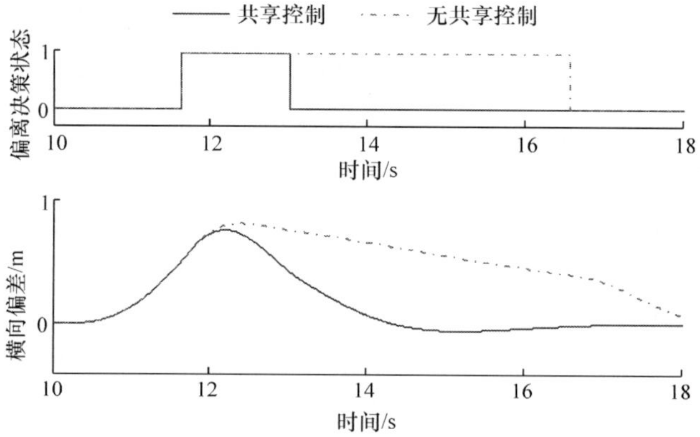


图 4-15　驾驶员跟踪车道中心时决策与控制结果

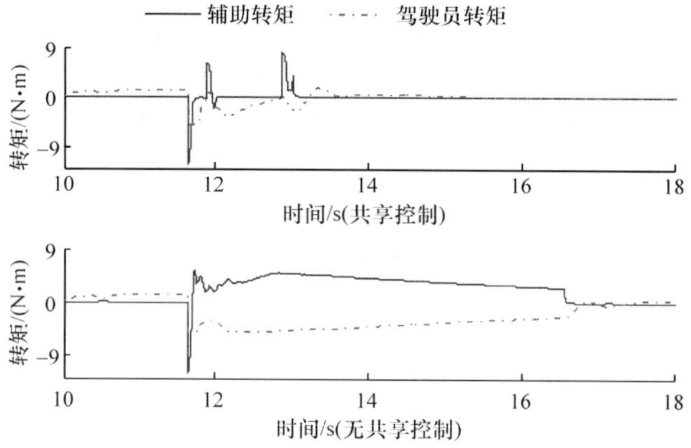


图 4-16　驾驶员跟踪车道中心时人机冲突情况对比

情况 4：辅助控制系统启动后，驾驶员纠正车辆意图跟踪车道右侧，距中心线 −0.3m，驾驶员与控制器的跟踪目标不一致，结果如图 4-17 和图 4-18 所示。可以看出,采用无共享控制方法时,人机冲突更为明显,而所提出的人机共享控制方法则能有效地缓解该问题。

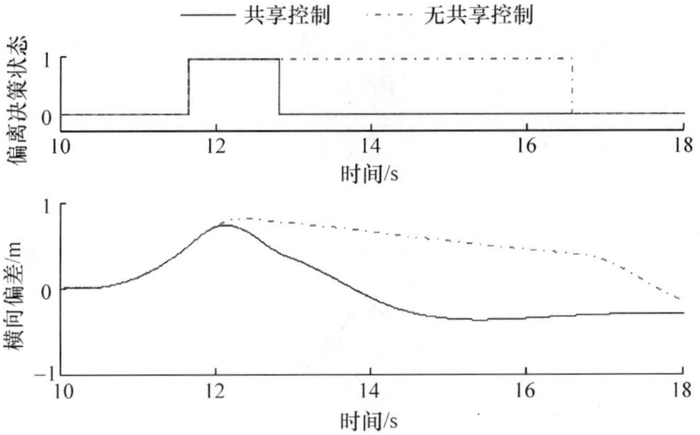


图 4-17　驾驶员跟踪车道右侧时决策与控制结果

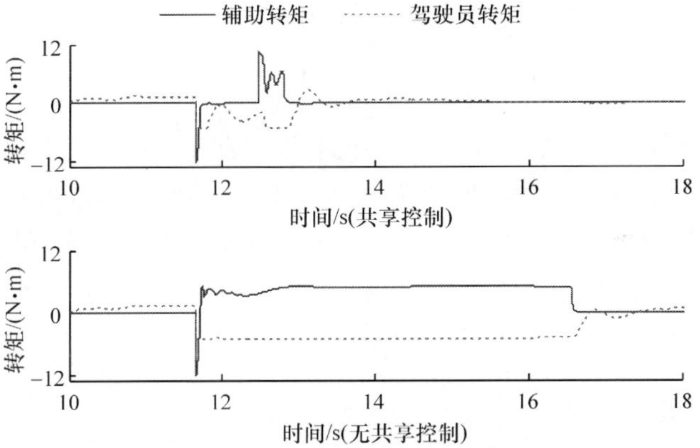


图 4-18　驾驶员跟踪车道右侧时人机冲突情况对比

### 4.2.4　驾驶员在环实验

为更加准确地评估 LDAS,采用基于 veDYNA 车辆模型的仿真环境,联合 LabVIEW 进行驾驶员和硬件在环实验研究。搭建有 EPS 转向机构和阻力模拟伺服电动机为基础的实验台架,根据车辆参数在 veDYNA 中建立整车动力学模型和虚拟道路,并在计算机中实时运行;控制算法在 LabVIEW 中设计,由 PXI 主机执行。利用接口系统采集转向盘转角传感器、电动机转角编码器和转向盘转矩传感器信号,并将信号传送给 PXI 主机;同时接口系统也将车辆模型中的转向阻力矩和目标辅助转矩分别发送到伺服电动机控制器和自主开发的 EPS 电动机控制器。

平台的实验设备主要包括各种传感器、转向机构、伺服电动机、EPS 电动机驱动及控制电路板、PXI 主机、SCB-68 接线板和计算机等,具体实验流程如图 4-19 所示。

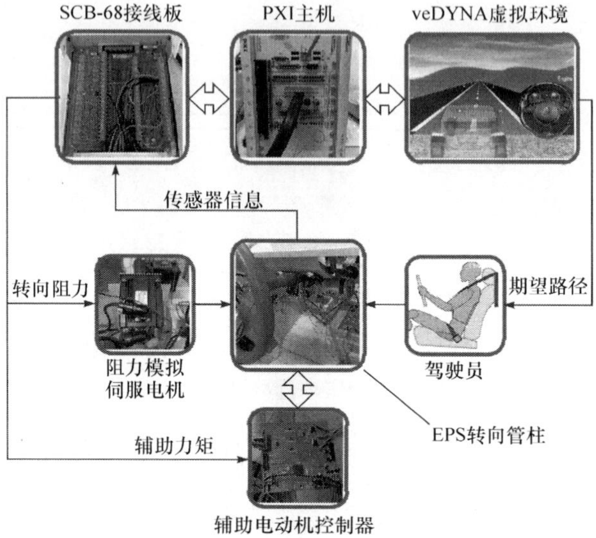


图 4-19　硬件在环实验平台

驾驶员在环实验:驾驶员在环操纵转向盘以车速 80km/h 在虚拟道路上行驶,路宽为 3.75m,路面附着系数为 0.8,道路由直道和弯道组合而成,道路曲率见图 4-20。定义人机协调比率为 $T_{co}=1-T_{res}$,$T_{res}$表示辅助转矩与驾驶员转矩测量值方向相反的时间在总驾驶时间中的比率。依据车辆横向偏差和人机协调比率 $T_{co}$来验证偏离辅助控制器的有效性和人机交互的协调性,实验结果如图 4-20 和图 4-21 所示。

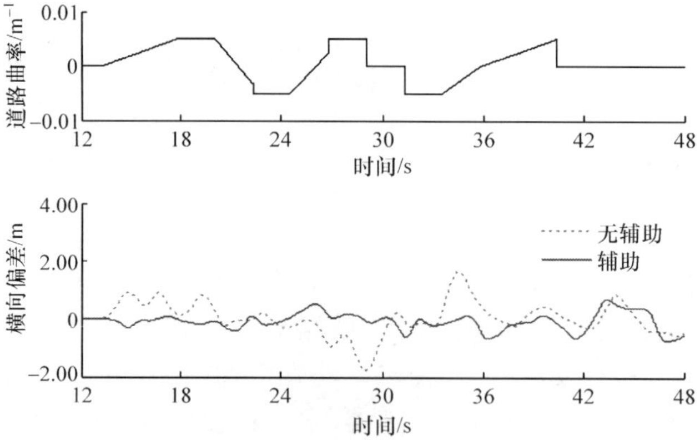


图 4-20　道路曲率及横向偏差对比

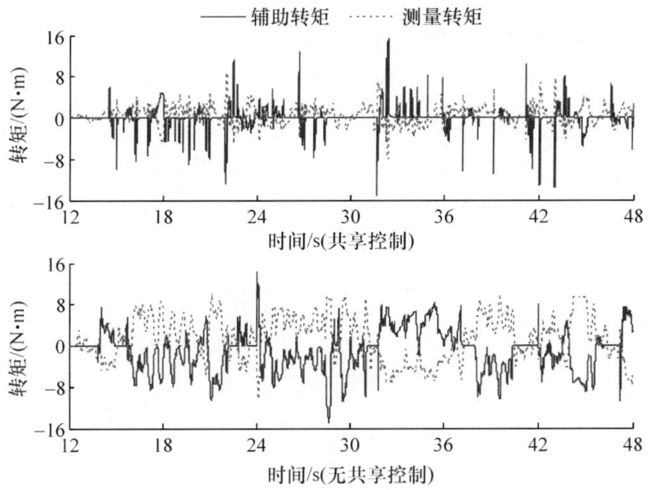


图 4-21　人机协调性对比

图 4-20 体现了系统的有效性，在无辅助控制时 $e_V$ 的标准差为 0.57m，有辅助控制时 $e_V$ 的标准差为 0.29m。驾驶员分别在有、无辅助控制的情况下操纵车辆通过该复杂道路 10 次，结果表明有辅助控制时 $e_V$ 的标准差减小约 46%。

图 4-21 体现了系统的人机协调性，在无共享控制时，人机协调比率 $T_\infty$ 为 62%，而采用共享控制时 $T_\infty$ 为 87%，同样分别测试 10 次，采用共享控制时的人机协调比率提升约 20%。而且由于人机冲突的减少，电动机对驾驶员的抵抗时间较少，辅助转矩的作用时间也因此降低。基于人机共享和分层控制的偏离辅助系统能有效地辅助驾驶员纠正车辆偏离车道，同时系统对驾驶员的干预较少，具有较好的人机协调性。

以施加额外转向力为控制手段的 LDAS 中的人机冲突主要发生在转向机构上，所以只进行了基于驾驶员的硬件在环实验。尽管所设计的 LPV/$H_\infty$ 鲁棒控制器和基于 Super-Twisting 算法的二阶滑模控制器能够有效减少系统干扰和参数不确定性的影响，但是车辆在实际环境中所受的扰动以及参数的不确定度无法预知，因此进一步研究则需要在各种道路条件下进行实车实验。

## 4.3　基于深度神经网络的车道偏离预警

近年来，深度学习作为一类新兴的机器学习方法，引起学术界和工业界的广泛兴趣。该方法已经被成功地应用于多种类型的分类任务，如语音识别、目标检测、交通流量预测以及驾驶行为分析等。深度学习通过构建多层结构或深度结构从低级特征的组合中学习出抽象的高层特征，以发现数据的分布式特征表示。深层神经网络(deep neural network,DNN)是一种适用于深度学习方法的机器学习模型,相比浅层神经网络,能够更加高效地逼近复杂函数。

这里在综合分析影响人-车-路闭环系统发生车道偏离因素的基础上,选择车速、横摆角速度、质心侧偏角、侧向位置偏差、方向偏差、道路曲率、路面附着系数、驾驶员反应时间等八个因素,结合深度神经网络,应用随机模拟方法建立初始状态各异的人-车-路闭环系统,对仿真数据进行分类训练,由深度神经网络的分类结果进行车道偏离预测,并进行了仿真验证[12]。

### 4.3.1 深度学习方法

深度学习方法分为有监督学习与无监督学习。核心思想是:首先利用无监督学习来逐层地初始化网络参数,随后进行有监督学习去微调整个网络。先采用多层稀疏自编码器(autoencoder,AE)来叠加一个栈式自编码器(stacked autoencoder, SAE),再在 SAE 最后一层附加上线性支持向量机(support vector machine, SVM)分类器,以创建一个深度神经网络[13,14]。

1. 稀疏自编码器

稀疏自编码器是深度学习中的无监督学习模型之一,包含输入层、隐含层和输出层。稀疏自编码器先对输入数据进行编码,同时给隐含层神经元加入稀疏性限制,以获得数据的稀疏表征;然后解码隐含层表征并重构输入,使得其输出等于输入。多层 AE 可组成的一个 SAE,其前一层 AE 的隐含层表征作为其后一层 AE 的输入。第一个 AE 的输入为原始数据,若 $h(x_i^{(k)})$表示第 $k$ 个 AE 的隐含层表征,则第 $k+1$ 个 AE 的输入层 $x_i^{(k+1)}=h(x_i^{(k)})$,依次类推,即可构建一个如图 4-22 所示的 SAE。

2. 线性 SVM 分类器

为了对最终的数据进行分类,在 SAE 的最后一层附加上线性 SVM 分类器进行有监督训练[13,14]。由于车道偏离预警属于二分类问题,分类器输出层只需要一个神经元。设 SAE 由 $l$ 个 AE 组成,其最深层的隐含层输出为$\{x_1^{(l)},x_2^{(l)},\cdots,x_s^{(l)}\}$, $x_i^{(l)}\in\mathbf{R}^{p\times 1}$,$p$ 是网络最深层神经元个数。样本类别只有两类,标记为$\{y_1,y_2,\cdots,y_s\}$,$y_i\in\{-1,1\}$,则分类损失函数为

$$J(W_{\mathrm{h}},b_{\mathrm{h}})=\frac{\lambda}{2}\|W_{\mathrm{h}}\|_2^2+\sum_{i=1}^{s}\max(0,1-y_i(W_{\mathrm{h}}x_i^{(l)}+b_{\mathrm{h}})) \tag{4-27}$$

式中,$W_{\mathrm{h}}\in\mathbf{R}^{1\times p}$为权值向量;$b_{\mathrm{h}}$ 为偏置;$\lambda$ 为正则化项的权重系数,防止参数 $W_{\mathrm{h}}$ 值过大。

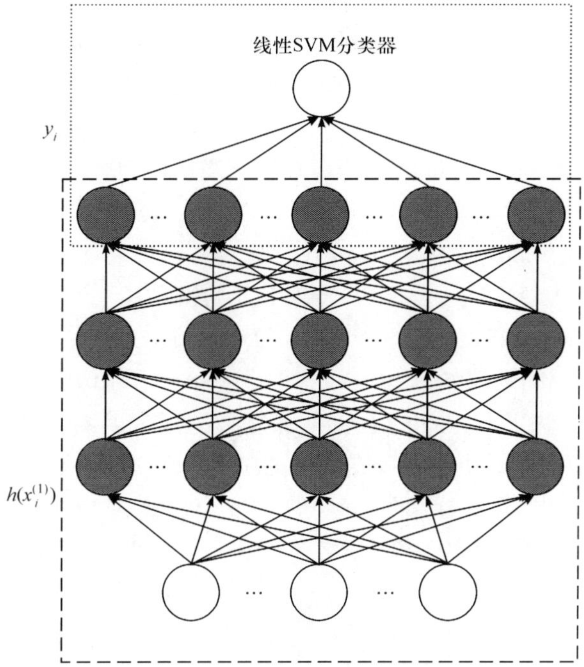


图 4-22　深度神经网络

3. 训练算法

采用逐层贪婪预训练，对所有层的参数进行微调，提升 DNN 的性能。在逐层预训练每一层参数时，固定其他层参数保持不变，在微调的每一次迭代中，DNN 中所有的权值参数被优化。具体的训练步骤如下：

(1) 利用原始输入数据来训练网络的第一层，得到其参数 $W_e^{(1)}$、$W_d^{(1)}$、$b_e^{(1)}$、$b_d^{(1)}$。

(2) 将网络第一层的原始输入转化成由隐藏单元激活值组成的向量，再把该向量作为第二层 AE 的输入，继续训练得到第二层参数 $W_e^{(2)}$、$W_d^{(2)}$、$b_e^{(2)}$、$b_d^{(2)}$。

(3) 对后面的各层采用同样的策略，直至完成对 $l$ 个 AE 的参数训练，叠加组成 SAE。

(4) 将 SAE 最后一层的数据输入线性 SVM 分类器，利用 BP 算法有监督地微调整个网络的参数。

### 4.3.2　人-车-路闭环系统随机模拟

1. 基于 DNN 的车道偏离预警策略

定义人-车-路闭环系统的状态：

$$x_{\mathrm{DVR}}=[V_x,r,\beta,\rho,\mu,t_{\mathrm{d}},e_\psi,e_V]^{\mathrm{T}} \tag{4-28}$$

式中，$V_x$ 为车辆纵向速度；$r$ 为车辆横摆角速度；$\beta$ 为车辆质心侧偏角；$\rho$ 为道路曲率；$\mu$ 为路面附着系数；$t_{\mathrm{d}}$ 为驾驶员反应时间；$e_\psi$ 为车辆航向角偏差；$e_V$ 为车辆侧向位置偏差。

车辆在未来一段时间内是否会偏离车道与当前时刻的人-车-路闭环系统的状态 $x_{\mathrm{DVR}}$ 有关，而 $x_{\mathrm{DVR}}$ 又与车辆在未来时间段内的最大侧向偏差 $D^{\max}\geqslant 0$ 相关联，因此可以根据 $D^{\max}$ 来判断处于状态 $x_{\mathrm{DVR}}$ 下的车辆是否即将偏离车道。$D^{\max}$ 越小，说明车辆偏离车道的概率越小；反之，$D^{\max}$ 越大，则其概率越大。所以，可设定一阈值 $D_{\mathrm{th}}$，当 $D^{\max}>D_{\mathrm{th}}$ 时，LDWS 开启，当 $D^{\max}\leqslant D_{\mathrm{th}}$ 时，LDWS 关闭。在车辆模型参数已知的条件下，给定闭环系统状态 $x_{\mathrm{DVR}}$，可通过一次闭环仿真来得到对应的 $D^{\max}$。闭环系统状态 $x_{\mathrm{DVR}}$ 和 $D^{\max}$ 之间存在着某种复杂的函数关系，难以确定出其数学表达式。为此，运用随机模拟方法生成大量的随机闭环系统状态 $\{x_{\mathrm{DVR},1},x_{\mathrm{DVR},2},\cdots,x_{\mathrm{DVR},s}\}$，$x_{\mathrm{DVR},i}\in\mathbf{R}^{8\times 1}$，再进行离线仿真获得每个状态对应的车辆最大侧向偏差 $\{D_1^{\max},D_2^{\max},\cdots,D_s^{\max}\}$。根据阈值 $D_{\mathrm{th}}$ 将闭环状态分成两个类别：

$$y_i=\begin{cases}1, & D_i^{\max}>D_{\mathrm{th}}\\ -1, & D_i^{\max}\leqslant D_{\mathrm{th}}\end{cases} \tag{4-29}$$

利用 DNN 来分类这些状态，学习得到 DNN 对 $x_{\mathrm{DVR}}$ 的分类结果，进行车道偏离预警，见图 4-23，虚线部分表示不需要实时在线计算。如果把 DNN 作为一个复杂函数，并用 DNNPredict(·)来表示，那么车道偏离预警策略可表述如下：

$$\mathrm{DNNPredict}(x_{\mathrm{DVR},i})=\begin{cases}1, & \text{LDWS 开启}\\ -1, & \text{LDWS 关闭}\end{cases} \tag{4-30}$$

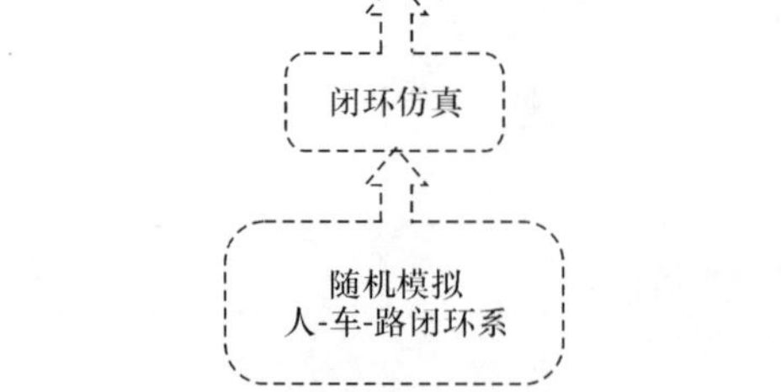


图 4-23　基于深度神经网络的车道偏离预警策略

2. 参考模型

为了建立适合大规模仿真的人-车-路闭环系统，所用模型应该易于离散化。假设车辆横向稳定，限制车辆的侧向加速度 $\dot{V}_y \leqslant 0.5\mu g$，$g$ 为重力加速度，纵向车速为常量且车辆状态被限制在线性区域内，可应用式(4-2)、式(4-3)的二自由度车辆横向运动模型。

驾驶员模型采用最优预瞄加速度驾驶员模型的简化形式[15]，其框图如图 4-24 所示。

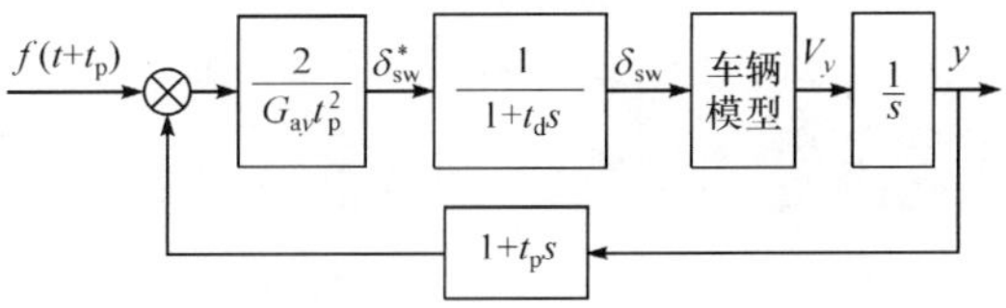


图 4-24　驾驶员模型

图 4-24 中，$f(t)$为期望侧向位移，$y(t)$为车辆实际侧向位移，$t_p$ 为驾驶员预瞄时间，$t_d$ 为神经反应滞后时间，$\delta_{sw}^*$ 和 $\delta_{sw}$ 分别表示理想和实际的转向盘转角输入，$G_{ay}$为车辆侧向加速度对转向盘转角的稳态增益。

3. 训练样本数据

不考虑闭环系统状态 $x_{DVR}$ 中各参数之间的耦合关系，假设各变量之间相互独立。按照各变量的概率分布生成随机参数，以确定性结构人-车-路闭环模型结合随机化参数建立随机人-车-路闭环系统。在进行随机抽样时，认为车速的概率分布服从区间$[V_{min}, V_{max}]$上的均匀分布 $U[V_{min}, V_{max}]$，其他变量的概率分布近似服从均值为 $\mu_v$、方差为 $\sigma$ 正态分布 $N(\mu_v, \sigma^2)$。为了使各参数在取值范围内的所有变量值都能以较高的概率被抽取，$\sigma$ 应取较大的值。表 4-4 给出了各变量的取值范围及概率分布参数大小，图 4-25 为各状态参数的分布直方图。

**表 4-4　随机变量的变化范围及分布参数**

| | | | |
|---|---|---|---|
| 纵向车速 $V_x$/(km/h) | $V_{min}$ | $V_{max}$ | 取值范围 |
| | 60 | 120 | 60～120 |
| | 均值 | 方差 | |
| 横摆角速度 $r$/(rad/s) | 0 | 0.15 | ±0.3 |
| 质心侧偏角 $\beta$/rad | 0 | 0.015 | ±0.03 |
| 道路曲率 $\rho$/m$^{-1}$ | 0 | 0.0025 | ±0.005 |
| 路面附着系数 $\mu$ | 0.8 | 0.2 | 0.4～0.8 |

续表

| | $V_{min}$ | $V_{max}$ | 取值范围 |
|---|---|---|---|
| 纵向车速 $V_x$/(km/h) | 60 | 120 | 60～120 |
| | 均值 | 方差 | |
| 驾驶员反应时间 $t_d$/s | 0.35 | 0.09 | 0.17～0.53 |
| 航向角偏差 $e_\psi$/rad | 0 | 0.122 | ±0.122 |
| 侧向位置偏差 $e_V$/m | 0 | 1.1 | ±1.1 |

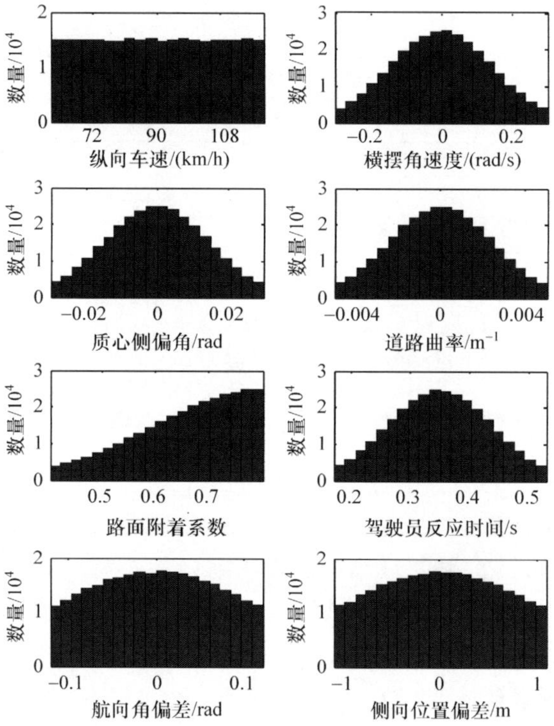


图 4-25　各状态参数分布直方图

### 4.3.3　仿真计算与分析

1. 状态参数对车道偏离发生概率的影响

利用 MATLAB 语言搭建人-车-路闭环系统离散模型，所选用的车辆模型、驾驶员模型和道路的参数列于表 4-5 中，结合表 4-4 中设定的参数范围和分布参数，设定仿真时间为 4s，仿真时间间隔为 0.01s，在计算机上进行仿真。记录每个系统仿真过程中车辆的最大侧向偏差 $D^{max}$，共生成 30 万组($x_{DVR,i}$，$D_i^{max}$)样本数据。

表 4-5　参数选择

| 参数 | 数值 |
|---|---|
| 整车质量 $m$/kg | 1296 |
| 横摆惯量 $I_z$/(kg·m$^2$) | 1750 |
| 质心到前轴的距离 $l_f$/m | 1.01 |
| 质心到后轴的距离 $l_r$/m | 1.56 |
| 前轮胎侧偏刚度 $C_f$/(N/rad) | 35000 |
| 后轮胎侧偏刚度 $C_r$/(N/rad) | 42000 |
| 驾驶员预瞄时间 $t_p$/s | 1.1 |
| 车辆宽度 $W_b$/m | 1.4 |
| 道路宽度 $W_R$/m | 3.6 |

根据车辆宽度 $W_b$ 和车道宽度 $W_R$，取阈值 $D_{th}=(W_R-W_b)/2=1.1$m，再将原数据转化为可用于分类的样本($x_{DVR,i}$，$y_i$)。将每个状态参数分成 20 个区间，统计每个小区间内的样本数据个数和其中发生车道偏离的样本个数，计算得到各个状态参数与车道偏离发生概率的关系图，如图 4-26 所示。由图可知，各个状态参数对车道偏离发生概率均具有不同程度的影响。其中，车速、道路曲率和航向角偏差对车道偏离发生概率具有显著的影响，随着车速、道路曲率和航向角偏差的增大，车辆很容易偏离车道。当航向角偏差为 0.12rad 时，车道偏离概率达到 0.9。路面附着系数降低、驾驶员反应时间延长和侧向位置偏差增大，车道偏离概率明显增大；尽管车辆横摆角速度和质心侧偏角对车道偏离概率也有一定的影响，但较之其他参数，其影响力较弱。

2. 车道偏离预警结果

基于 DNN 车道偏离预警算法，是根据人-车-路闭环系统中的 8 个状态参数来预测车道偏离事件，即 DNN 有 8 个输入。在训练神经网络之前，将每个状态参数都归一化到(−1,1)。将生成的 30 万组样本中前 25 万组作为训练集，后 5 万组作为测试集。

为了对比所提出的基于 DNN 的车道偏离预警方法与传统的 TLC 类和 DLC 类方法的预测性能，采用误警率(false-warning rate，FWR)、正确预警率(correct-warning rate，CWR)和预警精度(warning accuracy，WA)三个评价指标，其定义分别为

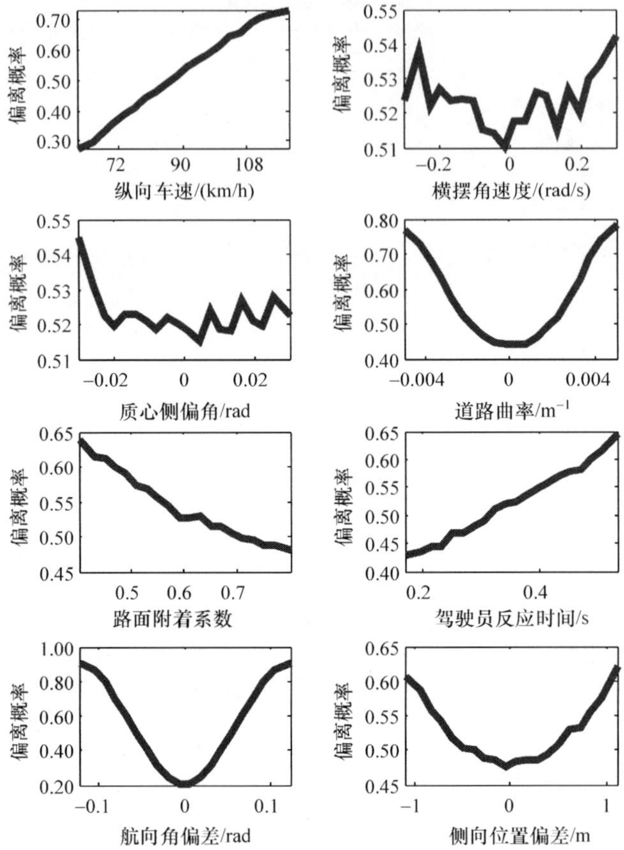


图 4-26　各状态参数对车道偏离概率的影响

$$\begin{cases} \mathrm{FWR}=\dfrac{\mathrm{FP}}{N_{\mathrm{N}}} \\ \mathrm{CWR}=\dfrac{\mathrm{TP}}{P_{\mathrm{P}}} \\ \mathrm{WA}=\dfrac{\mathrm{TP}+N_{\mathrm{N}}-\mathrm{FP}}{N_{\mathrm{N}}+P_{\mathrm{P}}} \end{cases} \tag{4-31}$$

式中，$N_{\mathrm{N}}$ 表示未发生车道偏离的样本数目；FP 表示未发生车道偏离的样本中被错误预警的样本数目；$P_{\mathrm{P}}$ 表示发生车道偏离的样本数目；TP 表示发生车道偏离的样本中被正确预警的样本数目。

若发生车道偏离的样本为正类样本，则 FWR 和 CWR 分别为 ROC(receiver operating characteristic)曲线中假正类率和真正类率。FWR 越大，表明 LDWS 越敏感，越容易产生错误的警报，带给驾驶员不必要的干扰，因此 FWR 越小越好。CWR 越大，表明 LDWS 能够检测出越多的车道偏离事件，即漏预警率越低。但是

FWR 减小，CWR 也会减小，两者相互矛盾，而 WA 对应 FWR 和 CWR 的平均最优。

对于一个即将发生车道偏离的闭环系统样本，若预警算法未能在当前时刻正确预警，但可能在随后的过程中发出预警。因此，CWR 越大，表明预警算法预警越及时，能够提供给驾驶员更多的反应时间。

无论是传统的 DLC 和 TCL 类预警算法，还是基于 DNN 的算法，最终都是根据一个变量来进行车道偏离预测。DLC 算法是直接根据车辆距车道线的最近距离来判断 $D_{DLC}$，TLC 算法是根据车辆质心超出车道线所需要的时间来判断。根据车速、侧向位置偏差和航向角偏差来计算 $t_{TCL}=D_{DLC}/(V_x\sin\theta)$，而基于 DNN 的算法可依据一个线性 SVM 分类器输出值来预测车道偏离事件。将这些变量设定多个不同的阈值，从而计算出一系列的 FWR 和 CWR，以绘制各个算法的 ROC 曲线。图 4-27 对比了不同车道偏离预警方法的 ROC 曲线，表 4-6 给出了各个方法的预警精度 WA 及对应的 FWR 和 CWR。

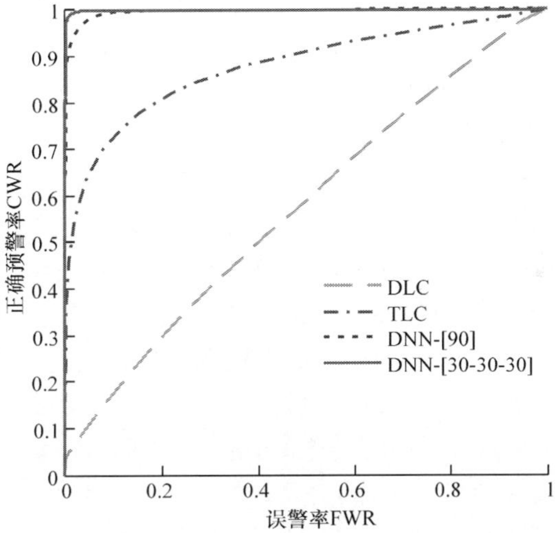


图 4-27　各车道偏离预警算法 ROC 曲线对比

**表 4-6　各车道偏离预警算法性能对比**

| 预警算法 | WA/% | FWR/% | CWR/% |
|---|---|---|---|
| DLC | 54.92 | 41.95 | 52.06 |
| TLC | 81.12 | 15.35 | 77.89 |
| DNN-[90] | 96.73 | 3.11 | 96.58 |
| DNN-[30-30-30] | 99.01 | 0.78 | 98.81 |

ROC 曲线下面积越大,则表明该算法的车道偏离预警准确性越高。DLC 算法由于仅仅考虑侧向位置偏差一个因素,其预警精度仅为 54.92%,略微高于随机猜测,其 ROC 曲线下面积也最小。相比而言,TLC 类算法由于考虑车速、侧向位置偏差和航向角偏差三个因素,其预警精度为 81.12%,误警率为 15.35%,正确预警率为 77.89%,同时 ROC 曲线下面积也明显增加。可见,在进行车道偏离预警时,考虑的因素越多,其预警的准确性就会越高。

基于 DNN 的车道偏离预警算法,综合考虑了人-车-路闭环系统的 8 个因素,预警精度达到了 99.01%,误警率为 0.78%,正确预警率为 98.81%。从 ROC 曲线也可以看出,该算法的对车道偏离事件的预测性能几乎接近理想值。尽管浅层的 NN 和 DNN 的隐含层神经元数相同,但其预警精度下降了 2.28%,说明 DNN 能够表征非线性更强的复杂函数,能够有效地应用于车道偏离预警。

## 4.4 基于期望横摆角速度的智能车辆横向运动控制

为减少道路曲率、预瞄距离等对横向运动控制效果的影响以提高横向控制精度,本节提出一种在车辆与预瞄点之间实时规划动态虚拟路径,并基于虚拟路径产生期望横摆角速度的车辆横向控制策略[1,16]。

设预瞄点为车辆前方预瞄距离处车道参考点,当车道为直线型时,车辆与预瞄点和道路最近点的横向偏差差别较小。当道路曲率较大时,车辆相对道路最近点及相对预瞄点处的距离偏差和方向偏差差别较大。一般偏差控制的目标是控制车辆与预瞄点间的位置和方向偏差最小,无法满足车道曲率较大时的车道跟随性能。因此,构建基于期望横摆角速度的车辆横向运动控制,设计上层期望横摆角速度生成器,同时基于七自由度动力学模型,设计下层滑模控制器跟踪期望横摆角速度。当车辆行驶在当前位置和道路预瞄点之间,分析车辆以无偏差形式沿虚拟路径行驶时,根据横摆角速度和车速之间的关系,结合车辆道路相对位置及车身状态信息,规划逼近目标车道的动态虚拟路径,计算车辆稳定跟随目标车道时的车身期望状态,控制车辆在各种车速和道路曲率下均能稳定地跟踪目标车道。

### 4.4.1 控制系统设计

横向运动控制系统如图 4-28 所示。车道识别系统输出的车辆预瞄点相对位置和车身传感器信号产生期望横摆角速度 $r_d$,作为期望横摆角速度生成器的参考输入,控制车辆跟踪期望横摆角速度,使车辆稳定地跟踪目标路径。

### 4.4.2 路径规划

在图 4-29 的世界坐标系 $XOY$ 中,设车辆预瞄前方道路上某一点 $O_p$ 的坐标

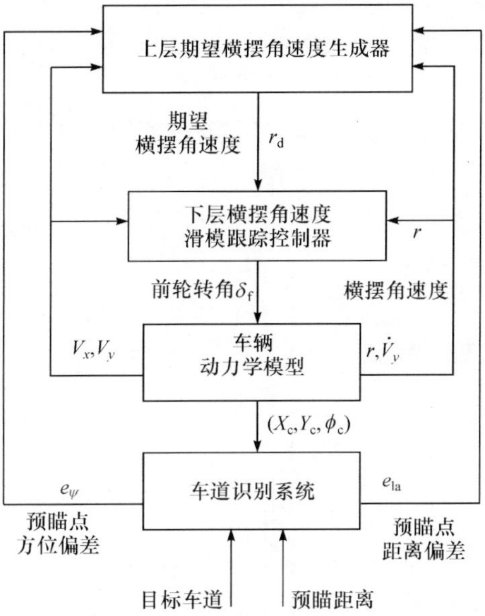


图 4-28　横向运动控制系统

为$(X_p, Y_p)$，其切线方向与横坐标的夹角为 $\phi_p$。

$$p_e=\begin{bmatrix}x_{la}\\e_{la}\\e_{\psi}\end{bmatrix}=\begin{bmatrix}\cos\phi_c & \sin\phi_c & 0\\-\sin\phi_c & \cos\phi_c & 0\\0 & 0 & 1\end{bmatrix}\begin{bmatrix}X_p-X_c\\Y_p-Y_c\\\phi_p-\phi_c\end{bmatrix} \tag{4-32}$$

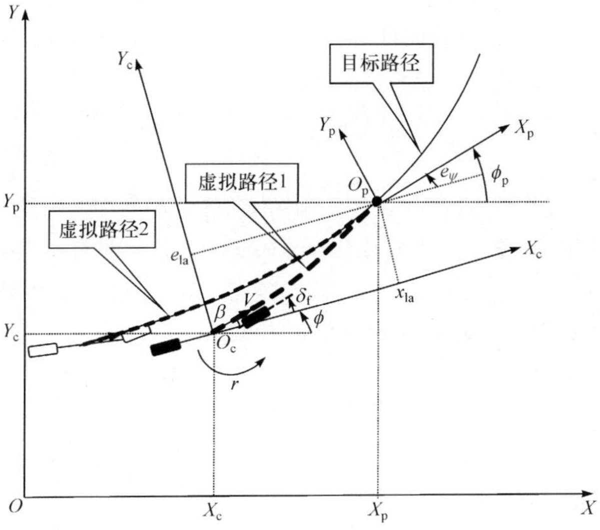


图 4-29　不同初始位置虚拟路径规划

全局坐标系中车辆与预瞄点之间的相对位置为($X_p$,$Y_p$,$\phi_p$),现将其转化为车辆局部坐标系中的相对位置为($x_{la}$,$e_{la}$,$e_\psi$),$e_\psi$ 为车辆坐标系中车辆与预瞄点方位偏差。

根据图 4-29 的几何关系,车辆局部坐标系 $X_cO_cY_c$ 中车辆与预瞄点 $O_p$ 的相对位置为式(4-32)。在车辆质心与预瞄点之间实时构造虚拟行驶路径 $y(x)$。考虑到车辆质心侧偏角比较小,设车辆质心处的实际速度方向与车辆纵轴方向一致。

设规划路径方程如下:

$$y(x)=A+Bx+Cx^2+Dx^3 \tag{4-33}$$

构造虚拟路径,已知条件如下:

$$y(0)=0 \tag{4-34}$$

$$y(X_e)=Y_e \tag{4-35}$$

$$\dot{y}(0)=0 \tag{4-36}$$

$$\left.\frac{\ddot{y}}{(1+\dot{y}^2)^{(3/2)}}\right|_{x=0}=\rho \tag{4-37}$$

其中,$A$、$B$、$C$、$D$ 分别为规划路径方程系数。

联立式(4-33)~式(4-37)可得规划曲线方程:

$$y(x)=(r/(2V))x^2+\frac{Y_e-r/(2V)X_e^2}{X_e^3}x^3 \tag{4-38}$$

式中,$V$ 为车辆质心处速度;$r$ 为车辆当前横摆角速度。

当车辆处于车道中央且行驶方向与当前路径切线方向一致时,规划的虚拟路径为拟合目标车道中心线的道路方程,如图 4-29 中规划的虚拟路径 2。若选择多个离散预瞄点或根据预瞄点处的曲率信息来规划曲线,则曲线在预瞄点处更为逼近实际道路。

### 4.4.3 期望横摆角速度生成

假设车辆质心处以无偏差形式稳定地跟踪某一路径,已知路径的曲线方程为 $y(x)$,车辆质心处在曲线上的位置坐标为($x$,$y$),速度方向及行驶曲率与车辆当前所在曲线上的点一致。定义 $r_e$ 为车辆零偏差跟踪曲线路径时的横摆角速度,现在考察此时横摆角速度变化率 $\dot{r}_e$ 随时间的变化规律。

曲率 $\rho$ 为

$$\rho=\left.\frac{\ddot{y}}{(1+\dot{y}^2)^{(3/2)}}\right|_{x=0} \tag{4-39}$$

曲率 $\rho$ 随时间的变化率为

$$\dot{\rho}=V\left(\frac{\mathrm{d}\rho}{\mathrm{d}x}\right)\Big/\left(\frac{\mathrm{d}s}{\mathrm{d}x}\right) \tag{4-40}$$

式中，$s$ 为车辆行驶路程。由于车辆行驶曲率和道路曲率一致，此时车辆横摆角速度为

$$r_e = V\rho \tag{4-41}$$

联立式(4-39)～式(4-41)，得到 $r_e$ 随时间变化率：

$$\dot{r}_e = \dot{V}\rho + \frac{V^2[\dddot{y}(1+\dot{y}^2) - 3\dot{y}\ddot{y}^2]}{(1+\dot{y}^2)^3} \tag{4-42}$$

将局部坐标系 $X_c O_c Y_c$ 中实时规划的虚拟路径式(4-38)代入式(4-42)，并在局部坐标系的原点位置 $O_c$ 处取值，则当前时刻车辆沿虚拟路径逼近目标路径的横摆角速度变化率为

$$\dot{r}_e = \dot{V}r/V + 6V^2 \frac{Y_e - r/(2V)X_e^2}{X_e^3} \tag{4-43}$$

式(4-43)代表车辆以当前行驶速度逼近目标路径时横摆角速度的变化趋势，并与车辆当前速度、加速度、横摆角速度及车辆与预瞄点相对位置相关。期望横摆角速度 $r_d$ 可表示为

$$r_d = r + \varepsilon \dot{r}_e \tag{4-44}$$

式中，$\varepsilon$ 是与控制间隔时间相关的比例系数。

### 4.4.4 期望横摆角速度跟踪控制

1. 横摆角速度跟踪控制器设计

以七自由度车辆动力学模型为控制对象，以基于滑模变结构控制理论设计期望横摆角速度跟踪控制器。由于后驱车辆的前轴车轮承受的纵向力小，为简易起见，忽略前从动轮的纵向力，并认为后两侧驱动轮纵向力相等，因而作用在车辆的横摆力矩由车轮侧向力提供。车辆七自由度动力学模型参见文献[1]，设横摆力矩为 $M_z$。

设计基于七自由度车辆模型的滑模控制器跟踪期望横摆角速度。定义滑模切换面：

$$s = r - r_d \tag{4-45}$$

对滑模面求导：

$$\dot{s} = \dot{r} - \dot{r}_d = M_z/I_z - \dot{r}_d \tag{4-46}$$

若使滑模面以指数趋近律趋近于零，则滑模控制器的输出为

$$\delta_f = \delta_{equ} + \lambda \mathrm{sgn}(s) \tag{4-47}$$

式中，第一项 $\delta_{equ}$ 为等效滑模控制输出；第二项确保当系统不在滑模面上时系统向理想的滑模面靠近，即 $s\dot{s} \leqslant 0$。构建 Lyapunov 函数如下：

$$J=\frac{1}{2}s^2 \tag{4-48}$$

则 $\dot{J}=s\dot{s}$，令 $\dot{J}\leqslant-\eta|s|$，$\eta>0$。

可以证明，当 $\lambda\geqslant\dfrac{\eta I_z}{l_f(f_{fl}C_{yfl}+f_{fr}C_{yfr})}$ 时，可满足：$t\to\infty$ 时，$s\to0$，即满足 Lyapunov 稳定性判据，从而基于七自由度车辆模型设计的控制器输出为

$$\delta_f=\frac{T-I_z\dot{r}_d+\eta I_z\operatorname{sgn}(s)}{l_f(f_{fl}C_{yfl}+f_{fr}C_{yfr})} \tag{4-49}$$

为削弱系统在滑模面附近出现抖振，采用饱和函数 $\operatorname{sat}(S/\phi)$ 代替符号函数 $\operatorname{sgn}(S)$，即

$$\operatorname{sat}\left(\frac{S}{\phi}\right)=\begin{cases}\dfrac{S}{\phi}, & |S|\leqslant\phi\\ \operatorname{sgn}\left(\dfrac{S}{\phi}\right), & |S|>\phi\end{cases} \tag{4-50}$$

式中，$\phi$ 为边界层厚度。

2. 仿真计算

在 Simulink 中对控制算法进行仿真计算，部分参数如表 4-1 所示。选取由五条曲线构成的车辆跑道作为仿真计算路径，采用位置偏差反馈控制与本方法进行车辆横向运动过程对比。纵向车速 $V_x$ 取 5m/s、15m/s、25m/s，采样时间 $t$ 与式(4-44)中的比例系数 $\varepsilon$ 均取 0.01。仿真结果如图 4-30～图 4-36 所示。图 4-31 为 $V_x=5$m/s 时车辆跟踪道路轨迹局部放大图的对比，放大的位置为图 4-30 中标注 3 处的圆弧型车道位置。图 4-32 为 $V_x=5$m/s 时两种控制方法控制车辆横向运动产生的方向偏差、距离偏差和横摆角速度对比。图 4-33 为 $V_x=15$m/s 时车辆跟

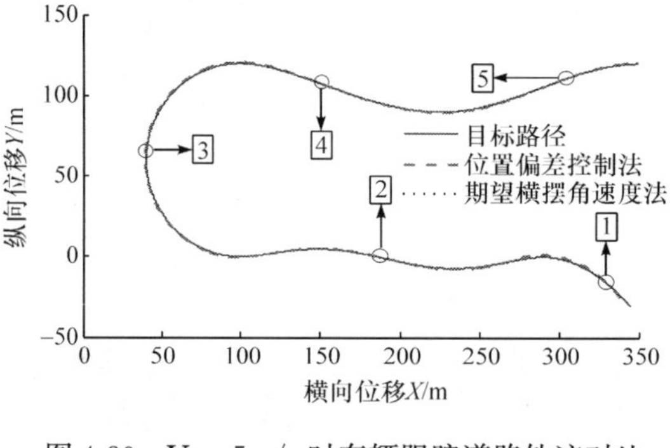


图 4-30　$V_x=5$m/s 时车辆跟踪道路轨迹对比

踪道路轨迹局部放大图的对比，放大的位置为图 4-30 中标注 3 处的圆弧型车道位置。图 4-34 为 $V_x=15\text{m/s}$ 时两种控制方法控制车辆横向运动产生的方向偏差、距离偏差和横摆角速度对比。图 4-35 为 $V_x=25\text{m/s}$ 时车辆跟踪道路轨迹局部放大图的对比，放大的位置为图 4-30 中标注 3 处的圆弧型车道位置。图 4-36 为 $V_x=25\text{m/s}$ 时两种控制方法控制车辆横向运动产生的方向偏差、距离偏差和横摆角速度对比。

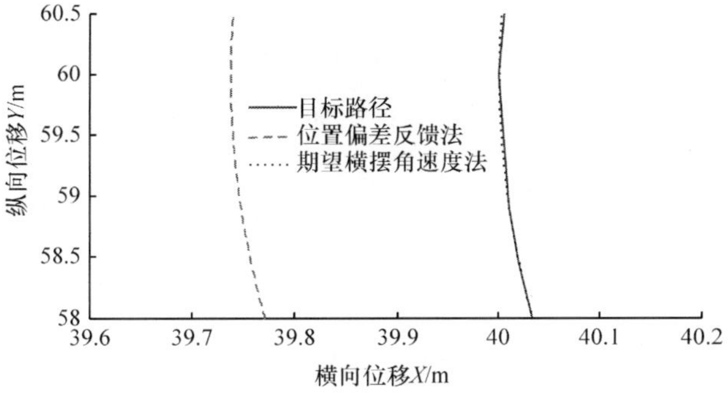


图 4-31　$V_x=5\text{m/s}$ 时局部放大轨迹对比

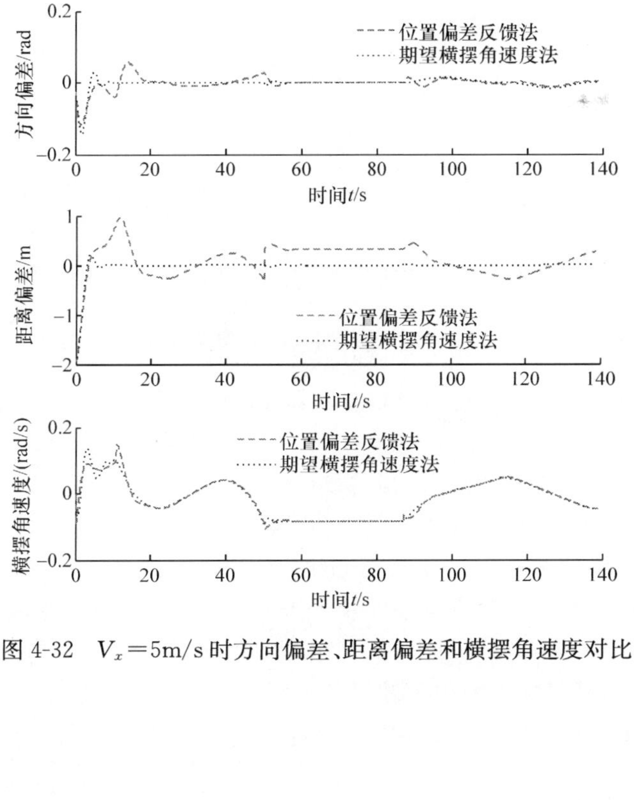


图 4-32　$V_x=5\text{m/s}$ 时方向偏差、距离偏差和横摆角速度对比

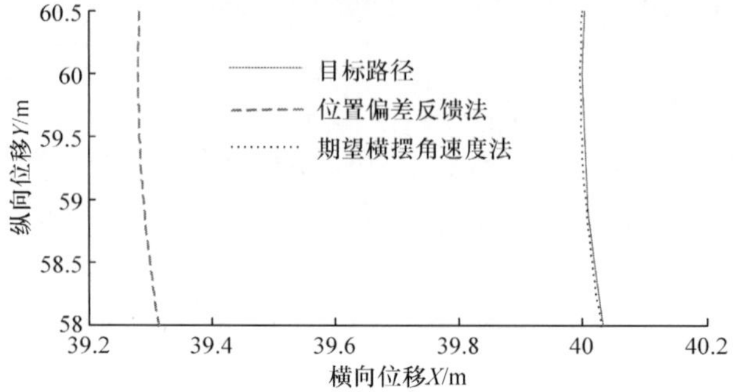


图 4-33　$V_x = 15\text{m/s}$ 时局部放大轨迹对比

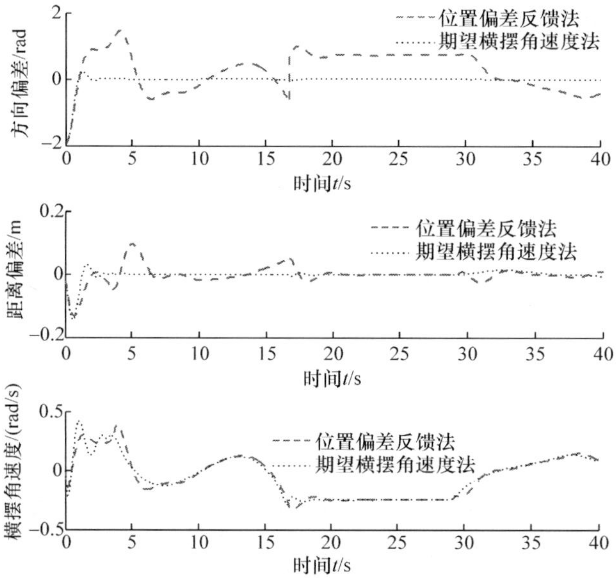


图 4-34　$V_x = 15\text{m/s}$ 时方向偏差、距离偏差和横摆角速度对比

3. 不同控制方法结果分析

从跟踪误差曲线来看，较之位置偏差反馈法，期望横摆角速度法的控制精度较高。从图 4-34 可知，在整个车辆横向运动过程中位置偏差反馈法的距离偏差和方向偏差随道路曲率的不同变化较大，稳定跟踪后的最大方向偏差为 0.13rad，而稳定跟踪后期望横摆角速度法产生的距离偏差和方向偏差随道路曲率变化较小。同时对比图 4-31～图 4-36 可以看出，基于车辆动力学模型设计的期望横摆角速度跟踪控制器，其横向控制性能取得了较好的效果。与期望横摆角速度法对比，位置偏差反馈法控制车辆模型的效果差别较大，表明基于期望横摆角速度法控制的车辆

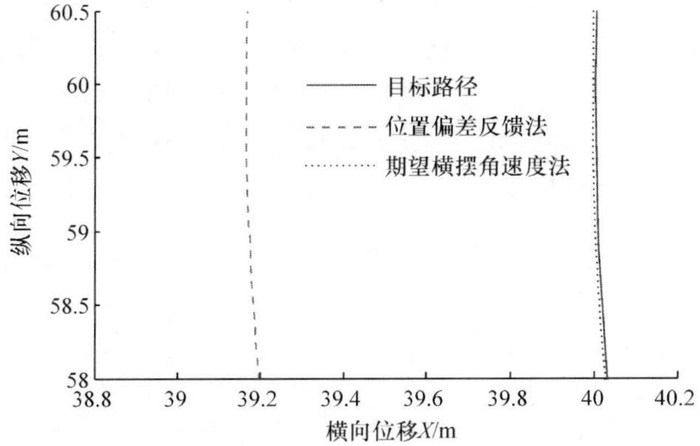


图 4-35　$V_x=25\text{m/s}$ 时局部放大轨迹对比

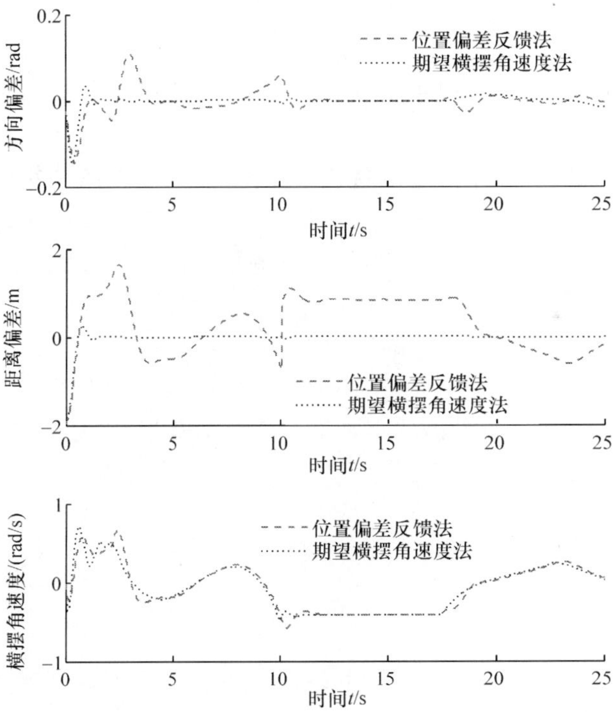


图 4-36　$V_x=25\text{m/s}$ 时方向偏差、距离偏差和横摆角速度对比

横向运动效果更好。另外，从所有跟踪误差曲线可以看出，当车辆跟踪曲线道路上弯曲度较大的圆弧型跑道 3(图 4-30)时，采用位置偏差反馈法控制的车辆跟踪道路距离误差始终不能趋近于零。这是因为即便车辆与预瞄点处偏差较小，但车辆与最近点之间的距离偏差仍然很大，而采用跟踪期望横摆角速度的控制方法在任

何路段均能稳定地跟踪目标路径，具有较好的适应性。

表 4-7 为不同控制方法下车辆跟随车道相对道路的侧向距离偏差。从表中可以看出，采用位置偏差反馈法的车道跟踪误差随车速增加明显，而采用期望横摆角速度法的车道跟随方向偏差和距离偏差变化均较小，表明基于期望横摆角速度的方法对车速变化有较高的鲁棒性。

**表 4-7　不同控制方法产生的距离偏差对比**

| 纵向车速 $V_x$/(m/s) | 均值 $\mu$/m | | 方差 $\sigma^2$/m$^2$ | |
|---|---|---|---|---|
| | 位置偏差反馈法 | 期望横摆角速度法 | 位置偏差反馈法 | 期望横摆角速度法 |
| 5 | 0.2124 | 0.0468 | 0.0732 | 0.0202 |
| 15 | 0.4679 | 0.0746 | 0.1781 | 0.0421 |
| 25 | 0.6782 | 0.0959 | 0.2103 | 0.0637 |

## 4.5　一类基于轨迹预测的驾驶员方向控制模型

真实驾驶员都具有一定的车辆轨迹预测能力，其能够感知车辆运动状态并预测在一段时间后的大致位置。因此，可在分析驾驶员转向操纵机理以及驾驶员具有轨迹预测能力的基础上，建立一类基于轨迹预测的单点预瞄驾驶员模型。首先假定车辆在预瞄时间内具有恒定的横摆角速度或横摆角加速度，再根据假设条件和车身状态预测车辆在未来一段时间内的行驶轨迹，结合期望路径决策出理想转向盘转角。在决策转角时，分别采用期望式、增量式以及期望式与增量式集成的计算方式，得到五种基于轨迹预测的驾驶员方向控制模型，并通过仿真和实验分析了各个模型的轨迹跟踪性能[17]。

### 4.5.1　基于轨迹预测的驾驶员模型

1. 轨迹预测

假设车辆进行平面运动，且车辆的纵向速度在预瞄时间段 $t_p$ 内保持不变，则影响车辆行驶轨迹的车身状态参数主要有纵向速度 $V_x$、侧向速度 $V_y$、侧向加速度 $a_y$、横摆角速度 $r$ 和横摆角加速度 $\dot{r}$。为方便描述，可定义车辆状态矢量 $x=[V_x, V_y, a_y, r, \dot{r}]^{\mathrm{T}}$。若存在一个车辆行驶轨迹预测函数 $P(x)$，且其能够根据当前时刻的车辆状态 $x(t)$ 计算出车辆经过预瞄时间 $t_p$ 后的侧向位移，即有 $y(t+t_p)=P(x(t))$，那么就可以通过如下三种方法决策出最优的转向盘转角。

(1) 期望式。如果存在某个车辆状态 $x_{\mathrm{d}}$，函数 $P(x)$ 预测该状态下的车辆在 $t+t_{\mathrm{p}}$ 时刻的侧向位移与期望侧向位移 $f(t+t_{\mathrm{p}})$ 相等，即 $P(x_{\mathrm{d}})=f(t+t_{\mathrm{p}})$，则认为 $x_{\mathrm{d}}$ 为期望的车辆状态。若能求得 $x_{\mathrm{d}}$，就可以根据车辆状态参数与转向盘转角之间的增益来确定理想的转向盘转角 $\delta_{\mathrm{sw}}^{*}$。但 $x_{\mathrm{d}}$ 为矢量且各参数之间相互关联，往往难以获得所有状态参数的期望值。因此，可简化为只求解其中一个参数，并认为其他状态参数从 $t$ 到 $t+t_{\mathrm{p}}$ 保持不变。例如，求得期望的横摆角速度为 $r_{\mathrm{d}}$，则理想的转向盘转角为 $r_{\mathrm{d}}/G_r$。其中，$G_r$ 为横摆角速度 $r$ 对转向盘转角 $\delta_{\mathrm{sw}}$ 的稳态增益。

(2) 增量式。利用期望式方法求得某个理想的车辆状态之后，如果期望横摆角速度为 $r_{\mathrm{d}}$，那么当前时刻横摆角速度 $r$ 与 $r_{\mathrm{d}}$ 的偏差 $\Delta r=r_{\mathrm{d}}-r$。若当前时刻的转向盘转角为 $\delta_{\mathrm{sw}}^{0}$，驾驶员此时对车辆施加额外的转向盘转角 $\Delta\delta_{\mathrm{sw}}$，使得该转角增量补偿横摆角速度偏差 $\Delta r$，即 $\Delta r=K_r\Delta\delta_{\mathrm{sw}}$，$K_r$ 为反馈系数。进而易得到理想的转向盘转角为

$$\delta_{\mathrm{sw}}^{*}=\delta_{\mathrm{sw}}^{0}+\Delta\delta_{\mathrm{sw}}=\delta_{\mathrm{sw}}^{0}+\frac{r_{\mathrm{d}}-r}{K_r} \tag{4-51}$$

也可以直接由 $P(x)$ 求得车辆在 $t_{\mathrm{p}}$ 后的侧向位移 $y(t+t_{\mathrm{p}})$，其与理想值 $f(t+t_{\mathrm{p}})$ 的偏差为 $\Delta y=f(t+t_{\mathrm{p}})-y(t+t_{\mathrm{p}})$。驾驶员通过对车辆施加额外的转向盘转角以补偿未来时刻的侧向偏差，即 $\Delta y=K_y\Delta\delta_{\mathrm{sw}}$，$K_y$ 为反馈系数，则有

$$\delta_{\mathrm{sw}}^{*}=\delta_{\mathrm{sw}}^{0}+\frac{f(t+t_{\mathrm{p}})-y(t+t_{\mathrm{p}})}{K_y} \tag{4-52}$$

尽管反馈系数 $K_y$ 和 $K_r$ 的选择范围较广，但若考虑车辆处于稳态，则 $\Delta r=G_r\Delta\delta_{\mathrm{sw}}$，即 $K_r$ 可取的名义值为 $G_r$。同样，稳态时 $\Delta\delta_{\mathrm{sw}}$ 产生额外的侧向加速度 $\Delta a_y=G_{\mathrm{ay}}\Delta\delta_{\mathrm{sw}}$ 来补偿 $t_{\mathrm{p}}$ 后侧向偏差 $\Delta y$，即 $\Delta a_y t_{\mathrm{p}}^2/2=\Delta y$，则 $K_y$ 可取的名义值为 $G_{\mathrm{ay}}t_{\mathrm{p}}^2/2$。

(3) 期望式与增量式集成。认为驾驶员决策出的转向盘转角由两部分组成，即

$$\delta_{\mathrm{sw}}^{*}=\delta_{\mathrm{sw}}^{\mathrm{d}}+\Delta\delta_{\mathrm{sw}} \tag{4-53}$$

式中，$\delta_{\mathrm{sw}}^{\mathrm{d}}$ 为驾驶员根据驾驶经验决策出的期望转角；$\Delta\delta_{\mathrm{sw}}$ 为驾驶员根据车辆实际状态增加的修正转角。$\delta_{\mathrm{sw}}^{\mathrm{d}}$ 可由期望式方法计算得到，它体现了驾驶员对车辆稳态特性的掌握能力；$\Delta\delta_{\mathrm{sw}}$ 可由增量式方法计算得到，它体现驾驶员对车辆特性以及驾驶环境改变时的适应能力。

由上述分析可知，期望式方法认为驾驶员能够根据自身对车辆轨迹的预测及其对车辆响应特性的掌握决策出理想的转向盘转角；增量式方法认为驾驶员能够根据其对车辆轨迹的预测和车辆状态的感知，确定出此刻需要修正的额外转角的大小；而集成方法则认为驾驶员先决策出理想转角，再根据感知的车辆状态校正转角。下面将分别基于恒定横摆角速度和恒定横摆角加速度两个假设来构造车辆轨迹预测函数，并给出相应的驾驶员方向控制模型。

2. 恒定横摆角速度假设

假设车辆在未来一段时间内保持不变的横摆角速度 $r$，且由于 $V_y$ 常远小于 $V_x$，可认为车辆合速度 $V=\sqrt{V_x^2+V_y^2}$ 的大小保持不变。在该假设条件下，车辆在未来一段时间内将进行匀速圆周运动，且车辆合速度的方向始终与其轨迹相切。图 4-37 描述了所预测的车辆行驶轨迹，图中 $G$ 点为车辆当前时刻的质心位置，而预测车辆经过 $t_p$ 后的质心位置为 $C$ 点，两点之间的轨迹为半径为 $R$ 的圆弧。$XOY$ 为惯性坐标系，$M$ 为车辆轨迹的圆心，$\theta$ 为圆弧轨迹所对应的圆心角，$P$ 为目标路径上的预瞄点，当前时刻车辆的航向角为 $\psi_v$。$X_GGY_G$ 为车辆坐标系，$e_{la}$ 为车辆在预瞄点的横向位置偏差，$x_{GC}$ 和 $y_{GC}$ 分别表示车辆在 $X_G$ 轴和 $Y_G$ 轴方向的位移，$GB$ 沿着车辆合速度方向且与车辆轨迹相切于 $G$ 点。

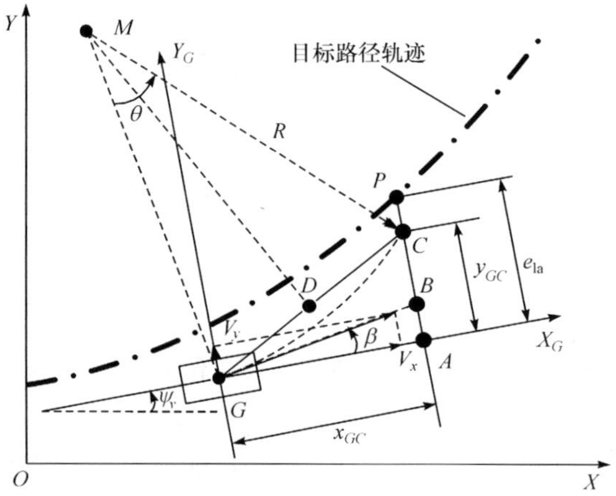


图 4-37 恒定横摆角速度假设下的车辆轨迹预测

由图 4-37 可知，$\angle CGA=\angle CGB+\beta$，$\beta$ 为速度 $V$ 与 $X_G$ 轴的夹角，而 $\angle CGB$ 为车辆圆弧轨迹的弦切角，根据弦切角等于其对应弦的圆心角的一半的性质，可得 $\angle CGA=\theta/2+\beta$。那么 $C$ 点的侧向偏差为

$$y_{GC}=\tan\left(\frac{\theta}{2}+\beta\right)x_{GC} \tag{4-54}$$

首先采用期望式方法来求取当前时刻的理想转向盘转角。经过 $t_p$ 后，车辆质心的理想位置应该为 $P$ 点，即图 4-37 中 $C$ 点与 $P$ 点重合，$\angle PGA=\angle CGA$，$y_{GC}=e_{la}$。根据作匀速圆周运动的假设，可知圆心角 $\theta$ 等于车辆在 $t_p$ 内所转过的角度，则有 $\theta=rt_p$。又因为 $V_y \ll V_x$，则有车辆在 $X_G$ 轴方向的位移 $x_{GC}\approx V_xt_p$。若只求解理想的横摆角速度 $r_d$，求解式(4-54)可得理想的转向盘转角为

$$\delta_{sw}^{*}=\frac{r_{d}}{G_{r}}=\frac{2\left[\arctan\left(\frac{e_{la}}{V_{x}t_{p}}\right)-\beta\right]}{t_{p}G_{r}} \tag{4-55}$$

如果认为车辆处于稳态转向时满足式(4-54)，则又得到如下关系式：

$$\frac{G_{r}\delta_{sw}^{*}t_{p}}{2}+G_{\beta}\delta_{sw}^{*}=\arctan\left(\frac{e_{la}}{V_{x}t_{p}}\right) \tag{4-56}$$

式中，$G_{\beta}$ 为质心侧偏角对转向盘转角的稳态增益。

因此，容易求得理想的转向盘转角为

$$\delta_{sw}^{*}=\frac{2\arctan\left(\frac{e_{la}}{V_{x}t_{p}}\right)}{t_{p}G_{r}+2G_{\beta}} \tag{4-57}$$

在恒定横摆角速度的假设下，运用期望式方法得到式(4-55)和式(4-57)两种驾驶员模型。两者的差异在于两者求解的理想车辆状态不同，式(4-55)是期望横摆角速度，式(4-57)是期望稳态转向盘转角。再运用增量式方法来计算理想的转向盘转角，由式(4-54)求得 $r_{d}$ 再代入式(4-51)可得另一种求解理想转向盘转角的公式为

$$\delta_{sw}^{*}=\delta_{sw}^{0}+\frac{2\arctan\left(\frac{e_{la}}{V_{x}t_{p}}\right)-2\beta-t_{p}r}{t_{p}K_{r}} \tag{4-58}$$

由图 4-37 可知，线段 $AC$ 的长度等于 $t_{p}$ 后车辆在 $Y_{G}$ 轴方向的位移 $y_{GC}$，线段 $GC$ 为所预测的圆弧轨迹对应的弦，令 $L$ 表示弦 $GC$ 的长度，则

$$y_{GC}=L\sin\left(\frac{\theta}{2}+\beta\right) \tag{4-59}$$

将等腰三角形△$MCG$ 分成△$MCD$ 和△$MDG$ 两个直角三角形，则弦长 $L$ 又可表示为

$$L=2R\sin\frac{\theta}{2} \tag{4-60}$$

再根据车辆作匀速圆周运动的假设，有

$$R=\frac{V}{r} \tag{4-61}$$

综合式(4-59)～式(4-61)，可得弦 $GC$ 的长度为

$$L=\frac{2V}{r}\sin\frac{\theta}{2}=\frac{2Vt_{p}}{rt_{p}}\sin\frac{\theta}{2}=Vt_{p}\frac{\sin(\theta/2)}{\theta/2} \tag{4-62}$$

根据式(4-52)，运用增量式方法直接对车辆在未来时刻的侧向位移偏差进行补偿，所求得的理想的转向盘转角为

$$\delta_{\mathrm{sw}}^{*}=\delta_{\mathrm{sw}}^{0}+\frac{e_{\mathrm{la}}-L\sin\left(\frac{rt_{\mathrm{p}}}{2}+\beta\right)}{K_y} \tag{4-63}$$

在计算弦长 $L$ 过程中，由于车辆的横摆角速度 $r$ 通常为零值，易导致式(4-62)发生运算错误。函数 $\sin x$ 在零点处的泰勒公式展开为

$$\sin x=x-\frac{x^3}{3!}+\cdots+\frac{(-1)^{m-1}x^{2m-1}}{(2m-1)!}+R_{2m}(x) \tag{4-64}$$

式中，$R_{2m}(x)$为拉格朗日余项。由于 $\theta/2$ 通常很小，$\sin(\theta/2)$的高阶项和可以忽略不计，保留前两项，将 $\sin(\theta/2)\approx\theta/2-\theta^3/48$ 代入式(4-63)可得

$$\delta_{\mathrm{sw}}^{*}=\delta_{\mathrm{sw}}^{0}+\frac{e_{\mathrm{la}}-Vt_{\mathrm{p}}\left(1-\frac{r^2t_{\mathrm{p}}^2}{24}\right)\sin\left(\frac{rt_{\mathrm{p}}}{2}+\beta\right)}{K_y} \tag{4-65}$$

利用式(4-65)替代式(4-63)能够避免分母为零所产生的运算错误。若取 $K_y=G_{\mathrm{ay}}t_{\mathrm{p}}^2/2$，并认为 $L\approx V_xt_{\mathrm{p}}$，$rt_{\mathrm{p}}/2+\beta=\varphi_C\approx\sin\varphi_C$，$\Delta f/(V_xt_{\mathrm{p}})=\varphi_P\approx\arctan\varphi_P$，对式(4-63)和式(4-58)的转角增量求解公式进行近似简化：

$$\frac{e_{\mathrm{la}}-L\sin\varphi_C}{G_{\mathrm{ay}}t_{\mathrm{p}}^2/2}\approx\frac{e_{\mathrm{la}}-V_xt_{\mathrm{p}}\varphi_C}{V_xG_rt_{\mathrm{p}}^2/2}=\frac{2\varphi_P-2\varphi_C}{t_{\mathrm{p}}G_r}\approx\frac{2\arctan\varphi_P-2\beta-t_{\mathrm{p}}r}{t_{\mathrm{p}}G_r} \tag{4-66}$$

此时，式(4-63)和式(4-58)所求的值是近似相等的。

### 3. 恒定横摆角加速度假设

假设车辆在未来一段时间内保持恒定的横摆角加速度 $\dot{r}$，则其轨迹可表示为如下欧拉回旋线：

$$\begin{bmatrix}X(t)\\Y(t)\end{bmatrix}=V\begin{bmatrix}\int_0^t\cos\left(\frac{\dot{r}u^2}{2}\right)\mathrm{d}u\\ \int_0^t\sin\left(\frac{\dot{r}u^2}{2}\right)\mathrm{d}u\end{bmatrix} \tag{4-67}$$

式(4-67)为 Fresnel 积分，无法直接求出其原函数，其曲线如图 4-38 所示。在公路的设计中，回旋线常被用于直线与圆弧或不同半径的圆弧之间的过渡。由回旋线的性质可知，在 $t$ 时刻车辆的横摆角速度 $r=\dot{r}t$，车辆行驶轨迹上的切线与 $X$ 轴的夹角 $\phi=\dot{r}t^2/2$，$\phi$ 可称作切线角，轨迹的长度 $l=Vt$。

假设车辆当前时刻处于图 4-38 中的 $G$ 点，$C$ 点为车辆沿回旋线轨迹再行驶 $t_{\mathrm{p}}$ 后的位置。令 $l_G$、$l_C$ 分别表示 $OG$ 和 $OC$ 段轨迹长度，即有 $l_C-l_G=Vt_C-Vt_G=Vt_{\mathrm{p}}$，$\phi_G$、$\phi_C$ 分别是 $G$、$C$ 点的切线角，$\alpha_G$、$\alpha_C$ 为弦偏角。由文献[18]可知，切线角可近似为弦偏角的 3 倍，即 $\phi_C\approx3\alpha_C$、$\phi_G\approx3\alpha_G$，由回旋线的性质可得

$$\phi=\frac{a_{\mathrm{r}}l^2}{2V^2} \tag{4-68}$$

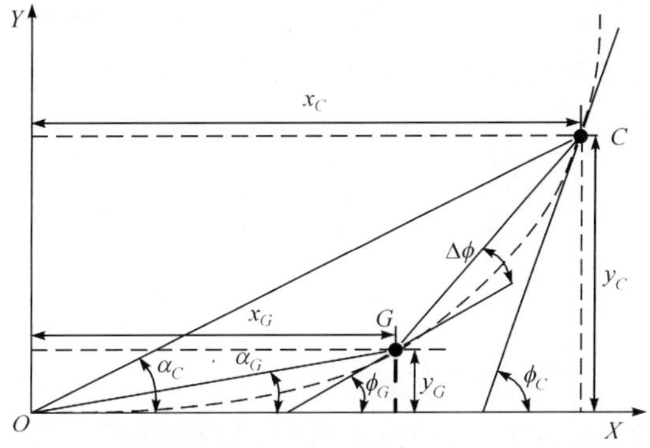


图 4-38　恒定横摆角加速度假设下的车辆轨迹预测

车辆运动轨迹的半径通常较大，所以其弦偏角 $\alpha$ 很小，可近似认为 $\tan\alpha \approx \alpha$，又因为车辆在图 4-38 中的 $X$ 轴方向上的位移 $x \approx l$，则有

$$y = x\tan\alpha \approx \frac{\phi l}{3} = \frac{\dot{r} l^3}{6V^2} \tag{4-69}$$

那么弦 $GC$ 与 $G$ 点处切线的夹角 $\Delta\phi$ 近似等于

$$\begin{aligned}\Delta\phi &= \arctan\left(\frac{y_C - y_G}{x_C - x_G}\right) - \phi_G \approx \frac{\dfrac{\dot{r} l_C^3}{6V^2} - \dfrac{\dot{r} l_G^3}{6V^2}}{l_C - l_G} - \frac{\dot{r} l_G^2}{2V^2} \\ &= \frac{\dot{r}(l_C^2 - 2l_C l_G + l_G^2)}{6V^2} + \frac{3\dot{r} l_C l_G}{6V^2} - \frac{\dot{r} l_G^2}{2V^2} \\ &= \frac{\dot{r}(t_C - t_G)^2}{6} + \frac{\dot{r}(t_C - t_G)t_G}{2} = \frac{\dot{r} t_{\mathrm{p}}^2}{6} + \frac{r_G t_{\mathrm{p}}}{2}\end{aligned} \tag{4-70}$$

经过上述推导，得到 $\Delta\phi$ 与 $G$ 点处车辆的横摆角速度、预瞄时间和横摆角加速度的近似关系式，当车辆的行驶半径较大时，该关系式具有较好的近似精度。若在车辆坐标系下考察 $C$ 点相对车辆质心的纵向位移和横向位移，可得到与式(4-54)类似的关系式：

$$y_{GC} = \tan(\Delta\phi + \beta)x_{GC} \tag{4-71}$$

驾驶员期望车辆在预瞄时间后行驶到预瞄点，即 $y_{GC} = e_{\mathrm{la}}$，同样取 $x_{GC} \approx V_x t_{\mathrm{p}}$，则有期望的横摆角加速度 $\dot{r}_{\mathrm{d}}$ 为

$$\dot{r}_{\mathrm{d}} = \frac{6\arctan\left(\dfrac{e_{\mathrm{la}}}{V_x t_{\mathrm{p}}}\right) - 6\beta - 3r_G t_{\mathrm{p}}}{t_{\mathrm{p}}^2} \tag{4-72}$$

由于车辆在稳态时，其横摆角加速度为零，所以知道车辆的期望横摆角加速度，无法直接运用其稳态增益关系求解期望转向盘转角。但是，期望横摆角加速度 $\dot{r}_{\mathrm{d}}$ 的积分为期望横摆角速度 $r_{\mathrm{d}}$，即 $r_{\mathrm{d}} = \int \dot{r}_{\mathrm{d}}\mathrm{d}t$，所以可根据 $\dot{r}_{\mathrm{d}}$ 的积分和横摆角速度

稳态增益 $G_r$ 分解出期望转向盘转角。当 $\dot{r}_d=0$ 时，转向盘转角趋于恒定值，车辆趋于稳定状态。因此，理想的转向盘转角为

$$\delta_{sw}^{*}=\frac{1}{G_r}\int\frac{6\arctan\left(\dfrac{e_{la}}{V_x t_p}\right)-6\beta-3r_G t_p}{t_p^2}\mathrm{d}t \tag{4-73}$$

4. 驾驶员方向控制模型

综合上述计算结果，考虑实际驾驶员的神经反应滞后和动作反应滞后，并认为驾驶员具有一定的微分校正能力，得到五种不同的驾驶员转向模型，分别如图 4-39 (a)～(e)所示。其中，$t_d$ 为神经反应滞后时间，$t_h$ 为动作反应滞后时间，$t_c$ 为微分校正系数。为描述方便，分别命名为 DMa、DMb、DMc、DMd 和 DMe。其中，模型

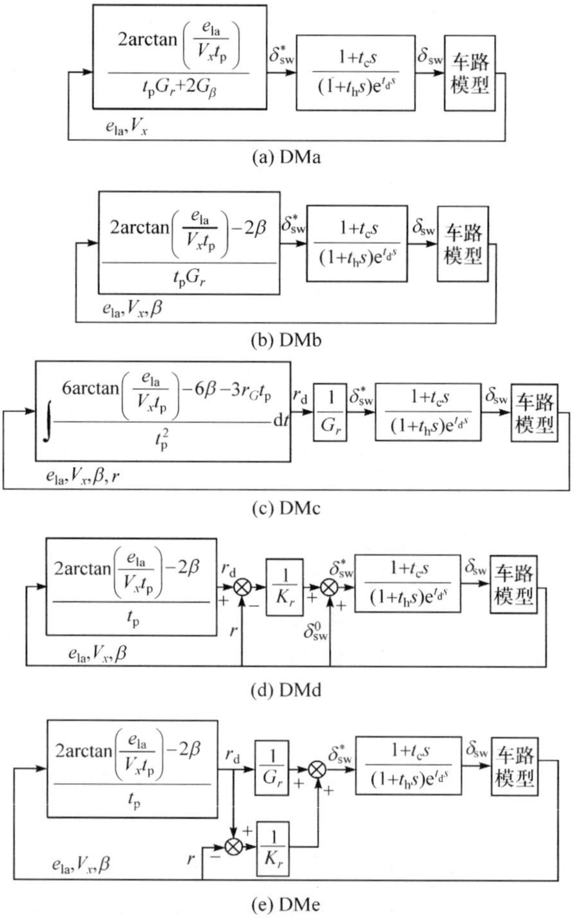


图 4-39 基于轨迹预测的五种驾驶员方向控制模型

DMa、DMb 和 DMc 为期望式驾驶员模型，分别对应式(4-57)、式(4-55)和式(4-73)；模型 DMd 为增量式驾驶员模型，对应式(4-58)；模型 DMe 为模型 DMb 与 DMd 集成所得。

### 4.5.2　仿真计算与分析

使用 veDYNA/Simulink 联合搭建车辆模型、虚拟道路和五种驾驶员方向控制模型。驾驶员模型需要获得预瞄点在车辆坐标系下的侧向偏差，但 veDYNA 只输出指定点到道路中心线的距离，因此需要进行转换。设车辆质心的坐标为$(x_G, y_G)$，航向角为 $\psi_v$，预瞄距离 $x_{la}=V_x t_p$。那么测量点$(x_C, y_C)$的坐标为 $x_C=x_G+x_{la}\cos\psi_v$，$y_C=y_G+x_{la}\sin\psi_v$。若测量点到目标路径的距离为 $d_{la}$，且测得车辆相对预瞄处路径的航向角偏差为 $e_\psi$，则驾驶员模型需要的偏差 $e_{la}=d_{la}/\cos e_\psi$，如图 4-40 所示。

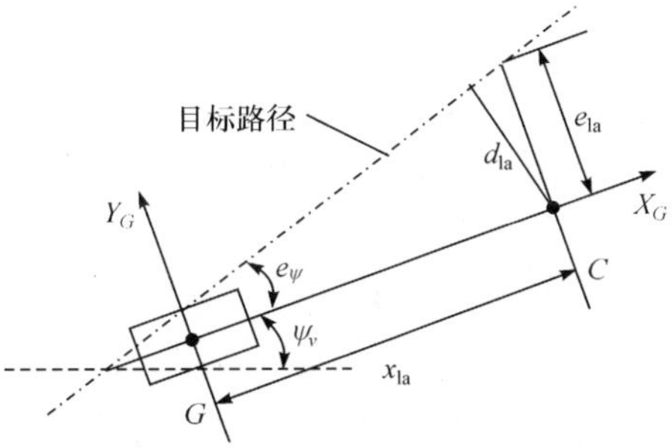


图 4-40　车辆坐标系下侧向位置偏差计算示意图

仿真所用的部分车辆模型参数如表 4-8 所示。以纵向车速 $V_x$ 为自变量，分别计算驾驶员模型参数 $G_r$ 和 $G_\beta$，并取参数 $K_r$ 等于 $G_r$。当车辆处于非线性工况时，轮胎侧向力饱和导致轮胎等效侧偏刚度降低，此时参数 $G_r$ 和 $G_\beta$ 与其真实值不符，因此分析驾驶员模型在非线性工况下的控制效果可用来检验模型的鲁棒性。为评估所提出的各个驾驶员模型的路径跟踪性能，进行如下五种不同工况的仿真计算。为方便对比，所有驾驶员模型中的微分参数 $t_c=0$s，预瞄时间 $t_p=1$s。

**表 4-8　车辆模型参数表**

| 参数 | 数值 |
|---|---|
| 整车质量 $m$/kg | 1296 |
| 整车绕铅垂轴转动惯量 $I_z$/(kg · m$^2$) | 1750 |
| 质心到前轴的距离 $l_f$/m | 1.01 |
| 质心到后轴的距离 $l_r$/m | 1.56 |
| 前轮胎侧偏刚度 $C_f$/(N/rad) | 35000 |
| 后轮胎侧偏刚度 $C_r$/(N/rad) | 42000 |
| 前轮到转向盘的角传动比 $i_{sw}$ | 16.5 |

### 1. 直线路径跟踪

车辆以 60km/h 的车速在直道上行驶，路面附着系数 $\mu=0.8$，在 16s 后驾驶员操纵车辆左移 1m。仿真工况类似单移线实验，所得结果如图 4-41 所示。该工况下，五种模型都能稳定地跟踪目标路径。其中，模型 DMa、DMb、DMd 和 DMe 的轨迹跟踪误差相近，车辆横向位置的超调量较小，航向角平稳。而模型 DMc 的轨迹超调量较大，相比其他模型，其转向盘转角具有较为明显的时滞性。相反，模型 DMd 的转角振荡频率较高，表现为一个高度紧张的驾驶员。模型 DMe 则融合了模型 DMd 与 DMb 两者的特性。

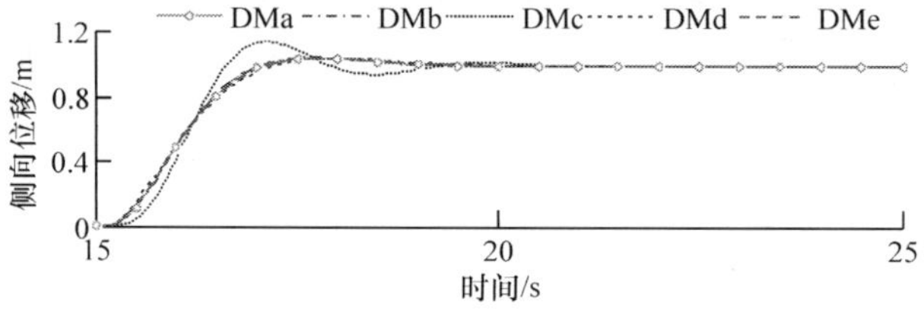

(a) 侧向位移

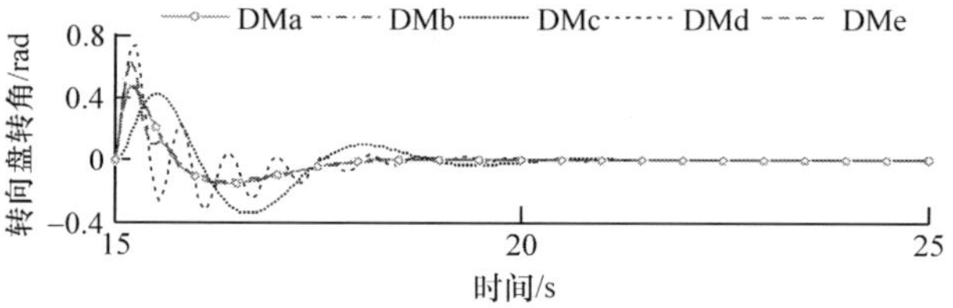

(b) 转向盘转角

图 4-41　跟踪直线路径的仿真结果

### 2. 圆形路径跟踪

车辆分别以 60km/h、90km/h 和 120km/h 的车速跟踪半径为 180m 的圆形路径，$\mu=0.8$，仿真结果如图 4-42 所示。车辆侧向加速度等于 $V_x^2/R$，因此 $a_y$ 大于 $0.4g$ 的临界车速约为 95km/h。当车速为 60km/h 时，车辆状态处于线性区域，所以模型均能稳定地跟踪圆形轨迹，且稳态跟踪误差在±0.01m。当车速为 90km/h 时，车辆状态接近非线性区域，模型 DMa 和 DMb 的侧向偏差增大，且模型 DMa 的偏差更大。这是由于轮胎侧向力接近饱和导致 $G_r$ 和 $G_\beta$ 与实际值失配，且 $G_\beta$ 相比 $G_r$ 受其影响更大。模型 DMc 的时滞性致使其轨迹收敛缓慢，模型 DMd 仍然保持很小的侧向偏差。当车速为 120km/h 时，车辆完全处于非线性区域，模型 DMa 和 DMb 的侧向偏差更大，超出 1m，模型 DMc 的轨迹已经发散，模型 DMd 继续保持着较高的跟踪精度，偏差小于 0.1m。可见，在极限工况下，模型 DMd 优势明显，鲁棒性较强。模型 DMe 的侧向偏差始终处于模型 DMb 和 DMd 之间。

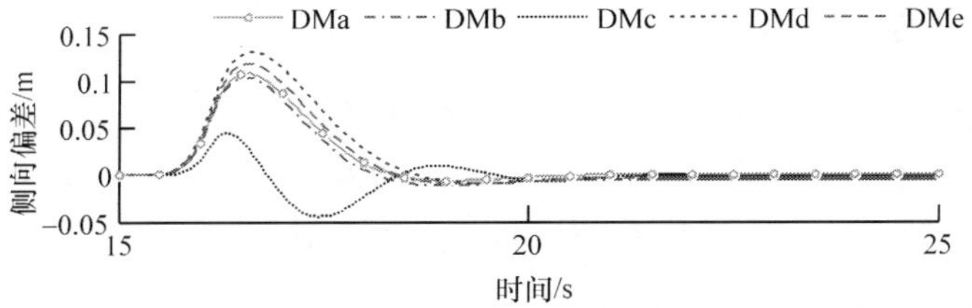


(a) 车速60km/h

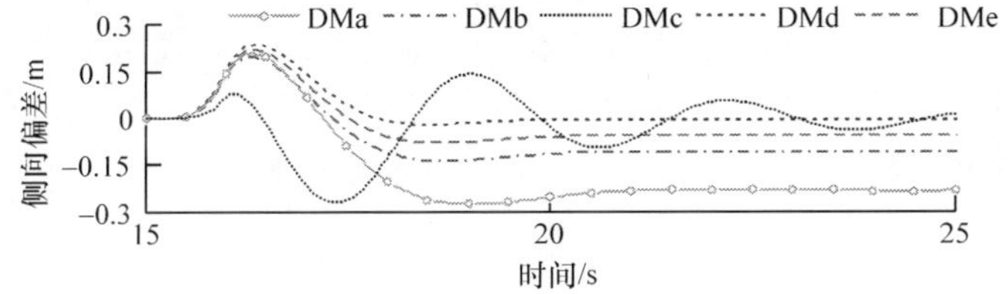


(b) 车速90km/h

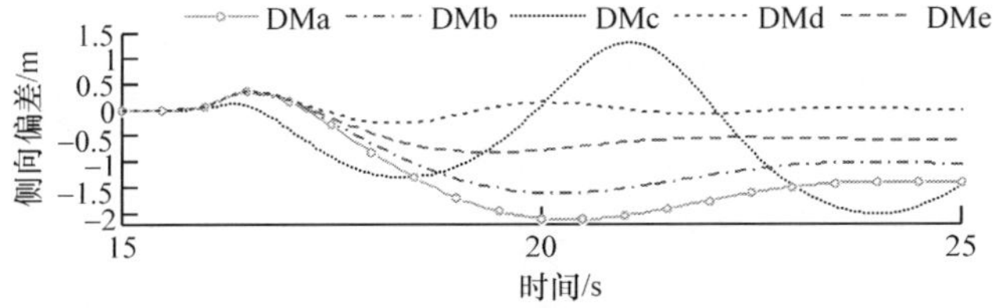


(c) 车速120km/h

图 4-42 跟踪圆形路径的仿真结果

3. 回旋线路径跟踪

车辆以 60km/h 的车速跟踪道路曲率呈连续变化的回旋线路径，$\mu=0.8$，仿真结果如图 4-43 所示。道路曲率先从 0 增加到 $0.0125\mathrm{m}^{-1}$，再减小到 0。车辆跟踪回旋线路径时，驾驶员需要连续地转动转向盘。由图 4-43 可知，所有模型的侧向偏差都较小。尽管模型 DMc 相比其他模型具有时滞特性，但该模型在跟踪曲率连续且缓慢变化的回旋线路径时却具有最好的跟踪精度。而模型 DMd 过强的转角修正能力却导致其偏差最大，这是因为跟踪该回旋线路径的理想转向盘转角应该

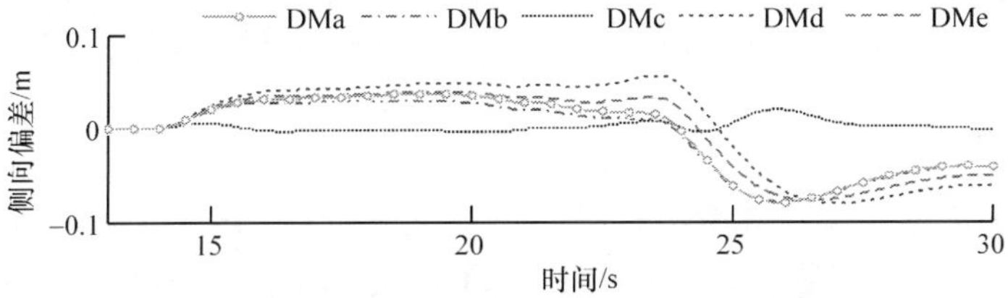


图 4-43 跟踪回旋线路径的侧向偏差仿真结果

是缓慢且连续变化的。

4. 路面附着系数的影响

车辆以 60km/h 的车速跟踪双移线路径，参考 ISO 3888-1:1999 中的双移线实验设置路径尺寸，$\mu$ 分别取 0.2、0.4 和 0.8 时的仿真结果如图 4-44 所示。当 $\mu=0.8$ 时，所有模型均能有效跟踪双移线轨迹，模型 DMd 的侧向偏差方差最大，模型 DMc 的侧向偏差方差最小。当 $\mu=0.4$ 时，各模型的侧向偏差与 $\mu=0.8$ 时类似，但其中模型 DMc 的跟踪精度开始变差。当 $\mu=0.2$ 时，车辆状态容易进入非线性区域，从而降低模型 DMa 和 DMb 的轨迹跟踪性能，造成模型 DMc 的跟踪轨迹发散。而此时模型 DMd 的跟踪精度与高附着情况下差别很小，该模型可以克服轮胎饱和产生的增益失配问题。集成式模型 DMe 的控制效果介于模型 DMb 和 DMd 之间。

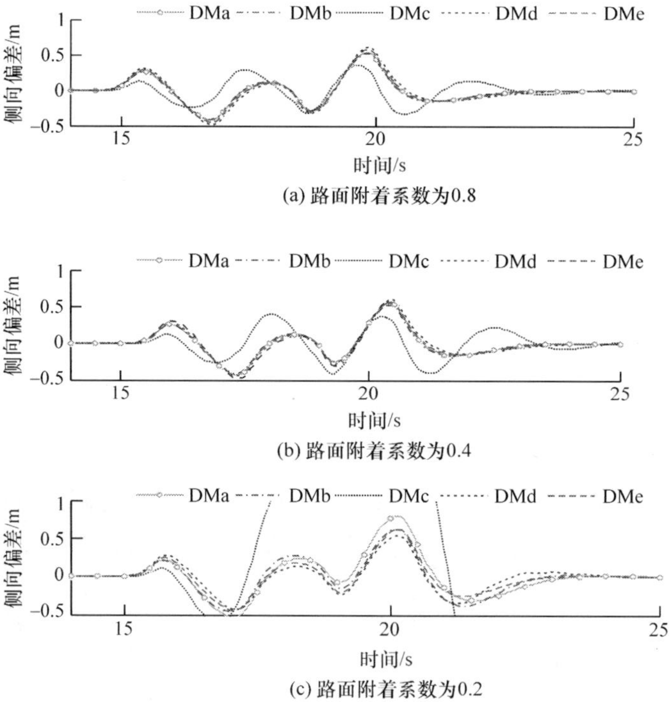

(a) 路面附着系数为0.8

(b) 路面附着系数为0.4

(c) 路面附着系数为0.2

图 4-44　不同附着系数下双移线路径跟踪仿真结果

5. 时滞的影响

车辆以 60km/h 的车速跟踪双移线路径，$\mu=0.8$。分别测试一阶惯性时滞 $t_h$ 和纯时滞 $t_d$ 对各模型的影响，$t_h$ 和 $t_d$ 分别取 0.2s、0.4s，仿真结果见图 4-45。对于模型 DMc，较大的 $t_h$ 和 $t_d$ 都会使得其跟踪结果变差以至于发散。对于模型 DMa

和 DMb，$t_h$ 和 $t_d$ 越大，它们的跟踪精度越差，且纯时滞对其影响越大。在 $t_d=0.4$s 时，模型 DMa 和 DMb 的偏差波动明显，难以快速收敛至零。模型 DMd 对 $t_h$ 具有较强的抑制能力，且 $t_h$ 越大，其控制效果越凸显优势。但模型 DMd 无法克服纯时滞的影响，$t_d=0.4$s 时该模型的跟踪轨迹出现发散，这可能是由于较大的 $t_d$ 导致模型 DMd 产生过大的转向盘转角。而集成式模型 DMe 在各工况下均有较好的控制效果，且在 $t_d=0.4$s 时其轨迹跟踪精度远高于其他模型。这可能是因为纯时滞致使模型 DMb 转向不足，模型 DMd 转向过度，而模型 DMe 的转角则是模型 DMb 和 DMd 相互弥补的结果。

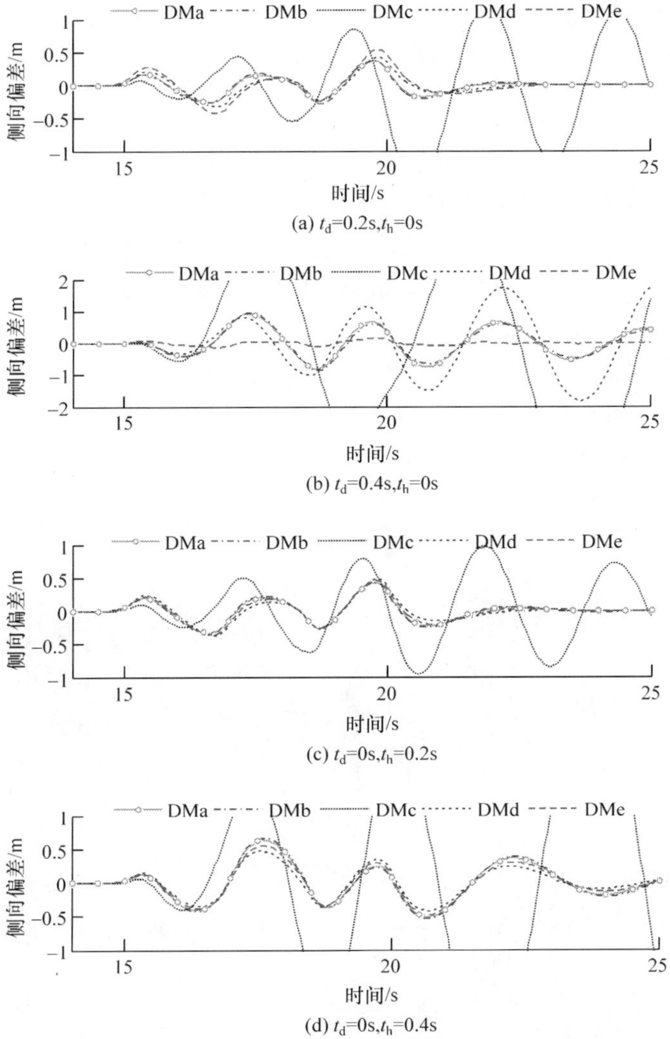


图 4-45　不同时滞下双移线路径跟踪的仿真结果

由仿真结果可知，期望式驾驶员模型的转向操纵更为平滑，其中模型 DMc 更适合跟踪变曲率路径，但该类模型的控制效果受模型参数和时滞的影响较大。增量式驾驶员模型 DMd 的鲁棒性更强，在极限工况下依然保持良好的路径跟踪精度，但其转角波动明显，无法克服较大纯时滞的影响。集成式模型 DMe 则具有综合优势，同时弥补前两者劣势，在纯时滞较大时控制效果优势显著。值得注意的是，实际驾驶员对车辆状态、车-路偏差、车辆侧向稳态增益的感知具有模糊性，但仿真中这些参数是精确的，所以大部分真实驾驶员难以具有如此高的驾驶技能。如果需要模拟更为真实的驾驶员，可以通过调整模型参数或增加状态反馈的不确定性来获得。

### 4.5.3　硬件在环实验

为了更加准确地分析驾驶员模型的特性，搭建基于 veDYNA 和 LabVIEW 的硬件在环实验台架，利用 EPS 系统中的电动机来模拟驾驶员的转向行为。由于驾驶员模型输出转角，而电动机输出转矩，为此在模型后面串联神经肌肉系统(NMS)，其结构、参数及取值详见文献[12]。根据车辆参数在 veDYNA 中分别建立整车模型和驾驶员模型，设计虚拟道路，并在计算机中实时运行。信号的采集与传输程序在 LabVIEW 中设计，由 PXI 目标机执行。目标机利用接口系统采集转向盘转角信号，并将其传送给车辆和驾驶员模型，同时也将 NMS 的输出转矩发送给自主开发的电动机控制器，以模拟驾驶员的转向操纵行为。为了产生车辆转向路感，利用伺服电机来跟踪车辆模型中的转向阻力矩。整个平台的实验设备主要有转向盘转角传感器、EPS 的转向管柱系统、伺服电动机、EPS 电动机驱动及控制电路板、PXI 目标机和计算机等，具体布置如图 4-46 所示。

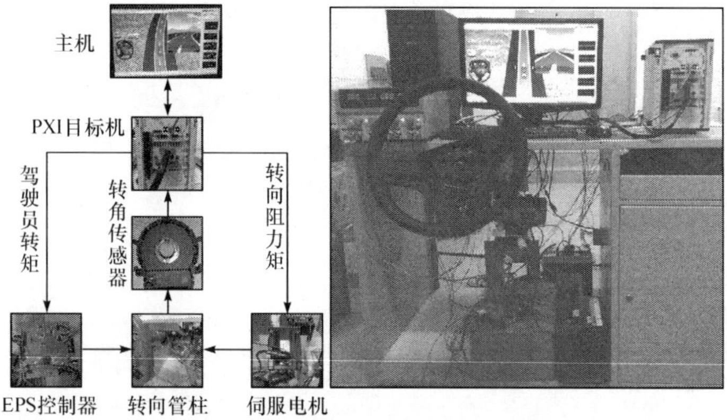


图 4-46　驾驶员模拟硬件在环实验平台

实验工况：虚拟道路由直线、圆弧和回旋线组合而成，$\mu=0.8$，其形状如图 4-47

所示。该路径最小半径为 60m，为确保车辆能够通过该复杂道路，且在最弯处让车辆的轮胎进入非线性区域，设计实验车速为 70km/h。车辆模型的转角为实际转向盘转角，硬件在环实验使得转角具有一定的时滞。

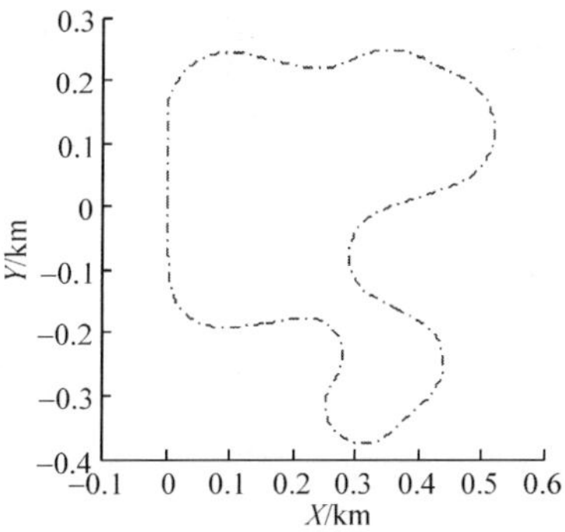


图 4-47　目标路径形状

道路曲率以及侧向偏差、转向盘转角和车辆侧向加速度的实验结果如图 4-48 所示。在 85～110s 时，车辆的最大侧向加速度超过了 0.6$g$，车辆状态已进入明显的非线性区域，各个模型的路径跟随误差均有不同程度的增大。其中，模型 DMa 的瞬时最大侧向偏差为 1.26m；模型 DMb 略微优于模型 DMa，最大侧向偏差为 1.16m；模型 DMc 的转角波动明显，最大侧向偏差超出 1.5m；模型 DMd 表现出很强的鲁棒性，最大侧向偏差仅为 0.27m；而模型 DMe 的最大偏差为 0.95m，介于模型 DMb 和 DMd 之间，但是其转角较模型 DMd 更为平滑。可以看出，以上所提出的各个驾驶员模型都具有较好的路径跟踪性能，硬件在环实验中各模型表现出的特性同仿真中的基本一致。

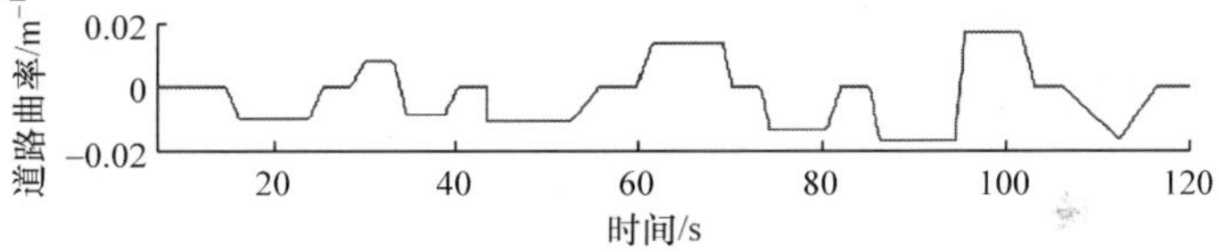


(a) 道路曲率

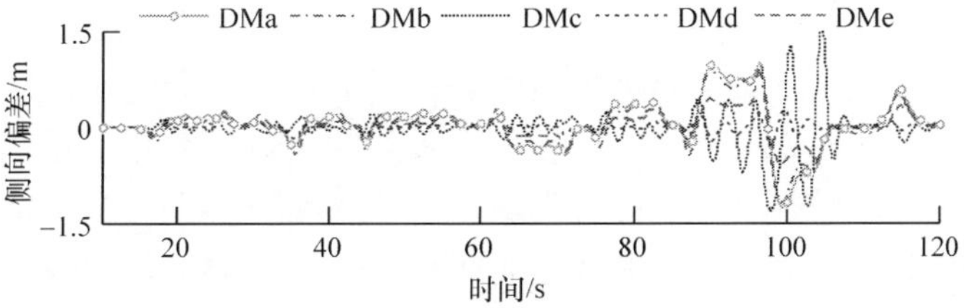


(b) 侧向偏差

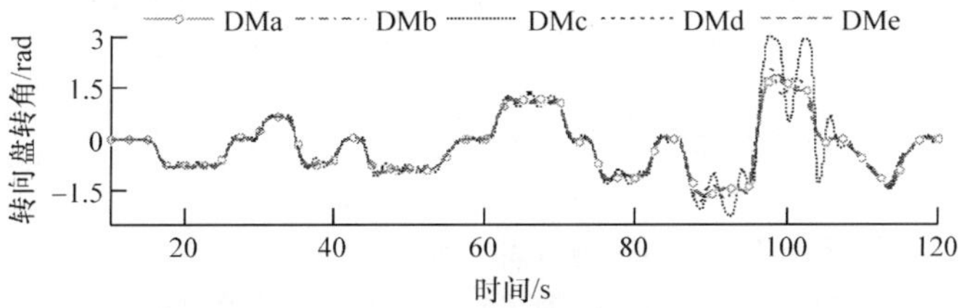


(c) 转向盘转角

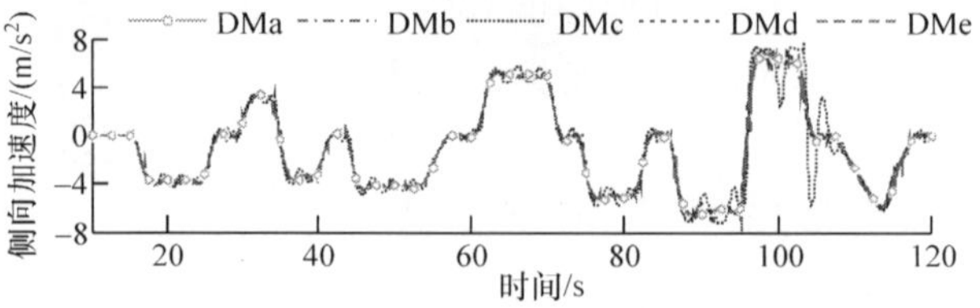


(d) 侧向加速度

图 4-48　硬件在环实验结果

# 4.6　智能车辆横向运动安全决策方法

安全决策的本质就是车道偏离时，驾驶员凭借自身能力能否阻止车辆驶离目标车道。基于此，本节通过对驾驶员紧急转向行为分析，以及驾驶员纠正车辆运行轨迹和目标车道轨迹对比分析，对车辆横向运动安全状态进行判断。根据分析结果，在车辆即将偏离车道时，驾驶员纠正车轮压线行驶时的安全临界车速，以达到根据车辆安全车速来准确判断横向运动安全状态[1]。

## 4.6.1　驾驶员应急转向时的车辆运动

### 1. 驾驶员紧急转向行为分析

驾驶员从发现危险到操纵之间经历的时间，称为驾驶员的反应时间。驾驶员在紧急转向过程中产生的转向盘最大转向角速度反映了驾驶员转向的急切程度。驾驶员若发现车辆即将偏离车道而未急切地操纵转向盘，则说明驾驶员完全有能力制止车辆偏离道路，车辆未偏出车道太多。若驾驶员发现车辆偏离车道且反应迅速，以较大的转向盘转向速度纠正车辆行驶路线才避免车轮压越车道线，则说明车辆横向运动趋近于危险边缘，使得驾驶员转向急切程度增大。此时若再满足下列条件之一，则可以推断驾驶员无法阻止车辆偏离目标车道(或车轮压越当前车道线)：

(1) 驾驶员从意识到车道偏离到开始纠正转向盘的间隔时间变长(反应变慢)；

(2) 驾驶员所能操纵的转向盘最大角速度变小(驾驶技能变差)；

(3) 车辆纵向车速增加(TLC 减小)；

(4) 道路弯曲度增加(TLC 减小)；

(5) 车辆相对车道中心的侧向距离偏差和方向偏差增加(TLC 减小)。

第(1)和(2)条反映的是驾驶员避免车道偏离事故的能力，而第(3)～(5)条反映的是车辆行驶过程中相对道路位置的相关运动参数。驾驶员预瞄距离越小，则车辆达到目标位置的时间越短，此时转向盘的最大转动角速度也越大。因此，驾驶员紧急转向时预瞄距离较小，尽快避免车轮压越车道线，使车辆迅速回到车道中央，作用于转向盘的角速度也相应增大。

2. 驾驶员紧急转向时的车辆运动轨迹分析

为使转向盘最大转向角速度达到设定值，需要反向推算预瞄距离。因此，根据当前转向盘转角和最大转向角速度计算下一时刻的转向盘转角值，同时结合车辆转向系统一阶线性系统的稳态增益，可估计出车辆下一控制时刻的侧向加速度，结合预瞄曲率模型和侧向加速度值，得到车辆相对预瞄点的横向位置偏差，再结合运动关系方程式可计算预瞄距离 $x_{la}$。

图 4-49 为驾驶员紧急转向时的转向盘转动角速度，图 4-50 为紧急转向时的车辆运动轨迹。从图 4-49 可以看出，驾驶员发现车道偏离后操纵转向盘转动角速度最大值 $\dot{\delta}_{swmax}$约为 300°/s。随着车辆逐渐回位目标车道，转向盘的转动角速度逐渐减少。仿真时驾驶员的反应时间 $t_d$ 为 0.5s，纵向车速为 70km/h，预瞄距离 $x_{la}$ 实际设定值为 9.5m。

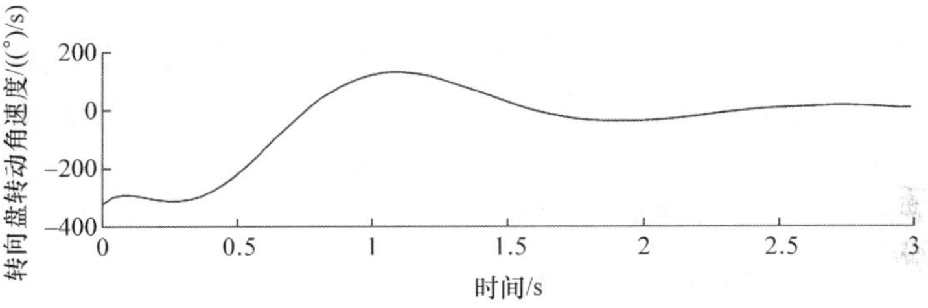


图 4-49　紧急转向时的转向盘转动角速度

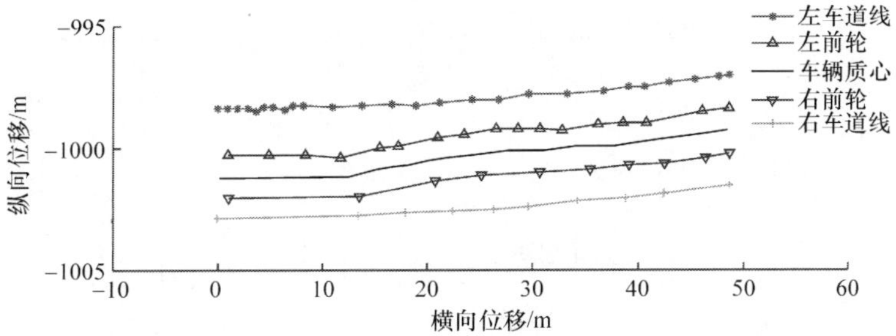


图 4-50　紧急转向时的车辆运动轨迹

显然，当驾驶员的反应时间、车辆行进速度、车辆初始偏离车道位置以及车道曲率各不相同时，驾驶员发现危险并紧急转向时的车辆运动轨迹并不完全相同，驾驶员无法阻止车辆驶离目标车道。

### 4.6.2　车辆横向运动安全边界设计

如果将车辆横向运动从安全状态进入不安全状态作为车辆横向运动闭环系统参数变化过程，则可以将车辆横向运动从安全状态进入不安全状态时的系统参数看成车辆横向运动的安全边界。当系统的参数超出边界范围时，车辆横向运动进入不安全状态；若系统的参数未超出边界范围，则说明车辆横向运动处于安全状态。由于驾驶员意识到危险的反应时间不同，需要分析不同类型的驾驶员来确定车辆横向运动安全边界。

1. 车辆横向运动安全边界设计方法

车辆横向运动安全边界由闭环系统的一系列参数构成，包括驾驶员反应时间、道路曲率、纵向车速及车-路相对位置和航向偏差。将驾驶员的反应时间和道路曲率进行区间划分，在不同的驾驶员反应时间、道路曲率下，找出反映车辆横向安全状态的纵向车速、车-路相对位置和航向的对应关系。

车辆横向运动安全边界设计流程如图 4-51 所示。其中，$\Delta d_{wl}$为驾驶员纠正车辆从偏离车道转回驶回车道时前轮距车道线的侧向距离。$\Delta d_{wl}$为较大的正值，说明驾驶员完全有能力阻止车辆驶离车道；$\Delta d_{wl}$为负值，说明驾驶员已无法阻止车辆驶离车道；当 $\Delta d_{wl}$处于零值附近时，表明此时的车辆横向运动处于安全边界的状态，若车辆速度增加或者车辆航向角再继续增大，则驾驶员无法阻止车辆偏离车道，即车辆横向运动进入了不安全状态。因此，设计车辆横向运动安全状态边界的过程，可以根据不同驾驶员反应时间、不同车-路相对位置、不同车道曲率优化出合理的纵向车速，使得在驾驶员紧急转向时车辆前轮与对应车道线距离的侧向距离$\Delta d_{wl}$趋近于零。

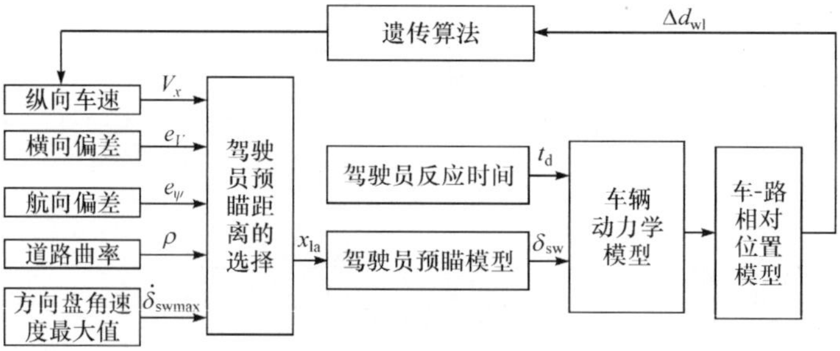


图 4-51　车辆横向运动安全边界设计流程

2. 不同驾驶员反应时间的安全边界优化结果

设车辆横向运动闭环系统中驾驶员反应时间在0.3～1s变化，车辆偏离车道中心线的侧向距离在0～1.1m变化，车辆与道路的航向角偏差在0°～7°变化，道路曲率在0～0.01m$^{-1}$变化。下面分别为驾驶员反应时间$t_d$为0.3s、0.6s和1s时，以及道路曲率分别为0.01m$^{-1}$、0.005m$^{-1}$和0.001m$^{-1}$时的车辆横向运动状态安全边界的优化结果，如表4-9～表4-17所示。表中，×代表车速小于5km/h。

(1) 驾驶员不熟练(反应时间$t_d$为1s)。

**表4-9 $\rho$为0.01m$^{-1}$时$e_V$、$e_\psi$与安全车速$V_{xs}$的对应关系**(单位:km/h)

| 侧向偏差$e_V$/m | 方向偏差$e_\psi$/(°) | | | | | | | |
|---|---|---|---|---|---|---|---|---|
| | 0 | 1 | 2 | 3 | 4 | 5 | 6 | 7 |
| 1.1 | 18 | 14 | 10 | 7 | × | × | × | × |
| 0.9 | 23 | 18 | 15 | 12 | 10 | 8 | × | × |
| 0.7 | 29 | 24 | 20 | 16 | 13 | 10 | 8 | 6 |
| 0.5 | 35 | 29 | 25 | 21 | 18 | 15 | 12 | 9 |
| 0.3 | 40 | 35 | 29 | 25 | 21 | 18 | 15 | 12 |
| 0.1 | 46 | 40 | 34 | 29 | 25 | 21 | 18 | 15 |

**表4-10 $\rho$为0.005m$^{-1}$时$e_V$、$e_\psi$与安全车速$V_{xs}$的对应关系**(单位:km/h)

| 侧向偏差$e_V$/m | 方向偏差$e_\psi$/(°) | | | | | | | |
|---|---|---|---|---|---|---|---|---|
| | 0 | 1 | 2 | 3 | 4 | 5 | 6 | 7 |
| 1.1 | 23 | 15 | 11 | 8 | 6 | × | × | × |
| 0.9 | 38 | 28 | 20 | 16 | 13 | 9 | × | × |
| 0.7 | 48 | 38 | 28 | 23 | 20 | 15 | 12 | 10 |
| 0.5 | 55 | 45 | 36 | 27 | 23 | 19 | 16 | 13 |
| 0.3 | 62 | 53 | 44 | 36 | 29 | 24 | 21 | 18 |
| 0.1 | 69 | 59 | 49 | 40 | 33 | 28 | 25 | 21 |

**表4-11 $\rho$为0.001m$^{-1}$时$e_V$、$e_\psi$与安全车速$V_{xs}$的对应关系**(单位:km/h)

| 侧向偏差$e_V$/m | 方向偏差$e_\psi$/(°) | | | | | | | |
|---|---|---|---|---|---|---|---|---|
| | 0 | 1 | 2 | 3 | 4 | 5 | 6 | 7 |
| 1.1 | 62 | 20 | 13 | 9 | 7 | × | × | × |
| 0.9 | 96 | 53 | 31 | 18 | 12 | 10 | 6 | × |
| 0.7 | 116 | 75 | 45 | 33 | 26 | 19 | 15 | 11 |

续表

| 侧向偏差 $e_V$/m | 方向偏差 $e_\psi$/(°) | | | | | | | |
|---|---|---|---|---|---|---|---|---|
| | 0 | 1 | 2 | 3 | 4 | 5 | 6 | 7 |
| 0.5 | >120 | 91 | 64 | 43 | 35 | 28 | 21 | 16 |
| 0.3 | >120 | 114 | 79 | 61 | 40 | 32 | 29 | 20 |
| 0.1 | >120 | >120 | 98 | 72 | 52 | 40 | 34 | 28 |

从表 4-9～表 4-11 可以看出，随着侧向偏差和方向偏差的增加，安全车速逐渐减小。当侧向偏差和方向偏差一定时，随着道路曲率的增加，安全车速逐渐减小，这与仿真分析结论一致。表 4-9～表 4-11 对应不熟练驾驶员维持车辆横向运动的系统参数边界状态映射关系，构成了车辆横向运动的安全边界，当参数超过上述边界时，表明驾驶员失去维持车辆横向运动的能力，横向辅助系统需在此之前对驾驶员进行提醒。若对车辆速度设定下限值（如 40km/h），则辅助驾驶系统在系统参数达到上述安全边界之前且车速超过设定值后对驾驶员提醒。这里定义车速的下限值为系统启动车速，用 $V_{x0}$ 来表示。

(2) 驾驶员一般熟练（反应时间 $t_d$ 为 0.6s）。

表 4-12～表 4-14 为对应驾驶员反应时间为 0.6s 时的车辆横向运动安全边界参数的映射关系，其变化趋势和不熟练驾驶员类似，较不熟练驾驶员的车辆安全车速有所提高，这与仿真分析一致。

**表 4-12　$\rho$ 为 0.01m$^{-1}$ 时 $e_V$、$e_\psi$ 与安全车速 $V_{xs}$ 的对应关系**（单位：km/h）

| 侧向偏差 $e_V$/m | 方向偏差 $e_\psi$/(°) | | | | | | | |
|---|---|---|---|---|---|---|---|---|
| | 0 | 1 | 2 | 3 | 4 | 5 | 6 | 7 |
| 1.1 | 21 | 15 | 11 | 10 | 8 | × | × | × |
| 0.9 | 31 | 25 | 19 | 15 | 11 | 9 | × | × |
| 0.7 | 40 | 32 | 25 | 21 | 17 | 15 | 12 | 10 |
| 0.5 | 48 | 40 | 33 | 27 | 22 | 19 | 15 | 13 |
| 0.3 | 55 | 48 | 40 | 34 | 29 | 24 | 20 | 17 |
| 0.1 | 61 | 53 | 46 | 39 | 34 | 29 | 24 | 20 |

**表 4-13　$\rho$ 为 0.005m$^{-1}$ 时 $e_V$、$e_\psi$ 与安全车速 $V_{xs}$ 的对应关系**（单位：km/h）

| 侧向偏差 $e_V$/m | 方向偏差 $e_\psi$/(°) | | | | | | | |
|---|---|---|---|---|---|---|---|---|
| | 0 | 1 | 2 | 3 | 4 | 5 | 6 | 7 |
| 1.1 | 31 | 22 | 15 | 12 | 9 | × | × | × |
| 0.9 | 45 | 35 | 26 | 21 | 16 | 12 | 10 | × |

续表

| 侧向偏差 $e_V$/m | 方向偏差 $e_\psi$/(°) | | | | | | | |
|---|---|---|---|---|---|---|---|---|
| | 0 | 1 | 2 | 3 | 4 | 5 | 6 | 7 |
| 0.7 | 57 | 47 | 39 | 30 | 24 | 19 | 15 | 11 |
| 0.5 | 68 | 58 | 47 | 39 | 31 | 25 | 20 | 17 |
| 0.3 | 78 | 66 | 57 | 46 | 39 | 32 | 26 | 21 |
| 0.1 | 85 | 72 | 61 | 53 | 45 | 38 | 32 | 27 |

**表 4-14　$\rho$ 为 0.001m$^{-1}$ 时 $e_V$、$e_\psi$ 与安全车速 $V_{xs}$ 的对应关系**(单位:km/h)

| 侧向偏差 $e_V$/m | 方向偏差 $e_\psi$/(°) | | | | | | | |
|---|---|---|---|---|---|---|---|---|
| | 0 | 1 | 2 | 3 | 4 | 5 | 6 | 7 |
| 1.1 | 99 | 37 | 20 | 16 | 12 | × | × | × |
| 0.9 | 115 | 71 | 42 | 25 | 18 | 14 | 8 | 6 |
| 0.7 | >120 | 92 | 61 | 43 | 30 | 23 | 19 | 15 |
| 0.5 | >120 | 108 | 75 | 52 | 41 | 32 | 25 | 21 |
| 0.3 | >120 | >120 | 91 | 72 | 50 | 40 | 33 | 27 |
| 0.1 | >120 | >120 | 112 | 83 | 61 | 51 | 42 | 34 |

(3) 高级驾驶员(反应时间 $t_d$ 为 0.3s)。

表 4-15～表 4-17 为对应驾驶员反应时间为 0.3s 时的高级驾驶员车辆横向运动安全边界参数的映射关系,其变化趋势和前面两种类型驾驶员类似,其安全车速最高。若对道路曲率和驾驶员反应时间进行进一步细分,则可得到更多不同类型驾驶员和更加准确的车辆横向运动安全边界参数,从而使系统能够适应更广泛类型的驾驶员而不影响驾乘舒适性,驾驶员可根据自身情况对车辆横向辅助系统的“灵敏度”进行动态调整。

**表 4-15　$\rho$ 为 0.01m$^{-1}$ 时 $e_V$、$e_\psi$ 与安全车速 $V_{xs}$ 的对应关系**(单位:km/h)

| 侧向偏差 $e_V$/m | 方向偏差 $e_\psi$/(°) | | | | | | | |
|---|---|---|---|---|---|---|---|---|
| | 0 | 1 | 2 | 3 | 4 | 5 | 6 | 7 |
| 1.1 | 33 | 25 | 18 | 12 | 10 | 7 | × | × |
| 0.9 | 44 | 36 | 28 | 23 | 20 | 11 | 8 | × |
| 0.7 | 34 | 46 | 39 | 35 | 31 | 25 | 21 | 13 |
| 0.5 | 62 | 53 | 46 | 40 | 37 | 32 | 28 | 21 |
| 0.3 | 75 | 64 | 54 | 47 | 40 | 36 | 31 | 27 |
| 0.1 | 80 | 68 | 59 | 54 | 47 | 40 | 37 | 33 |

**表 4-16 $\rho$ 为 0.005m$^{-1}$时 $e_V$、$e_\psi$ 与安全车速 $V_{xs}$的对应关系(单位:km/h)**

| 侧向偏差 $e_V$/m | 方向偏差 $e_\psi$/(°) | | | | | | | |
|---|---|---|---|---|---|---|---|---|
| | 0 | 1 | 2 | 3 | 4 | 5 | 6 | 7 |
| 1.1 | 42 | 27 | 20 | 15 | 11 | 8 | × | × |
| 0.9 | 67 | 49 | 35 | 28 | 20 | 12 | 9 | × |
| 0.7 | 86 | 64 | 51 | 42 | 35 | 28 | 22 | 15 |
| 0.5 | 98 | 83 | 63 | 50 | 42 | 35 | 28 | 22 |
| 0.3 | 106 | 90 | 80 | 62 | 52 | 43 | 36 | 31 |
| 0.1 | 114 | 102 | 86 | 75 | 58 | 49 | 41 | 35 |

**表 4-17 $\rho$ 为 0.001m$^{-1}$时 $e_V$、$e_\psi$ 与安全车速 $V_{xs}$的对应关系(单位:km/h)**

| 侧向偏差 $e_V$/m | 方向偏差 $e_\psi$/(°) | | | | | | | |
|---|---|---|---|---|---|---|---|---|
| | 0 | 1 | 2 | 3 | 4 | 5 | 6 | 7 |
| 1.1 | 116 | 57 | 32 | 21 | 16 | 10 | × | × |
| 0.9 | >120 | 95 | 62 | 41 | 30 | 20 | 16 | 12 |
| 0.7 | >120 | 117 | 84 | 62 | 44 | 32 | 24 | 19 |
| 0.5 | >120 | >120 | 98 | 75 | 57 | 45 | 37 | 30 |
| 0.3 | >120 | >120 | 120 | 95 | 76 | 60 | 48 | 40 |
| 0.1 | >120 | >120 | >120 | 105 | 86 | 67 | 56 | 47 |

### 4.6.3 横向运动安全决策

根据优化的车辆横向运动安全边界参数,结合车道识别系统输出的车-路相对位置参数,联立车速信号和驾驶员类型,对车辆横向运动安全状态进行决策,其决策过程见图 4-52。

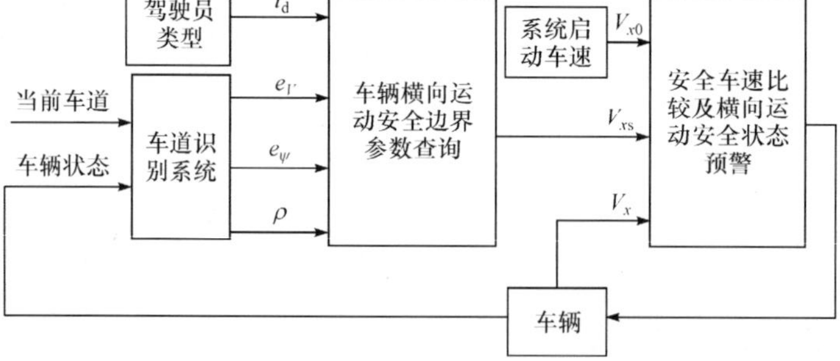


图 4-52 车辆横向运动安全决策过程

当反映驾驶员类型的反应时间 $t_d$ 确定后，车-路横向运动安全边界参数查询阶段实时接收车-路侧向距离偏差 $e_V$、方向偏差 $e_\psi$ 和道路曲率 $\rho$ 三个参数，同时输出车辆处于当前位置下的安全车速 $V_{xs}$。在安全车速比较及横向运动安全状态预警阶段，通过判断逻辑对车辆是否偏离车道做出最终判断，并决定是否对驾驶员进行提醒操作。预警判断逻辑如下：

(1) 如果 $V_x < V_{x0}$，车道偏离预警功能关闭，不对驾驶员进行预警。

(2) 如果 $V_x \geqslant V_{x0}$ 且 $(V_{xs} - V_x) > \Gamma$，车道偏离预警功能开启但不对横向运动进行预警。

(3) 如果 $V_x \geqslant V_{x0}$ 且 $(V_{xs} - V_x) \leqslant \Gamma$，车道偏离预警功能开启并对车辆横向运动进行预警。

$\Gamma$ 为大于零的安全车速 $V_{xs}$ 的变化阈值。当 $\Gamma$ 取较小值时，车辆偏离道路的校正行驶轨迹和车道线距离较短，易使驾驶员感到紧张且留给驾驶员的反应时间较短；当 $\Gamma$ 取较大值时，行驶车速与安全车速差别较大，留给驾驶员的反应时间过长，此时也易产生误报警。因此，$\Gamma$ 的取值应根据实际情况进行调整。

### 4.6.4　仿真分析

基于安全决策逻辑和 TLC 方法对车道偏离过程进行仿真分析，比较两种方法对车辆横向运动安全预警时产生的差异。仿真时 TLC 的预警时间取 1s，驾驶员反应时间为 0.6s，安全车速 $V_{xs}$ 变化阈值取 5km/h。通过分析驾驶员在不同预警时刻纠正车辆行驶轨迹之间的差异性，对两种车辆横向运动安全预警方法进行评价。

图 4-53 为采用 TLC 方法驾驶员纠正车辆的车轮轨迹，从前右轮轨迹 1 至前右轮轨迹 3 车辆的纵向车速逐渐增大可以看出，对于相同的 TLC 预警时间，驾驶员纠正的车轮轨迹相对车道线最小侧向距离的变化较大。显然，对于前右轮轨迹 2 预警时间为 1s 较为合适。对于轨迹 3 预警时间显得较长，此时易产生误报警，应减少预警时间。对于轨迹 1 预警时间显得有些过短，车轮已压越车道线，此时的滞后报警时刻易产生漏报警，应增加预警时间以提前于此时刻进行报警。

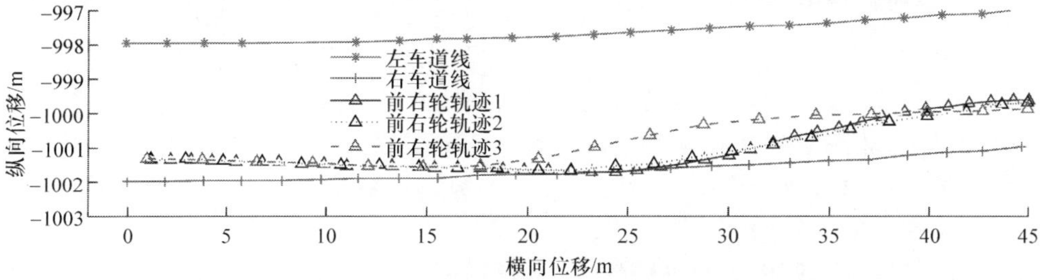


图 4-53　TLC 方法驾驶员纠正车辆的车轮轨迹

图 4-54 为采用安全边界方法驾驶员纠正车辆的车轮轨迹，从前右轮轨迹 1 至前右轮轨迹 3 车辆的纵向车速逐渐增大可以看出，对比于 TLC 方法，不同车速下驾驶员纠正的车轮轨迹相对车道线最小侧向距离的变化小，表明横向运动预警时刻比较准确。因此，对于不同的系统状态，基于安全边界方法总能通过预测纠正的车辆行驶轨迹，找到合适的系统安全边界预警时刻。

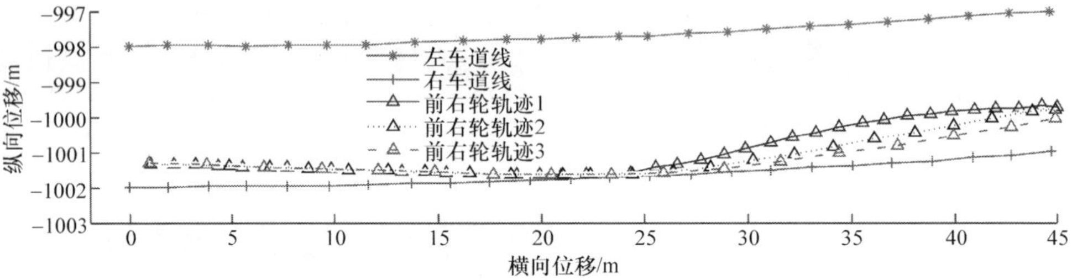


图 4-54　基于安全边界方法驾驶员纠正车辆的车轮轨迹

## 4.7　基于道路势场法的车道偏离辅助控制

人工势场法是机器人局部路径规划中常用的一种方法。该方法将场的概念引入路径规划中，其基本思想是在障碍物处设斥力场，目标处设引力场，两个势场形成的合力推动机器人向目标点移动。其中，引力与移动机器人到终点的距离成正比，距离越远，引力越大；斥力与移动机器人到障碍物的距离成反比，距离越远，斥力越小。人工势场法因计算量小、反应速度快、易于实现且算法与环境形成闭环控制、规划出的路径平滑等优点而得到较多应用。

对于智能车辆的车道偏离辅助控制，可通过构筑包含道路环境信息的人工势场，快速计算势场力，在线控制智能车辆的行驶轨迹。也就是说，当驾驶员疲劳或其功能丧失时，车道偏离自动校正系统，可根据势场力，推算车辆期望侧向加速度和期望横摆角速度，进而控制车辆跟踪目标路径，行驶轨迹与目标路径间的偏差能够满足目标函数的指标要求，同时保证车辆的行驶安全性和乘坐舒适性[19]。

### 4.7.1　道路势场的构建

在利用道路势场的路径跟踪控制中，要考虑车辆控制系统在道路不同区域的危险度。危险度由道路势场函数表示，根据势场函数，控制器对车辆产生一个恢复力，使车辆自然恢复到具有较低危险度的状态中。在势场中的同一位置，车辆所受势场力的大小由势场函数的增益确定。增加势场函数的波峰，相对于波谷的高度能够产生更大的恢复力。

在路径跟踪控制中需要前瞻信息，选择道路势场函数是车辆前方前瞻点处横向位置偏差 $e_{la}$ 的函数，如图 4-55 所示。采用势场函数数学表达式为

$$V_c(e_{la})=k_k e_{la}^2=k_k[e_V+(x_{cf}+x_l)\tan e_\psi]^2 \tag{4-74}$$

式中，$x_{cf}$是从车辆质心算起的势场力在车辆纵轴线上的作用位置；$x_l$ 是从势场力作用点算起的前瞻距离；$k_k$ 是势场函数增益；$e_\psi$ 是车辆中轴线与道路中心线的夹角；$e_V$ 是车辆质心与道路中心线的距离。

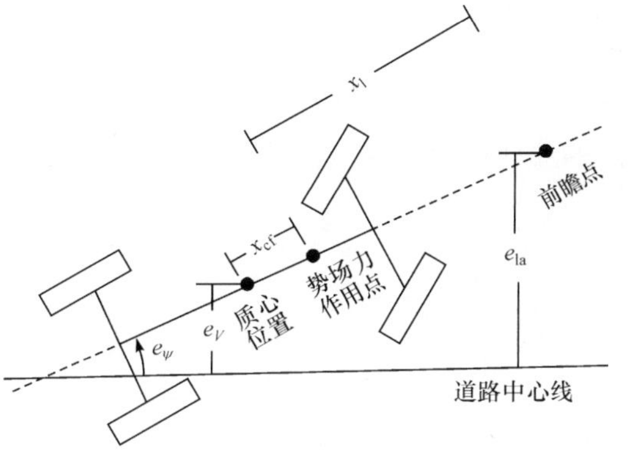


图 4-55　道路势场力作用位置图

在势场函数中有两个重要的参数：一个是函数的高度；另一个是函数的斜度[20]。势场函数必须储存能使系统沿函数梯度方向回到道路中心线的动能，这就决定了势场函数具体的高度 $V_c$。另外，势场函数的斜度对应车辆路径跟踪控制所需的控制力$\partial V_c/\partial e_{la}$。这两个参数均与势场函数增益 $k_k$ 有关，故在设计势场函数时，需要寻求适合的势场函数增益，满足路径跟踪性能要求。$k_k$ 值的选取由式(4-75)确定[21]：

$$c_1-\frac{c_2^2}{4c_3}=\frac{L_2(q_2(0),\dot{q}_2(0))}{e_{max}^2} \tag{4-75}$$

式中，$L_2(q_2(0),\dot{q}_2(0))$为 Lyapunov 函数，是 $L_2(q_2,\dot{q}_2)=\frac{1}{2}\dot{q}_2^{\mathrm{T}}M_2\dot{q}_2+\frac{1}{2}q_2^{\mathrm{T}}V_{2m}q_2$ 在 $t=0$ 时的初始值，其中 $M_2=\begin{bmatrix} m & 0 \\ 0 & I_z \end{bmatrix}$，$V_{2m}=\begin{bmatrix} 2c_1 & c_2 \\ c_2 & 2c_3 \end{bmatrix}$，$c_3=k_k x_{cf}(x_l+x_{cf})+\frac{1}{2}(l_r C_r-l_f C_f)$，$c_2=2k_k x_{cf}$，$c_1=k_k$，$l_f$ 为整车质心至前轴的距离，$l_r$ 为整车质心至前后轴的距离；$e_{max}$为路径跟踪容许最大距离偏差；$q_2=\begin{bmatrix} y_l \\ \varphi_e \end{bmatrix}$，$\dot{q}_2=\begin{bmatrix} V_y \\ r \end{bmatrix}$，其中 $V_y$ 为侧向速度。

前瞻距离可根据轮胎侧偏刚度和势场函数增益，由式(4-76)确定：

$$x_l=\frac{C_f+C_r}{2k_k} \tag{4-76}$$

对于前轮转向的 4 轮车辆，该控制力对车辆的作用由前轮的偏转实现，故可取 $x_{cf}=a$，同时能够保证车辆稳定性。假设相对方向偏差 $e_\psi$ 较小，可得到道路势场所产生的控制力：

$$F_c=-\frac{\partial V_c}{\partial e_{la}}=-2k_k e_{la}=-2k[e_V+(a+x_1)\varphi_e] \tag{4-77}$$

为了减小在路径跟踪控制中车辆横摆运动与侧向运动的振荡，需要对势场力加上横摆运动阻尼和侧向运动阻尼，其阻尼系数分别设为 $D_1$、$D_2$。由刚体动力学和车辆在道路平面内的几何运动特性可得

$$m\ddot{e}_V=2k_k[e_V+(a+x_1)e_\psi]+D_1\dot{e}_V+D_2\dot{e}_\psi \tag{4-78}$$

$$I_z\ddot{e}_\psi=\{2k_k[e_V+(a+x_1)e_\psi]+D_1\dot{e}_V+D_2\dot{e}_\psi\}a \tag{4-79}$$

联立式(4-78)、式(4-79)可得如下状态空间方程：

$$\begin{bmatrix}\dot{e}_\psi\\ \ddot{e}_\psi\\ \dot{e}_V\\ \ddot{e}_V\end{bmatrix}=\begin{bmatrix}0 & 1 & 0 & 0\\ \dfrac{2k_k}{m} & \dfrac{D_1}{m} & \dfrac{2k_k}{m}(a+x_1) & \dfrac{D_2}{m}\\ 0 & 0 & 0 & 1\\ \dfrac{2k_k a}{I_z} & \dfrac{2k_k aD_1}{I_z} & \dfrac{2k_k a(a+x_1)}{I_z} & \dfrac{2k_k aD_2}{I_z}\end{bmatrix}\begin{bmatrix}e_\psi\\ \dot{e}_\psi\\ e_V\\ \dot{e}_V\end{bmatrix} \tag{4-80}$$

通过配置极点选择合适的阻尼系数 $D_1=D_1^*$、$D_2=D_2^*$，得到理想的系统响应性能，使偏差快速趋近于零。为了减小振荡，阻尼系数应取较大值，在实际中，阻尼系数往往不能取得太大。因为当系统存在侧向或者横摆速度时，较大的阻尼系数常常会使系统损失能量较多，影响跟踪效率。由此，根据车载传感系统检测到的预期行驶轨迹和车辆当前时刻的行驶状态，由刚体动力学确定理想侧向加速度 $\dot{v}_y^*=[2k_k(y_1+(a+x_1)\varphi_e)+D_1^*\dot{y}_1+D_2^*\dot{\varphi}_e]/m$ 和横摆角加速度 $\dot{r}^*=\{[2k(y_1+(a+x_1)\varphi_e)+D_1^*\dot{y}_1+D_2^*\dot{\varphi}_e]a\}/I_z$，并以此作为控制器的参考输入。

### 4.7.2 路径跟踪控制策略

在路径跟踪的转向控制过程中，转向盘转角采用 PID 控制。控制器计算车辆实际侧向加速度与理想侧向加速度的偏差，以及车辆实际横摆角加速度与理想横摆角加速度的偏差，得到目前转向盘转角如式(4-81)所示：

$$\begin{aligned}\delta_{sw}&=k_{pa}\Delta\dot{v}_n+k_{da}(\Delta\dot{v}_n-\Delta\dot{v}_{n-1})+k_{ia}\sum_{j=0}^{n}\Delta\dot{v}_j\\&\quad+k_{p\alpha}\Delta\dot{r}_n+k_{d\alpha}(\Delta\dot{r}_n-\Delta r_{n-1})+k_{i\alpha}\sum_{j=0}^{n}\Delta\dot{r}_j\end{aligned} \tag{4-81}$$

式中，$\delta_{sw}$为转向盘转角；$\Delta\dot{v}_n$ 为侧向加速度偏差；$\Delta\dot{r}_n$ 为横摆角加速度偏差；$k_{pa}$、$k_{ia}$、$k_{da}$分别为侧向加速度偏差的比例、积分和微分因子；$k_{p\alpha}$、$k_{i\alpha}$、$k_{d\alpha}$分别为横摆角加速

度偏差的比例、积分和微分因子。

比例、积分和微分环节的各个参数不是固定不变的，在车辆的实时控制过程中根据控制效果不断地调整，即需要具有一定的自适应能力。采用神经网络与 PID 控制相结合，可在线实时整定 PID 控制器参数，提高控制系统的鲁棒性和自适应性。基于道路势场的自适应 PID 控制流程见图 4-56。两组 BP 神经网络实现 PID 控制器的参数自整定计算，即将神经网络的输出层神经元的输出定义为 PID 控制器的 6 个可调参数，通过 BP 学习算法调整神经网络的加权系数，最终找到在误差最小原则下的 PID 控制器参数。

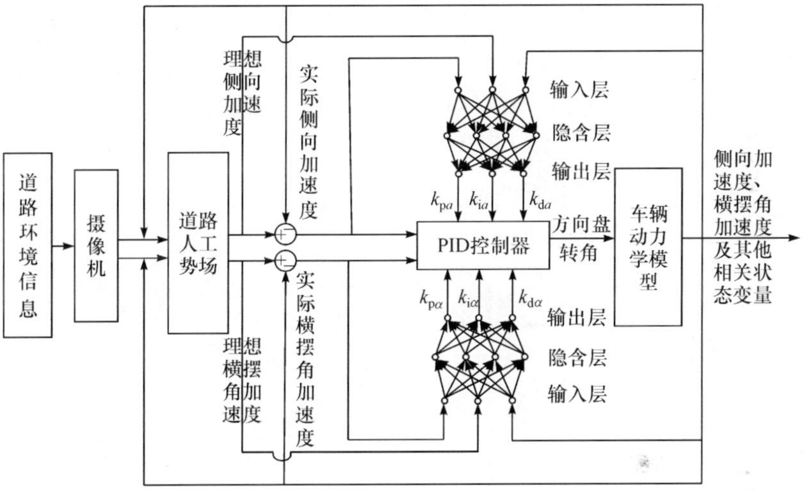


图 4-56　路径跟踪控制系统框图

### 4.7.3　仿真计算与分析

在 Simulink 中对上述车辆模型及控制算法进行建模与仿真实验，道路势场及车辆的部分参数如表 4-18 所示。

**表 4-18　道路势场及车辆部分参数**

| 参数说明 | 数值 |
|---|---|
| 整车质量 $m$/kg | 1860 |
| 整车绕 $z$ 轴的转动惯量 $I_z$/(kg · m$^2$) | 3048 |
| 整车质心至前轴的距离 $l_f$/m | 1.37 |
| 整车质心至后轴的距离 $l_r$/m | 1.43 |
| 前轮侧偏刚度 $C_f$/(N/rad) | −145850 |
| 后轮侧偏刚度 $C_r$/(N/rad) | −89030 |
| 势场函数增益 $k_k$ | 15000 |

续表

| 参数说明 | 数值 |
|---|---|
| 前瞻距离 $x_1$/m | 8 |
| 侧向阻尼系数 $D_1^*$ /(N · s/m) | －30.65 |
| 横摆阻尼系数 $D_2^*$ /(N · m · s/rad) | －64.28 |

为了分析所提出的控制算法和现有常规位置偏差反馈控制方法的区别，进行基于道路势场的路径跟踪控制算法和常规位置偏差反馈控制算法的对比仿真，分别进行直线路径和正弦曲线路径的跟踪。纵向车速取 20m/s，采样时间 $t$ 取 0.01s，最大容许跟踪误差为 1m。直线路径跟踪时目标车道中心线方程为 $y=0$，车辆起始位置坐标为(0,1)，起始方向角为 0.5rad；曲线路径跟踪时目标车道中心线方程为 $y=15[1+\sin(x/20)]$，车辆起始位置坐标为(30,30)，起始方向角为 0.2rad。仿真结果如图 4-57 所示。

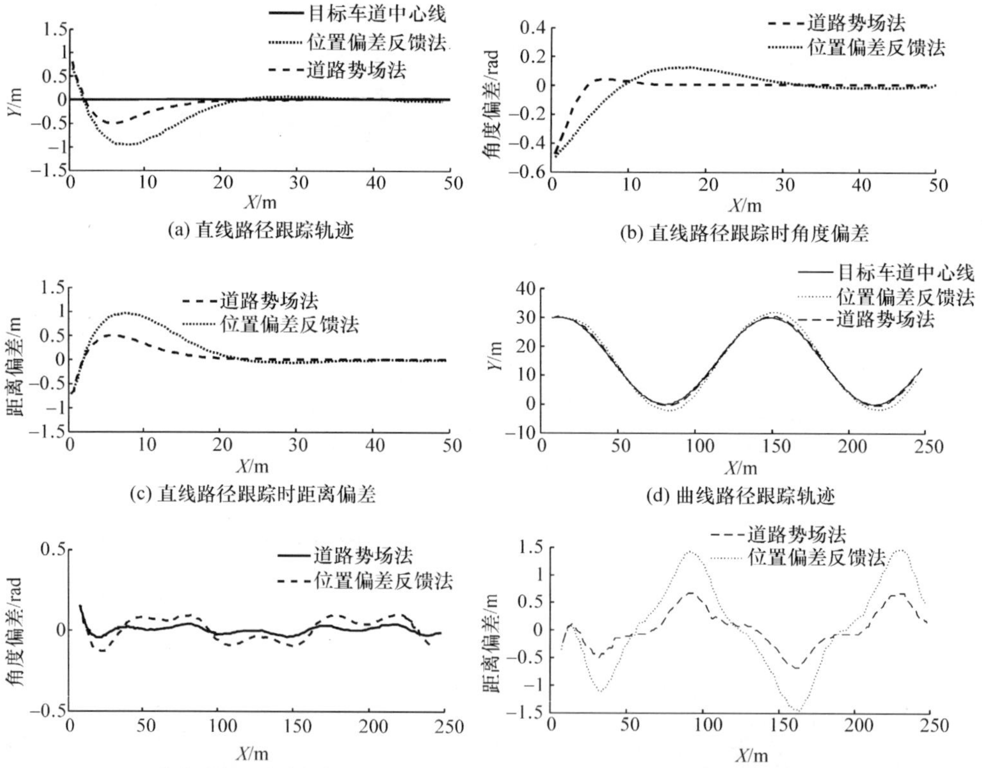

(a) 直线路径跟踪轨迹　(b) 直线路径跟踪时角度偏差
(c) 直线路径跟踪时距离偏差　(d) 曲线路径跟踪轨迹
(e) 曲线路径跟踪时角度偏差　(f) 曲线路径跟踪时距离偏差

图 4-57　仿真结果

从两种控制算法仿真结果的对比曲线可见：道路势场法通过简单添加势场和阻尼函数，协调车辆侧向和横摆运动来消耗总体能量，可以较好地控制车辆跟踪预期行驶轨迹，体现出良好的车辆侧向运动控制的轨迹跟随性能，直线跟踪与曲线跟踪的误差及控制超调均比位置偏差反馈法要小。这是由于位置偏差反馈相比于车辆状态反馈存在时间滞后；基于道路势场的路径跟踪控制算法同时考虑了侧向加速度和横摆角加速度的影响。例如，在车辆跟踪曲线路径上弯曲度较大的路段，即便车辆与参考点处距离偏差很小，但车辆与参考点的角度偏差仍然很大。同时，采用基于 BP 神经网络的自适应 PID 控制算法，能够根据车辆行驶状态速度的变化以及预期行驶轨迹的变化，在线调整 PID 控制器的参数，因而具有较强的鲁棒性和适应性。

## 4.8　基于自抗扰控制的自动泊车路径跟踪

自动泊车系统（automatic parking system，APS）主要由感知单元、中央控制器、转向执行机构和人-机交互系统等组成。多以 EPS 作为 APS 的执行机构，接收泊车系统中央控制器发出的转向指令后执行转向操作，可有效减少成本、节省布置空间。APS 可以有效地帮助驾驶员尤其是新手，快速、安全地将车辆泊入当前车位，极大地减轻了驾驶员的泊车负担。本节在考虑车辆动力学及泊车防碰撞约束的基础上，以 EPS 作为系统的执行机构，应用一种自抗扰控制转角跟踪算法进行路径跟踪，可有效提升泊车系统的跟踪速度和精度[22]。

### 4.8.1　自动泊车系统的运动学模型

假设车辆以 3.6km/h 低速运行，且后轮不出现滑移，将后轴的轴向速度看成零。以后轴中心点坐标为参考点，建立局部坐标系，将车轮等效看成在车身中心线上，等同于两轮车模型，如图 4-58 所示。运动学方程如下：

$$\begin{cases} \dot{x}=V\cos\psi_v \\ \dot{y}=V\sin\psi_v \\ \dot{\psi}_v=V\tan\delta_{\mathrm{f}}/l \\ R=l/\tan\delta_{\mathrm{f}} \\ \rho=1/R \\ \dot{\delta}_{\mathrm{sw}}=i_{\mathrm{sw}}\mathrm{d}\delta_{\mathrm{f}}/\mathrm{d}x \end{cases} \tag{4-82}$$

式中，$x$、$y$ 为车辆的后轴中心点坐标；$V$ 为车速；$l$ 为车辆轴距；$i_{\mathrm{sw}}$ 为转向盘到前轮的传动比；$\delta_{\mathrm{f}}$ 为前轮转角；$\rho$ 为后轮曲率；$R$ 为后轮转弯半径；$\psi_v$ 为航向角；$\dot{\delta}_{\mathrm{sw}}$ 为转向盘角速度。

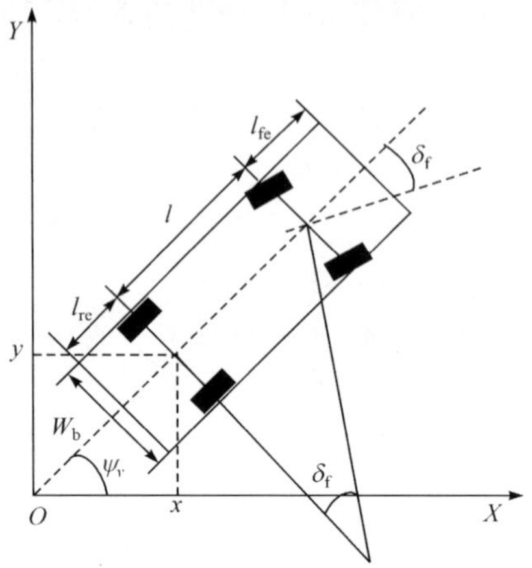


图 4-58　泊车坐标系

泊车过程中运动学约束表示如下：

$$\begin{cases} R \geqslant l/\tan\delta_{fmax} \\ \dot{\delta}_{sw} \leqslant \dot{\delta}_{swmax} \end{cases} \tag{4-83}$$

式中，$\delta_{fmax}$、$\dot{\delta}_{swmax}$分别为前轮最大转角、转向盘最大角速度。

根据前悬 $l_{fe}$、后悬 $l_{re}$、车宽 $W_b$、轴距 $l$、航向角 $\psi_v$ 可以求出各个车轮中心点和车身 4 个端点的坐标，如车身左后端点坐标：

$$\begin{cases} x(t) = (l\cot\delta_f - W_b/2)\sin\psi_v - l_{re}\cos\psi_v \\ y(t) = (-l\cot\delta_f + W_b/2)\cos\psi_v - l_{re}\sin\psi_v + l\cot\delta_f \end{cases} \tag{4-84}$$

### 4.8.2　基于非时间参考的路径跟踪

由于泊车过程连续不停顿，要求规划的路径满足无碰撞、最小转弯半径约束、曲率连续且易被跟踪，所以采用基于两段弧且用反正切函数拟合的路径能够满足上述路径规划的要求。

1. 路径规划

基于两段弧的路径规划，根据泊车起始点、目标终点位置，每段行驶路径用一段弧来描述，第一段弧半径为 $R_2$，第二段弧半径为 $R_1$，运行过程如图 4-59 所示。

由图 4-59 可得式(4-85)如下：

$$\begin{cases} S_0 = (R_1 + R_2)\sin\theta' \\ \cos\theta' = 1 - H/(R_1 + R_2) \end{cases} \tag{4-85}$$

式中，$S_0$ 为泊车横向位移；$R_1$、$R_2$ 分别为转向盘向左转、向右转时的后轮转弯半径($R_i \geqslant R_{min}$，$i=1,2$，其中 $R_{min}$ 为后轮最小转弯半径)；$\theta'$ 为反打转向盘时车辆瞬时方

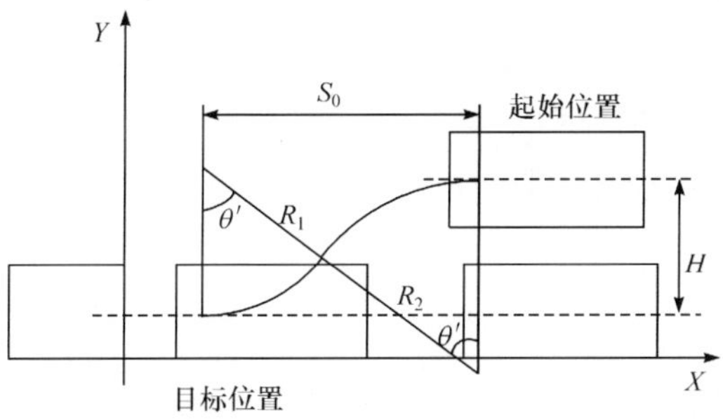


图 4-59　泊车过程简化图

向角；$H$ 为起始点距终点位置的纵向距离。根据起点、终点坐标，合理分配两段弧的半径，可求得车辆航向角。规划的路径中 $R_1$、$R_2$ 分别为 5m、5.5m，拟合得到的反正切函数如下：

$$y_t = 1.233\arctan(0.6021x_t - 2.895) + 2.436 \tag{4-86}$$

式中，$x_t$、$y_t$ 为规划路径上的横坐标、纵坐标。

### 2. 非时间量参考路径跟踪

非时间参考的跟踪[23]：任意给定一条已经规划的几何路径 $f(x^*, y^*, \psi_v^*)$，选取一个非时间量 $k$ 作为参考标量，该参考标量是随时间单调递增的函数，根据非时间参考标量寻找反馈控制规律，使得任何时刻车辆实际泊车路径都能与目标路径吻合，即对于任意给定的小正实数 $\xi > 0$，都存在 $K$，使得 $k > K$，$|f(x, y, \psi) - f(x^*, y^*, \psi_v^*)| \leqslant \xi$，$f(x^*, y^*, \psi_v^*)$、$f(x, y, \psi)$ 分别为目标路径和实际路径，其中 $y^*$、$x^*$、$\psi_v^*$ 分别为目标路径上的后轴中心纵坐标、横坐标、车辆航向角，$y$、$x$、$\psi_v$ 为实际路径上后轴中心纵坐标、横坐标、航向角。如图 4-60 所示，目标路径与实际路径上相同 $x$ 坐标的点在纵坐标的投影为 $y^*$。实际泊车过程中，车辆后轴中心点横

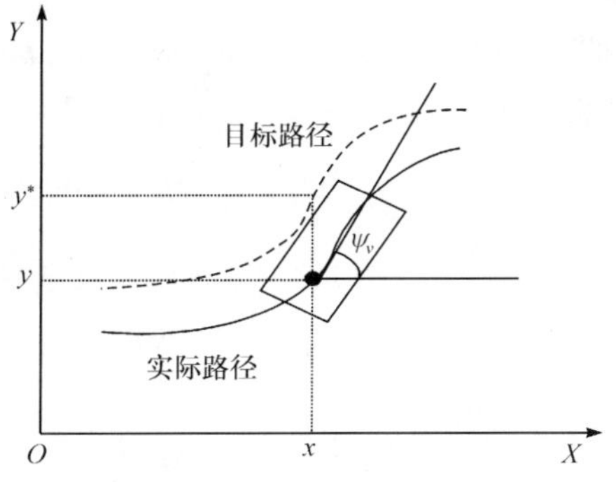


图 4-60　路径跟踪示意图

坐标是随时间递减的函数,因此可以通过控制相同横坐标所对应的纵坐标的偏差进行跟踪控制。

选取 $k=-x(t)$,后轴中心点横坐标 $x$ 在 $X$ 轴上的投影随时间递减,即 $k$ 满足单调递增要求。泊车过程中,目标路径与实际路径偏差如下:

$$\begin{cases} e_y=y^*-y \\ e_x=x^*-x=0 \\ e_\psi=\psi_v^*-\psi_v \end{cases} \tag{4-87}$$

式中,$e_y$、$e_x$、$e_\psi$ 分别为车辆在世界坐标系下的纵向偏差、横向偏差、航向角偏差。

结合式(4-87),可建立非时间参考量的偏差微分方程如下:

$$\begin{cases} \dfrac{\mathrm{d}e_y}{\mathrm{d}k}=-\dfrac{\mathrm{d}e_y}{\mathrm{d}x}=\dfrac{\mathrm{d}y-\mathrm{d}y^*}{\mathrm{d}x}=\tan\psi_v-\tan\psi_v^* \\ \dfrac{\mathrm{d}e_\psi}{\mathrm{d}k}=-\dfrac{\mathrm{d}e_\psi}{\mathrm{d}x}=\dfrac{\mathrm{d}\psi_v-\mathrm{d}\psi_v^*}{\mathrm{d}x}=\dfrac{\tan\delta_\mathrm{f}}{l\cos\psi_v}-\dfrac{\rho^*}{\cos\psi_v^*} \end{cases} \tag{4-88}$$

$$-\frac{\mathrm{d}\psi_v^*-\mathrm{d}\psi_v}{\mathrm{d}x}=\frac{\cos^2\psi_v\mathrm{d}(\tan\psi_v)}{\mathrm{d}x}-\frac{\cos^2\psi_v^*\mathrm{d}(\tan\psi_v^*)}{\mathrm{d}x} \tag{4-89}$$

式中,$\rho^*$ 为目标路径各点曲率。

结合式(4-89),求得目标路径上前轮转角如下:

$$\delta_\mathrm{f}=\arctan\left\{l\cos^3\psi_v\left[k_2(\tan\psi_v^*-\tan\psi_v)-k_1(y^*-y)+\frac{\rho^*}{(\cos\psi_v^*)^3}\right]\right\} \tag{4-90}$$

转向盘转角与前轮转角成正比,同样也可得到转向盘转角。如令 $x_1=y^*-y$,$x_2=\tan\psi_v-\tan\psi_v^*$,则有

$$\begin{bmatrix}\dot{x}_1\\ \dot{x}_2\end{bmatrix}=\begin{bmatrix}0 & 1\\ -k_1 & -k_2\end{bmatrix}\begin{bmatrix}x_1\\ x_2\end{bmatrix} \tag{4-91}$$

式中,$k_1$、$k_2$ 为常数且都大于 0。

根据 Lyapunov 定律,令 $V(x)=x_1^2+x_2^2$,$V(x)>0$,$x\neq0$;$V(x)=0$,$x=0$,可得状态 $x_1$、$x_2$ 是渐近稳定的,即

$$\lim_{x\to-\infty}(y^*-y)=0,\quad \lim_{x\to-\infty}(\tan\theta-\tan\theta^*)=0$$

由此可知,实际路径与目标路径纵坐标的偏差会越来越小,实际车辆航向角越来越接近目标值,车辆实际路径逐渐收敛到目标路径上。

### 4.8.3 自抗扰转角跟踪控制器

自抗扰控制是一种鲁棒非线性控制方法,其控制器包括跟踪微分器(TD)、扩张状态观测器(ESO)和非线性误差反馈器(NLSEF),整体控制框图如图 4-61 所

示。控制器通过扩张状态观测器实时估计并补偿系统运行时所受“外扰”和“内扰”作用，且具有超调小、响应快、精度高等特点[24]。

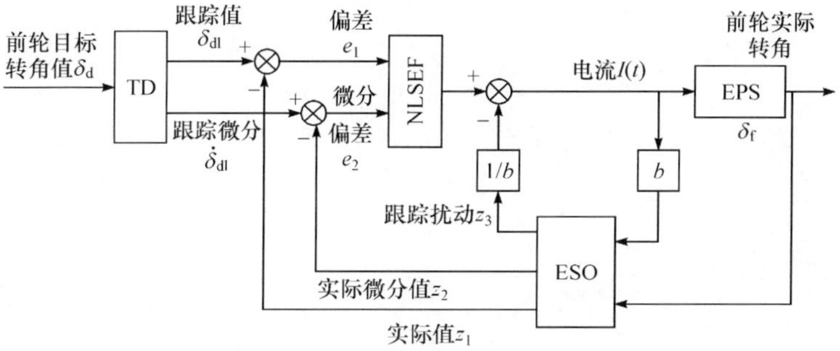


图 4-61　二阶自抗扰转角跟踪控制框图

1. 跟踪微分器设计

$$\ddot{\delta}_{d1}=-r_c\,\mathrm{sat}(\delta_{d1}-\delta_d+\dot{\delta}_{d1}|\dot{\delta}_{d1}|/(2r_c),\delta_0) \tag{4-92}$$

式中，$\delta_d$ 为期望的前轮目标转角；$\delta_{d1}$ 为转角跟踪值；$\dot{\delta}_{d1}$ 为角速度跟踪值；$r_c$ 为速度因子，$r_c$ 越大，跟踪速度越快；$\delta_0$ 为控制参数。饱和函数的表达式如下：

$$\mathrm{sat}(c,\delta_0)=\begin{cases}\mathrm{sgn}(c), & |c|>\delta_0\\ c/\delta_0, & |c|\leqslant\delta_0\end{cases} \tag{4-93}$$

2. 扩张状态观测器设计

令 $e=z_1-\delta_f$，有

$$\begin{cases}\dot{z}_1=z_2-\beta_{01}e\\ \dot{z}_2=z_3-\beta_{02}\,\mathrm{fal}(e,\alpha_{01},\delta_1)+bI(t)\\ \dot{z}_3=-\beta_{03}\,\mathrm{fal}(e,\alpha_{02},\delta_1)\end{cases} \tag{4-94}$$

fal 函数的表达式如下：

$$\mathrm{fal}(e,\alpha,\delta_1)=\begin{cases}|e|^{\alpha}\mathrm{sgn}(e), & |e|>\delta_1\\ e/\delta_1^{1-\alpha}, & |e|\leqslant\delta_1\end{cases} \tag{4-95}$$

其中，$\beta_{01}$、$\beta_{02}$、$\beta_{03}$ 为观测器增益参数；$\delta_f$ 为前轮转角；$\alpha_{01}$、$\alpha_{02}$ 为 fal 函数中非线性因子，反映了增益的变化率；$\delta_1$ 为 fal 函数中控制参数；$z_1$、$z_2$、$z_3$ 分别为转角的估计信号、角速度的估计信号、综合扰动项的总体估计。

扩张状态观测器观测输出，提供输出的微分信号，并抑制外部扰动和对象不确定性带来的扰动，增强了该控制算法的适应性。

3. 非线性误差反馈器设计

$$\begin{cases}e_1=\delta_{d1}-z_1\\e_2=\dot{\delta}_{d1}-z_2\\I_0=\beta_1\mathrm{fal}(e_1,\alpha_1,\delta_2)+\beta_2\mathrm{fal}(e_2,\alpha_2,\delta_2)\end{cases}\tag{4-96}$$

式中，$e_1$、$e_2$ 为转角偏差、角速度偏差项；$\beta_1$、$\beta_2$ 为相应的比例因子和微分因子，相当于 PD 的“非线性组合”；$\alpha_1$、$\alpha_2$ 为 fal 函数中非线性因子；$\delta_2$ 为控制参数。

4. 自抗扰控制器的总输出

$$I(t)=I_0-\frac{Z_3}{b}\tag{4-97}$$

式中，$I_0$ 为非线性误差反馈器的输出；$b$ 为决定补偿强弱的补偿因子，用作反馈放大系数的估计，可作为可调参数来用。

TD 参数、NLSEF 参数以及 ESO 中参数，通常需要调试的只有非线性反馈系数$\{\beta_1,\beta_2\}$以及 $b$ 三个参数，且反馈放大系数 $b$ 的确定与被控车辆有关，通常情况下该值无须调整过多[25,26]。

### 4.8.4 系统设计

建立基于 EPS 的 APS 动力学模型，车辆实际路径与目标路径经过非时间参考的路径跟踪算法产生目标转角，自抗扰控制器进行转角跟踪，从而实现泊车路径跟踪，整体的系统模型框图如图 4-62 所示。

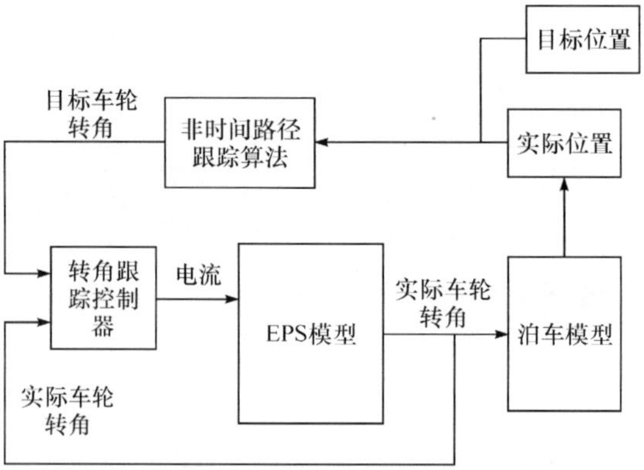


图 4-62 基于 EPS 的 APS 的系统框图

### 4.8.5 仿真计算与分析

在图 4-63(b)坐标系中，仿真模型中泊车起始坐标为(8.5,3.85)，目标终点坐标为(1.3,1.1),泊车结束时车辆尾部预留 0.5m 的安全值。泊车过程中车辆以匀速 1m/s 运动,规定前轮转角、航向角顺时针为负,逆时针为正。由图 4-63(a)可见,根据式(4-86)拟合目标路径,根据曲率公式 $\ddot{y}/(1+\dot{y}^2)^{3/2}$ 计算,最大曲率为 $0.2\text{m}^{-1}$,满足最小转弯半径要求,整个路径上曲率连续,没有突变,满足实际过程中车辆连续行驶时前轮转角连续变化。由图 4-63(b)、(c)可见,随着泊车进行,采用跟踪路径与目标路径纵向坐标差趋近 0.02m,非时间参考的路径跟踪算法能够实现良好的路径跟踪效果。

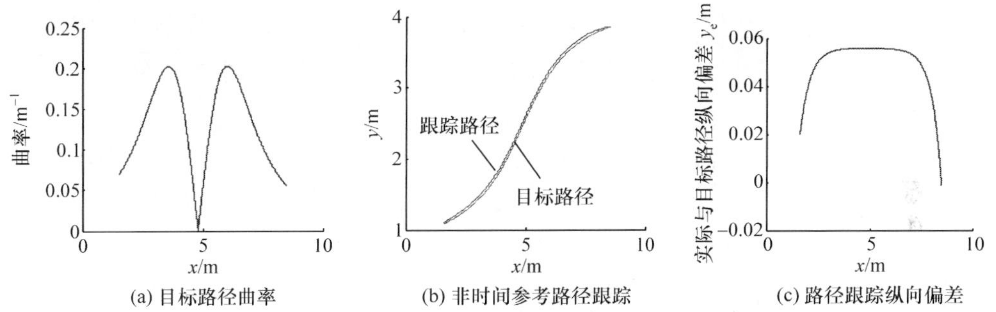


图 4-63　非时间参考的路径跟踪仿真

调整 TD、非线性误差反馈器和扩张状态观测器参数,使得路径偏差峰值较小,实际路径跟踪到目标路径。如图 4-64 和表 4-19 所示,多次改变 $\beta_1$、$\beta_2$ 和 $b$ 的值进行仿真,$\beta_1$ 过小时,路径纵向偏差呈负向增大;$\beta_1$ 过大时,路径纵向偏差呈正

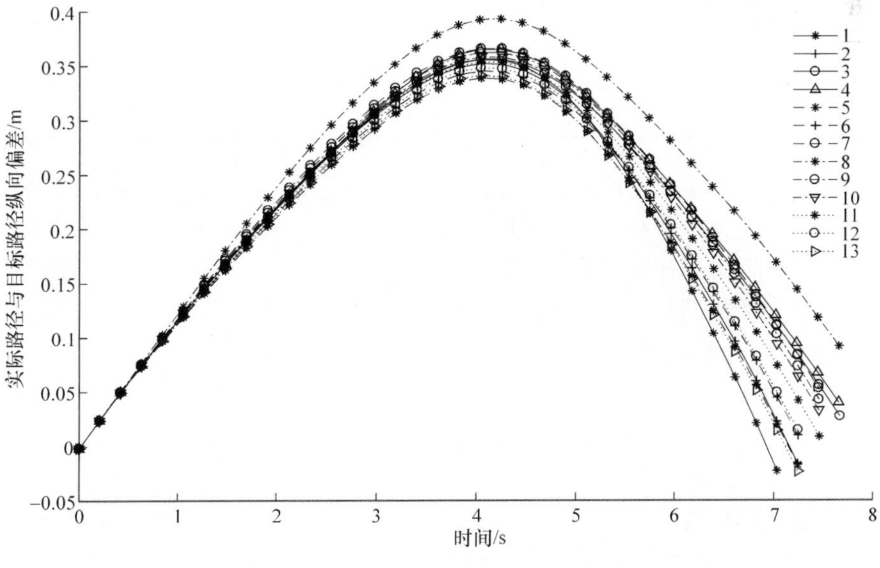


图 4-64　不同自抗扰控制参数下路径纵向偏差

向增大。$\beta_2$、$b$ 过小时，路径纵向偏差呈正向增大；$\beta_2$、$b$ 过大时，路径纵向偏差呈负向增大。调试过程中所参数如下：$r_c=20$，$\delta_0=0.05$，$\beta_1=100$，$\beta_2=30$，$\alpha_1=0.75$，$\alpha_2=1.5$，$\delta_2=0.01$，$\beta_{01}=90$，$\beta_{02}=120$，$\beta_{03}=80$，$\alpha_{01}=0.5$，$\alpha_{02}=0.25$，$\delta_1=0.01$，$b=1$。同理，调试不同 PID 参数实际路径跟踪效果，经过多次调试，取较好的 PID 参数如下：$K_P=15$，$K_I=1.5$，$K_D=1.35$，非时间参考算法中参数如下：$k_1=0.6$，$k_2=0.3$。仿真对比如图 4-64 所示。

**表 4-19　不同自抗扰控制参数的路径偏差**

| 序号 | $\beta_1$ | $\beta_2$ | $b$ | 纵向偏差峰值/m |
|---|---|---|---|---|
| 1 | 60 | 30 | 1 | 0.3410 |
| 2 | 80 | 30 | 1 | 0.3481 |
| 3 | 100 | 30 | 1 | 0.3537 |
| 4 | 120 | 30 | 1 | 0. 3586 |
| 5 | 140 | 30 | 1 | 0.3628 |
| 6 | 100 | 10 | 1 | 0.3934 |
| 7 | 100 | 20 | 1 | 0.3664 |
| 8 | 100 | 40 | 1 | 0.3452 |
| 9 | 100 | 50 | 1 | 0.3387 |
| 10 | 100 | 30 | 0.6 | 0.3658 |
| 11 | 100 | 30 | 0.8 | 0.3568 |
| 12 | 100 | 30 | 1.2 | 0.3522 |
| 13 | 100 | 30 | 1.4 | 0.3561 |

非时间参考的路径跟踪算法生成的目标转角是由目标与实际纵坐标、航向角差值产生。自抗扰控制与 PID 控制的跟踪效果不同，导致非时间参考的路径跟踪算法产生的目标前轮转角不同。由图 4-65(a)、(d)可见，采用自抗扰控制方法相对于 PID 控制方法的目标前轮转角幅值较小，且转角跟踪幅值与目标转角幅值相近，转向盘转动的角度相对较小，助力电机的工作电流也较小。采用自抗扰控制时，电机最大工作电流为 50A，比采用 PID 控制时电机的电流 58A 要小，降低了功率消耗。由图 4-65(b)、(c)可见，自抗扰控制的转角跟踪比 PID 控制的转角跟踪更为准确，泊车实际与目标路径的偏差更小，实际路径越来越接近目标路径；而采用 PID 控制转角跟踪方法的泊车路径纵向偏差峰值大且很难在短时间内收敛到目标路径上。

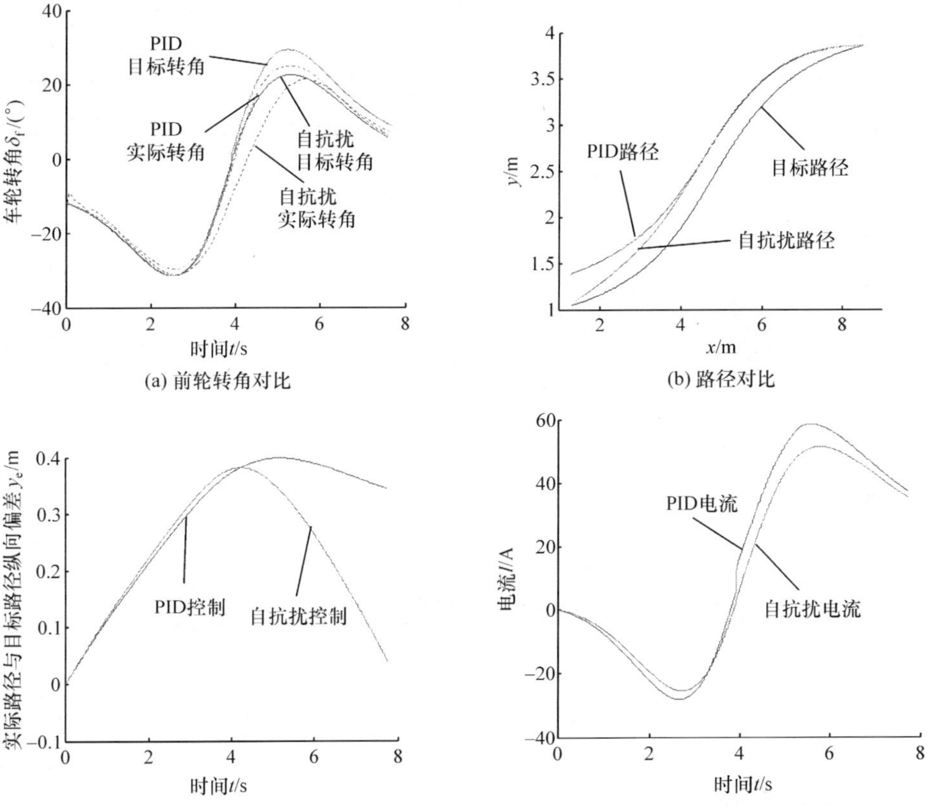


(a) 前轮转角对比　(b) 路径对比

(c) 路径纵向偏差对比　(d) 泊车电机工作电流

图 4-65　基于 EPS 的泊车工况仿真

# 4.9　基于 GA 和 LS-SVM 的智能车辆路径跟踪控制

滑模变结构控制是一种非线性控制，是按照系统状态偏离切换面的程度来变更控制器结构，在处理模型不确定性和未知干扰等方面具有很强的鲁棒性和适应性，以简单的控制规律来协调动态和稳态性能之间的矛盾。但是变结构控制不可避免的抖振问题是其在实际应用中的突出障碍，这里将非线性、全局优化的遗传算法(GA)和小样本、泛化能力强的最小二乘支持向量机(LS-SVM)引入滑模变结构控制中，以改善智能车辆的跟踪控制性能[27]。

## 4.9.1　最小二乘支持向量机

支持向量机是通过事先选择的非线性映射，将输入向量映射到高维特征空间，利用结构风险最小化原则在这个空间中构造最优决策函数。

设$n$维向量，$m$个样本及其值可表示为$(x_1, y_1), (x_2, y_2), \cdots, (x_m, y_m) \in (\mathbf{R}^n, \mathbf{R})$，通过非线性映射函数 $\psi(x)=(\varphi(x_1), \varphi(x_2), \cdots, \varphi(x_m))$，把样本从原空间 $\mathbf{R}^n$ 映射到特征空间。在这个高维特征空间中，采用线性函数 $y(x)=w\varphi(x)+\tau$ 构造最优决策函数，并容许出现拟合误差。目标是使模型在模型复杂程度和经验风险之间找到最佳平衡点，即结构风险最小。LS-SVM 算法的优化目标是

$$\begin{aligned} \min \quad & R(w) = 0.5\|w\|^2 + 0.5q\sum_{i=1}^{n}\xi_i^2 \\ \text{s.t.} \quad & y_i = w\varphi(x_i) + \tau + \xi_i \end{aligned} \tag{4-98}$$

式中，$R(w)$为结构风险；$\|w\|^2$ 为控制模型的复杂度；$q$ 为经验风险惩罚因子；$\xi_i$ 为容许误差。定义拉格朗日函数：

$$F(w, \tau, \xi_i, a_i) = 0.5\|w\|^2 + 0.5q\sum_{i=1}^{m}\xi_i^2 - \sum_{i=1}^{m}a_i(w\varphi(x_i) + \tau + \xi_i - y_i) \tag{4-99}$$

式中，$a_i(i=1,2,\cdots,m)$是拉格朗日乘子。

根据优化条件$\frac{\partial F}{\partial w}=0, \frac{\partial F}{\partial \tau}=0, \frac{\partial F}{\partial \xi_i}=0, \frac{\partial F}{\partial a_i}=0$，可得

$$w = \sum_{i=1}^{m}a_i\varphi(x_i), \quad \sum_{i=1}^{m}a_i = 0, a_i = k\xi_i \tag{4-100}$$

$$w\varphi(x_i)+\tau+\xi_i-y_i=0 \tag{4-101}$$

由式(4-100)和式(4-101)，可得

$$\sum_{j=1}^{m}a_j\varphi(x_j)\varphi(x_i) + \tau + \frac{a_i}{q} - y_i = 0 \tag{4-102}$$

其中，$\sum_{i=1}^{m}a_i = 0$。

定义核函数$k(x_i, x_j)=\varphi(x_i)\varphi(x_j)$，$k(x_i, x_j)$为高维特征空间的内积运算，是满足 Mercer 条件的对称函数，将式(4-102)的优化问题转化为求解线性方程(4-103)，最后得到最小二乘支持向量机标准模型(4-104)。

$$\begin{bmatrix} 0 & 1 & \cdots & 1 \\ 1 & k(x_1, x_1)+1/q & \cdots & k(x_1, x_l) \\ \vdots & \vdots & & \vdots \\ 1 & k(x_m, x_1) & \cdots & k(x_m, x_m)+1/q \end{bmatrix} \begin{bmatrix} \tau \\ a_1 \\ \vdots \\ a_m \end{bmatrix} = \begin{bmatrix} 0 \\ y_1 \\ \vdots \\ y_m \end{bmatrix} \tag{4-103}$$

$$f(x) = \tau + \sum_{i=1}^{m}a_ik(x, x_i), \quad x \in \mathbf{R}^m \tag{4-104}$$

式中，$m$ 为输入样本的个数；$x_i$ 为第 $i$ 个输入样本；$x$ 为某一输入变量；$a_i$ 又可称为支持向量系数，$a_i \neq 0$ 所对应的输入样本$(x, x_i)$称为支持向量。

LS-SVM 中不同的内积核函数将形成不同的算法，目前常用的主要有如下 3 类。

(1) 多项式核函数：$k(x,x_i)=(xx_i+1)^d$，$d$ 阶多项式。

(2) 径向基函数(radial basis function，RBF)：$k(x,x_i)=\exp\left\{\frac{\| x-x_i \|^2}{\sigma^2}\right\}$，每个基函数中心对应一个支持向量，径向基函数的中心由支持向量的个数和支持向量的值自动决定。

(3) Sigmoid 函数：$k(x,x_i)=\tan(\nu(x,x_i)+c)$，$c$ 为核函数参数。

这里选择 RBF 为核函数，LS-SVM 实现的就是一个包含隐含层的多层感知器，隐含层神经元的个数和它们的权值向量分别由支持向量的个数和支持向量的值自动确定，而且算法不存在局部极小点问题。

### 4.9.2　基于 GA 和 LS-SVM 的滑模变结构控制

设智能车辆系统表示为离散时间系统状态方程，即

$$\begin{cases} x(k+1)=Ax(k)+Bu(k) \\ y(k+1)=Dx(k+1) \end{cases} \tag{4-105}$$

式中，$A\in \mathbf{R}^{n\times m}$、$B\in \mathbf{R}^{n\times 1}$ 为常系数矩阵；$D\in \mathbf{R}^{n\times 1}$；$x(k)=[x_1(k),x_2(k),\cdots,x_n(k)]^{\mathrm{T}}$ 为状态变量；$u(k)\in \mathbf{R}$ 为系统的控制量。

设控制目标是使系统的输出 $y(k)$ 跟踪期望轨迹 $y_{\mathrm{d}}(k)$，定义滑模切换函数：

$$s(k)=C(y(k)-y_{\mathrm{d}}(k)) \tag{4-106}$$

式中，$C\in \mathbf{R}^{1\times n}$ 为滑模切换函数系数矩阵，其确定的多项式 $\lambda^{n-1}+h_{n-1}\lambda^{n-2}+\cdots+h_1$ 是 Hurwitz 多项式。

滑模变结构控制常见的指数趋近率可表示为

$$s(k+1)=(1-\delta T)s(k)-\varepsilon T\mathrm{sgn}(s(k)),\quad 0<\delta T<1;\varepsilon>0 \tag{4-107}$$

式中，$T$ 为采样时间；系数 $\delta$ 和 $\varepsilon$ 是可调的。增益参数 $\varepsilon$ 越大，系统克服摄动及外界干扰的能力越强，但也会导致系统抖振加大，其抖振幅度与 $\varepsilon$ 成正比，一般在 0 与 1 之间取值。趋近速度参数 $\delta$ 主要影响切换函数的动态过渡过程，适当调整该参数能够改变系统向滑模面的趋近速度，可以更好地改变系统的动态品质。$\delta$ 越大，系统到达滑模面的速度越快，但易导致控制量输出过大，且易引起系统的抖振。趋近速度一般从较大值逐步减小到零，不仅缩短了趋近时间，而且使运动点到达切换面时的速度很小。

假设在理想情况下，系统(4-105)在某个时刻到达滑模面，并且以后一直保持在其上运动，即 $s(k+1)=s(k)=0$，由式(4-105)和式(4-106)可以得到理想的滑模控制率为

$$u_{\mathrm{d}}(k)=(CB)^{-1}(-CAx(k)+Cy_{\mathrm{d}}(k+1)) \tag{4-108}$$

由于系统的初始点可能不在滑模面附近，在可达条件的约束下，要求系统的运动必须趋向滑模面 $s(k+1)=0$。当 $CB\neq 0$ 时，离散控制律为

$$u(k)=(CB)^{-1}[-CAx(k)+(1-\delta T)s(k)-\varepsilon T\text{sgn}(s(k))+Cy_{\text{d}}(k+1)] \tag{4-109}$$

在指数趋近律的控制下，$|s(k)|$ 无限接近 $\varepsilon T/(2-\delta T)$，一旦 $|s(k)|=\varepsilon T/(2-\delta T)$，控制系统将进入抖振状态。因此，利用式(4-109)设计的控制器会受参数 $\varepsilon$、$\delta$ 的影响而导致系统状态发散或在滑模切换面上剧烈抖振，造成系统运动不稳定，这就需要选择恰当的参数 $\varepsilon$、$\delta$ 来解决抖振问题。这里提出一种基于 GA 和 LS-SVM 的滑模变结构控制策略，其结构框图如图 4-66 所示。

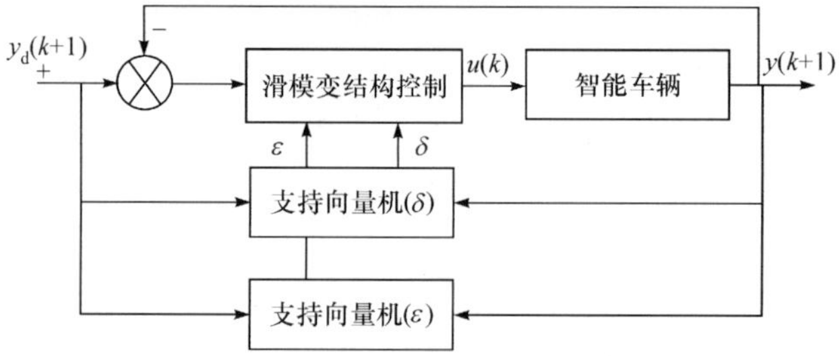


图 4-66　基于 GA 和 LS-SVM 的滑模变结构控制

在离线状态下：①将系统期望轨迹 $y_{\text{d}}(k+1)$ 和当前状态 $x(k)$ 代入式(4-108)，计算出理想的滑模控制 $u_{\text{d}}(k)$；②根据式(4-109)，利用遗传算法在 $\delta(k)$、$\varepsilon(k)$ 的解空间内寻找使 $u(k)-u_{\text{d}}(k)$ 趋向于零时的 $\delta(k)$、$\varepsilon(k)$；③建立两个结构相似，输出分别为 $\delta(k)$、$\varepsilon(k)$，输入为影响其有关参数的 LS-SVM，然后在在线状态下，利用 LS-SVM 为滑模变结构控制提供实时的 $\delta(k)$、$\varepsilon(k)$。

图 4-66 中的优化参数 $\delta(k)$、$\varepsilon(k)$ 是基于 GA 来获取的。GA 是利用编码、选择、交叉、变异四个重要步骤，使后代的个数与其性能相关，群体中性能好的个体得到繁殖，性能差的遭到淘汰，在解空间内进行全局并行、随机的搜索，其结果向全局最优方向收敛，经过有限代的优化，最终将达到或逼近最优解。

### 4.9.3　仿真计算与分析

为了验证基于 GA 和 LS-SVM 的变结构控制（控制方式一）作用下智能车辆的路径跟踪能力、误差收敛速度和控制的稳定性，分别以直线和小曲率的 $y=12\sin(x/15)+\cos(x/4)$ 为车辆运行的参考路径，与常规滑模变结构控制（控制方式二）的控制效果进行仿真对比。设置控制方式一中遗传算法的种群规模为 100，进化代数为 80，交叉概率和变异概率分别取为 0.7 和 0.01，同时分别设置 $\delta(k)$ 和

$\varepsilon(k)$的支持向量机的参数为：$q=25$、$\xi=0.01$、$\sigma=0.25$ 和 $q=50$、$\xi=0.01$、$\sigma=0.2$。

1. 直线为参考路径

图 4-67(a)和(b)显示了在控制方式一作用下跟踪直线时，参数 $\delta(k)$和 $\varepsilon(k)$的变化曲线。在智能车辆运行的初期，行驶误差较大，致使 $\delta(k)$和 $\varepsilon(k)$分别达到 80 和 0.6 的较大值。随着行驶中的侧向距离偏差和角度偏差的减小，$\delta(k)$和 $\varepsilon(k)$也相应减小，最终稳定在 30 和 0.4 附近。图 4-67(c)、(d)显示了智能车辆在跟踪直线路径时的侧向距离偏差和角度偏差曲线。由图可见，在控制方式一作用下，智能车辆侧向距离偏差和角度偏差均能快速收敛至较小的稳定值；而在控制方式二作用下，其侧向距离偏差和角度偏差值均要大于前者。

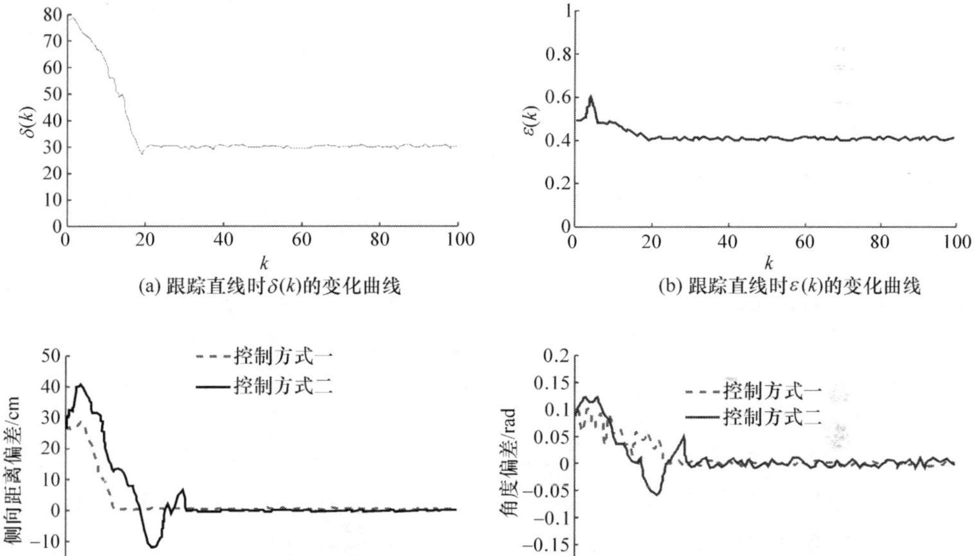


(a) 跟踪直线时$\delta(k)$的变化曲线　(b) 跟踪直线时$\varepsilon(k)$的变化曲线

(c) 跟踪直线时侧向距离偏差曲线　(d) 跟踪直线时角度偏差曲线

图 4-67　仿真结果

2. $y=12\sin(x/15)+\cos(x/4)$为参考路径

设智能车辆与标线之间初始侧向距离偏差和角度偏差分别为 30cm 和 0.1rad，运行速度是 10m/s，利用典型样本 $x(k)$、$y_d(k)$、$y_d(k+1)$获得指数趋近律参数 $\delta(k)$、$\varepsilon(k)$的变化曲线如图 4-68(a)和(b)所示。由图 4-68(a)可见，在 $k=10,50,90$ 附近，由于滑模函数切换 $s(k)$数值较大，可通过增大 $\delta(k)$来迅速减小 $s(k+1)$，使系统快速趋向理想滑模切换面。由图 4-68(b)可见，在运动初始 $\varepsilon(k)$

取值较大，以提高初始趋近速度。在 $k=40,80$ 附近，由于系统实际输出 $y(k)$ 与期望值 $y_d(k)$ 接近，可通过增大 $\varepsilon(k)$ 使系统较为平稳地向理想滑模面运动。

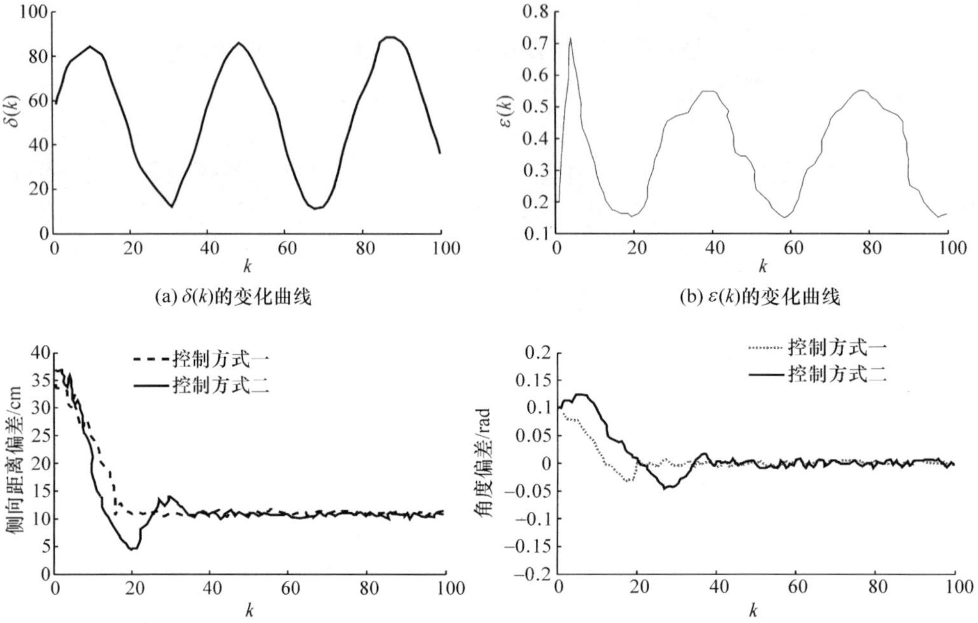


(a) $\delta(k)$的变化曲线　(b) $\varepsilon(k)$的变化曲线

(c) 侧向距离偏差曲线　(d) 角度偏差曲线

图 4-68　仿真结果

图 4-68(c)和(d)显示在控制方式一和二作用下，跟踪 $y=12\sin(x/15)+\cos(x/4)$ 路径时侧向距离偏差和角度偏差曲线。可以发现，在控制方式一作用下，侧向距离误差和角度误差同时在 20 步后迅速消除，而控制方式二需要 40 步才能减小。经过 10s 仿真计算，控制方式一产生的侧向距离偏差的均值为 1.26cm，角度偏差的均值为 0.009rad；控制方式二产生的侧向距离偏差的均值为 3.96cm，角度偏差的均值为 0.013rad。

## 4.10　基于转向盘转角安全边界的车道偏离共享控制

前述的车道偏离辅助共享控制方法，需要单独设计一个偏离决策模块来触发辅助控制，在辅助控制产生后利用人机驾驶权分配模块来协调人机冲突。由于系统模块较多，增加了系统设计的复杂性。另外，由于所设计的辅助控制器的控制目标是将车道纠正回车道中心，所以系统在触发瞬间因车辆横向位置偏差较大，导致启动时刻辅助转矩较大，影响驾驶员操纵舒适性。基于此，本节提出一种基于转向盘转角安全边界的车辆转向辅助共享控制方法[12]。

### 4.10.1　转向盘转角安全边界

为了对偏离车道的车辆进行主动干预，利用式(4-55)所描述的驾驶员转向模型来判断车辆的安全态势并据此进行主动转向纠偏控制。值得注意的是，当车速较大时，过大的转向盘转角(steering wheel angle，SWA)会导致轮胎侧向力饱和而易引发车辆横向失稳。为避免该危险情况发生，可根据不同的路面附着系统 $\mu$ 和车速 $V_x$ 来设定允许的转向盘转角最大界限值为

$$|\delta_{\mathrm{sw}}| \leqslant \frac{0.5\mu g}{V_x G_r} \tag{4-110}$$

式中，$g$ 为重力加速度。

为防止车辆偏离车道，驾驶员意图转向盘转角应该被进一步限制在一定的范围内。图 4-69 为计算转向盘转角安全边界的示意图，其中 $W_{\mathrm{R}}$ 为车道宽度，$W_{\mathrm{E}}$ 为车辆质心位置安全区域宽度，该值越大表示辅助系统所允许的车辆在车道内的行驶区域越宽，$d_{\mathrm{l}}$、$d_{\mathrm{r}}$ 分别表示车辆坐标系下左、右侧车道安全边界线上预瞄点 $P_{\mathrm{l}}$、$P_{\mathrm{r}}$ 的横向偏差，圆弧 $\overset{\frown}{GP_{\mathrm{l}}}$ 和 $\overset{\frown}{GP_{\mathrm{r}}}$ 分别表示车辆运动到 $P_{\mathrm{l}}$ 和 $P_{\mathrm{r}}$ 点的质心运动轨迹，$O_{\mathrm{l}}$ 和 $O_{\mathrm{r}}$ 是对应的圆心，$R_{\mathrm{l}}$ 和 $R_{\mathrm{r}}$ 是对应的半径。

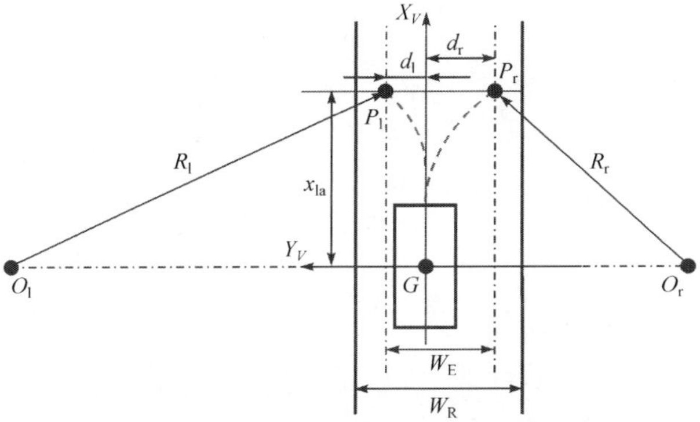


图 4-69　根据道路边界计算转向盘转角安全边界示意图

为给予驾驶员更多的控制权，辅助系统应该允许车辆沿着左、右侧安全边界线行驶，且只在超出该边界时才进行干预。因此，可以把车辆跟踪左、右侧安全边界线的理想转向盘转角作为确保其横向运动安全的转向盘转角边界。再考虑车辆侧向加速度的限制，右转时转向盘转角为正，结合式(4-55)和式(4-110)，可得转向盘转角的安全边界为

$$\max\left(\frac{2\arctan\left(\dfrac{d_{\mathrm{r}}}{V_x t_{\mathrm{p}}}\right)-2\beta}{t_{\mathrm{p}} G_r}, -\frac{0.5\mu g}{V_x G_r}\right)=\theta_{\mathrm{r}} \leqslant \theta_{\mathrm{c}} \leqslant \theta_{\mathrm{l}}=\min\left(\frac{2\arctan\left(\dfrac{d_{\mathrm{l}}}{V_x t_{\mathrm{p}}}\right)-2\beta}{t_{\mathrm{p}} G_r}, \frac{0.5\mu g}{V_x G_r}\right) \tag{4-111}$$

图 4-70 显示了车辆横向位置偏差、航向角偏差、车速以及预瞄时间对转向盘转角安全边界的影响。从图中可以看出，车辆横向位置偏差和航向角偏差能够改变转向盘转角安全边界的左右侧边界值，但几乎不影响安全边界的宽度。然而，车速和预瞄时间对转向盘转角安全边界的宽度影响明显，车速越大或预瞄时间越长，转向盘转角安全边界区域越狭窄。这里可以将预瞄时间作为设计参数，来动态调整转向盘转角安全边界的宽度。

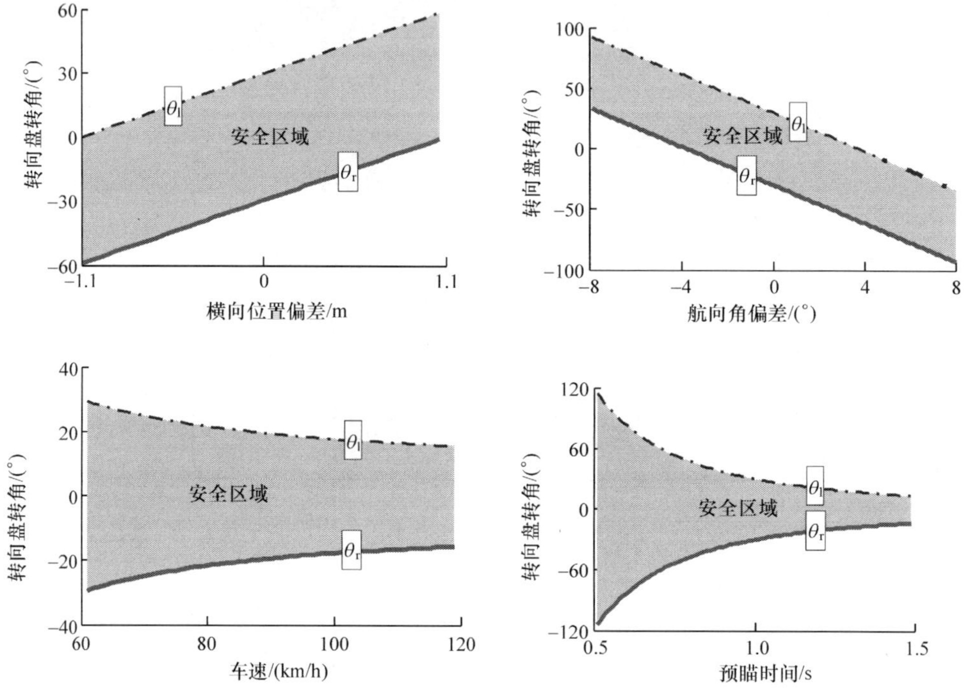


图 4-70　不同参数对转向盘转角安全边界的影响

## 4.10.2　驾驶员意图转向盘转角估计

转向盘是驾驶员与车辆之间实现信息传输的人机交互接口，驾驶员根据转向盘转角与反馈力来掌握车辆的转向状态与路感信息，同时通过施加转矩来控制车辆运动实现自己的转向意图。因此，可直接基于转向系统模型来估计驾驶员意图转向盘转角。对于采用 EPS 电动机作为车道保持系统的执行机构来说，当考虑转向盘转矩测量值 $T_{se}$时，其转向柱上的转矩可表示为

$$J_c\ddot{\delta}_{sw}+B_c\dot{\delta}_{sw}=T_d-T_{se} \tag{4-112}$$

式中，$\delta_{sw}$为转向盘转角；$T_d$ 为驾驶员转矩；$J_c$、$B_c$ 为转向柱转动惯量和阻尼。

转向盘转矩传感器测量值可表示为

$$T_{se}=K_c(\delta_{sw}-\theta_m/N) \tag{4-113}$$

式中，$K_c$ 为转向柱刚度；$N$ 为电动机减速机构传动比；$\theta_m$ 为电动机转角。

可见，转向盘转角速度 $\dot{\delta}_{sw}$ 主要受驾驶员操纵转矩 $T_d$ 以及转向盘转矩传感器测量值 $T_{se}$ 的影响，而 $T_d$ 直接反映了驾驶员转向意图。

设 $T_{se}=0$，此时驾驶员突然施加一定的转向力矩，则在该瞬时状态下驾驶员意图转向盘转角速度 $\dot{\delta}_{sw}^*$ 与 $T_d$ 有如下关系：

$$\dot{\delta}_{sw}^*(s)=\frac{1}{J_c s+B_c}T_d(s) \tag{4-114}$$

式中，$\dot{\delta}_{sw}^*(s)$ 与 $T_d(s)$ 分别为 $\dot{\delta}_{sw}^*$ 与 $T_d$ 的 Laplace 变换。进而，利用线性外推法来估计驾驶员意图转向盘转角 $\delta_{sw}^*$，可定义为

$$\delta_{sw}^*(s)=\delta_{sw}(s)+t_a\dot{\delta}_{sw}^*(s)=\delta_{sw}(s)+\frac{t_a T_d(s)}{J_c s+B_c} \tag{4-115}$$

式中，$t_a$ 为外推时间步长；$\delta_{sw}^*(s)$ 与 $\delta_{sw}(s)$ 分别为 $\delta_{sw}^*$ 与 $\delta_{sw}$ 的 Laplace 变换。由于真实驾驶员操纵转矩 $T_d$ 难以获知，且转向盘转速通常较慢，所以可利用转向盘转矩传感器测量值替代驾驶员转矩来计算驾驶员意图转向盘转角，即式(4-115)可改写为

$$\delta_{sw}^*(s)=\delta_{sw}(s)+\frac{t_a T_{se}(s)}{J_c s+B_c} \tag{4-116}$$

尽管传感器测量转矩值 $T_{se}$ 相对真实驾驶员操纵转矩 $T_d$ 具有一定的时间滞后，但能够满足驾驶员转向意图估计的要求。相比基于驾驶员模型或车-路模型的驾驶员意图转向盘转角估计方法[28]，直接采用基于转向系统模型进行意图转向盘转角的估计可减少模型不确定性的影响，且不需要利用车-路偏差信号，避免了视觉测量误差的影响。

### 4.10.3　辅助决策策略

本节研究人机共享的车道偏离辅助系统的辅助决策策略。为了确保车辆横向运动安全，同时最小化驾驶员与辅助系统之间的冲突，给予驾驶员更多的驾驶自由，辅助系统应当在有需要时才起作用。如果要使得车辆在车道内行驶，驾驶员意图转向盘转角 $\delta_{sw}^*$ 应该被限定在转向盘转角安全边界内部。因此，通过判断驾驶员意图转向盘转角是否处于其安全边界内部，可实现驾驶员与辅助系统之间的控制主权切换。若估计出的 $\delta_{sw}^*$ 处于转向盘转角安全边界所确定的区间上，即 $\delta_{sw}^*\in[\theta_r,\theta_l]$，$\theta_r$ 和 $\theta_l$ 分别为转向盘转角 $\delta_{sw}$ 的下界和上界，则认为此时的驾驶状态是正常

的，辅助系统不产生纠正干预；反之，若估计出的 $\delta_{sw}^*$ 超出转向盘转角安全边界，则认为驾驶员操纵不当且车辆处于即将偏离车道的危险状态，需要立刻施加辅助。为此，所设计的辅助决策模块主要输出 $\theta_m^*$ 和 $\gamma$ 两个变量，$\theta_m^*$ 为期望电机转角，$\gamma$ 为辅助权重。$\theta_m^*$ 作为下层控制器的参考值，其决策过程为

$$\theta_m^*=\begin{cases}N\delta_{sw}, & \delta_{sw}^*\in[\theta_r,\theta_l]\\ N\min(\theta_l,\delta_{sw}), & \delta_{sw}^*>\theta_l\\ N\max(\theta_r,\delta_{sw}), & \delta_{sw}^*<\theta_r\end{cases}\tag{4-117}$$

变量 $\gamma$ 用于调整辅助控制器的控制权，其确定过程为

$$\gamma=\frac{\gamma_h}{t_\gamma s+1},\quad \gamma_h(k)=\begin{cases}0, & \delta_{sw}^*\in[\theta_r,\theta_l]\\ 0, & |T_{se}|>T_{max}\\ 1, & \delta_{sw}^*>\theta_l,|T_{se}|\leqslant T_{max}\\ 1, & \delta_{sw}^*<\theta_r,|T_{se}|\leqslant T_{max}\\ 1, & \gamma_h(k-1)=1\wedge|T_{se}|\leqslant T_{th}\end{cases}\tag{4-118}$$

式中，$\gamma_h$ 表示直接决策出的辅助权重；$T_{max}$是驾驶员正常操纵车辆时所能施加的最大转向力矩；$T_{th}$是预先设定的转矩阈值，用来判断驾驶员是否操纵转向盘。为了确保车辆控制权的平滑过渡，增加驾驶员的舒适性，在 $\gamma_h$ 后串联一阶滤波器(时滞常数为 $t_\gamma$)以输出一个更加柔性的辅助权重 $\gamma$。

### 4.10.4　控制律设计

#### 1. 控制系统总体结构

正如前面所提到的，车道偏离辅助系统的目标是当侦测到非意图的车道偏离状态，系统将开启辅助控制对车辆进行主动干预，以阻止车道偏离事故发生。针对以施加额外转矩为控制手段的转向辅助系统，一个重要的问题是如何减小辅助过程中的人机冲突，实现人机共享的辅助驾驶控制。因此，辅助系统需要根据车身状态、车-路方位偏差以及驾驶员操纵意图来综合确定合适的辅助转矩。所设计的车道偏离辅助共享控制系统的总体结构如图 4-71 所示，主要包括四个部分：转向盘转角安全边界计算、驾驶员意图转向盘转角估计、上层辅助决策和下层辅助控制。此外，辅助控制模块由 $H_\infty$ 控制器和干扰观测器组成。辅助控制系统先根据车辆纵向车速 $V_x$、质心侧偏角 $\beta$ 和预瞄点处车辆距离左、右侧车道安全边界的横向位置偏差 $d_l$、$d_r$ 来计算车辆在受限的车道内行驶时所允许的左转和右转的转向盘转角边界 $\theta_r$ 和 $\theta_l$，即转向盘转角安全边界。同时，驾驶员的操纵转矩 $T_d$ 和转向盘实际转角 $\delta_{sw}$用于估计驾驶员意图转向盘转角 $\delta_{sw}^*$。在此基础上，辅助决策器结合前两个模块的输出信息来决策辅助控制的权重 $\gamma$ 并确定其期望电机转角 $\theta_m^*$。

在辅助控制阶段，$H_\infty$控制器被设计用来跟踪期望电机转角，其输出为辅助控制转矩 $T_{a0}$，干扰观测器估计转向阻力矩 $\hat{T}_{dis}$ 以对转向系摩擦、轮胎回正力矩和驾驶员转矩等干扰进行补偿，两者之和 $T_a$ 则为需要施加的最终辅助转矩。实际应用中，若转向信号灯被激活或驾驶员转矩超过给定阈值，则关闭辅助控制。

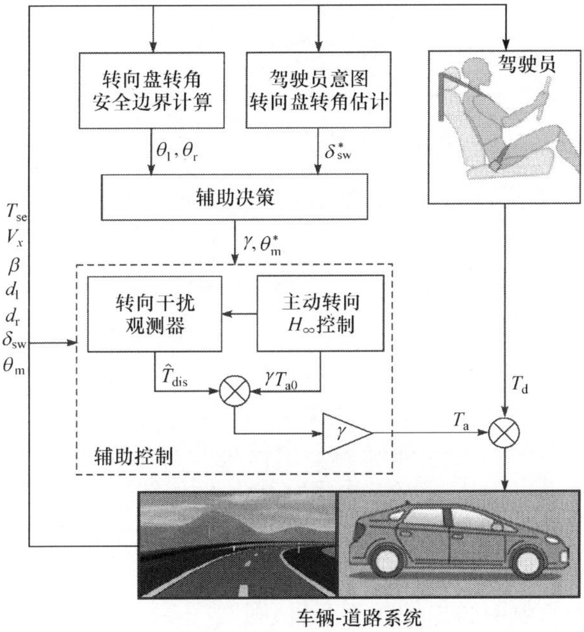


图 4-71　车道偏离辅助共享控制系统总体结构

2. $H_\infty$控制器设计

辅助控制器中的 $H_\infty$控制器的作用是跟踪辅助决策器输出的期望电机转角 $\theta_m^*$，以此产生辅助控制转矩 $T_{a0}$。考虑转向系统建模的不确定性，式(4-16)可改写为

$$\begin{aligned}\dot{x}_M &= \begin{bmatrix} 0 & 1 \\ -\dfrac{K_{eq}}{J_{eq}} & -\dfrac{B_{eq}}{J_{eq}} \end{bmatrix} x_M + \begin{bmatrix} 0 \\ \dfrac{1}{J_{eq}} \end{bmatrix} T_{a0} + \begin{bmatrix} 0 \\ \dfrac{1}{J_{eq}} \end{bmatrix} d_q \\ y_M &= \begin{bmatrix} c & 1 \end{bmatrix} x_M \end{aligned} \tag{4-119}$$

式中，$x_M = [\theta_m, \dot{\theta}_m]^T$ 为系统状态向量；$d_q$ 表示由驾驶员转矩、轮胎回正力矩、转向系摩擦和模型不确定性等因素所产生的干扰输入，且有 $|\dot{d}_q| \leqslant D$，$D$ 为干扰变化率的界限值；$c$ 为系统输出加权系数。为保证控制系统的鲁棒性，设计 $H_\infty$控制器控制电机转角 $\theta_m$ 跟踪其期望值，其内部连接框图如图 4-72 所示。图中，$P$ 为被控系统，$G$(虚线部分)为增广系统，$z=[z_1, z_2]^T$ 为增广系统的性能输出，$y$ 为测量输

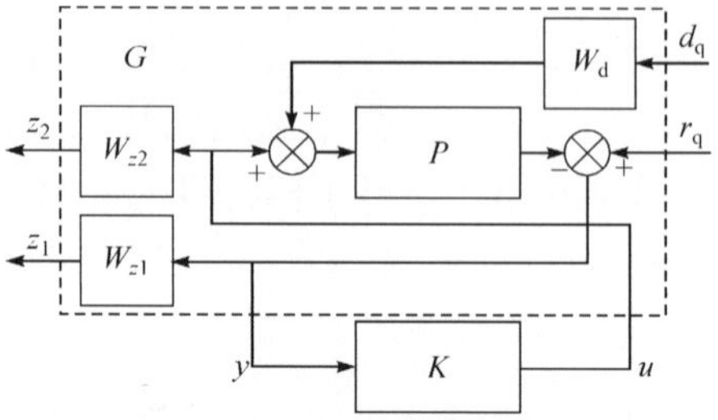


图 4-72　$H_\infty$控制器结构框图

出，$w=[d_{\mathrm{q}},r_{\mathrm{q}}]^{\mathrm{T}}$ 为干扰输入，$u$ 为控制输入。根据图 4-72 可知它们之间有如下关系：

$$\begin{bmatrix} z_1 \\ z_2 \\ y \end{bmatrix} = \begin{bmatrix} W_{z1}PW_{\mathrm{d}} & W_{z1} & W_{z1}P \\ 0 & 0 & W_{z2} \\ PW_{\mathrm{d}} & 1 & P \end{bmatrix} \begin{bmatrix} d_{\mathrm{q}} \\ r_{\mathrm{q}} \\ u \end{bmatrix} \tag{4-120}$$

式中，$r_{\mathrm{q}}=c\theta_{\mathrm{md}}+\dot{\theta}_{\mathrm{md}}$是被控系统 $P$ 的输出 $y_{\mathrm{M}}$ 的参考值；$W_{z1}$、$W_{z2}$和 $W_{\mathrm{d}}$ 分别是 $z_1$、$z_2$ 和 $d_{\mathrm{q}}$ 的加权传递函数。$W_{z1}$能确保一个较小的转角跟踪误差，$W_{z2}$能防止控制转矩的幅值和变化率过大，$W_{\mathrm{d}}$ 用于捕获控制输入中存在的干扰，分别取

$$W_{z1}=\frac{1}{0.5s+1},\quad W_{z2}=\frac{3.5s+1}{0.1s+10},\quad W_{\mathrm{d}}=\frac{1}{s+10} \tag{4-121}$$

考虑加权传递函数中增加的状态变量，则增广系统 $G$ 可表示为

$$\begin{cases} \dot{x}=Ax+B_1w+B_2u \\ z=C_1x+D_{11}w+D_{12}u \\ y=C_2x+D_{21}w+D_{22}u \end{cases} \tag{4-122}$$

若给定 $\gamma>0$，那么 $H_\infty$ 控制的目标是寻找控制器 $K$ 使得闭环系统满足：闭环系统内部稳定且从干扰输入 $w$ 到被控输出 $z$ 的闭环传递函数矩阵的 $H_\infty$范数小于 $\gamma$，即 $\|T_{wz}\|_\infty<\gamma$。若该控制器是可求解的，当且仅当存在两个对称矩阵 $R$ 和 $S$，满足下列线性矩阵不等式(LMI)：

$$\begin{gathered} \begin{bmatrix} N_R & 0 \\ 0 & I \end{bmatrix}^{\mathrm{T}} \begin{bmatrix} AR+RA^{\mathrm{T}} & RC_1^{\mathrm{T}} & B_1 \\ C_1R & -\gamma I & D_{11} \\ B_1^{\mathrm{T}} & D_{11}^{\mathrm{T}} & -\gamma I \end{bmatrix} \begin{bmatrix} N_R & 0 \\ 0 & I \end{bmatrix}<0 \\ \begin{bmatrix} N_S & 0 \\ 0 & I \end{bmatrix}^{\mathrm{T}} \begin{bmatrix} A^{\mathrm{T}}S+SA & SB_1 & C_1^{\mathrm{T}} \\ B_1^{\mathrm{T}}S & -\gamma I & D_{11}^{\mathrm{T}} \\ C_1 & D_{11} & -\gamma I \end{bmatrix} \begin{bmatrix} N_S & 0 \\ 0 & I \end{bmatrix}<0 \\ \begin{bmatrix} R & 0 \\ 0 & S \end{bmatrix}\geqslant 0 \end{gathered} \tag{4-123}$$

式中，$N_R$ 和 $N_S$ 分别是 $[B_2^{\mathrm{T}}, D_{12}^{\mathrm{T}}]$ 和 $[C_2, D_{21}]$ 零空间的基，一旦求解出 $R$ 和 $S$，即可按照文献[29]所给的计算步骤构建出控制器。针对上述被控系统，当鲁棒性能参数 $\gamma$ 被设定为 0.7 时，所设计的鲁棒输出反馈控制器 $K$ 为 20 阶系统。为了减少控制算法的运算量，可利用平衡截断模型降阶方法将控制器降为一个 4 阶系统[30]。

3. 干扰观测器设计

值得注意的是，尽管可以通过增加加权传递函数 $z_1$ 使得设计出的 $H_\infty$ 控制器能够实现一个较高的转角跟踪精度，即性能 $z_1$ 获得较大权重，但此时性能 $z_2$ 就难以保证，即系统的控制输入 $u$ 的幅值较大，会造成转向盘打手等状况，导致驾驶员舒适性下降。反之，控制器则不能有效地抑制干扰，导致转角跟踪误差较大，继而使车辆偏离车道。为了实现辅助控制器鲁棒性与舒适性之间的权衡，设计干扰观测器估计系统干扰以对 $H_\infty$ 控制器进行补偿，可以等效为此时系统的干扰较小，从而可适当地降低 $H_\infty$ 控制器的干扰抑制能力防止过大的控制力，以同时满足 $z_1$ 和 $z_2$ 两个性能指标。考虑系统的已知输入和未知输入，则式(4-119)可表示为

$$J_{\mathrm{eq}}\ddot{\theta}_{\mathrm{m}}+B_{\mathrm{eq}}\dot{\theta}_{\mathrm{m}}+K_{\mathrm{eq}}\theta_{\mathrm{m}}=T_{\mathrm{a}}+d_{\mathrm{q}} \tag{4-124}$$

为了估计上述系统中的未知干扰输入 $d_{\mathrm{q}}$，设计该系统的干扰观测器为

$$\begin{cases}\dot{\sigma}=L(\Psi(\theta_{\mathrm{m}},\dot{\theta}_{\mathrm{m}},T_{\mathrm{a}})-\sigma)+F\displaystyle\int(\Psi(\theta_{\mathrm{m}},\dot{\theta}_{\mathrm{m}},T_{\mathrm{a}})-\sigma)\mathrm{d}t\\ \hat{d}_{\mathrm{q}}=\sigma+\Theta(\theta_{\mathrm{m}},\dot{\theta}_{\mathrm{m}})\end{cases} \tag{4-125}$$

式中，$\sigma$ 为观测器的一个辅助状态变量；$\hat{d}_{\mathrm{q}}$ 为未知干扰输入 $d_{\mathrm{q}}$ 的估计值；$L$ 和 $F$ 为设计参数；$\Psi(\cdot)$为关于电机转角 $\theta_{\mathrm{m}}$、电机角速度 $\dot{\theta}_{\mathrm{m}}$ 和辅助转矩 $T_{\mathrm{a}}$ 的函数，$\Theta(\cdot)$为关于 $\theta_{\mathrm{m}}$、$\dot{\theta}_{\mathrm{m}}$ 的函数，两者的定义分别为

$$\begin{aligned}&\Psi(\theta_{\mathrm{m}},\dot{\theta}_{\mathrm{m}},T_{\mathrm{a}})=B_{\mathrm{eq}}\dot{\theta}_{\mathrm{m}}+K_{\mathrm{eq}}\theta_{\mathrm{m}}-\Theta(\theta_{\mathrm{m}},\dot{\theta}_{\mathrm{m}})-T_{\mathrm{a}}\\&\Theta(\theta_{\mathrm{m}},\dot{\theta}_{\mathrm{m}})=LJ_{\mathrm{eq}}\dot{\theta}_{\mathrm{m}}+FJ_{\mathrm{eq}}\theta_{\mathrm{m}}\end{aligned} \tag{4-126}$$

**定理**　对于式(4-124)所描述的具有未知干扰输入 $d_{\mathrm{q}}$ 的连续时间系统，假设该干扰的时间导数未知但为固定值，如果式(4-125)中观测器的设计参数满足 $L>0$ 且 $F>0$，那么该干扰观测器是全局渐近稳定的，能够有效估计未知干扰输入 $d_{\mathrm{q}}$，且估计误差 $e=d_{\mathrm{q}}-\hat{d}_{\mathrm{q}}$ 渐近稳定地收敛于零。

**证明**　由于事先无法知道未知干扰输入 $d_{\mathrm{q}}$ 的变化率，不失一般性，可假定其为常量，即 $\dot{d}_{\mathrm{q}}=\xi$。

根据式(4-125)，对 $\hat{d}_{\mathrm{q}}$ 求一阶导数，得

$$\dot{\hat{d}}_{\mathrm{q}}=\dot{\sigma}+\frac{\mathrm{d}\Theta(\theta_{\mathrm{m}},\dot{\theta}_{\mathrm{m}})}{\mathrm{d}t} \tag{4-127}$$

将式(4-125)中的 $\dot{\sigma}$ 和式(4-126)中的 $\Theta(\cdot)$代入式(4-127)，可得

$$\dot{\hat{d}}_q = L(\Psi(\theta_m,\dot{\theta}_m,T_a)-\sigma)+F\int(\Psi(\theta_m,\dot{\theta}_m,T_a)-\sigma)dt+LJ_{eq}\ddot{\theta}_m+F\int J_{eq}\ddot{\theta}_m dt \tag{4-128}$$

联立式(4-124)～式(4-126)，消去式(4-128)中的$\sigma$和$\Psi(\cdot)$，可得

$$\dot{\hat{d}}_q = L(B_{eq}\dot{\theta}_m+K_{eq}\theta_m-T_a-\hat{d}_q)+F\int(B_{eq}\dot{\theta}_m+K_{eq}\theta_m-T_a-\hat{d}_q)dt \\ +LJ_{eq}\ddot{\theta}_m+F\int J_{eq}\ddot{\theta}_m dt \tag{4-129}$$

再结合式(4-125)的观测器，简化式(4-129)可得

$$\dot{\hat{d}}_q = L(d_q-\hat{d}_q)-F\int(d_q-\hat{d}_q)dt \tag{4-130}$$

继而考察估计误差$e$的动态方程，有

$$\dot{e}=\dot{d}_q-\dot{\hat{d}}_q=\xi-Le-F\int e dt \tag{4-131}$$

若令$e_0$表示估计误差的积分，即$e_0=\int e dt$，则观测器误差方程可表示为

$$\frac{d}{dt}\begin{bmatrix} e_0 \\ e \end{bmatrix}=\begin{bmatrix} 0 & 1 \\ -P & -L \end{bmatrix}+\begin{bmatrix} 0 \\ 1 \end{bmatrix}\xi \tag{4-132}$$

对于上述观测器误差状态系统，其特征方程及其方程的根分别为

$$\lambda^2+L\lambda+P=0$$
$$\lambda=\frac{-L\pm\sqrt{L^2-4P}}{2} \tag{4-133}$$

易知，当设计参数满足$L>0$且$F>0$时，全部特征根都具有负实部。因此，观测器是全局渐近稳定的且估计误差渐近地收敛于零。

### 4.10.5 仿真计算与分析

使用veDYNA/Simulink联合建立车辆模型、驾驶员模型和本节所提出的车道偏离辅助共享控制系统以组成一个完整的仿真系统。驾驶员模型由最优预瞄加速度转角控制模型和神经肌肉系统转矩控制模型组合而成，参见图4-11。假定驾驶员正常操纵车辆，在仿真过程中限制其输出转矩范围为±5N·m。所选取的车辆模型和EPS模型的参数如表4-3所示。

在veDYNA虚拟环境中设置直线车道，车道宽3.6m，路面附着系数取0.85。为了验证所提出的基于转向盘转角安全边界的车辆车道偏离辅助共享控制方法的有效性，即是否能够防止车辆偏离车道，以及对辅助控制过程中的人机冲突进行分析，针对车道偏离状况下驾驶员的不同反应设计四种仿真工况并进行仿真研究。

为评估所提出的方法的车道偏离辅助性能，在第一个工况中，当车辆接近车道边界时驾驶员不采取任何操作，即车辆此时完全由辅助系统进行控制。而在第二

个工况中，驾驶员产生反应但采取了错误的操纵，且在三种不同车速条件下对该驾驶工况进行了仿真。进一步地，为了评估所提方法的人机协调性能，又设计了另外两种仿真工况。在第三个工况中，驾驶员意识到车道偏离危险并开始主动纠正车辆跟踪道路中心线。而第四个仿真工况则是要体现驾驶员的有意校正行为，即驾驶员有意地控制车辆靠车道一侧行驶但不超出车道边界。

(1) 驾驶员未反应。车辆以 80km/h 的速度沿着车道中心行驶，驾驶员在 $t=15$s 时不小心转动转向盘并保持其转角为 3°。

从图 4-73 可以看出，由于车辆逐渐地向车道左侧边界移动，在时间 $t=16.9$s 时驾驶员意图转向盘转角开始超出转向盘转角的左侧安全边界，继而触发了辅助系统的主动干预。在这种状况下，辅助控制器的目标是产生转矩控制转向盘跟踪其左侧的安全边界。图 4-73(c)给出了驾驶员转矩和辅助转矩的变化情况。注意到，在辅助控制被激活之后，驾驶员仍然对转向盘施加转矩，因此辅助系统产生更大的转矩来克服驾驶员的干扰输入。当时间 $t=17.3$s 时，驾驶员放弃对车辆的控制($T_d < T_{th} = 0.6$N · m)。在此之后，辅助控制器始终保持激活状态，控制车辆沿着车道的左侧行驶。图 4-73(d)描述了转向干扰力矩及其估计值，可见所设计的干扰观测器能够可靠地估计出系统中的干扰力矩，进而对其进行补偿以提升转向盘转角跟踪性能。

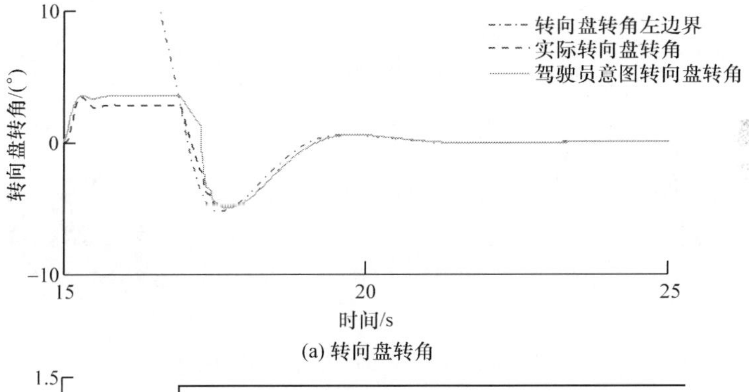

(a) 转向盘转角

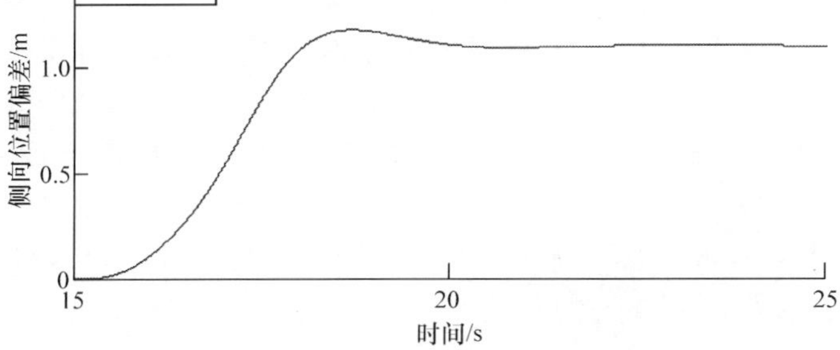

(b) 车辆侧向位置偏差和辅助触发状态

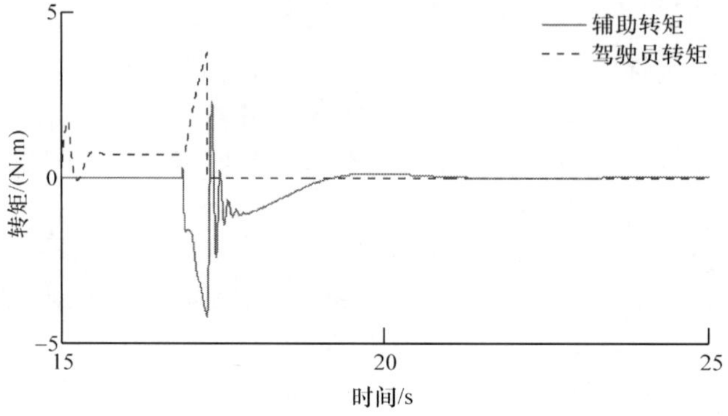

(c) 转矩

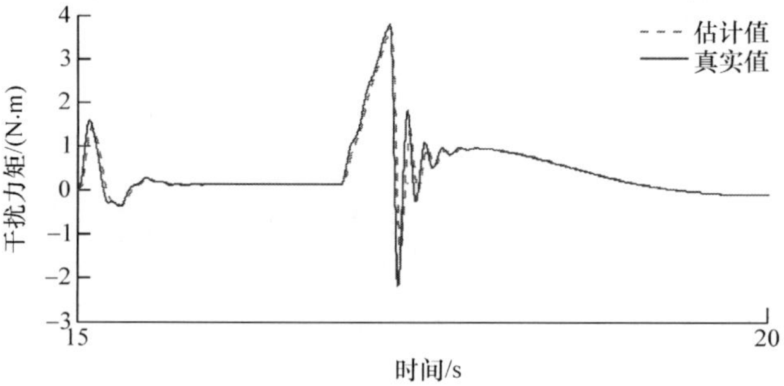

(d) 转向干扰力矩估计

图 4-73　驾驶员未反应工况下的控制结果

(2) 驾驶员误操作。该工况是为了检验控制器在驾驶员提供干扰操作情况下的鲁棒性。类似地，车辆沿着直行道路行驶并在某一时刻开始偏离车道中心。分别在车速 $V_x=60$km/h、$V_x=90$km/h 和 $V_x=120$km/h 三种条件下进行仿真研究。

图 4-74 显示了三种不同车速条件下所提出的方法的控制效果。从图 4-74(b)中可以看出，辅助控制器能够有效地阻止车辆偏离其所行驶的车道。在初始转向盘转角相同的条件下，车速越高，车辆越容易偏离车道，因而需要越早进行纠正。辅助系统在三种车速条件下的干预触发时刻分别是 $t=17.4$s、$t=16.7$s 和 $t=16.4$s。尽管车速较高时辅助系统更早开始干预，但对于车速 $V_x=120$km/h 的车辆，其横向位置偏差依然是最大的。因此，对于一个高速行驶的车辆，其转向盘转角安全边界应该被进一步收缩。如图 4-74(c)所示，在该工况下驾驶员始终产生错误的转向力矩，但该转矩小于 $T_{\max}=\pm 6\text{N}\cdot\text{m}$，表明不是紧急状况。正如所设计的那样，辅助控制器克服驾驶员的错误操作，控制车辆沿着期望的轨迹运动。

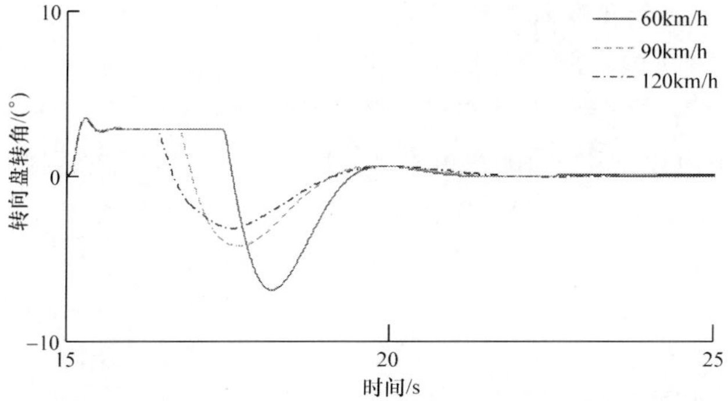


(a) 实际转向盘转角

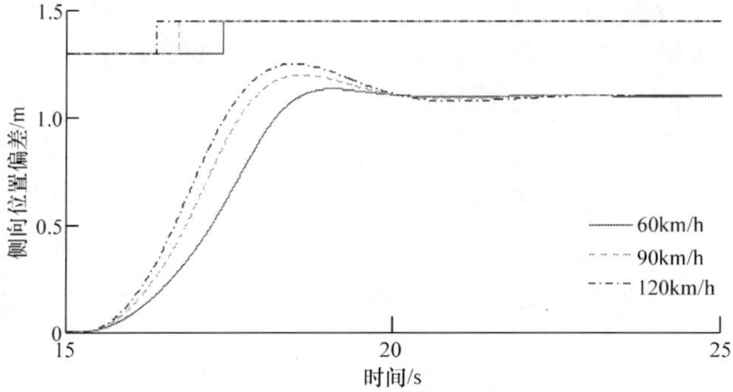


(b) 车辆侧向位置偏差和辅助触发状态

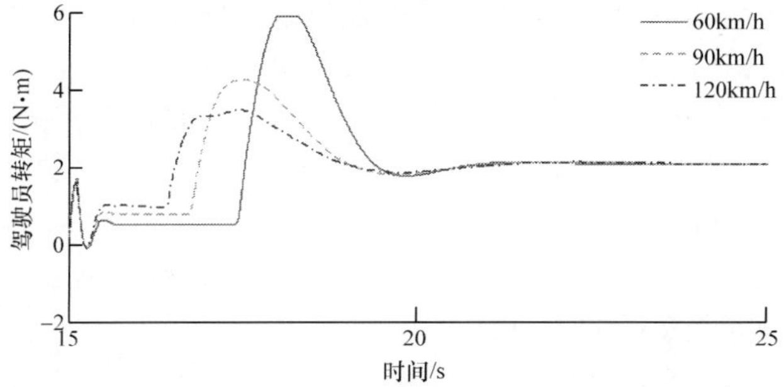


(c) 驾驶员转矩

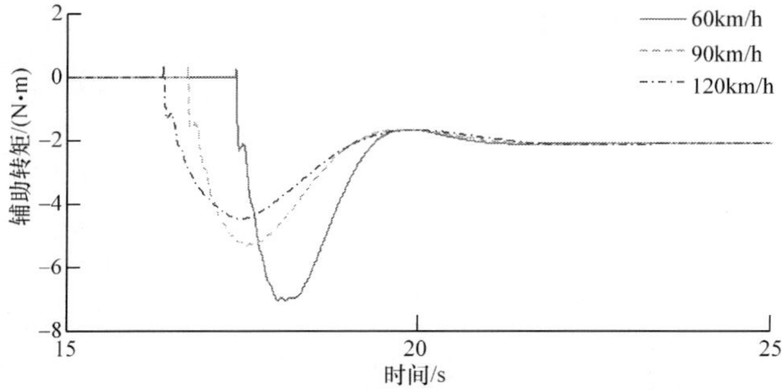


(d) 辅助转矩

图 4-74　驾驶员误操纵工况下的控制结果

(3) 驾驶员主动纠正车辆。该工况被设计用来评估所提出的车道偏离辅助共享控制方法的人机协调性能。其初始仿真条件与工况一相同,不同的是,驾驶员在随后意识到车道偏离危险并主动纠正车辆回到车道中心。

从图 4-75 中可以看出,辅助系统在 $t=16.9\sim17.3$s 产生控制干预,这是因为驾驶员意图转角在这段时间内超出了转向盘转角的左侧安全边界。随后,驾驶员开始意识到车辆正在偏离车道,开始主动纠正车辆回到车道中心。由于驾驶员此时对转向盘施加了向右侧的力矩,驾驶员意图转向盘转角比实际转向盘转角更早地进入转向盘转角安全边界内部,所以共享控制辅助系统直接停止辅助,如图 4-75(c)所示。若直接用实际转向盘转角来替代驾驶员意图转向盘转角,则会导致辅助控制延迟一段时间再关闭,此时辅助系统的控制目标是跟踪车道左侧安全边界,而驾驶员的目标是回到车道中心,两者目标不一致,由于驾驶员此时的操纵是正确的行为,辅助系统产生的抗力是消极的,如图 4-75(d)所示。为了进一步体现本节提出的以跟踪车道安全边界来实现车道偏离辅助方法的优越性,现与一般文献以及 4.2 节中提出的以跟踪车道中心为目标的辅助控制方法进行对比。这类方法一般先设计 DLC 或 TLC 来触发辅助控制,系统启动后直接以车道中心为控制目标[31]。图 4-75(e)为其仿真过程中的人机转矩情况,在时间 $t=17.3$s 之后,尽管驾驶员和辅助系统的控制目标一致,但是由于控制器与驾驶员的内在差异,两者的控制方式不完全一样,导致两者转矩出现持续相抵触的状况,人机冲突较为明显。此外,当车辆即将偏离车道时,其横向位置接近车道边界而与车道中心偏差较大,此时若以车道中心为控制目标会使得辅助系统启动的瞬间产生较大的辅助转矩,这会影响驾驶员的操纵舒适性。以车道中心为控制目标时,辅助转矩在启动瞬间达到 15.9N·m,而以车道边界为控制目标时辅助转矩启动瞬间只有 1.1N·m。

(4) 驾驶员有意校正车辆。设计该工况的用意是测试辅助系统对驾驶员有意校正行为的反应。在这种情况下,车辆接近车道边界是因为驾驶员对车辆横向位置的有意校正,而非无意图的车道偏离。

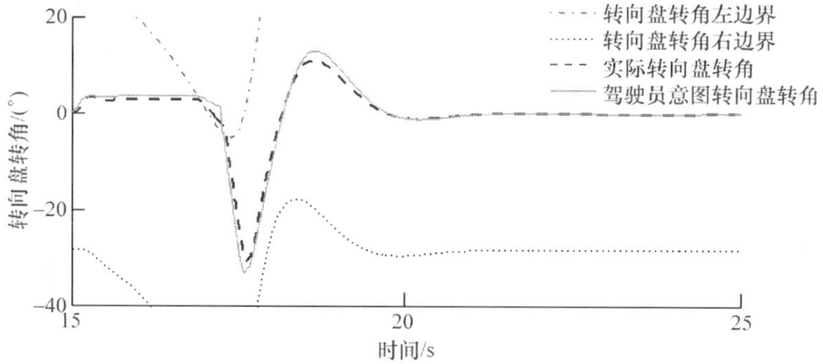

(a) 转向盘转角

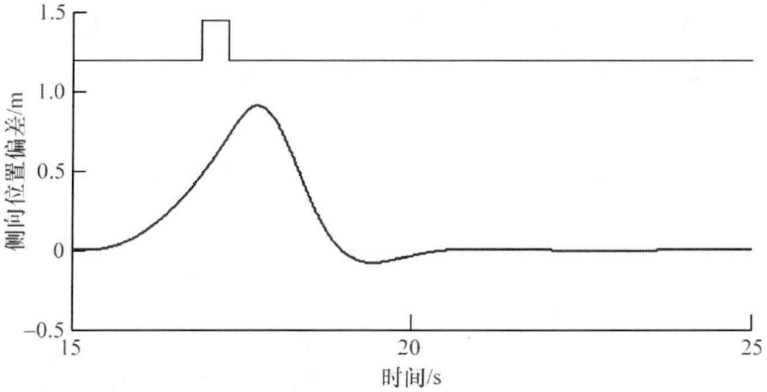


(b) 车辆侧向位置偏差和辅助触发状态

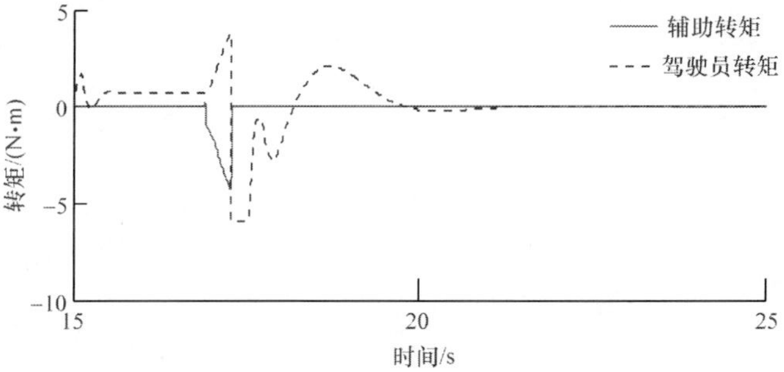


(c) 基于转向角安全边界的方法

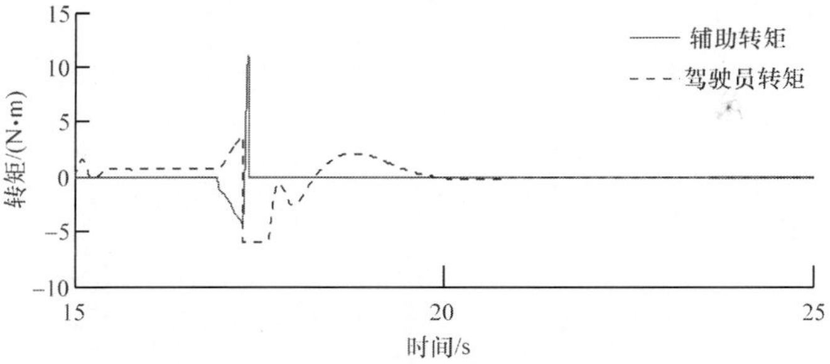


(d) 基于转向角安全边界的方法但无驾驶员意图估计器

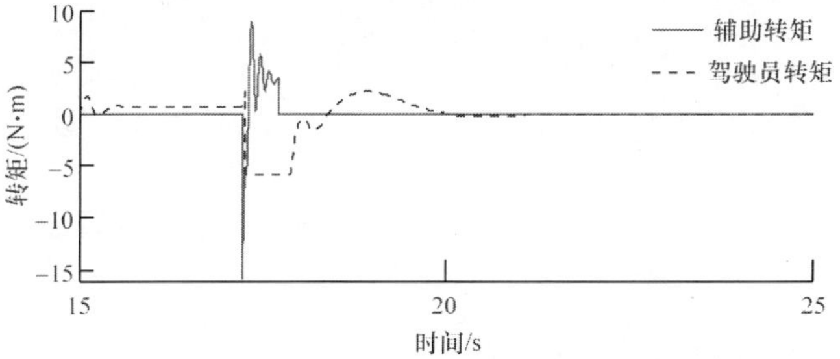


(e)直接跟踪车道中心的方法

图 4-75　驾驶员主动纠正车辆回车道中心时的控制结果

从图 4-76 中可以看出，辅助系统分别在 $t=16.9s$ 和 $t=17.4s$ 时刻触发了两次，这是因为驾驶员进行主动校正，致使车辆缓慢地偏离车道中心且其横向位置与所设计的安全车道边界很接近。因而，图 4-76(a)中的实际转向盘转角一直很靠近转向盘转角的左侧安全边界。图 4-76(c)、(d)和(e)分别给出了三种控制方法的辅助转矩结果。对于本节所提方法，当辅助系统启动后，辅助系统与驾驶员的冲突时间仅持续 0.05s。而当不采用驾驶员意图转向盘转角时，人机冲突明显加剧，冲突时间达到 0.54s，且由于冲突导致辅助系统的干预时间更长。若辅助系统以车道

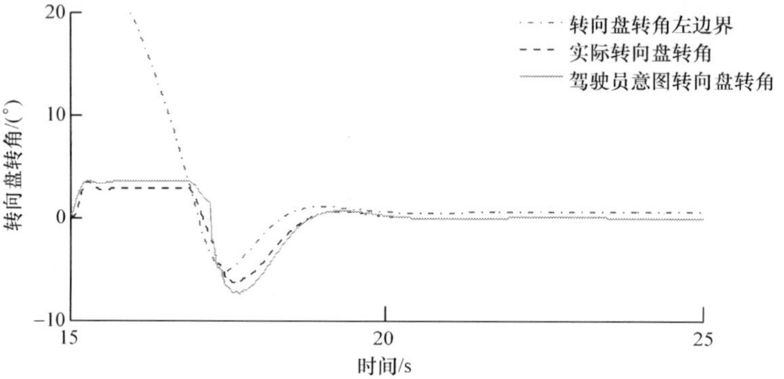

(a) 转向盘转角

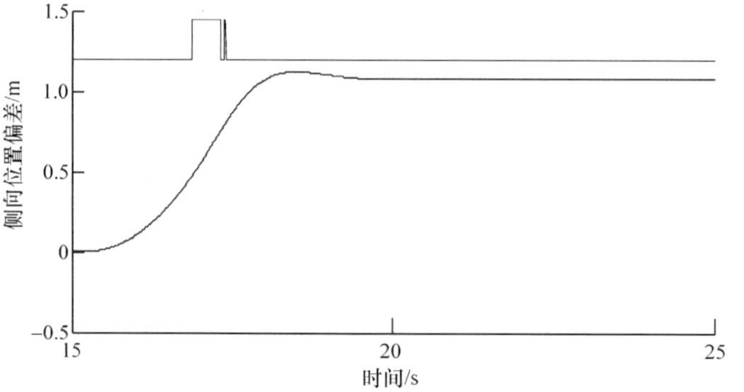

(b) 车辆侧向位置偏差和辅助触发状态

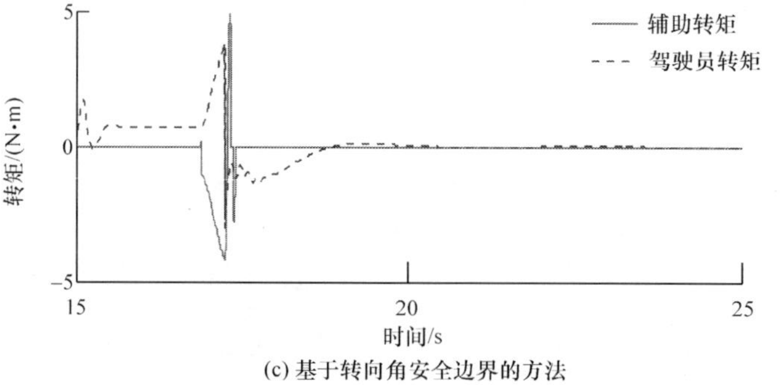

(c) 基于转向角安全边界的方法

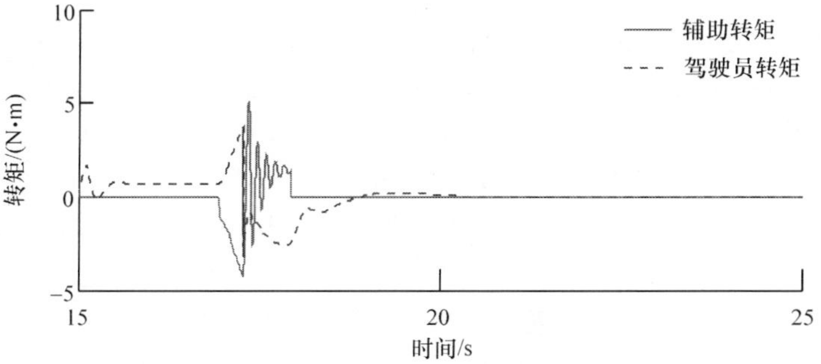

(d) 基于转向角安全边界的方法但无驾驶员意图估计器

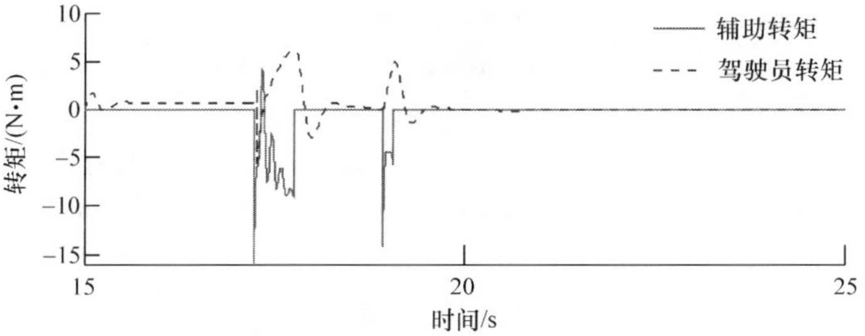

(e) 直接跟踪车道中心的方法

图 4-76　驾驶员有意校正车辆时的控制结果

中心为控制目标，则在该工况下其与驾驶员的控制目标不一致，辅助系统希望向车道内侧转向以跟踪车道中心，而驾驶员希望向左侧转向以沿车道边缘行驶，两者保持冲突直至辅助系统关闭。且经过 1.2s 后辅助系统又再次触发，整个冲突时间达到 0.57s。

通过上述仿真分析可知，尽管 4.2 节所提出的基于人机共享和分层控制的车道偏离辅助系统既能有效防止车辆偏离车道，又具备较好的人机协调性能，但该系统的干预被触发之后将直接控制车辆跟踪车道中心，导致辅助转矩在启动瞬间过大，易造成转向盘打手现象，降低驾驶员的操纵舒适性。而本节所提出的基于转向盘转角安全边界的车道偏离辅助共享控制方法在辅助过程中控制车辆跟踪车道安全边界，因此干预触发瞬间其辅助转矩较小且能平滑过渡，具有更好的人机协调性，在保障车辆不偏离车道的前提下，给予驾驶员更多的驾驶自由，既实现了车辆的横向运动安全性，又确保了驾驶员的操纵舒适性。

## 参 考 文 献

[1] 王家恩. 基于视觉的驾驶员横向辅助系统关键技术研究. 合肥：合肥工业大学博士学位论文，2013

[2] 李红志，李亮，宋健，等. 预瞄时间自适应的最优预瞄驾驶员模型. 机械工程学报，2010，46

(20):106-111

[3] Melonee W, John H. Application and analysis of a robust trajectory tracking controller for under-characterized autonomous vehicles. IEEE International Conference on Control Applications, San Antonio, 2008:274-280

[4] 高振海. 汽车方向预瞄式自适应控制算法. 机械工程学报, 2004, 40(5):101-105

[5] 谈东奎, 陈无畏, 王家恩, 等. 基于人机共享和分层控制的车道偏离辅助系统. 机械工程学报, 2015, 51(22):98-110

[6] Xiang J, Su H, Chu J. On the design of Walcott-Zak sliding mode observer. American Control Conference, Portland, 2005:2451-2456

[7] Apkarian P, Gahinet P, Becker G. Self-scheduled $H_\infty$ control of linear parameter-varying systems: A design example. Automatica, 1995, 31(9):1251-1261

[8] Hui S, Zak S. Observer design for systems with unknown inputs. International Journal of Applied Mathematics and Computer Science, 2005, 15(4):431-446

[9] Marouf A, Sentouh C, Djemai M, et al. Control of an electric power assisted steering system using reference model. Decision and Control and European Control Conference, Orlando, 2011: 6684-6690

[10] Yuri B, Jaime A, Franck P, et al. Super-twisting adaptive sliding mode control: A Lyapunov design. IEEE Conference on Decision and Control, Atlanta, 2010:5109-5113

[11] Pick A, Cole D. Neuromuscular dynamics in the driver-vehicle system. Vehicle System Dynamics, 2006, 44:624-631

[12] 谈东奎. 人机共享的驾驶员横向辅助系统关键技术研究. 合肥:合肥工业大学博士学位论文, 2017

[13] Liu H L, Taniguchi T, Takano T, et al. Visualization of driving behavior using deep sparse autoencoder. IEEE Intelligent Vehicles Symposium Proceedings, Dearborn, 2014:1427-1434

[14] Moore R, DeNero J. L1 and L2 regularization for multiclass hinge loss models. Machine Learning in Speech and Language Processing, Bellevue, 2011:1-5

[15] Guo K, Ding H, Zhang J, et al. Development of a longitudinal and lateral driver model for autonomous vehicle control. International Journal of Vehicle Design, 2004, 36(1):50-65

[16] 王家恩, 陈无畏, 王檀彬, 等. 基于期望横摆角速度的视觉导航智能车辆横向控制. 机械工程学报, 2012, 48(4):108-115

[17] 陈无畏, 谈东奎, 汪洪波, 等. 一类基于轨迹预测的驾驶员方向控制模型. 机械工程学报, 2016, 52(14):106-115

[18] Meyer C F, Gibson D W. Route Surveying and Design. New York: Harper & Row, 1980

[19] 汪明磊, 陈无畏, 王家恩. 基于道路势场的车道偏离自动校正自适应控制. 中国机械工程, 2013, 24(24):3402-3407

[20] Rossetter E J. A potential field framework for active vehicle lanekeeping assistance. Stanford: Stanford University, 2003

[21] Rossetter E J, Gerdes J C. Lyapunov based performance guarantees for the potential field

lane-keeping assistance system. Journal of Dynamic Systems Measurement and Control，2006，128：510-522

[22] 赵林峰，徐磊，陈无畏. 基于自抗扰控制的自动泊车路径跟踪. 中国机械工程，2017，28(6)：966-973

[23] 李红，郭孔辉，宋晓琳，等. 非时间参考的类车机器人定点跟踪控制. 中国机械工程，2015，26(13)：1705-1711

[24] 韩京清. 自抗扰控制技术：估计补偿不确定因素的控制技术. 北京：国防工业出版社，2008

[25] 李一染，陈慧，高博麟. 自抗扰控制在前轮主动转向控制中的应用. 汽车工程，2011，33(5)：388-391

[26] 石晨曦. 自抗扰控制及控制器参数整定方法的研究. 无锡：江南大学硕士学位论文，2008

[27] 焦俊. 基于多 Agent 系统的智能汽车自主行驶控制研究. 合肥：合肥工业大学博士学位论文，2010

[28] Alirezaei M，Corno M，Ghaffari A，et al. Robust road departure avoidance based on driver decision estimation. Proceedings of the 18th IFAC World Congress，2011，44(1)：8427-8432

[29] Gahinet P，Apkarian P. A linear matrix inequality approach to $H$-inf control. International Journal of Robust and Nonlinear Control，1994，4(4)：421-448

[30] Skogestad S，Postlethwaite I. Multivariable Feedback Control：Analysis and Design. Hoboken：Wiley，2007

[31] Enache N M，Netto M，Mammar S，et al. Driver steering assistance for lane departure avoidance. Control Engineering Practice，2009，17(6)：642-651

# 第 5 章　智能车辆的运动稳定性与控制

智能车辆与传统车辆一样，其安全性仍然是非常重要的，并且要放在首要考虑的位置。智能车辆除了环境感知和智能决策两大关键技术，车辆的转向和驱动/制动部分也是其关键技术之一，将起到决策指令执行的重要作用，极大地影响着车辆的运动稳定性和行驶安全性。本章针对带有电动助力转向(EPS)系统和电子稳定程序(ESP)系统的纵横向运动协调控制、轮毂电机驱动的智能电动车辆的运动稳定性分析及其控制技术等展开论述。

## 5.1　基于 LPV/$H_\infty$ 控制的 EPS 研究

EPS 系统不仅决定了车辆转向时的助力情况，同时对车辆的操纵稳定性起到了很大的影响作用。智能车辆中 EPS 系统的控制，需要考虑参数摄动等不确定因素下系统的控制性能。

### 5.1.1　EPS 系统的 LPV/$H_\infty$ 控制器设计

1. EPS 系统控制目标

EPS 系统是一种由电动机提供辅助转矩的动力转向系统，容易实现在车速不同时提供不同的辅助转矩，保证车辆在转向行驶时具有轻便灵活和良好路感等特性。但是车辆在转向工况时，还需要有良好的操纵稳定性以及抗干扰的能力。因此，在设计 EPS 系统控制器时不但要考虑到转向轻便性和良好的路感，还要考虑到整车的操纵稳定性和抗干扰能力[1,2]。

因此，在设计 EPS 系统控制器时，主要考虑了以下三个目标。

(1) 能够保证系统具有良好的助力性能。系统的理想助力转矩 $T_a^*$ 通过助力特性曲线来确定，这里的助力特性曲线选择直线型助力曲线，可表示为 $T_a^*=k_aT_h$，其中 $k_a$ 为与车速有关的助力增益系数。在控制过程中要保证助力电机实际输出的助力转矩能够跟踪理想的助力转矩。以上对助力性能的描述可以定性地表示为 $\|W_a(T_a-T_a^*)\|_2$，其中 $T_a$、$T_h$ 分别为实际的助力转矩和驾驶员操纵转矩，$W_a$ 为权函数，并设 $W_a(s)=c_a\dfrac{a_as+1}{b_as+1}$。减小 $\|W_a(T_a-T_a^*)\|_2$，以获得最佳的助力转矩，同时使得助力电机的助力转矩能够平稳输出，可将 $W_a$ 设置为低通滤波

器，即 $W_a(s)=0.15\dfrac{10s+1}{100s+1}$。

(2) 能够使系统获得良好的路感。要让驾驶员能够感受到路面传到转向盘的低频干扰，并及时隔离路面对转向盘的高频干扰，还要防止转向盘的抖动。以上对路感的描述可以定性地表示为 $\|W_f(T_c-k_fF_r)\|_2$，其中 $T_c$、$F_r$ 分别为转矩传感器转矩测量值和路面干扰力，$k_f$ 为路感系数，其主要由 EPS 系统的结构和参数决定。令 $W_f$ 为权函数，并设 $W_f(s)=c_f\dfrac{a_fs+1}{b_fs+1}$。减小 $\|W_f(T_c-k_fF_r)\|_2$，使驾驶员能够感知到路面的低频干扰，以保证系统获得最佳路感，同时隔离高频干扰，可将 $W_f$ 设置为 $W_f(s)=\dfrac{0.015s+0.00015}{0.001s+1}$。

(3) 能够使车辆具有良好的操纵稳定性。用车辆实际的横摆角速度和理想横摆角速度的偏差来评判转向操纵的稳定性，偏差越小，操纵稳定性越好；反之，则越差。以上对操纵稳定性的描述可以定性地表示为 $\|W_{\omega_r}(\omega_r-\omega_{rd})\|_2$，其中 $\omega_r$、$\omega_{rd}$ 分别为车辆的实际横摆角速度和理想横摆角速度，$W_{\omega_r}$ 为权函数，并设 $W_{\omega_r}(s)=c_{\omega_r}\dfrac{a_{\omega_r}s+1}{b_{\omega_r}s+1}$。减小 $\|W_{\omega_r}(\omega_r-\omega_{rd})\|_2$，使车辆具有良好的操纵稳定性，又由于驾驶员操纵转向盘的频率一般为 4～6Hz，可将 $W_{\omega_r}$ 设置为 $W_{\omega_r}(s)=\dfrac{1}{0.1s+1}$。

除此之外，因 EPS 系统在运行过程中还会受到路面附着条件变化以及各种传感器噪声等干扰，且 EPS 系统还存在非线性摩擦的作用，这些都使得 EPS 系统控制存在诸多的不确定性，故所设计的控制器还应该具有较强的鲁棒稳定性，使系统能够具有良好的抗干扰能力。

考虑上述系统的控制目标，定义系统的评价输出为 $z=[e_a,e_f,e_{\omega_r}]^T$，引入状态变量 $w_a$、$w_f$、$w_{\omega_r}$，并令 $e_a=W_a(T_a-T_a^*)$，$e_f=W_f(T_c-k_fF_r)$，$e_{\omega_r}=W_{\omega_r}(\omega_r-\omega_{rd})$，可以得到广义对象的状态空间模型：

$$\begin{cases}\dot{\hat{x}}=A'\hat{x}+B_1'w+B_2'u\\ z=C_1\hat{x}+D_{11}w\\ y=C_2\hat{x}\end{cases}\tag{5-1}$$

式中

$$\hat{x}=[w_a,w_f,w_{\omega_r},x]^T,\quad A'=\begin{bmatrix}-1/a_a & 0 & 0 & c_a(1-b_a/a_a)c_2\\ 0 & -1/a_f & 0 & c_f(1-b_f/a_f)c_1\\ 0 & 0 & -1/a_{\omega_r} & c_{\omega_r}(1-b_{\omega_r}/a_{\omega_r})c_6\\ 0 & 0 & 0 & A\end{bmatrix},$$

$$B_1'=\begin{bmatrix} c_a k_a(b_a/a_a-1) & 0 \\ 0 & c_f k_f(b_f/a_f-1) \\ 0 & 0 \\ b_{11} & b_{12} \end{bmatrix},\quad B_2'=[0\quad 0\quad 0\quad B_2]^{\mathrm{T}},$$

$$C_1=\begin{bmatrix} 1/a_a & 0 & 0 & c_a b_1 c_2/a_a \\ 0 & 1/a_f & 0 & c_f b_f c_1/a_f \\ 0 & 0 & 1/a_{\omega_r} & c_{\omega_r} b_{\omega_r} c_6/a_{\omega_r} \\ 0 & 0 & 0 & 0 \\ \vdots & \vdots & \vdots & \vdots \\ 0 & 0 & 0 & 0 \end{bmatrix},\quad D_{11}=\begin{bmatrix} -c_a b_a k_a/a_a & 0 \\ 0 & -c_f b_f k_f/a_f \\ \vdots & 0 \\ \vdots & \vdots \\ 0 & 0 \end{bmatrix},\quad C_2=[0\quad C]$$

其中

$$C=\begin{bmatrix} c_1 \\ c_2 \\ c_3 \\ c_4 \\ c_5 \\ c_6 \end{bmatrix}=\begin{bmatrix} K_c & 0 & -K_c/r_p & 0 & 0 & 0 & 0 & 0 & 0 \\ 0 & 0 & -K_m G/r_p & 0 & K_m & 0 & 0 & 0 & 0 \\ 1 & 0 & 0 & 0 & 0 & 0 & 0 & 0 & 0 \\ 0 & 0 & 0 & 0 & 1 & 0 & 0 & 0 & 0 \\ 0 & 0 & 0 & 0 & 0 & 0 & 0 & 1 & 0 \\ 0 & 0 & 0 & 0 & 0 & 0 & 0 & 0 & 1 \end{bmatrix}$$

2. LPV 系统多胞模型

车辆转向系统本身参数并不是一成不变的，而是会随着车辆行驶时间的增加，以及因磨损、老化和保养的不同而发生变化，并且在行驶过程中，车辆转向系统本身参数还会发生摄动，这些参数的变化都会直接影响车辆的转向性能。因此，对于这类模型参数不确定以及有外部干扰的系统，可以用线性变参数(linear parameter varying，LPV)方法来进行描述。

根据对转向性能的影响大小，选择转向柱刚度系数 $K_c$、助力电机电感 $L$ 和助力电机减速机构传动比 $G$，即取 $\rho_1=K_c$，$\rho_2=1/L$，$\rho_3=G$ 为 3 个变参数，则系统(5-1)关于变参数 $\rho_i(i=1,2,3)$ 的 LPV 模型可表示为

$$\begin{cases} \dot{\hat{x}}=A'(\rho)\hat{x}+B_1'(\rho)w+B_2'(\rho)u \\ z=C_1(\rho)\hat{x}+D_{11}(\rho)w \\ y=C_2(\rho)\hat{x} \end{cases} \tag{5-2}$$

定义参数向量 $\rho=[\rho_1,\rho_2,\rho_3]^{\mathrm{T}}$，模型中的系数矩阵仿射依赖于参数向量 $\rho$，故

系数矩阵可以表示为 $A' = A'_0 + \sum_{i=1}^{3}\rho_i A'_i$，$B'_1 = B'_{10} + \sum_{i=1}^{3}\rho_i B'_{1i}$，$B_2 = B_{20} + \sum_{i=1}^{3}\rho_i B'_{2i}$，$C_1 = C_{10} + \sum_{i=1}^{3}\rho_i C_{1i}$，$C_2 = C_{20} + \sum_{i=1}^{3}\rho_i C_{2i}$，$D_{11} = D_{110} + \sum_{i=1}^{3}\rho_i D_{11i}$。

令 $S(\rho(t))=\begin{bmatrix} A'(\rho) & B'_1(\rho) & B'_2(\rho) \\ C_1(\rho) & D_{11}(\rho) & \\ C_2(\rho) & & \end{bmatrix}$，$S_i=\begin{bmatrix} A_i & B_{1i} & B_{2i} \\ C_{1i} & D_{11i} & \\ C_{2i} & & \end{bmatrix}(i=1,2,3)$，若系统矩阵 $S(\rho(t))$ 取由 $S_i$ 组成的多胞模型中的值，即 $S(\rho)\in Co\{S_1,S_2,\cdots,S_k\}$，则该系统的 LPV 多胞模型如下：

$$S(\rho) = \sum_{j=1}^{k}\alpha_j S_j,\quad \alpha_j \geqslant 0;\sum_{j=1}^{k}\alpha_j = 1 \tag{5-3}$$

参数变量 $\rho_i$ 取值为 $[\rho_{i\min},\rho_{i\max}]$，其中 $i=1,2,3$，且每一个变参数 $\rho_i$ 只取其上下边界值，3 个变参数的组合可以得到 9 种变参数矢量，故上述多胞模型为 9 顶点的多胞模型，其中 $k$ 取值为 9。

### 3. LPV 系统的 $H_\infty$ 控制器设计

控制器的设计对于一个控制系统具有至关重要的作用。在实际问题中，系统的状态往往不可测，难以使用状态反馈控制律来对系统进行控制，故采用输出反馈 $H_\infty$ 控制方法来设计 LPV 系统的控制器，如图 5-1 所示。其设计目标就是要使得多胞模型(5-3)在 $\rho_j(j=1,2,\cdots,9)$ 所构成的区域内都能够达到系统的稳定，即全局稳定。考虑到多胞模型的凸特性，只需要设计每一个顶点所对应的控制器，最后就能推导出系统的控制器。

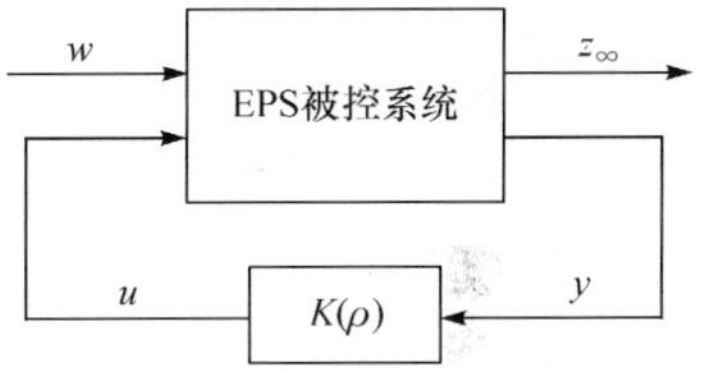

图 5-1　LPV/$H_\infty$ 控制

式(5-2)的输出反馈 $H_\infty$ 控制就是要寻找一动态 LPV 控制器 $K(\rho)$，其状态空间表达式为

$$\begin{cases} \dot{x}_k = A_k(\rho)x_k + B_k(\rho)y \\ u = C_k(\rho)x_k + D_k(\rho)y \end{cases} \tag{5-4}$$

使得由式(5-2)与式(5-4)所组成的闭环系统是渐近稳定的，且从外部干扰输入 $w$ 到测量输出 $z$ 的传递函数的 $H_\infty$ 范数小于 1，即 $\|T_{wz}(s)\|_\infty<1$。

由鲁棒控制理论可知，要使式(5-3)存在输出反馈 $H_\infty$ 控制器，当且仅当存在依赖参数的对称矩阵 $X(\rho)$、$Y(\rho)$ 和 $\hat{A}_j$、$\hat{B}_j$、$\hat{C}_j$、$\hat{D}_j(j=1,2,\cdots,9)$，使得式(5-5)与式(5-6)中 10 个线性矩阵不等式有可行解：

$$\begin{bmatrix} A_j'X+XA_j'^{\mathrm{T}}+B_{2j}'\hat{C}_j+B_{2j}'\hat{C}_j & \hat{A}_j^{\mathrm{T}}+(A_j'+B_{2j}'\hat{D}_jC_{2j}) & B_{1j}' & (C_{1j}X)^{\mathrm{T}} \\ * & A_j'^{\mathrm{T}}Y+YA_j'+\hat{B}_jC_{2j}+(\hat{B}_jC_{2j})^{\mathrm{T}} & YB_{1j}' & C_{1j}^{\mathrm{T}} \\ * & * & -I & D_{11j} \\ * & * & * & -I \end{bmatrix}<0 \tag{5-5}$$

$$\begin{bmatrix} X & I \\ I & Y \end{bmatrix}>0 \tag{5-6}$$

并可由式(5-7)得出每一个顶点处的控制器系数矩阵 $A_{kj}$、$B_{kj}$、$C_{kj}$、$D_{kj}$：

$$\begin{cases} A_{kj}=N^{-1}[\hat{A}_j-X(A_j'-B_{2j}'D_{kj}C_{2j})Y-\hat{B}_jC_{2j}Y-XB_{2j}'\hat{C}_j]M^{-\mathrm{T}} \\ B_{kj}=N^{-1}(\hat{B}_j-YB_{2j}'D_{kj}) \\ C_{kj}=(\hat{C}_j-D_{kj}C_{2j}X)M^{-\mathrm{T}} \\ D_{kj}=\hat{D}_j \end{cases} \tag{5-7}$$

式(5-7)中的 $\hat{A}_j$、$\hat{B}_j$、$\hat{C}_j$、$\hat{D}_j$ 可以由下式获得：

$$\begin{cases} \hat{A}_j=Y(A_j'+B_{2j}'D_{kj}C_{2j})X+NB_{kj}C_{2j}X+YB_{2j}'C_{kj}M^{\mathrm{T}}+NA_{kj}M^{\mathrm{T}} \\ \hat{B}_j=YB_{2j}D_{kj}+NB_{kj} \\ \hat{C}_j=D_{kj}C_{2j}X+C_{kj}M^{\mathrm{T}} \\ \hat{D}_j=D_{kj} \end{cases} \tag{5-8}$$

上述公式的详细推导可以参照文献[2]和[3]。以上各式中的 $M$、$N$ 可以在得到 $X$、$Y$ 的值后，通过对矩阵 $MN^{\mathrm{T}}=I-XY$ 进行奇异值分解求得。

若变参数向量 $\rho$ 的取值在由 3 个变参数分别取最大值与最小值组成的 9 个变参数向量 $p_j\ (j=1,2,\cdots,9)$ 所构成的区域内，即 $\rho=\left\{\sum_{j=1}^{9}\beta_j p_j;\beta_j\geqslant 0,\sum_{j=1}^{9}\beta_j=1\right\}$，其中 $\beta_j$ 为凸分解系数，可以看作变参数 $p_j$ 的函数，与转向柱刚度系数 $K_c$、助力电机电感 $L$ 和助力电机减速机构传动比 $G$ 相关，则可以推导出 LPV 系统的输出反馈 $H_\infty$ 控制器为

$$\begin{bmatrix} A_k & B_k \\ C_k & D_k \end{bmatrix}=\sum_{j=1}^{9}\beta_j\begin{bmatrix} A_{kj} & B_{kj} \\ C_{kj} & D_{kj} \end{bmatrix} \tag{5-9}$$

### 5.1.2 仿真计算与分析

为了验证上述控制方法的有效性，在 MATLAB 中建立了整车与 EPS 模型，设计了 $H_\infty$ 控制器以及 LPV/$H_\infty$ 控制器，并对其进行了仿真计算。仿真时对 EPS 的转向盘输入阶跃转矩，其幅值为 5N · m；为了体现所述控制算法对系统参数摄动的控制效果，取参数 $K_c$、$G$、$L$ 的摄动量为±10%；为便于仿真分析，只选取参数摄动到最大或最小时的仿真曲线进行对比分析。$H_\infty$ 控制器与 LPV/$H_\infty$ 控制器在

EPS 模型参数摄动时的控制效果对比如图 5-2 和图 5-3 所示。其中，图 5-2 对应的是参数 $\rho$ 摄动到最大时的控制效果，图 5-3 为 $\rho$ 摄动到最小时的控制效果。从图中能够明显看出，采用了 LPV/$H_\infty$ 控制方法的 EPS 助力电机能够更好地跟踪理想助力转矩，并且达到稳定的时间也比较短；在跟踪过程中，电机助力转矩波动较采用 $H_\infty$ 控制方法的要小，从而能够有效减小转向盘抖动，使驾驶员具有较舒服的转向盘握持感受。这说明采用 LPV/$H_\infty$ 控制方法对于参数 $\rho$ 的摄动不敏感，具有较好的抗摄动能力和助力特性。

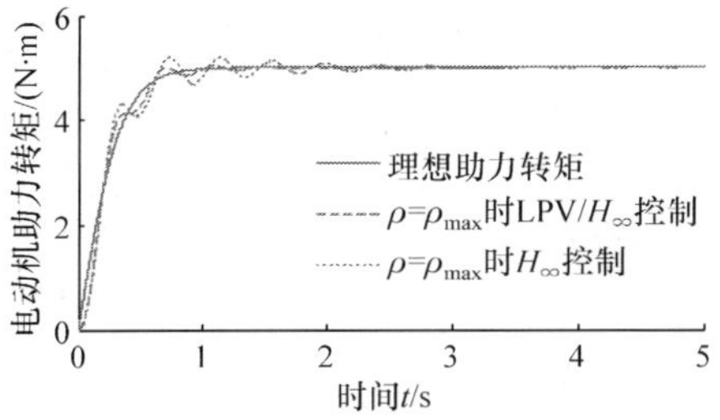


图 5-2　$\rho_{max}$时助力转矩对比

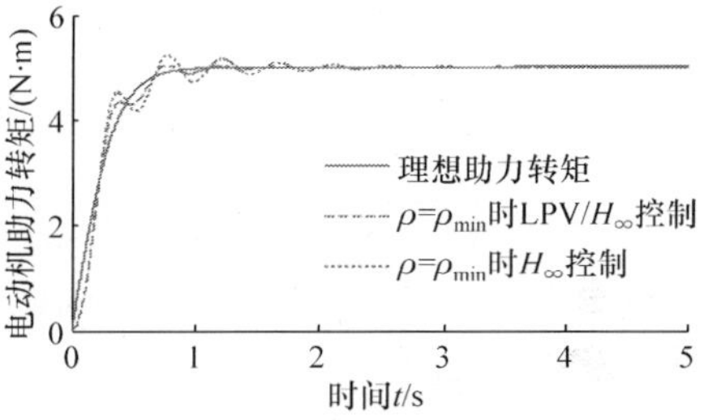


图 5-3　$\rho_{min}$时助力转矩对比

图 5-4 和图 5-5 描述的是在进行转向操纵时，所述控制算法对操纵稳定性的控制效果。为了进行分析，选取横摆角速度来对其进行说明，它是表征车辆运动稳定性特征的重要参数之一。从图中可以看出，在 LPV/$H_\infty$ 控制时，车辆横摆角速度与理想横摆角速度的偏差值比 $H_\infty$ 控制时的要小得多，并且达到稳定时所用时间也比 $H_\infty$ 控制时的要小。这说明采用 LPV/$H_\infty$ 控制策略，车辆具有较好的抗参数摄动性能和操纵稳定性。

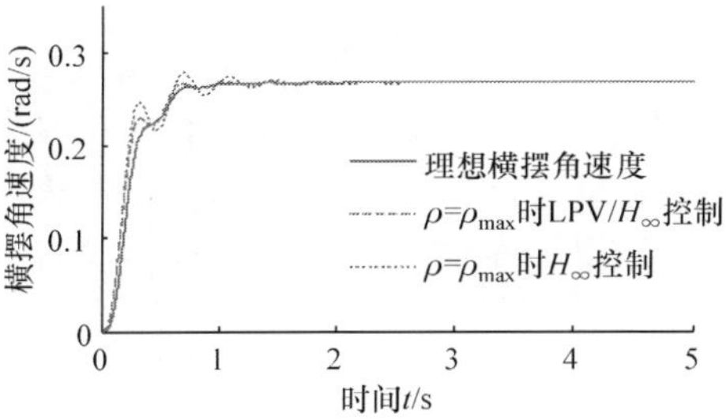


图 5-4　$\rho_{max}$时横摆角速度对比

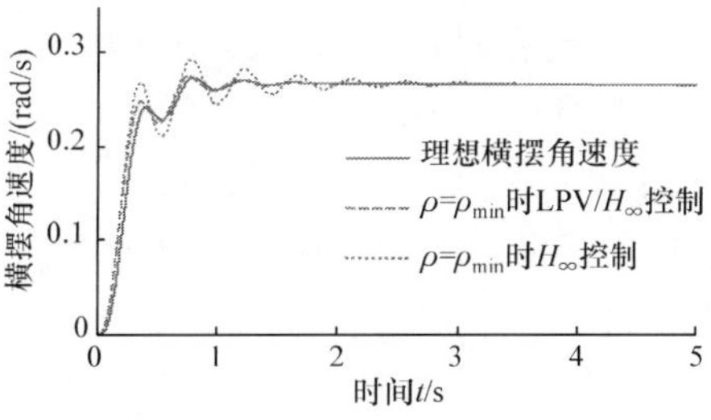


图 5-5　$\rho_{min}$时横摆角速度对比

## 5.2　基于直接横摆力矩的车辆稳定性控制

ESP 系统是智能车辆中非常重要的部件之一。装备 ESP 系统的智能车辆，其稳定性将会得到很大程度的改善，而其中的控制技术是关键核心[4,5]。

### 5.2.1 基于非线性状态观测器的车速估计

1. 纵向车速估计模型的建立

根据车辆运动学原理建立离散的纵向车速估计数学模型，其状态方程为

$$\begin{bmatrix} V_x(k) \\ a_x(k) \end{bmatrix} = \begin{bmatrix} 1 & T \\ 0 & 1 \end{bmatrix} \begin{bmatrix} V_x(k-1) \\ a_x(k-1) \end{bmatrix} + \begin{bmatrix} w_1(k-1) \\ w_2(k-1) \end{bmatrix} \tag{5-10}$$

输出方程：

$$y(k) = [1 \quad 0] \begin{bmatrix} V_x(k) \\ a_x(k) \end{bmatrix} + v(k) \tag{5-11}$$

式中，状态变量 $V_x(k)$ 为纵向车速；$a_x(k)$ 为纵向加速度；常数 $T$ 为采样时间。

设定方程的初始条件为：$\hat{x}(0|0) = \hat{x}_0$、$\hat{P}(0|0) = P_0$、$\hat{Q}(0) = Q_0$、$\hat{R}(0) = R_0$。根据 ESP 系统过程特征并查阅相关文献，假设系统噪声 $w(k)$ 和测量噪声 $v(k)$ 均为零均值白噪声，车身纵向加速度的方差 $\delta_w^2$ 经实验分析可取 4.4，故系统噪声协方差矩阵为

$$Q(k) = \begin{bmatrix} 0 & 0 \\ 0 & 4.4 \end{bmatrix} \tag{5-12}$$

量测信号 $y(k)$ 由非驱动轮轮速直接获得，轮速信号方差 $\delta_v^2$ 经实验可取值为 1.2，故参考车速测量噪声协方差矩阵 $R(k) = 1.2$。仿真实验中，为保证信号的精度，以 $T = 0.01\text{s}$ 为采样周期来获取量测信号。

2. 侧向车速估计模型的建立

从研究实际需要出发，对于整车系统，忽略转向系统的影响，并认为左右转向轮转角相同；忽略悬架系统的影响；忽略车辆的侧倾及俯仰运动；忽略轮胎滚动阻力、横向风力及路面不平度的影响。基于以上假设可以得到一个二自由度的两轮摩托车模型。根据刚体运动学和动力学原理，可得到车辆纵向运动和横向运动的表达式：

$$\dot{V}_x = a_x + \omega_r V_y \tag{5-13}$$

$$\dot{V}_y = a_y - \omega_r V_x \tag{5-14}$$

故可建立如下运动微分方程：

$$\begin{bmatrix} \dot{V}_x \\ \dot{V}_y \end{bmatrix} = \begin{bmatrix} 0 & \omega_r \\ -\omega_r & 0 \end{bmatrix} \begin{bmatrix} V_x \\ V_y \end{bmatrix} + \begin{bmatrix} a_x \\ a_y \end{bmatrix} \tag{5-15}$$

式中，$\omega_r$ 为车辆的横摆角速度，由于纵向速度 $V_x$ 已经求出，故在此将其看作已知量。当 $\omega_r$ 大于零时，可建立如下状态观测器：

$$\begin{bmatrix}\dot{\hat{V}}_x\\ \dot{\hat{V}}_y\end{bmatrix}=\begin{bmatrix}0 & \omega_r\\ -\omega_r & 0\end{bmatrix}\begin{bmatrix}\hat{V}_x\\ \hat{V}_y\end{bmatrix}+\begin{bmatrix}a_x\\ a_y\end{bmatrix}+\begin{bmatrix}k_1\\ k_2\end{bmatrix}(\hat{V}_x-V_x) \tag{5-16}$$

考虑到状态观测器的极点配置和鲁棒性，式(5-16)中两个系数 $k_1=2|\alpha|\omega_r$、$k_2=(\alpha^2-1)\omega_r$。由 Lyapunov 意义下的稳定性可得出系数 $\alpha$ 对系统的稳定性有决定性影响，经过多次仿真实验，在此取 $\alpha=0.63$。

通过估计得到的纵向车速、侧向车速和车辆横摆角速度值，就可以估计出车辆的质心侧偏角。

### 5.2.2　基于非线性 $H_\infty$ 输出反馈控制的 ESP 研究

ESP 系统整体结构由车辆参考模型、状态观测器和执行机构控制模块等组成，具体如图 5-6 所示。

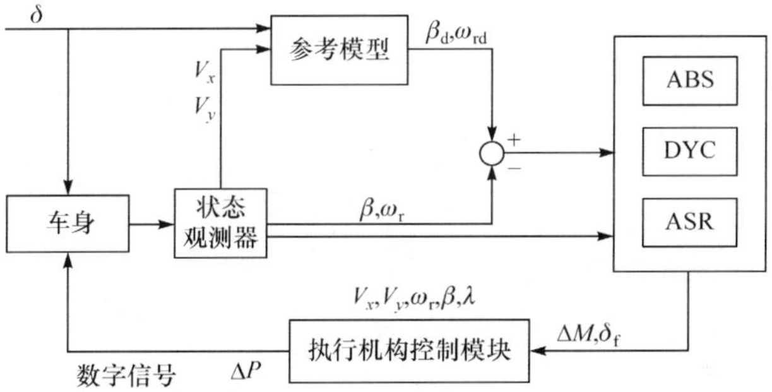


图 5-6　ESP 系统结构示意图

车辆参考模型为二自由度线性模型，输入参数为转向盘转角和车辆纵向速度，可计算出横摆角速度和质心侧偏角的参考值。这里，采用 ESP 系统最常用的控制方法——直接横摆力矩控制(DYC)。

DYC 采用输出反馈的非线性 $H_\infty$ 控制方法。令 $\Delta M$ 为所需的附加横摆力矩，则由线性二自由度模型可得如下状态方程：

$$\dot{x}=Ax+Bu \tag{5-17}$$

式中，$x=[\beta\ \ \omega_r]^T$，$u=[\Delta M\ \ \delta_f]^T$，$A=\begin{bmatrix}-(k_f+k_r)/(mV_x^2) & (k_fl_f+k_rl_r)/(mV_x^2)-1\\ (k_rl_r-k_fl_f)/(J_zV_x) & -(k_fl_f^2+k_rl_r^2)/(J_zV_x)\end{bmatrix}$，

$B=\begin{bmatrix}0 & k_f/(mV_x)\\ 1/J_z & k_fl_f/J_z\end{bmatrix}$。

设车辆的期望横摆角速度和质心侧偏角分别为 $\omega_{rd}$ 和 $\beta_d$，则

$$e_r=\omega_{rd}-\omega_r \tag{5-18}$$

$$e_\beta=\beta_d-\beta \tag{5-19}$$

令

$$x_1=[\beta_{\rm d}\quad \omega_{\rm rd}]^{\rm T} \tag{5-20}$$

$$x_2=[\beta\quad \omega_{\rm r}]^{\rm T} \tag{5-21}$$

$$x=[e_\beta\quad e_{\rm r}]^{\rm T} \tag{5-22}$$

则系统增广矩阵如下：

$$\dot{x}=\dot{x}_1-\dot{x}_2=Ax+Bu \tag{5-23}$$

$$y=C_2x+D_{22}u \tag{5-24}$$

$$z=C_1x+D_{12}u \tag{5-25}$$

式中，$A=\begin{bmatrix}-(k_{\rm f}+k_{\rm r})/(mV_x^2) & (k_{\rm f}l_{\rm f}+k_{\rm r}l_{\rm r})/(mV_x^2)-1\\ (k_{\rm r}l_{\rm r}-k_{\rm f}l_{\rm f})/(J_zV_x) & -(k_{\rm f}l_{\rm f}^2+k_{\rm r}l_{\rm r}^2)/(J_zV_x)\end{bmatrix}$，$B=\begin{bmatrix}0 & k_{\rm f}/(mV_x)\\ 1/J_z & k_{\rm f}l_{\rm f}/J_z\end{bmatrix}$，

$C_1=\begin{bmatrix}q_1 & 0\\ 0 & q_2\end{bmatrix}$，$D_{12}=\begin{bmatrix}0 & 0\\ \rho & 0\end{bmatrix}$，$C_2=[0\quad 1]$，$D_{22}=[1\quad 0]$。

$q_1$、$q_2$、$\rho$ 为控制器设计参数，这些参数须使系统满足：

(1) $(A,B_1)$能够稳定；

(2) $(C_1,A)$能够检测；

(3) $D_{12}^{\rm T}[D_{12}\quad C_1]=[I\quad O]$；

(4) $D_{21}[D_{21}^{\rm T}\quad B_1^{\rm T}]=[I\quad O]$。

对于上述被控对象式(5-23)、式(5-24)以及式(5-25)，还可以考虑具有如下结构的动态输出反馈控制器：

$$\begin{cases}\xi=\chi(\eta,y)\\ u=\kappa(\eta)\end{cases} \tag{5-26}$$

式中，$\xi$ 表示控制器的状态变量；$\chi$、$\kappa$ 分别为连续可微的函数矩阵和向量，并且满足 $\chi(\eta_0,0)=0$，$\kappa(\eta_0)=0$。

对于给定的被控对象(5-23)～(5-25)，求动态反馈控制器(5-26)，使得由式(5-23)～式(5-26)所构成的闭环系统从干扰输入到评价输出的闭环传递函数的 $H_\infty$ 范数小于或等于 $\gamma$：

$$\| T_{uz} \|_\infty\leqslant\gamma \tag{5-27}$$

设存在正定矩阵 $X>0$ 和 $Y>0$，满足如下 Riccati 方程：

$$A^{\rm T}X+XA+X\left(\frac{1}{\gamma}B_1B_1^{\rm T}-B_2B_2^{\rm T}\right)X+C_1^{\rm T}C_1=0 \tag{5-28}$$

$$YA^{\rm T}+AY+Y\left(\frac{1}{\gamma}C_1^{\rm T}C_1-C_2^{\rm T}C_2\right)Y+B_1B_1^{\rm T}=0 \tag{5-29}$$

且由式(5-26)所示的输出反馈控制器可由式(5-30)给出：

$$\begin{cases}\dot{\xi}=\left(A+\dfrac{1}{\gamma^2}B_1F_1-B_2F_2\right)\xi+G(y-C_2\xi)\\ u=-F_2x\end{cases} \tag{5-30}$$

式中，$F_1=B_1^{\mathrm{T}}X$，$F_2=B_2^{\mathrm{T}}X$，$G=ZC_2^{\mathrm{T}}$，$Z=Y(I-\gamma^{-2}XY)^{-1}$。

由于 ESP 系统是通过一套制动系统实现主动横摆力矩控制和驱动/制动转向控制的，执行机构的控制器在计算控制量并将其输出时，还必须处理好执行机构之间的分配和协调工作。

因车轮需要的直接控制量为制动轮缸压力，而 DYC 控制器的输出为附加横摆力矩，所以只有经过制动轮缸压力（车轮）计算模块，DYC 控制器的输出才能作用于执行机构。其计算的原理如下：首先将 DYC 控制器计算出的附加横摆力矩 $\Delta M$ 换算成一侧车轮的纵向力变化量，然后由车轮运动模型将纵向力变化量转换为轮缸压力变化量。以右侧制动为例，附加横摆力矩换算成纵向力的表达式如下：

$$\Delta M=\frac{1}{2}F_{x\mathrm{fr}}D_{\mathrm{f}}+\frac{1}{2}F_{x\mathrm{rr}}D_{\mathrm{r}} \tag{5-31}$$

由于同侧车轮制动时前、后轮统一控制，轮内压力相同，所以同侧车轮制动时前、后轮纵向制动力近似相等，即 $F_{x\mathrm{fr}}=F_{x\mathrm{rr}}=F_{\mathrm{d}}$，$F_{\mathrm{d}}$ 为期望的单个车轮纵向制动力。式(5-31)可表示如下：

$$\Delta M=\frac{1}{2}F_{\mathrm{d}}(D_{\mathrm{f}}\cos\delta_{\mathrm{f}}+D_{\mathrm{r}}) \tag{5-32}$$

$$F_{\mathrm{d}}=\frac{2\Delta M}{D_{\mathrm{f}}\cos\delta_{\mathrm{f}}+D_{\mathrm{r}}} \tag{5-33}$$

对于单个车轮运动模型如下：

$$J_{\mathrm{w}}\frac{\mathrm{d}\omega_{\mathrm{T}}}{\mathrm{d}t}=T_{\mathrm{d}}-T_{\mathrm{b}}-F_{\mathrm{d}}R \tag{5-34}$$

式中，$\omega_{\mathrm{T}}$ 由轮速传感器计算出，当制动时 $T_{\mathrm{d}}=0$（正常行驶时也可由发动机输出转矩计算出），纵向制动力：

$$F_{\mathrm{d}}=-\frac{1}{R}\left(J_{\mathrm{w}}\frac{\mathrm{d}\omega_{\mathrm{T}}}{\mathrm{d}t}+T_{\mathrm{b}}\right) \tag{5-35}$$

由制动器模型：

$$T_{\mathrm{b}}=cP_{\mathrm{w}} \tag{5-36}$$

对于纵向制动力有

$$F_{\mathrm{d}}=-\frac{1}{R}\left(J_{\mathrm{w}}\frac{\mathrm{d}\omega_{\mathrm{T}}}{\mathrm{d}t}+cP_{\mathrm{w}}\right) \tag{5-37}$$

式中，$J_{\mathrm{w}}$ 为车轮转动惯量；$T_{\mathrm{b}}$ 为制动力矩；$T_{\mathrm{d}}$ 为驱动力矩；$R$ 为车轮半径；$\omega_{\mathrm{T}}$ 为车轮角速度；$P_{\mathrm{w}}$ 为轮缸目标压力；$c=2\mu_{\mathrm{e}}R_{\mathrm{e}}$ 为由摩擦系数 $\mu_{\mathrm{e}}$、制动力作用半径 $R_{\mathrm{e}}$ 等结构参数决定的系数。

执行机构分配模块负责合理分配执行机构资源，避免 DYC 与 ABS、ASR 等产生冲突。

子控制器的基本触发条件如表 5-1 所示。由于 DYC 与 ABS/ASR 存在一些重叠工况，所以必须将它与 ABS/ASR 会产生冲突的工况，以及需要配合工作的工况单独分析，保证 ESP 系统的多种功能正常执行。

**表 5-1 控制器基本触发条件**

| 控制器 | 触发条件 |
| --- | --- |
| DYC | $\beta<\beta_d, \omega_r<\omega_{rd}$ 或 $\beta>\beta_d, \omega_r>\omega_{rd}$ |
| ABS | 制动踏板信号且 $\lambda<-0.2$ |
| ASR | 节气门开度信号且 $\lambda>0.2$ |

(1) ABS 对主动制动车轮的滑移率控制。

车轮的滑移率 $\lambda$ 变化范围比较大是 DYC 直接控制的一个特点，常超出最优滑移率。这种超出有的是正常的，也有因为路面较滑，车轮的可利用制动力有限，产生的附加横摆力矩小造成的。此外，车轮过度增压也会产生滑移率过高的情况。

令

$$\vartheta=\frac{\mathrm{d}F_{\mathrm{d}}}{\mathrm{d}P} \tag{5-38}$$

可见，$\vartheta$ 反映了制动力变化率 $\mathrm{d}F_{\mathrm{d}}$ 与制动压力变化率 $\mathrm{d}P$ 之间的关系，当 $\vartheta$ 小到一定程度时，即 $\vartheta<\mu_c$（$\mu_c$ 为常数），说明轮内压力的增加已经几乎不能使车轮制动力增加。此时应该由 ABS 来控制电磁阀，维持车轮在最优滑移率附近提供最大的纵向力。

(2) ABS/DYC 联合控制。

在制动工况 ABS 与 DYC 联合控制时，在 ABS 能够保证制动的同时，DYC 可以对车身横摆力矩进行控制。

当车辆在 ABS 的作用下制动时，其轮缸已经充压，DYC 无法继续增加轮缸压力，控制方式则转为对另一侧车轮的减压，获得左右车轮的压力差，以产生附加横摆力矩。这时改变 DYC 的轮缸压力计算模块，增压动作转变为另一侧车轮减压。具体控制方式见图 5-7。以常规右侧车轮主动制动为例，这时应该对左侧车轮进行减压。

(3) 加速时 DYC 控制。

由于车辆的加速动作与车辆失去控制的程度成正比，加速时执行机构分配模块会默认 DYC 具有更高的优先级，通过主动节气门控制，屏蔽加速动作以及 ASR 可能的响应，保证 DYC 处于正常工作状态。

### 5.2.3 仿真计算与分析

选择转向盘正弦输入，对提出的非线性 ESP 控制器进行仿真分析，并与采用传统的线性最优控制理论设计的线性最优控制器进行对比。

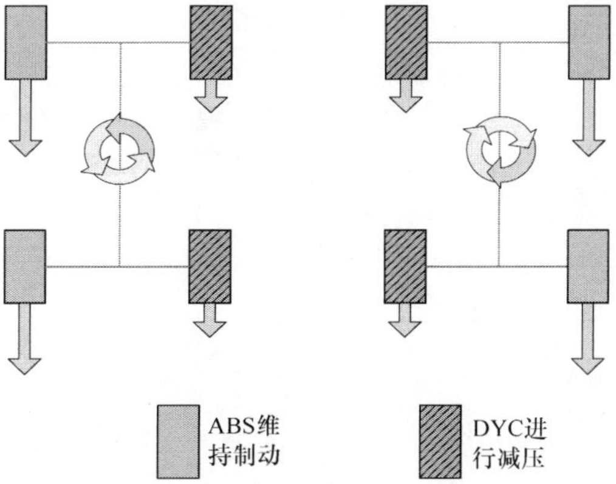


图 5-7　制动时 DYC 控制方式

根据线性二自由度模型可以得到

$$J(u)=\frac{1}{2}\int_0^\infty[(X_d-X)^T Q(X_d-X)+U^T R_w U]dt \tag{5-39}$$

式中，$U$ 代表控制输入，这里为附加横摆力矩 $\Delta M$；$X_d$ 为期望值；$Q$ 为半正定对称加权矩阵，取 $Q=\begin{bmatrix}0 & 0\\0 & 1\end{bmatrix}$；$R_w$ 为正定对称加权矩阵，取 $R_w=[w]$。

附加横摆力矩 $\Delta M$ 由三部分组成，可表示为

$$\Delta M=k_r\omega_r+k_v V_y+k_\delta\delta_f \tag{5-40}$$

式(5-40)中的系数可由扩展 Hamiltonian 方程求得。

在不同附着系数路面上进行了两组仿真：一组是较低振幅正弦输入；另一组是较大振幅正弦输入。

第一组仿真条件设置为：路面条件为 B 级路面，车辆的初始速度为 60km/h，转向轮以变幅值正弦波进行转向，转向轮正弦输入的振幅控制在 0.14rad 以内，见图 5-8。在路面附着系数为 0.9 的情况下，基于式(5-30)的非线性控制和式(5-39)的线性控制的仿真对比结果见图 5-9 和图 5-10。

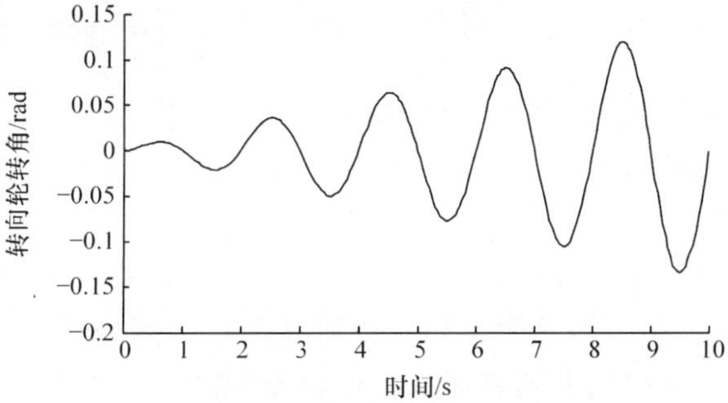


图 5-8　前轮转角变化曲线

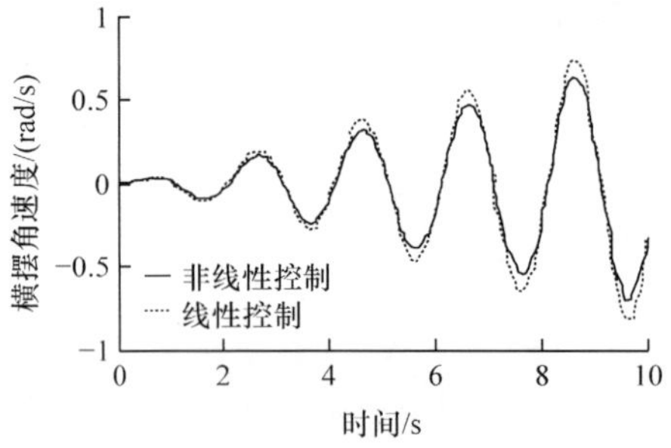


图 5-9　横摆角速度变化(附着系数 0.9)

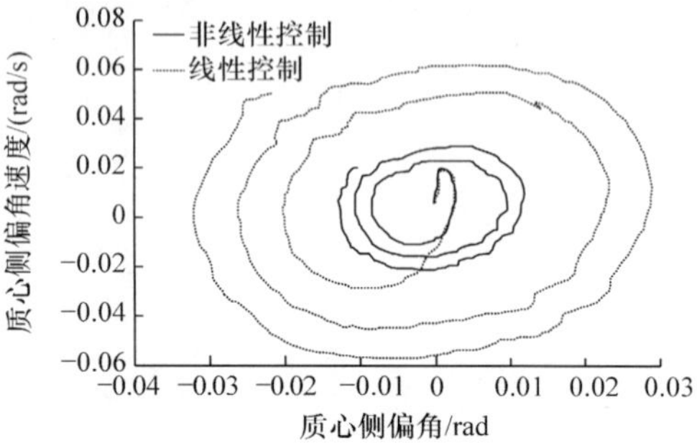


图 5-10　质心侧偏角相位图(附着系数 0.9)

由图 5-9 和图 5-10 可见,在高附着系数路面上时,随着转向轮转角的逐渐增加,起初线性控制与非线性控制的差别不大,但随着转角的进一步增加可以看出,非线性控制下的横摆角速度值比线性控制的小,并且在相位图上可以看出,非线性控制的轮廓线在线性控制的轮廓线以内,说明非线性控制下车辆的稳定性更好。

由图 5-11 和图 5-12 可以看出,在低附着系数路面上,当转向轮转角不大时,线性控制和非线性控制的区别不明显。但随着前轮转角的继续加大,轮胎的侧向力处于饱和状态后,轮胎侧偏角的增加使车轮的侧向力不变大。此时,线性控制器已经不能起到稳定车辆的作用,而非线性控制下车辆依然能够稳定行驶。

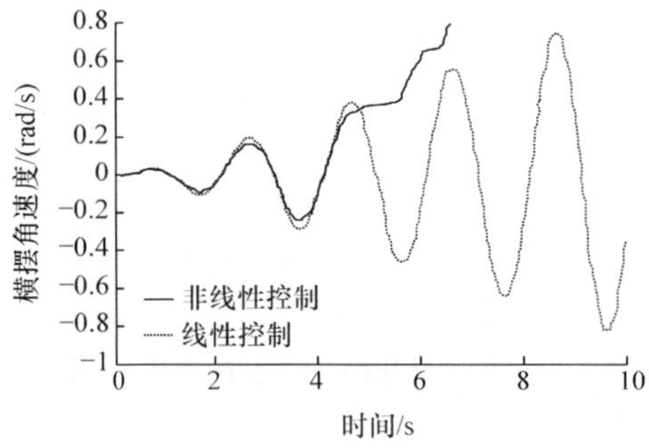


图 5-11　横摆角速度(附着系数 0.5)

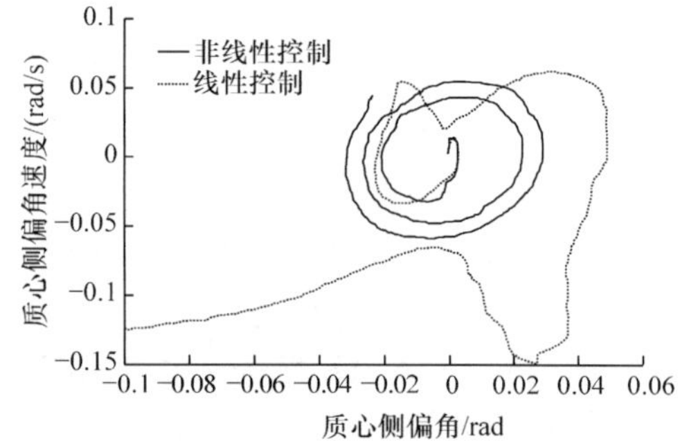


图 5-12　质心侧偏角相位图(附着系数 0.5)

第二组仿真条件设置为:车速为 60km/h,路面附着系数为 0.6,转向轮转角为正弦输入,其最大振幅小于 0.227rad,见图 5-13。仿真结果如图 5-14～图 5-16 所示。

从结果可以看出,非线性和线性两种控制方法在前轮转角处于一定范围内时,控制作用差别不大。但当转角增大到一定值时,由于轮胎较大的侧偏角使车轮进入非线性特性区域,这时只有通过非线性控制才能够较好地维持车辆车身姿态,避免车辆失去控制。

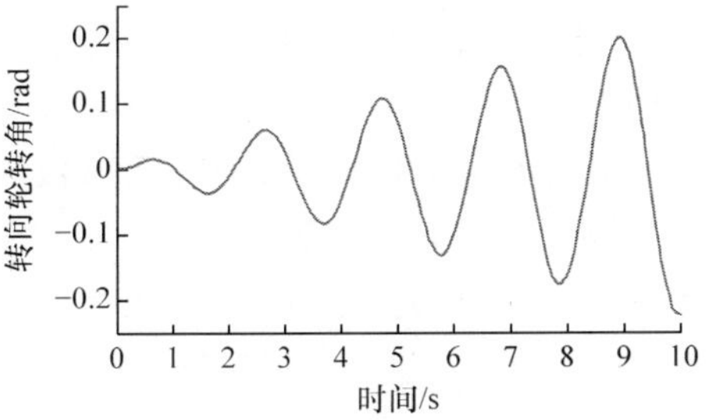


图 5-13 前轮转角输入

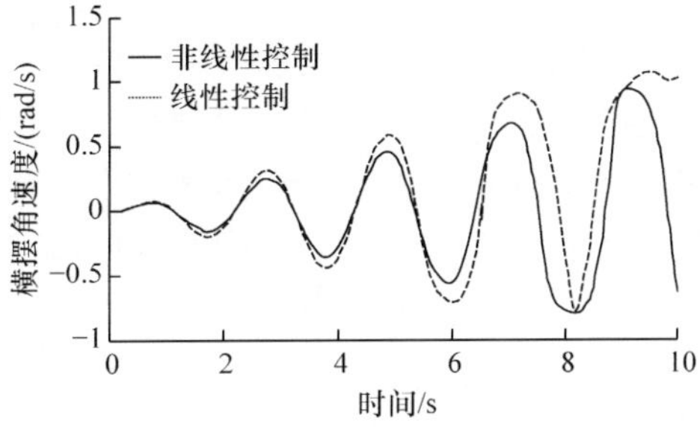


图 5-14 横摆角速度

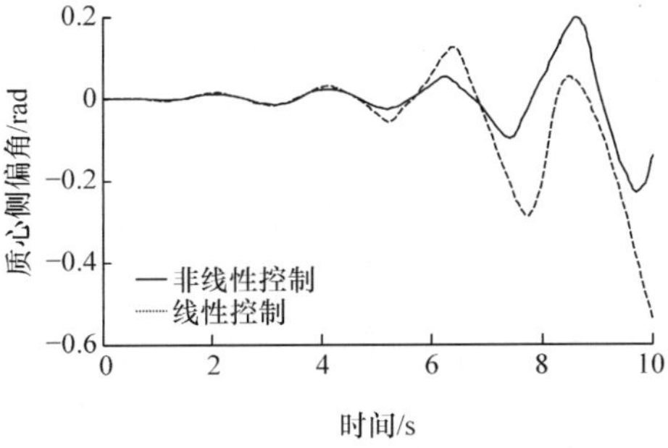


图 5-15 质心侧偏角

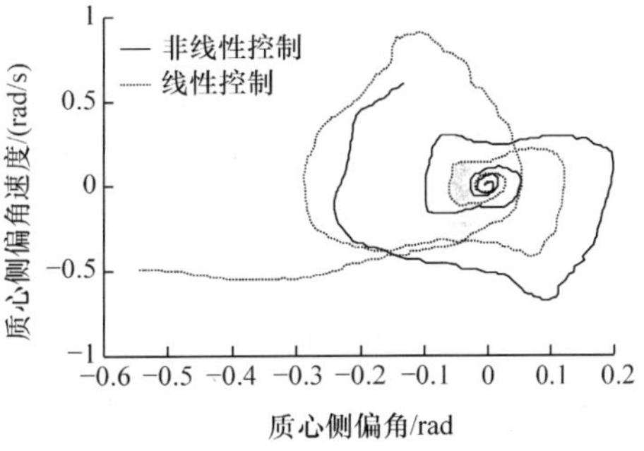


图 5-16 质心侧偏角相位图

## 5.3 基于功能分配和多目标模糊决策的 EPS/ESP 协调控制

EPS 系统和 ESP 系统均对智能车辆的稳定性产生影响，而两者在智能车辆的侧向动力学和纵向动力学之间存在着较强的耦合关系，仅仅对两者进行单独控制，这种耦合关系对车辆的稳定性产生的影响无法消除，如果系统控制不当，将会恶化车辆系统的稳定性能。为此，在考虑这种耦合关系的情况下，对其两者构成的集成系统采用协调控制方法来分配两系统的输出控制作用力，以提高整车稳定性[6]。

### 5.3.1 协调控制器设计

1. 基于多目标模糊决策的控制策略

分别设计 EPS 和 ESP 两个子控制器以及上层功能分配协调控制器。EPS 子控制器的设计目标主要是使车辆在转向未失稳时具有良好的操纵稳定性和路感，而一旦遇到极限工况，ESP 子控制器能够迅速作用，使车辆保持稳定；上层功能分配协调控制器的作用是实时分析车辆运行状况，判断车辆所处状态，在将出现失稳时通过对 EPS 和 ESP 两个子控制器进行协调控制，使车辆在高速转向工况中具有良好的侧向稳定性。

功能分配协调控制系统如图 5-17 所示。车辆在行驶时通过各种车载传感器实时感知运行状态，将这些传感器信号进行处理之后，通过二自由度参考模型计算出此时车辆的理想横摆角速度和质心侧偏角，并根据传感器所测得的特征参数来判断车辆是否失稳。如果失稳，则计算出为了维持车辆稳定，子控制器单独控制时所需要的控制输出量 $M_c$ 与 $u_c$，然后通过上层功能分配协调控制器，将子控制器的输出协调为 $M_c'$ 与 $u_c'$ 并作用在车辆系统上，从而使车辆的侧向稳定性得到进一步提高。

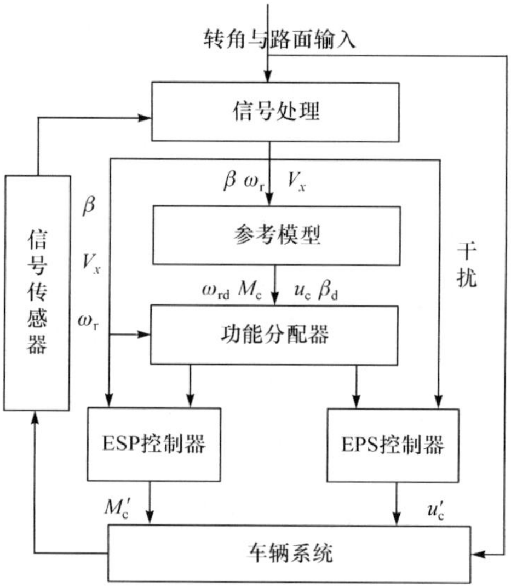


图 5-17　功能分配协调控制系统

功能分配协调控制器设计规则如下。

(1) 车辆运行状态的确定。根据线性二自由度车辆模型可以计算出车辆转向行驶时的理想横摆角速度和质心侧偏角为

$$\begin{cases} \omega_{rd}' = \dfrac{V_x \delta_f}{l(1+KV_x^2)} \\ \beta_d' = \left(\dfrac{l_r}{V_x^2} + \dfrac{m l_f}{k_r l}\right) \dfrac{V_x^2}{l(1+KV_x^2)} \delta_f \end{cases} \tag{5-41}$$

理想横摆角速度和质心侧偏角会受到路面附着条件限制，在轮胎极限条件下侧向加速度必须满足：

$$|a_y| \leqslant \mu g \tag{5-42}$$

当侧向加速度满足式(5-42)时，轮胎能够提供车辆转向所需的侧向力，否则车辆便会失去侧向稳定。

在低附着路面上稳定行驶时，车辆能达到的最大横摆角速度和质心侧偏角为

$$\begin{cases}\omega_{\mathrm{rmax}}=\dfrac{\mu g}{V_x}\\ \beta_{\max}=\mu g\left(\dfrac{l_{\mathrm{r}}}{V_x^2}+\dfrac{ml_{\mathrm{f}}}{k_{\mathrm{r}}l}\right)\end{cases}\tag{5-43}$$

在大质心侧偏角时，车辆将丧失转向能力，在冰雪等低附着路面其临界值 $\beta_{\mathrm{l}}=\pm 2°$，在沥青等干燥路面其临界值为 $\beta_{\mathrm{l}}=\pm 10°$，所以为满足不同路面情况，横摆角速度和质心侧偏角的期望值取为

$$\begin{cases}\omega_{\mathrm{rd}}=\min\left\{\dfrac{V_x\delta_{\mathrm{f}}}{l(1+KV_x^2)},\dfrac{\mu g}{V_x}\right\}\\ \beta_{\mathrm{d}}=\min\left\{\left(\dfrac{l_{\mathrm{r}}}{V_x^2}+\dfrac{ml_{\mathrm{f}}}{k_{\mathrm{r}}l}\right)\dfrac{V_x^2}{l(1+KV_x^2)}\delta_{\mathrm{f}},\mu g\left(\dfrac{l_{\mathrm{r}}}{V_x^2}+\dfrac{ml_{\mathrm{f}}}{k_{\mathrm{r}}l}\right),\beta_{\mathrm{l}}\right\}\end{cases}\tag{5-44}$$

式中，$\mu$ 为路面附着系数；$k_{\mathrm{r}}$ 为后轮侧偏刚度；$K$ 为车辆稳定性因数。

当实际横摆角速度和质心侧偏角小于该期望值时，车辆处于稳定；反之，则车辆将失稳。

(2) 根据车辆运行状态按 EPS 与 ESP 控制器对车辆良好操纵和侧向稳定性的有效作用区域来确定各子控制器的作用权重，可以用式(5-45)来表示：

$$\begin{bmatrix}M_{\mathrm{c}}'\\ u_{\mathrm{c}}'\end{bmatrix}=\begin{bmatrix}1-\gamma & 0\\ 0 & \gamma\end{bmatrix}\begin{bmatrix}M_{\mathrm{c}}\\ u_{\mathrm{c}}\end{bmatrix}\tag{5-45}$$

式中，$M_{\mathrm{c}}$、$u_{\mathrm{c}}$ 是为了维持车辆稳定各子控制器单独控制时的控制输出；$M_{\mathrm{c}}'$、$u_{\mathrm{c}}'$为经协调分配之后的控制输出；$\gamma(0\leqslant\gamma\leqslant 1)$为功能分配系数。

各子系统对车辆良好操纵和侧向稳定性的有效作用区域的划分以及 $\gamma$ 的具体取值原则如下。

① 当 $\omega_{\mathrm{r}}<\omega_{\mathrm{rd}}$ 且 $\beta$ 很小时，车辆在高速转向时能够稳定过弯，这时需要通过 EPS 控制器对车辆进行控制使其在转向过程中具有更好的操纵稳定性，故 $\gamma$ 取 1；

② 当 $\omega_{\mathrm{r}}>\omega_{\mathrm{rd}}$ 且 $\beta$ 较大但未达到临界值 $\beta_{\mathrm{l}}$ 时，车辆在高速转向时会失去稳定，因此需通过 EPS 和 ESP 控制器对车辆进行控制使其保持良好的操纵和侧向稳定性，故 $\gamma$ 取 0 和 1 之间的值，具体取值范围的确定详见下面推导；

③ 当 $\beta$ 大于临界值 $\beta_{\mathrm{l}}$ 时，达到了车辆丧失转向能力的极限情况，需要通过 ESP 控制器的作用才能使车辆重新回到稳定状态，故 $\gamma$ 取 0。

(3) 用多目标模糊决策确定功能分配系数 $\gamma$。合理选择 $\gamma$，对于所设计的上层功能分配控制器能否协调两个子控制器，实现对车辆的多控制目标具有关键作用。然而，在实现多控制目标的过程中具有一定的不确定性，多目标模糊决策的 Vague 集方法在处理不确定性方面具有明显优势。Vague 集是由真假隶属函数定义的，

体现了元素对模糊概念的属于与不属于的程度或证据，比传统模糊集有更强的表达不确定性的能力和灵活性。因此，采用多目标模糊决策的 Vague 集方法来确定 $\gamma$ 的范围。

车辆高速紧急转向时，易达到不稳定状态，EPS 控制器要实现的功能是保证良好的路感和操纵性能；ESP 控制器要实现的功能是保证车辆在弯道行驶时能够沿着道路行驶。因此，功能分配控制器要达到的目标为：良好的路感和操纵稳定性、较小的横摆角速度和质心侧偏角，分别用 $C_1$、$C_2$、$C_3$ 和 $C_4$ 来表示，则目标集 $C$ 可表示为 $C=\{C_1,C_2,C_3,C_4\}$。供选方案为：只用 EPS 控制器、只用 ESP 控制器以及功能分配协调控制三种，分别用 $A_1$、$A_2$ 和 $A_3$ 表示，则方案集 $A$ 可表示为 $A=\{A_1,A_2,A_3\}$。

方案 $A_i$ 可以用 Vague 集表示为

$$A_i=\{(C_1[t_{i1},1-f_{i1}]),(C_2[t_{i2},1-f_{i2}]),(C_3[t_{i3},1-f_{i3}]),(C_4[t_{i4},1-f_{i4}])\} \tag{5-46}$$

式中，$t_{ij}$ 为方案 $A_i$ 满足目标 $C_j$ 的程度，即目标 $C_j$ 属于方案 $A_i$ 的真隶属函数；$f_{ij}$ 为方案 $A_i$ 不满足目标 $C_j$ 的程度，即目标 $C_j$ 不属于方案 $A_i$ 的真隶属函数；$t_{ij}\in[0,1]$；$f_{ij}\in[0,1]$；$t_{ij}+f_{ij}\leqslant 1$；$i=1,2,3$；$j=1,2,3,4$。

令 $t_{ij}^*=1-f_{ij}$，则 $A_i$ 的 Vague 集表达式可改写为

$$A_i=\{(C_1[t_{i1},t_{i1}^*]),(C_2[t_{i2},t_{i2}^*]),(C_3[t_{i3},t_{i3}^*]),(C_4[t_{i4},t_{i4}^*])\}$$

若决策者选择一个方案来同时满足目标 $C_1,C_2,C_3,C_4$，则满足这一方案的估计函数 $E$ 可定义为

$$E(A_i)=[t_{A_i},t_{A_i}^*] \tag{5-47}$$

式中，$t_{A_i}=\min(t_{i1},t_{i2},t_{i3},t_{i4})$；$t_{A_i}^*=\min(t_{i1}^*,t_{i2}^*,t_{i3}^*,t_{i4}^*)$。

根据估计函数可以定义评价函数：

$$J(E(A_i))=t_{A_i}(1-\xi)+t_{A_i}^*(1+\xi)-1 \tag{5-48}$$

令 $J(E(A_i))=p_i$，如果 $p_i$ 为最大，则方案 $A_i$ 是最佳选择，且 $J(E(A_i))\in[-1,1]$，$\xi\in[-1,1]$，$i=1,2,3$。

要寻求适当的 $\gamma$，使得所设计的功能分配协调控制器具有良好的控制效果，那么根据上述的多目标决策理论可以得到

$$J(E(A_3))>\max\{J(E(A_1)),J(E(A_2))\} \tag{5-49}$$

即

$$\begin{aligned}&t_{A_3}(1-\xi)+t_{A_3}^*(1+\xi)-1\\&>\max\{(t_{A_1}(1-\xi)+t_{A_1}^*(1+\xi)-1),(t_{A_2}(1-\xi)+t_{A_2}^*(1+\xi)-1)\}\end{aligned} \tag{5-50}$$

并且

$$t_{A_3}=\min\{\gamma t_{1j}+(1-\gamma)t_{2j}\},\quad t_{A_3}^{*}=\min\{\gamma t_{1j}^{*}+(1-\gamma)t_{2j}^{*}\},\quad j=1,2,3,4$$

根据式(5-50)，就能够确定 $\gamma$ 的范围。

2. EPS 控制器设计

本节主要考虑在高速转向工况下的 EPS 与 ESP 协调控制，故只考虑高速时 EPS 控制器保持良好路感和操纵稳定性的能力，对其助力性能不再进行详细说明。

由于 EPS 控制器存在系统模型、参数等不确定性，而 $H_\infty$ 控制对模型不确定性不敏感，能够减小各种干扰与不确定性对系统性能的影响，具有较好的控制效果，故这里应用 $H_\infty$ 控制理论来设计 EPS 控制器。

令 $x=[\theta_h\ \ \dot{\theta}_h\ \ \theta_s\ \ \dot{\theta}_s\ \ \theta_m\ \ \dot{\theta}_m\ \ \omega_r\ \ \beta]^T$，$u=[T_h\ \ T_m\ \ M_z]^T$，$y=[T_a\ \ T_s\ \ \omega_r\ \ \beta]^T$，可对 EPS 系统进行状态空间描述：

$$\begin{cases}\dot{x}=Ax+Bu\\ y=Cx+Du\end{cases}\tag{5-51}$$

式中，$x$ 为系统状态变量；$u$ 为控制输入；$y$ 为系统输出；$A$、$B$、$C$、$D$ 为系数矩阵。

为使设计的 $H_\infty$ 控制器能够达到在高速转向过程中不失路感且具有良好操纵稳定性的目的，选取两个评价输出 $e_f$、$e_{\omega_r}$。

(1) 减小 $\|e_f\|_2=\|W_f(T_s-k_f d_r)\|_2$ 以获得最佳的转向路感。其中 $d_r$ 为路面干扰，为了过滤掉路面的高频成分，避免转向盘抖动，权函数 $W_f$ 可以设置为

$$W_f=\frac{0.015s+0.003}{s+1.5}\tag{5-52}$$

(2) 减小 $\|e_{\omega_r}\|_2=\|W_{\omega_r}(\omega_r-\omega_{rd})\|_2$ 以使得车辆具有良好的操纵性能。权函数 $W_{\omega_r}$ 可以表示为

$$W_{\omega_r}=\frac{1}{0.1s+1}\tag{5-53}$$

设广义对象的状态空间模型为

$$\begin{cases}\dot{\hat{x}}=\hat{A}\hat{x}+\hat{B}_1\hat{\omega}+\hat{B}_2\hat{u}\\ z=\hat{C}_1\hat{x}+\hat{D}_{11}\hat{\omega}+\hat{D}_{12}\hat{u}\\ y=\hat{C}_2\hat{x}+\hat{D}_{21}\hat{\omega}+\hat{D}_{22}\hat{u}\end{cases}\tag{5-54}$$

式中，$\hat{D}_{12}$ 与 $\hat{D}_{22}$ 为零矩阵。

系统如式(5-54)所示的输出反馈 $H_\infty$ 控制就是要寻找一个控制器 $k(s)$，其状态空间描述为

$$\begin{cases}\dot{x}_k=A_k x_k+B_k y\\ u=C_k x_k+D_k y\end{cases}\tag{5-55}$$

式(5-54)与式(5-55)所组成的闭环系统是渐近稳定的，且从外部干扰输入 $w$ 到测量输出 $z$ 的传递函数的 $H_\infty$ 范数小于1，即 $\| T_{wz}(s) \|_\infty < 1$。控制器系数矩阵 $A_k$、$B_k$、$C_k$、$D_k$ 可运用线性矩阵不等式的方法求出，具体推导求解过程见文献[3]。

3. ESP 控制器设计

采用模糊自整定 PID 参数控制方法来设计 ESP 控制器。以横摆角速度和质心侧偏角作为控制器的控制参数，当实际质心侧偏角低于其门限值时，执行横摆角速度控制算法，即以测得的实际横摆角速度与期望横摆角速度的偏差绝对值 $|e_{\omega_r}|$ 及其偏差变化率绝对值 $|ec_{\omega_r}|$ 作为模糊控制器的输入，将其三个输出作为 PID 控制器的参数，并将其输出通过制动力分配方案作用在相应的车轮上，实现车辆的稳定控制；反之，切换为质心侧偏角控制算法。ESP 自整定模糊 PID 参数控制系统如图 5-18 所示，其中进行横摆角速度控制所对应的 PID 控制器为 PID 调节器 I，$k_{\mathrm{pI}}$、$k_{\mathrm{iI}}$ 和 $k_{\mathrm{dI}}$ 为其对应参数；质心侧偏角控制时为 PID 调节器 II，$k_{\mathrm{pII}}$、$k_{\mathrm{iII}}$ 和 $k_{\mathrm{dII}}$ 为其对应参数。

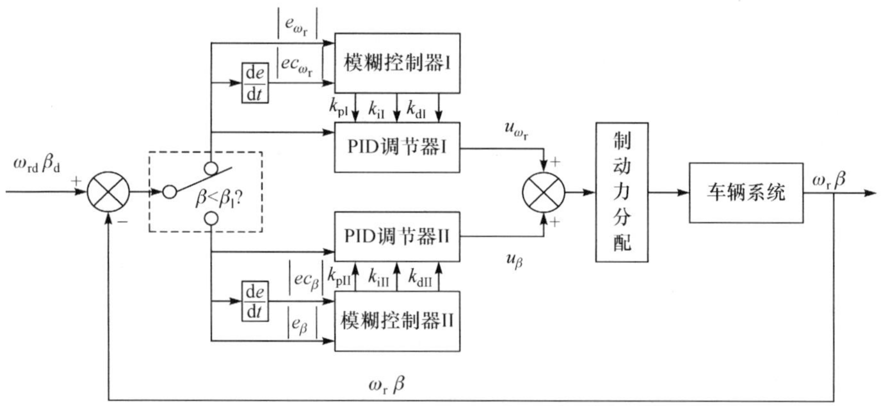


图 5-18　ESP 模糊自整定 PID 参数控制系统

对于横摆角速度控制算法，取实际与期望横摆角速度的偏差绝对值 $|e_{\omega_r}|$ 及其偏差变化率绝对值 $|ec_{\omega_r}|$ 作为输入语言变量，它们的语言值模糊子集为{小，中，大}，记为{S，M，B}，均采用三角隶属函数。

对模糊输入量，根据不同偏差及偏差变化率对 PID 控制器三参数的自整定规则，将 $|e_{\omega_r}|$ 与 $|ec_{\omega_r}|$ 进行状态组合，记每种状态隶属函数为 $\mu_j(|e_{\omega_r}|,|ec_{\omega_r}|)$，$j=1,2,\cdots,5$。据测量算得的 $|e_{\omega_r}|$ 与 $|ec_{\omega_r}|$ 值，可用式(5-56)来计算 PID 的三个参数：

$$\begin{cases} k_{\mathrm{pI}} = \dfrac{\sum\limits_{j=1}^{5} \mu_j [(|e_{\omega_r}|, |ec_{\omega_r}|) \times K_{\mathrm{pI}j}]}{\sum\limits_{j=1}^{5} \mu_j (|e_{\omega_r}|, |ec_{\omega_r}|)} \\ k_{\mathrm{iI}} = \dfrac{\sum\limits_{j=1}^{5} \mu_j [(|e_{\omega_r}|, |ec_{\omega_r}|) \times K_{\mathrm{iI}j}]}{\sum\limits_{j=1}^{5} \mu_j (|e_{\omega_r}|, |ec_{\omega_r}|)} \\ k_{\mathrm{dI}} = \dfrac{\sum\limits_{j=1}^{5} \mu_j [(|e_{\omega_r}|, |ec_{\omega_r}|) \times K_{\mathrm{dI}j}]}{\sum\limits_{j=1}^{5} \mu_j (|e_{\omega_r}|, |ec_{\omega_r}|)} \end{cases} \tag{5-56}$$

式中，$K_{\mathrm{pI}j}$、$K_{\mathrm{iI}j}$、$K_{\mathrm{dI}j}(j=1,2,\cdots,5)$为参数$k_{\mathrm{pI}}$、$k_{\mathrm{iI}}$和$k_{\mathrm{dI}}$在不同状态下的加权。

用在线自整定的PID参数$k_{\mathrm{pI}}$、$k_{\mathrm{iI}}$和$k_{\mathrm{dI}}$根据下列PID控制算法的离散差分公式计算输出控制$u_{\omega_r}$，即车辆稳定所需的附加横摆力矩，表示为

$$u_{\omega_r}(n) = k_{\mathrm{pI}} e_{\omega_r}(n) + k_{\mathrm{iI}} \sum e_{\omega_r}(n) + k_{\mathrm{dI}}[e_{\omega_r}(n) - e_{\omega_r}(n-1)] \tag{5-57}$$

质心侧偏角控制算法推导过程，同横摆角速度控制算法一样，在此不再赘述。

### 5.3.2 仿真计算与分析

将上述系统在Simulink中进行了仿真。采用车辆在实际运行中容易失稳的急剧双移线工况作为仿真工况，并采用没有功能分配协调控制(ESP和EPS控制器单独控制，即$\gamma$分别为0和1)和功能分配协调控制两种情况对比的方案来验证控制策略的效果。

仿真条件如下：车速为80km/h，路面附着系数为0.8；并根据EPS与ESP控制器在车辆高速转向过程中对不同设计目标的作用，定义Vague集：

$$\begin{cases} A_{\mathrm{EPS}} = \{(C_1[0.9,0.9]),(C_2[0.6,0.7]),(C_3[0.3,0.4]),(C_4[0.1,0.1])\} \\ A_{\mathrm{ESP}} = \{(C_1[0.2,0.3]),(C_2[0.5,0.6]),(C_3[0.8,0.9]),(C_4[0.9,0.9])\} \end{cases}$$

由式(5-50)求得功能分配系数$\gamma$取值范围为(0,0.81)，经调试取$\gamma=0.7$。仿真曲线如图5-19～图5-23所示。

在对功能分配协调控制与没有功能分配协调控制进行双移线工况仿真时，均输入图5-19所示的转向盘转矩；图5-20为车辆行驶路径曲线，可知进行功能分配协调控制的车辆比没有功能分配协调控制的车辆具有更好的操纵性能。图5-21和图5-22分别为双移线工况下横摆角速度和质心侧偏角的对比曲线，其趋势一致，但是功能分配协调控制曲线与期望值曲线的偏差比没有功能分配协调控制时

的偏差要小,说明功能分配协调控制算法能够有效地改善车辆高速转向时的操纵稳定性。图 5-23 为双移线工况下车辆侧向加速度的对比曲线,可知功能分配协调控制的侧向加速度比没有功能分配协调控制时的侧向加速度要小,能够明显减小车辆在高速转向时出现侧滑以致侧翻等极端失稳情况的可能性。

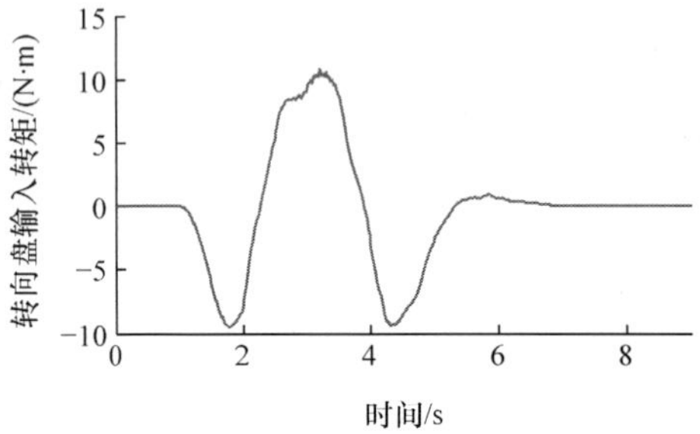


图 5-19 转向盘输入转矩

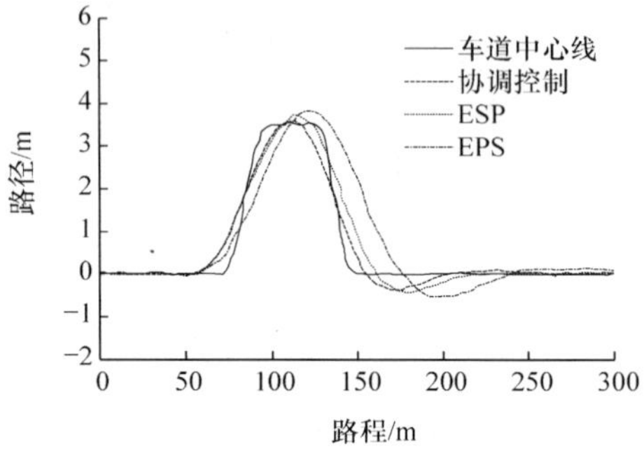


图 5-20 车辆行驶路径

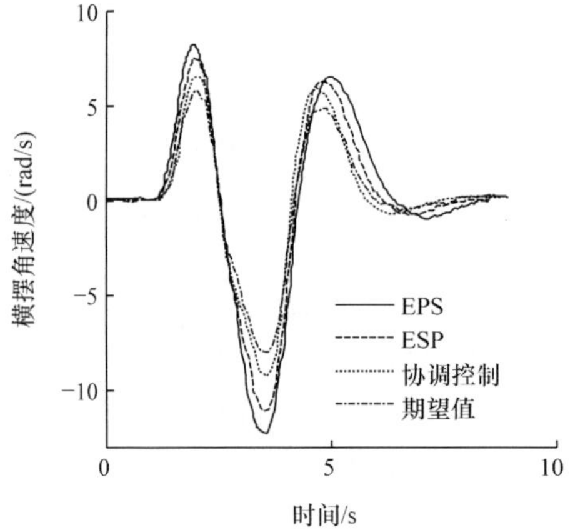


图 5-21 横摆角速度

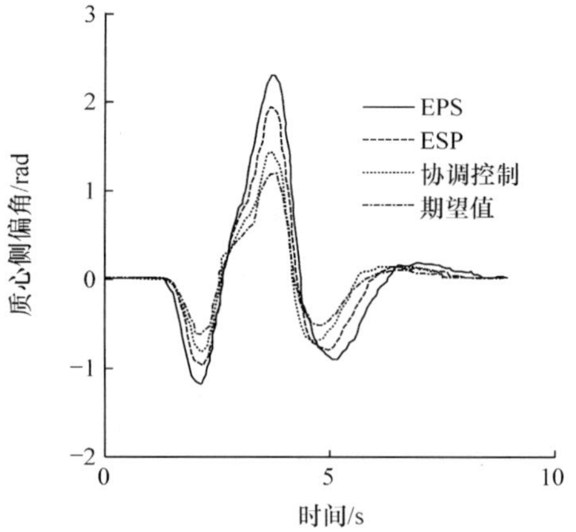


图 5-22 质心侧偏角

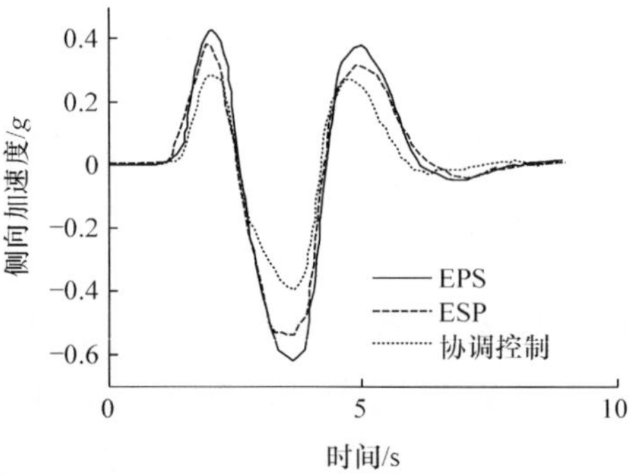


图 5-23 侧向加速度

# 5.4　基于功能分配和回正力矩补偿的 EPS/ESP 协调控制

## 5.4.1　协调控制器设计

### 1. 协调控制系统结构

为保证所设计的系统全局控制性能最优，在 EPS 与 ESP 控制器的基础上，添加上层的功能分配协调控制器。上层控制器根据对传感器信号的分析与计算，判断车辆当前所处工况，在 EPS 与 ESP 两个子系统产生耦合作用时通过控制功能指标进行博弈获取最优纳什均衡解，其作为上层功能分配协调控制器来协调分配两子系统控制作用的依据，并采用模糊规则实时自整定子系统控制器的输出权重，使子系统控制效果达到当前最优。系统控制框图如图 5-24 所示[7,8]。

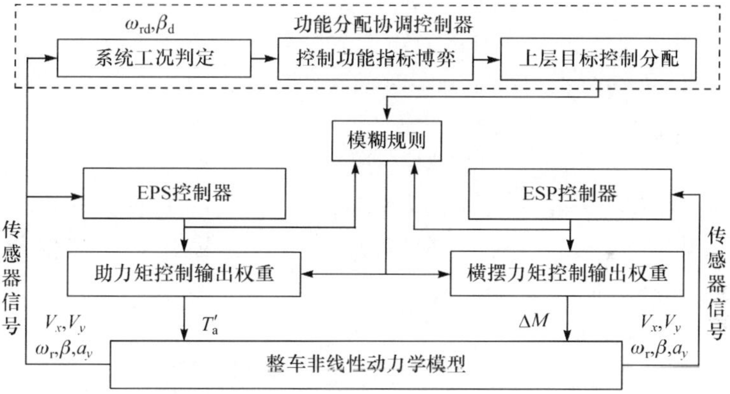


图 5-24　系统控制框图

上层功能分配协调控制器在获得车辆运行状态时的横摆角速度 $\omega_r$、质心侧偏角 $\beta$ 和侧向加速度 $a_y$ 等信号后，依据期望横摆角速度 $\omega_{rd}$ 和期望质心侧偏角 $\beta_d$，根据特征参数判断车辆当前的运行工况，在子系统间产生功能重叠或者冲突时通过上层目标控制作用进行功能分配，获得当前工况各子系统目标控制性能指标值；当上层目标控制作用与下层实时控制作用存在偏差时，采用模糊规则对子系统控制作用输出权重值实时自整定，以保证子系统间控制功能被合理分配，最终计算出需要维持车辆稳定时所需要的实际助力力矩和横摆力矩。

### 2. EPS 回正力矩补偿器设计

当车辆恒速行驶时，在小转角范围内，回正力矩几乎同侧偏角成正比，侧偏角为 4°～6°时回正力矩达到最大值。随着侧偏角继续增大，回正力矩反而下降，此种情况下，增加了驾驶员操纵时的负担而且丧失路感。由 EPS 模型可知，在转向盘操纵转矩和转向系阻力矩保持一定的情况下，作用于轮胎上的路面阻力矩等效到转向柱上的阻力矩大小决定了助力电机作用在转向系统上的助力矩 $T_a$ 的大小，因此可利用 EPS 助力电机增加助力矩的输出对回正力矩进行额外的补偿。实际的回正力矩与理想的回正力矩相比明显不足，需要添加补偿值部分，为此需要 EPS 控制器来配合。实际操纵过程中，当路面回正力矩严重不足时，驾驶员会因缺乏路感而无法正常驾驶，利用 EPS 控制器对缺失的回正力矩进行补偿可以减轻驾驶员的操纵负担。但在危急工况下容易导致回正超调等情况的出现，反而更加引起驾驶员的慌乱。为有效减小此种情况产生的不利影响，引入了与电机助力转矩变化率成正比的负反馈来实现 EPS 的阻尼控制，从而削弱驾驶员快速改变前轮转角的能力。

EPS 回正力矩补偿值随着侧向力的变化而变化，这个变化一方面是由于回正力矩随着侧偏角的变化而变化；另一方面是由于 ESP 控制器的启动导致纵向力改变，从而引起侧向力变化而使回正力矩发生变化。选用常见的 PID 控制策略，其主要作用是保证实际回正力矩能够实时跟踪参考回正力矩。

实际的回正力矩计算公式为

$$M_z = M_1 + M_2 = F'_{yfl} \times e_1 + F'_{yfr} \times e_2 \tag{5-58}$$

式中，$M_1$、$M_2$ 为前左、右轮胎的回正力矩；$e_1$、$e_2$ 为前左、右轮胎的拖距；$e_n = e_{mn} + e_{pn}(n=1,2)$，其中 $e_{mn}$ 为机械拖距，常数，$e_{pn}$ 为轮胎拖距，随前轮侧偏角、侧偏刚度以及轮胎与路面的摩擦因数而改变：

$$e_{pn} = \begin{cases} e_{p0} - \operatorname{sgn}(\alpha_n)\dfrac{5e_{p0}k_f}{12\mu F_{zn}}, & |\alpha_n| \leqslant \alpha_{sl} \\ 0, & |\alpha_n| > \alpha_{sl} \end{cases} \tag{5-59}$$

式中，$k_f$ 为前轮侧偏刚度；$e_{p0}$ 为轮胎拖距初始常数；$\alpha_{sl}$ 为常数；$\alpha_n$ 为前轮侧偏角（$n=1,2$ 分别表示左、右轮）。

参考的回正力矩：

$$M_r = \frac{\partial M_z}{\partial \alpha}\alpha_n \tag{5-60}$$

式中，$M_r$ 为参考回正力矩；$\dfrac{\partial M_z}{\partial \alpha}$ 为侧偏角与回正力矩处于线性状态时的斜率。

由此可得到回正力矩补偿器(PID)的输出即是补偿的回正力矩：

$$\Delta M_z = -K_b\dot{M}_z + K_P(M_z - M_r) + K_I\int(M_z - M_r)\mathrm{d}t + K_D(\dot{M}_z - \dot{M}_r) \tag{5-61}$$

式中，$\Delta M_z$ 为补偿的回正力矩；$K_b$ 为针对回正力矩变化率的补偿系数。

3. ESP 控制器设计

ESP 控制器的设计是为了保证车辆在极限工况行驶时的安全性，即当车辆处于危险工况时，添加额外的横摆力矩以使车辆安全行驶。这里采用变加权值的滑模控制算法，能够很好地得到系统所需的附加横摆力矩，提高车辆的操纵稳定性。

令 $\Delta M$ 为附加的横摆力矩，$e_{\omega_r}=\omega_{rd}-\omega_r$ 和 $e_\beta=\beta_d-\beta$ 分别为期望横摆角速度和质心侧偏角之间的误差，选择切换函数 $s=\omega_{rd}-\omega_r+\varepsilon(\beta_d-\beta)$。根据滑模控制理论，通过计算可得到所需添加的横摆力矩为

$$\Delta M=\frac{mv}{\tau}\left(\frac{1}{\varepsilon}\dot{e}_{\omega_r}-e_{\omega_r}\right)+k\mathrm{sgn}(s) \tag{5-62}$$

式中，$\tau$、$\varepsilon$ 为权系数；$k$ 为设计参数。

控制器中的权系数 $\tau$ 反映了附加横摆力矩对质心侧偏角的影响程度：

$$\varepsilon=\frac{1}{k_1\mu^{1/2}+k_2}\tau=k_3\mu^{1/2} \tag{5-63}$$

式中，$k_1$、$k_2$、$k_3$ 为常系数。

4. 上层功能分配控制器设计

上层功能分配控制器的作用是实时分析车辆运行状况，判断车辆所处状态，即车辆在行驶时通过各种车载传感器实时感知车辆的运行状态，将这些传感器信号进行处理之后通过参考模型计算出此时车辆的理想横摆角速度和质心侧偏角，并根据特征参数来判断车辆是否失稳。如果失稳，则计算出需要维持车辆稳定时所需要的助力转矩和横摆力矩。与此同时，须注意两子系统中输出量的冲突或者功能重叠。例如，ESP 系统能够改变侧向力，而侧向力的改变导致回正力矩的改变，以致影响 EPS 系统的操纵特性；又如，EPS 系统的最优输出助力转矩达不到期望值，则需要 ESP 系统增大输出以保证车辆的稳定行驶。因此，这里应用功能分配系数来控制两个系统的输出量，以获取系统最佳控制效果。上层功能分配控制器设计规则如下：

(1) 车辆运行状态的确定。由于在转向制动工况下车辆的运行状况比较复杂，采用单一的二自由度线性模型计算出的期望横摆角速度和质心侧偏角已经无法满足车辆运行状况的要求，考虑到路面附着系数的影响，可采用式(5-44)作为判断依据，即当实际横摆角速度和质心侧偏角小于该期望值时，车辆稳定，反之，车辆失稳。

(2) 根据车辆运行状态，按 EPS 与 ESP 系统对车辆良好操纵性和侧向稳定性的有效作用区域，进行控制功能指标优化和控制量分配，从而最终确定各子控制器

的作用权重。

博弈论可以针对控制功能指标的冲突，研究最优控制策略以寻求控制系统全局最优的状态。把各子系统的控制功能指标当作各自博弈的一方，取各控制功能指标值的倒数值构造博弈矩阵，采用纳什最大最小谈判解原理设计各控制器最优协调控制量，得到控制性能博弈模型的纳什均衡点。

当 $\omega_r<\omega_{rd}$、$\beta<\beta_d$ 时，轮胎能够提供车辆转向所需的侧向力；当 $\omega_r>\omega_{rd}$、$\beta>\beta_d$ 时，车辆则会失去稳定而需要进行稳定性控制。这里针对 EPS 与 ESP 协调控制，重点研究车辆在高速低附着系数路面行驶工况。分析如下三种车辆行驶典型工况：前轮转角正弦、阶跃输入工况以及分离路面行驶工况。

EPS 控制系统功能为使转向盘转角尽快恢复至平衡位置，取其功能指标为

$$J_1=\int t\mid\delta_f-\delta_0\mid \mathrm{d}t \tag{5-64}$$

转向盘转角可通过前轮转角 $\delta_f$ 计算得出，其中 $\delta_0$ 为前轮转角初始值。

ESP 控制系统功能为使车辆按照目标轨迹行驶，取其功能指标为

$$J_2=\int t(\mid\omega_r-\omega_{rd}\mid+\mid\beta-\beta_d\mid)\mathrm{d}t \tag{5-65}$$

选取 $n_1=1/J_1$、$n_2=1/J_2$ 作为各子系统控制功能指标对策博弈赢得值。在转弯行驶(前轮转角正弦输入)、阶跃转向以及分离路面行驶工况下分别得到对策赢得组合 $(n_1,n_2)_\sigma(\sigma=1,2,3)$。根据纳什定理，求取纳什均衡解 $(n_1^*,n_2^*)_\sigma$，即纳什平衡点，则分别为各子系统期望的控制目标。上层功能分配协调控制方案可作如下设计：

① 如果 $|a_y|>0$、$\omega_r<\omega_{rd}$ 且 $\beta<\beta_d$，即车辆处于稳定转弯情况或者分离路面两侧附着系数相差较小，此时得到 $J_1=p_1$ 且 $J_2=q_1$。

② 如果 $|a_y|>0$、$\omega_r>\omega_{rd}$ 且 $\beta>\beta_d$，即车辆在转弯时已处于失稳状态且丧失转向能力或者分离路面两侧附着系数相差太大，此时前轮的偏转很难使车辆的偏航得以纠正，且过大的前轮转角进入分离路面很容易造成车辆失控。基于这种工况，可得到 $J_1=p_2$ 且 $J_2=q_2$。

③ 如果 $|a_y|>0$、$\omega_r>\omega_{rd}$ 且 $\beta<\beta_d$，此时表示车辆在转弯过程中已失稳但并未丧失转向能力或者分离路面两侧附着系数相差适中，因此需要 EPS 与 ESP 协调控制。此时 EPS 与 ESP 系统出现功能重叠或者冲突，具体设计可分如下两种方案：

(a) 设计输出反馈控制器 $k(s)$，在保持系统稳定的前提下使 $J_1$ 最小，得到 $J_1=p_3$ 且 $J_2=q_3$；

(b) 设计输出反馈控制器 $k(s)$，在保持系统稳定的前提下使 $J_2$ 最小，得到 $J_1=p_4$ 且 $J_2=q_4$。

作为参加博弈的双方，考虑到在非零和博弈中双方获得的赢得值越大越好，因此可选择 $J_1$ 的倒数值 $1/p_1$、$1/p_2$、$1/p_3$、$1/p_4$ 作为一方赢得值，$J_2$ 的倒数值 $1/q_1$、$1/q_2$、$1/q_3$、$1/q_4$ 作为另一方赢得值，得到非零和对策赢得矩阵。

用纳什最大最小谈判解原理求解协调控制，控制功能指标的一般算法如下。

① 构造两系统协调控制矩阵：

$$\begin{bmatrix}(1/p_1,1/q_1) & (1/p_3,1/q_3)\\(1/p_4,1/q_4) & (1/p_2,1/q_2)\end{bmatrix}$$

记作

$$\begin{bmatrix}(a_{11},b_{11}) & (a_{12},b_{12})\\(a_{21},b_{21}) & (a_{22},b_{22})\end{bmatrix}$$

选取的原则是保证系统在稳定的前提下拥有良好的动态性能指标。

② 分解得到赢得矩阵$\begin{bmatrix}a_{11} & a_{12}\\a_{21} & a_{22}\end{bmatrix}$和$\begin{bmatrix}b_{11} & b_{12}\\b_{21} & b_{22}\end{bmatrix}$。

③ 根据式(5-66)和式(5-67)，计算出最大最小策略 $H_1$、$H_2$：

$$H_1=\frac{a_{11}a_{22}-a_{21}a_{12}}{a_{11}+a_{22}-a_{21}-a_{12}} \tag{5-66}$$

$$H_2=\frac{b_{11}b_{22}-b_{21}b_{12}}{b_{11}+b_{22}-b_{21}-b_{12}} \tag{5-67}$$

④ 依据赢得矩阵画出合作型对策赢得区域图形，并由该图形的右上侧边界直线 $g(x,y)=0$ 得到协商集，纳什均衡解必定在协商集中。

⑤ 由 $g(x,y)=0$ 解出 $y=m(x)$，把 $y=m(x)$代入 $f(x,y)=(x-H_1)(y-H_2)$得到自变量 $x$ 的函数 $T(x)=0$。

⑥ 设$\dfrac{\mathrm{d}}{\mathrm{d}x}T(x)=0$，解出 $x^*$，代入 $g(x,y)=0$ 得出 $y^*$，根据纳什定理得到纳什均衡解$(x^*,y^*)$，即$(n_1^*,n_2^*)_\sigma$，此均衡解即为系统非零和对策模型的纳什均衡点。

如果当前子系统的控制目标与期望的控制目标值之间存在偏差，则采用模糊规则自整定两子系统各控制器输出值权重，即实时调整各子系统控制作用下的 EPS 助力矩和横摆力矩，使各子系统能够跟踪期望的控制作用目标值，使得系统全局性能最佳、控制功能分配合理。也就是说，为保证全局控制性能最佳，采用上述纳什最大最小谈判解原理来获得实时纳什均衡解$(n_1^*,n_2^*)_1$，将 $1/n_1^*$、$1/n_2^*$作为 EPS 和 ESP 系统控制目标，以实时调整 EPS、ESP 控制器的输出量，协调分配两子控制系统的控制作用。

### 5.4.2 仿真计算与分析

为验证上述所提控制策略的有效性，在 Simulink 中进行了仿真研究。仿真条件：车速为 72km/h，路面附着系数为 0.3 时，前轮转角分别输入为正弦和阶跃曲线以及车辆在分离路面行驶(左右侧附着系数分别为 0.7，0.3)。前已述及，安装有回正力矩补偿 EPS 控制器的车辆在较高车速、较低附着系数的路面行驶，可以改变部分前轮转角的能力。因此，仿真可分为 EPS 回正力矩补偿控制(EPS 控制器单独工作)、ESP 控制器单独工作、二自由度车辆参考模型仿真出的参考值以及功能分配协调控制(EPS/ESP)，最终进行有无功能分配协调控制时车辆运行状态的对比。

1. 正弦输入工况

前轮转角输入为正弦工况转弯行驶时，仿真结果如图 5-25 所示。

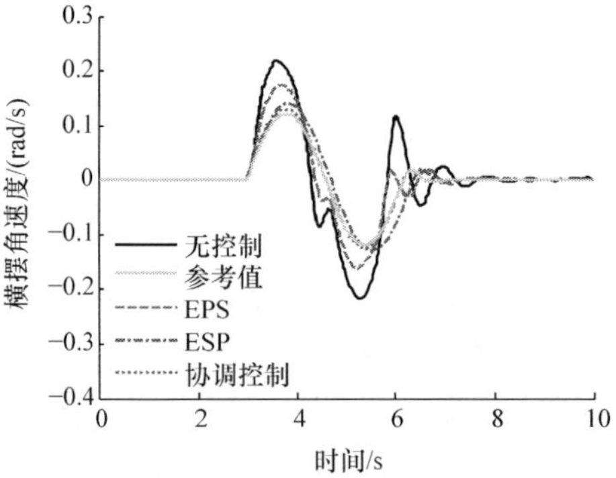

(a) 横摆角速度响应

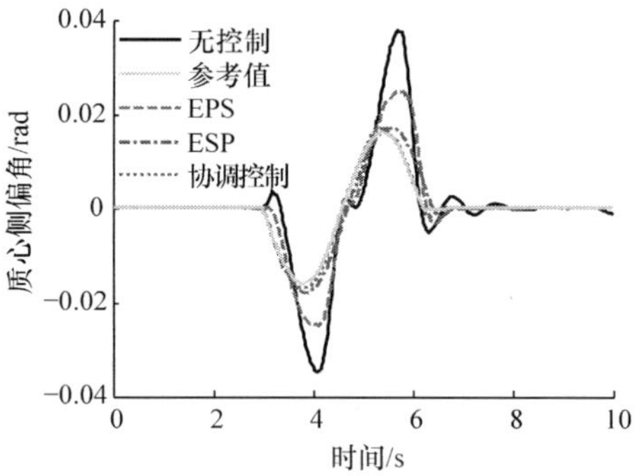

(b) 质心侧偏角响应

图 5-25 正弦转向工况的仿真结果

图 5-25 表明，当车辆连续变道时，EPS 与 ESP 控制器单独工作，都能使其更快趋于稳定，提高了车辆的操纵稳定性。功能分配协调控制结合了两者优点，合理地分配车辆的信息资源，效果要比单个系统控制更好。在此工况中，不同控制方式下车辆的横摆角速度峰值、质心侧偏角峰值比较见表 5-2。与 ESP 和 EPS 控制器单独工作相比较，功能分配协调控制下车辆横摆角速度峰值分别减小 3.9%和 32.4%，质心侧偏角峰值分别减小 4.1%和 29.0%。

表 5-2　正弦转向工况仿真数据峰值比较

| 控制方式 | 横摆角速度/(rad/s) | 质心侧偏角/rad |
| --- | --- | --- |
| 参考值 | 0.12 | 0.016 |
| 无控制 | 0.251 | 0.0394 |
| ESP 控制器单独工作 | 0.128 | 0.0171 |
| EPS 控制器单独工作 | 0.182 | 0.0231 |
| 功能分配协调控制 | 0.123 | 0.0164 |

2. 车辆转弯行驶前轮阶跃输入工况

根据国家标准 GB/T 6323—2014 对操纵稳定性的实验要求，按最高车速 72km/h 的 70%并四舍五入为 10 的整数倍确定，给前轮一个阶跃转向输入。仿真结果如图 5-26 所示。

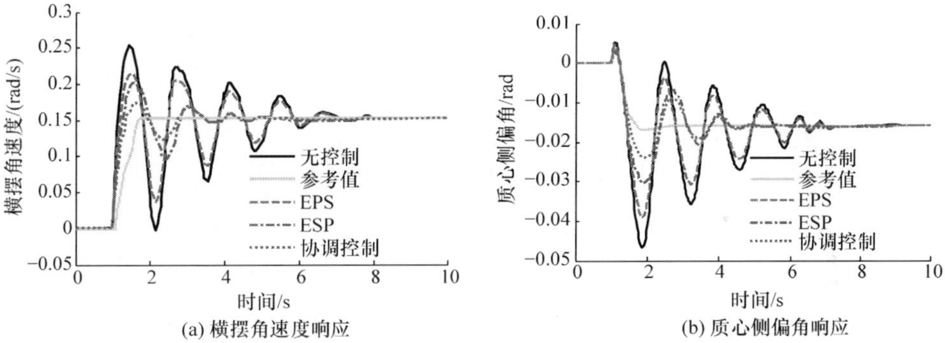


图 5-26　阶跃转向工况仿真结果

图 5-26 是车辆在紧急变道时的仿真工况。这时车辆在低附着系数路面高速行驶，遇到突发事件或者紧急避障而突然转动转向盘，很容易出现侧翻、激转等情况。从图中可以看出，EPS 回正力矩补偿控制策略在一定程度上能够改善车辆的操纵稳定性。功能分配协调控制策略的优越性在这里得到了很好体现，能够快速恢复车辆的稳定行驶。不同控制方式下的车辆横摆角速度峰值、质心侧偏角峰值比较见表 5-3。与 ESP 和 EPS 控制器单独工作相比较，功能分配协调控制下车辆横摆角速度峰值分别减小 15.9%和 20.2%，质心侧偏角峰值分别减小 19.3%和 36.8%。

**表 5-3 阶跃转向工况仿真数据峰值比较表**

| 控制方式 | 横摆角速度/(rad/s) | 质心侧偏角/rad |
|---|---|---|
| 参考值 | 0.15 | −0.018 |
| 无控制 | 0.228 | −0.0482 |
| ESP 控制器单独工作 | 0.207 | −0.0305 |
| EPS 控制器单独工作 | 0.218 | −0.0389 |
| 功能分配协调控制 | 0.174 | −0.0246 |

3. 车辆在分离路面行驶工况

当车辆行驶在分离路面时,其仿真结果如图 5-27 所示。

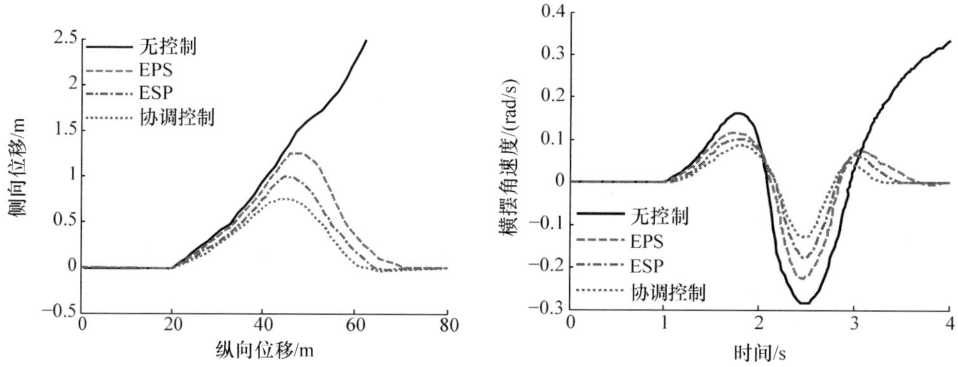

(a) 分离路面行驶路径 (b) 分离路面横摆角速度响应

图 5-27 分离路面工况仿真结果

图 5-27 为车辆在分离路面行驶路径和横摆角速度响应曲线。由图可见,功能分配协调控制效果明显,比单个子系统控制效果更佳。表 5-4 为分离路面行驶时的侧向位移与横摆角速度在不同控制方式时的峰值比较。与 ESP 和 EPS 控制器单独工作相比,功能分配协调控制下车辆横摆角速度峰值分别减小 28.6%和 40.5%,侧向位移峰值分别减小 31.3%和 40.2%。

**表 5-4 分离路面工况仿真数据峰值比较表**

| 控制方式 | 横摆角速度/(rad/s) | 侧向位移/m |
|---|---|---|
| 无控制 | — | — |
| ESP 控制器单独工作 | 0.189 | 1.098 |
| EPS 控制器单独工作 | 0.227 | 1.261 |
| 功能分配协调控制 | 0.135 | 0.754 |

4. 有无功能分配协调控制的仿真对比

为了体现出功能分配协调控制优势，进行了有无功能分配协调控制的仿真(无功能分配协调控制是指当 EPS 与 ESP 系统控制目标冲突或者功能重叠时，没有针对控制目标的博弈，上层协调控制器仅根据期望值针对两子系统进行自整定模糊协调控制)，车速为 72km/h，路面附着系数为 0.3，前轮转角为正弦输入。图 5-28 为仿真结果。

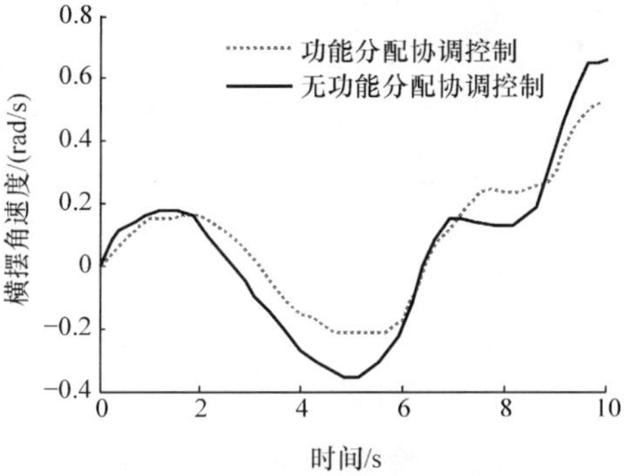

(a) 横摆角速度响应

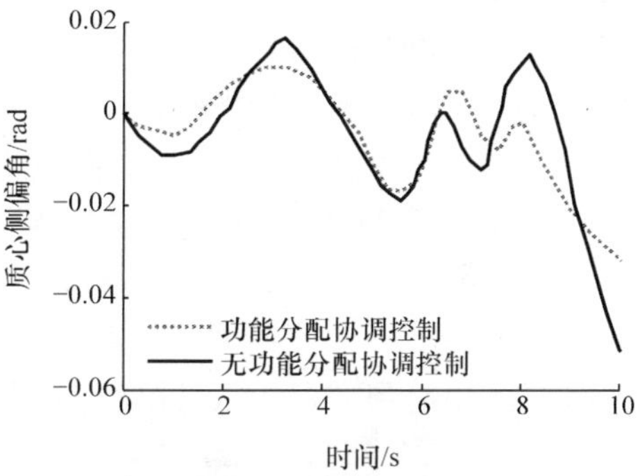

(b) 质心侧偏角响应

图 5-28　有无功能分配协调控制仿真结果

从图 5-28 可以看出，功能分配协调控制对车辆的操纵稳定性有了进一步提高，这是由于自整定模糊协调控制的系统没有充分考虑两子系统所擅长实现功能的差异性和相互之间动力学的耦合关系，且整车协调控制系统性能没有达到全局最优，因此其整车操纵性能产生了一定影响。表 5-5 为有无功能分配协调控制时横摆角速度与质心侧偏角峰值比较。与无功能分配协调控制相比，功能分配协调控制下车辆的横摆角速度峰值分别减小 8.5%，质心侧偏角分别减小 33.3%。

**表 5-5　有无功能分配协调控制仿真数据峰值比较表**

| 控制方式 | 横摆角速度/(rad/s) | 质心侧偏角/rad |
|---|---|---|
| 无功能分配协调控制 | 0.614 | −0.057 |
| 功能分配协调控制 | 0.562 | −0.038 |

### 5.4.3　硬件在环仿真实验

为充分验证 EPS 与 ESP 功能分配协调控制策略的有效性，在仿真实验的基础上，进行硬件在环仿真实验。硬件在环仿真实验平台的搭建：以某款装配有 EPS 和 ESP 系统的车辆作为实验用车，EPS 控制系统采用永磁同步电动机，控制系统芯片采用 ARM 单片机 STM32；ESP 控制系统采用飞思卡尔 MC9S12XS128 作为其控制单元；上层控制器利用 ARM 单片机 2129 作为协调控制单元。上下层的共享信号通过 CAN 总线相互发送和接收，由功能分配协调控制器输出控制信号对两子系统的输出量进行合理分配。根据相关车辆参数在 veDYNA 中建立整车模型以及根据 ISO 3888 规定的单移线测试标准和 GB/T 6323—2014 规定的转向瞬态响应实验来建立虚拟实验场地，另外同时建立分离路面虚拟场地，并在计算机中实时运行，子控制器输出信号可以通过接口系统分别与 EPS 助力电动机和 ESP 液压系统中的电磁阀相连。硬件系统为该实验车的液压系统、去掉原装的控制系统(EPS 与 ESP 系统)，采用自主研发的控制系统、功能分配器电路板以及各种车载传感器等；接口系统能将硬件系统中的传感器信号采集并处理之后实现与软件系统中运行的整车模型及控制器进行信息实时交换。

硬件在环测试主要通过 LabVIEW 的 I/O 接口使 EPS 与 ESP 控制器能够控制运行于 LabVIEW 中的车辆模型，同时通过 CAN 总线将模型运行结果转化后，再传给 EPS 与 ESP 控制器构成反馈回路。该硬件在环平台主要由四部分组成：EPS 硬件、ESP 硬件、LabVIEW 的 PXI 主机和计算机，如图 5-29 所示。

图 5-29 硬件在环实验平台

实验设备与条件：实验设备主要包括车辆制动液压系统、车辆转向系统、各种传感器、功能分配器电路板、EPS 与 ESP 两子系统电路板、LabVIEW 的 PXI 主机、SCB-68 接线板、计算机等。实验是在虚拟的潮湿路面上进行的，车速设定为 72km/h，虚拟道路附着系数为 0.3，分离路面左右附着系数分别为 0.7、0.4。实验具体结果如图 5-30～图 5-34 所示。从图中可以看出，利用硬件在环实时仿真实验，其与软件仿真中的结果趋势基本是一致的。图 5-30 和图 5-31 为车辆前轮转角为正弦输入时，其推荐的 EPS 控制策略可增加车辆的操纵稳定性，而功能分配协调控制要比 EPS 或者 ESP 控制器单独工作时的效果更好，提高了车辆行驶的稳定性。图 5-32 和图 5-33 为车辆阶跃转向时的瞬态响应结果，通过实验验证可以得出，功能分配协调控制极好地改善了车辆行驶的安全性和稳定性，防止车辆在急速转向时因失稳而产生激转或者是偏离跑道。图 5-34 为车辆在分离路面行驶时横摆角速度响应曲线，同样证实了功能分配协调控制策略的优越性能。因此，可以看出功能分配协调控制能够更好地改善车辆在低附着系数路面的操纵性和侧向稳定性，增加了行驶安全性，提高了车辆的通行能力。

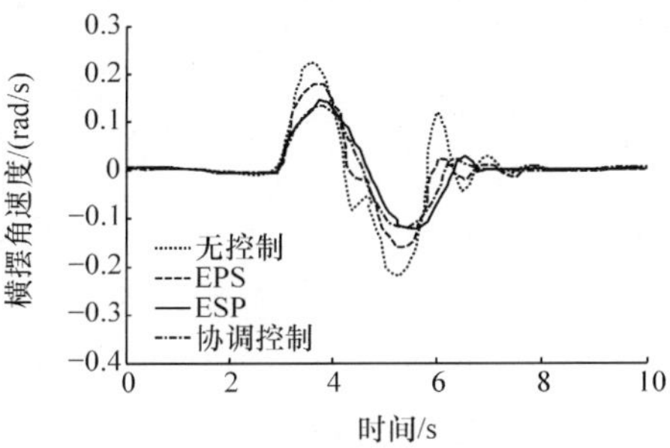


图 5-30　正弦输入时横摆角速度曲线

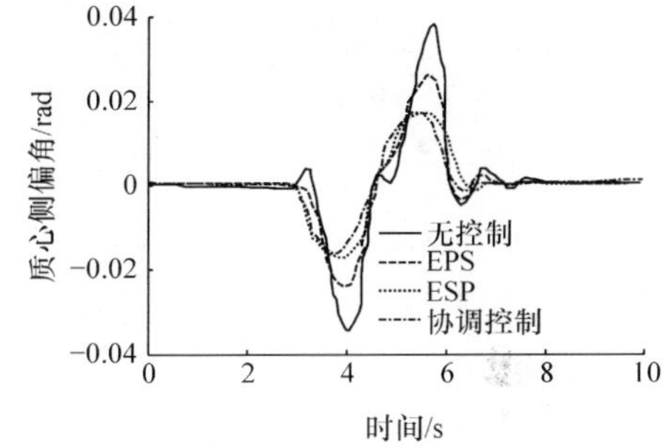


图 5-31　正弦输入时质心侧偏角曲线

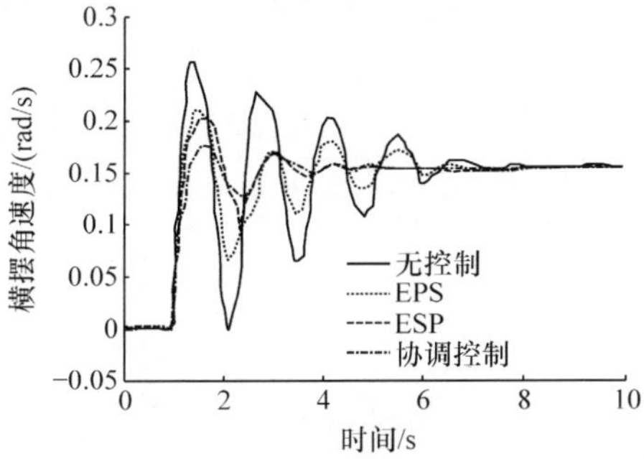


图 5-32　阶跃输入时横摆角速度曲线

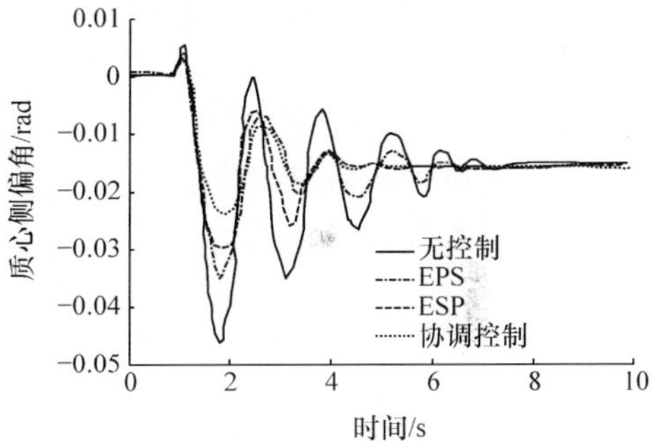


图 5-33　阶跃输入时质心侧偏角曲线

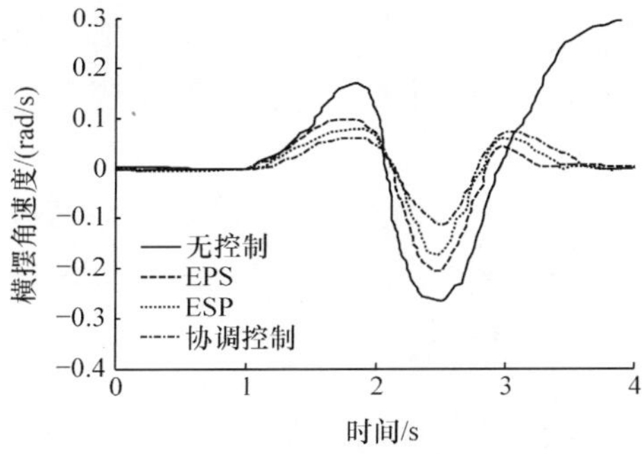


图 5-34　分离路面上的横摆角速度曲线

## 5.5 基于车辆行驶安全边界的EPS/ESP协调控制策略

### 5.5.1 车辆行驶安全边界

根据研究需要，不考虑车辆的垂向运动，建立七自由度非线性车辆动力学模型，包括车身的三个自由度即纵向、侧向移动和绕垂向的横摆运动，以及车轮转动的四个自由度，建模过程详见文献[9]和[10]。

1. 车辆行驶安全边界的定义

安全边界是指介于稳定与失稳的临界状态所确定的界限，该方法已应用于电力系统、轨道车辆、航空、信息安全等领域。本节将此方法引入车辆领域，根据车辆动力学理论，提出一种车辆行驶安全边界确定方法。车辆动力学控制的主要目标是轨迹保持和稳定性控制，而质心侧偏角表征了车辆的轨迹保持特性，横摆角速度表征了其稳定性，它们相互联系、相互影响，故通常用二者来表征车辆的稳定性。将两变量分别作为横轴和纵轴，构建描述车辆稳定性的行驶安全边界，辨识车辆行驶的安全区域与不安全区域。相对于通过相平面决定安全边界的方法，这种边界的选择是一种保守的设计方法。由于实际工况中路面的复杂性、车辆受力的不确定性以及驾驶员操纵特性的影响等，这种保守的边界确定方法符合在稳定性控制研究中的可靠性设计原则。

2. 路面附着系数的估计

路面附着系数与车辆稳定性控制的效果紧密联系。由车轮的附着特性可知，在不同的路面上，车轮侧向力饱和值相差很大，由质心侧偏角和横摆角速度确定的安全边界也不相同，高附着系数路面能承受更大的质心侧偏角和横摆角速度，而低附着系数路面上质心侧偏角和横摆角速度的安全范围则小得多。为了实现车辆行驶中安全边界的确定，必须准确实时地估计路面附着系数，此处基于车载EPS信号估计路面附着系数。

由于最大轮胎力和最大回正力矩正比于路面附着系数，路面附着系数可以通过与轮胎力及回正力矩之间的关系来估计。首先由EPS系统的动力学方程来估计回正力矩，然后估计路面附着系数。建立EPS系统的动力学模型，选取状态变量和控制输入分别为

$$\begin{cases} x=[x_{\mathrm{r}} \quad \dot{x}_{\mathrm{r}} \quad M_z]^{\mathrm{T}} \\ u=[i_{\mathrm{e}} \quad T_{\mathrm{c}}]^{\mathrm{T}} \end{cases} \tag{5-68}$$

式中，$x_r$ 为齿条位移；$M_z$ 为回正力矩；$i_e$ 为等效电流；$T_c$ 为测量到的转向盘转矩。

EPS 系统的状态方程可表示为

$$\begin{cases} \dot{x}=Ax+Bu \\ y=Cx \end{cases} \tag{5-69}$$

假设回正力矩变化缓慢，即有 $\dot{M}_z=0$。构建 Luenberger 观测器：

$$\begin{cases} \dot{\hat{x}}=(A-LC)\hat{x}+Bu+Ly \\ M_z=[0 \quad 0 \quad 1]\hat{x} \end{cases} \tag{5-70}$$

Fiala 轮胎模型如下：

$$\begin{cases} M_z=\dfrac{L_h K_y|\tan\alpha|}{3}\left(1-\dfrac{K_y|\tan\alpha|}{3\mu|F_z|}\right)^3\operatorname{sgn}\alpha, & |\alpha|\leqslant\alpha_c \\ M_z=0, & |\alpha|>\alpha_c \end{cases} \tag{5-71}$$

式中，$F_z$ 为轮胎的垂向力；$\mu$ 为路面附着系数；$K_y$ 为轮胎的侧偏刚度；$\alpha$ 为轮胎侧偏角；$L_h$ 为轮胎印迹半长。

当路面附着系数变化时，回正力矩的最大值也随之变化，可以用回正力矩最大值的变化来估计路面附着系数。

令

$$\frac{K_y|\tan\alpha|}{3\mu|F_z|}=\psi \tag{5-72}$$

则

$$\frac{\partial M_z}{\partial\psi}=\frac{L_h K_y}{3}(1-\psi)^2(1-4\psi)=0 \tag{5-73}$$

当 $\psi=\dfrac{1}{4}$ 时，有

$$\mu=\frac{256M_{z\max}}{27|F_z|L_h} \tag{5-74}$$

图 5-35 为车速 80km/h 双移线工况下的回正力矩估计值与 CarSim 软件仿真值的对比，图 5-36 为估计得到的路面附着系数与 CarSim 软件设定值的对比。

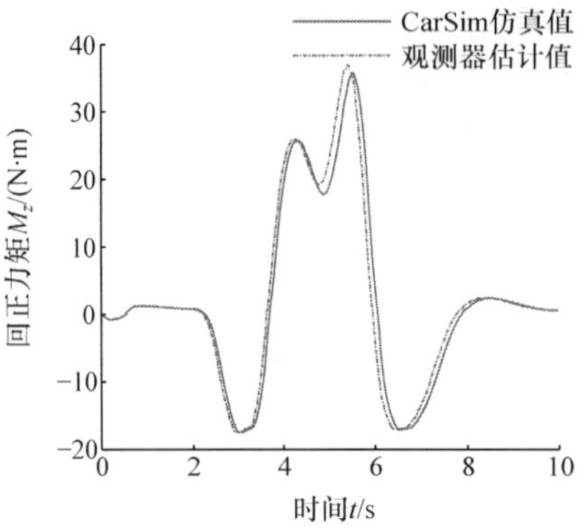


图 5-35　回正力矩估计

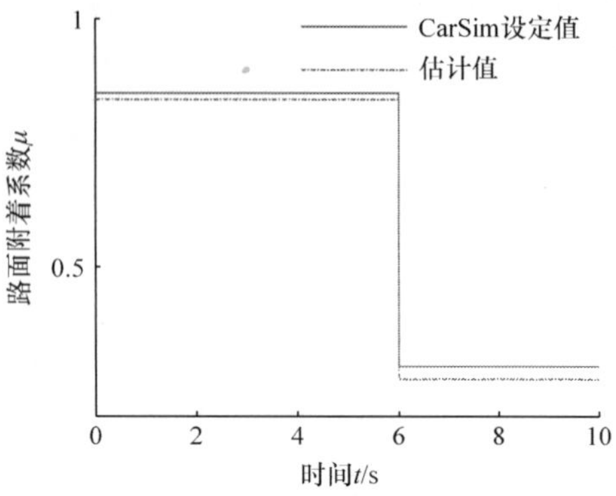


图 5-36　路面附着系数估计

由图 5-35 和图 5-36 可知，所提出的观测方法能够较为精确地估计路面附着系数。

3. 车辆行驶安全边界的确定

根据如上车辆行驶安全边界的定义，稳态横摆角速度的上限由路面附着系数和车速决定。为防止后轴饱和，质心侧偏角的上限由最大后轴侧偏角定义，并考虑引起此非线性系统分岔的最大前轮转角 $\delta_f$ 决定的横摆角速度和质心侧偏角，分别以质心侧偏角和横摆角速度作为横坐标和纵坐标，分别记为 $C$ 点、$D$ 点、$F$ 点、$E$ 点(图 5-37)。再由经验调试，去掉前轮侧向力对车辆稳定起很小作用的区域，进一步确定出车辆行驶安全边界 $CGHFMN$。

稳态横摆角速度的上限和质心侧偏角的上限为

$$\begin{cases}\omega_{rC}=\dfrac{\mu g}{V_x}\\ \beta_C=\dfrac{b\mu g}{V_x^2}-\tan\alpha_{sr}\end{cases}\tag{5-75}$$

式中，$b$ 为质心到后轴的距离；$g$ 为重力加速度；$V_x$ 为车速；$\mu$ 为路面附着系数；$\alpha_{sr}$ 为与最大轮胎垂向力对应的后轮侧偏角。

前轮转角可表示为

$$\delta_f=\arctan\left[\frac{(a+b)\mu g}{V_x^2}-\tan\alpha_{sr}\right]+\alpha_{sf}\tag{5-76}$$

由 $\delta_f$ 决定的横摆角速度和质心侧偏角大小为

$$\begin{cases}\omega_{rD}=\dfrac{u}{a+b}\left[\tan(\alpha_{sf}+\delta_f)-\tan\alpha_{sr}\right]\\ \beta_D=\dfrac{b}{a+b}\left[\tan(\alpha_{sf}+\delta_f)-\tan\alpha_{sr}\right]+\tan\alpha_{sr}\end{cases}\tag{5-77}$$

式中，$a$ 为质心到前轴的距离；$\alpha_{sf}$ 为与最大轮胎垂向力对应的前轮侧偏角。

至此，得到 $C$、$D$ 两点。依次类推，转向盘转角反向时得到与 $C$、$D$ 对称的两点 $F$、$E$。由此可得一四边形 $CDFE$(图 5-37)。

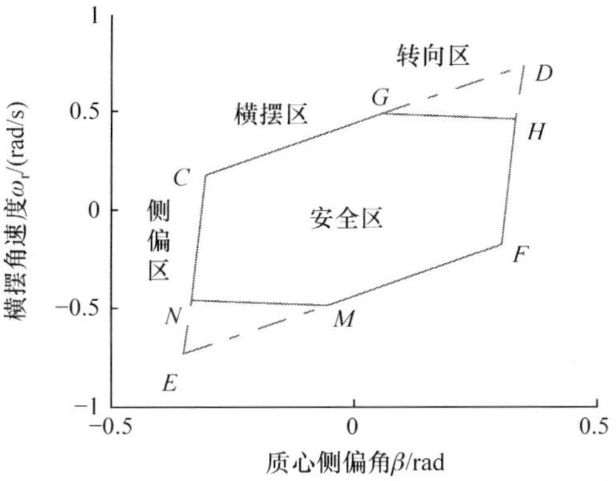


图 5-37　车辆行驶安全边界

各安全边界方程分别为

$$\begin{cases}\beta=b_0\omega_r\pm b_1\\ \omega_r=b_3\beta\pm b_4\end{cases}\tag{5-78}$$

式中，$b_0=\dfrac{b}{u}$，$b_1=\tan\alpha_{sr}$，$b_3=\dfrac{\omega_{rD}-\omega_{rC}}{\beta_D-\beta_C}$，$b_4=\omega_{rC}-\beta_C\dfrac{\omega_{rD}-\omega_{rC}}{\beta_D-\beta_C}$

在四边形右上角和左下角，前轮的侧向力对车辆稳定起的作用很小，去掉这两个区域，得到一六边形区域。$G$、$H$ 两点坐标为

$$\omega_{rG}=\rho_G(\omega_{rD}-\omega_{rC})+\omega_{rC},\quad \beta_G=\frac{1}{b_3}(\omega_G-b_4)\tag{5-79}$$

$$\omega_{rH}=\rho_H(\omega_{rD}-\omega_F)+\omega_F,\quad \beta_H=b_0\omega_H+b_1\tag{5-80}$$

通过仿真调试，$\rho_G$、$\rho_H$ 分别取值为 0.55、0.5。$M$、$N$ 为与 $G$、$H$ 对称的两点。

### 5.5.2　协调控制器设计

EPS 与 ESP 协调控制系统由上层控制器和下层控制器组成。由整车非线性动力学系统计算输出的值和基于 EPS 控制器估计出的路面附着系数等信息分析计算出车辆的行驶安全边界。上层协调控制器根据车辆的行驶状况和子系统的功能潜力，获得当前工况下各子系统的动态协调控制因子 $\lambda_1$、$\lambda_2$，采用带精英策略的非支配排序遗传算法(NSGA-II)，经优化后为 $\lambda_1'$、$\lambda_2'$，分别输入 EPS 鲁棒控制器和 ESP 滑模控制器，两控制器分别输出电机助力矩 $T_a'$ 和横摆力矩 $\Delta M'$ 并作用于整车非线性动力学系统，使车辆具有良好的操纵稳定性和行驶安全性。若为单系统控制，则输出的动态协调控制因子分别为[1　0]或[0　1]，控制系统示意图如图 5-38 所示。

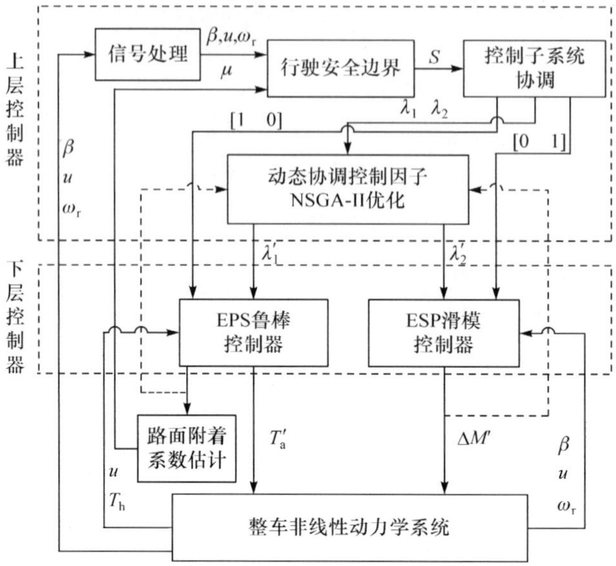


图 5-38　控制系统示意图

1. 上层控制器设计

车辆运行时，可能会出现越过安全边界的情形，导致严重的安全问题。记当前状态到安全边界上最近点的状态误差的线性组合为 $S$，在安全边界上 $S=0$。

$$S=\begin{cases}(\omega_r-\omega_{rs})-q_1(\beta-\beta_s)\\(\omega_r-\omega_{rs})-q_2(\beta-\beta_s)\\(\omega_r-\omega_{rs})-q_3(\beta-\beta_s)\end{cases}\tag{5-81}$$

式中，$q_1$、$q_2$、$q_3$ 分别表示图 5-37 中车辆行驶安全边界 $NC$、$CG$、$GH$ 的斜率。

$(\beta,\omega_r)$表示车辆的当前状态，$(\beta_s,\omega_{rs})$是与$(\beta,\omega_r)$距离最短的安全边界上的一点，定义为安全点。

$$\omega_{rs}=\frac{b_0\beta+\omega_r-b_0b_1}{1+b_0^2}\tag{5-82}$$

$$\beta_s=\frac{b_0^2\beta+b_0\omega_r+b_1}{1+b_0^2}\tag{5-83}$$

安全点$(\beta_s,\omega_{rs})$与 $S$ 的定义如图 5-39 所示。

在不改变原有 EPS 和 ESP 控制系统结构的前提下，用动态协调因子 $\lambda_1$、$\lambda_2$ 来引导各个控制器改变控制力度。

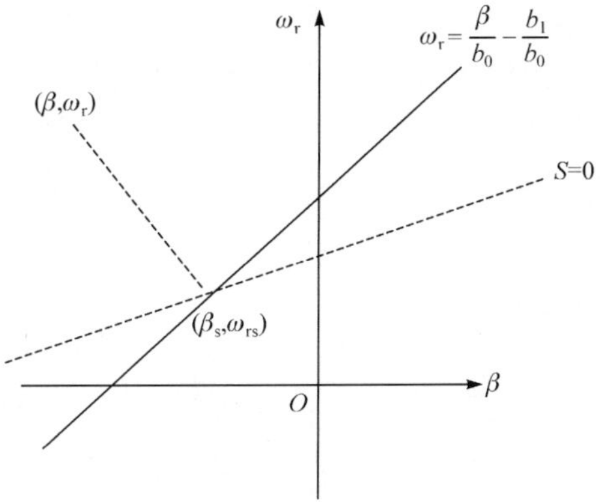


图 5-39　定义安全点与 $S$

当车辆运动的状态点在安全边界之内时，$(\beta,\omega_r)$到安全边界的距离越短，$\lambda_1$ 越小，$\lambda_2$ 越大。超出安全边界时，$\lambda_2$ 为 1。

取理想横摆角速度 $\omega_{rd}$和极限横摆角速度 $\omega_{rl}$中绝对值较小的作为期望的横摆角速度：

$$\omega_{rd}=\min(|\omega'_{rd}|,|\omega_{rl}|)\,\mathrm{sgn}(\omega'_{rd}) \tag{5-84}$$

$$\omega'_{rd}=\frac{V_x/L}{1+KV_x^2}\delta_f \tag{5-85}$$

$$\omega_{rl}=0.85\frac{\mu g}{V_x} \tag{5-86}$$

电机开始提供助力时的转向盘助力阈值为 $T_{d0}$。

表 5-6 为 EPS/ESP 集成系统协调控制规则。

**表 5-6　EPS/ESP 集成系统控制规则**

| $S$ | 转向盘转矩 $T_h$ | 横摆角速度 $\omega_r$ | 控制方式 |
|---|---|---|---|
| $S<0$ | $T_h>T_{d0}$ | $\omega_r<\omega_{rd}$ | EPS 控制 |
| $S<0$ | $T_h>T_{d0}$ | $\omega_r\geqslant\omega_{rd}$ | EPS/ESP 协调控制 |
| $S>0$ | — | — | ESP 控制 |

各子系统对车辆良好操纵和侧向稳定性的有效作用区域的划分以及 $\lambda_1$、$\lambda_2$ 的具体取值原则如下。

(1) 当 $S<0$、$T_h>T_{d0}$且 $\omega_r<\omega_{rd}$时，车辆在高速转向时能够稳定转弯，此时需要 EPS 控制，使车辆在转向过程中具有更好的操纵稳定性。此时，$\lambda_1=1$，$\lambda_2=0$。

(2) 当 $S<0$、$T_h>T_{d0}$且 $\omega_r\geqslant\omega_{rd}$时，车辆在高速转向时会失稳，此时需要通过 EPS 和 ESP 系统同时对车辆控制，以保持良好的操纵稳定性和侧向稳定性。

基于 NSGA-II 算法来求解 EPS、ESP 动态协调控制因子的多目标优化问题。

由于遗传算法往往易于落入局部最优、收敛速度慢，而 NSGA-II 算法[11]能够得到分布均匀的非劣最优解，降低了算法的计算复杂度，引入了精英策略，扩大了采样空间；通过计算拥挤度和拥挤度比较算子，使 Pareto 最优解前沿中的个体能均匀扩散到整个 Pareto 域，以确保种群的多样性。首先产生规模为 $N$ 的初始种群 $P_t$ 和子代种群 $Q_t$，将二者结合成大小为 $2N$ 的种群 $R_t$，然后将父代与子代种群进行快速非支配排序。计算每个非支配层的个体拥挤度，由个体拥挤度及非支配关系，选取合适的个体组成新的父代种群 $P_{t+1}$。最后由遗传算法产生新的子代种群 $Q_{t+1}$，将 $P_{t+1}$ 和 $Q_{t+1}$ 结合成新种群 $R_t$，重复上述步骤直至结束，程序流程如图 5-40 所示。其中，Gen 为进化代数，$Z$ 为非支配集，$f$ 为 $Z$ 中的个体数。

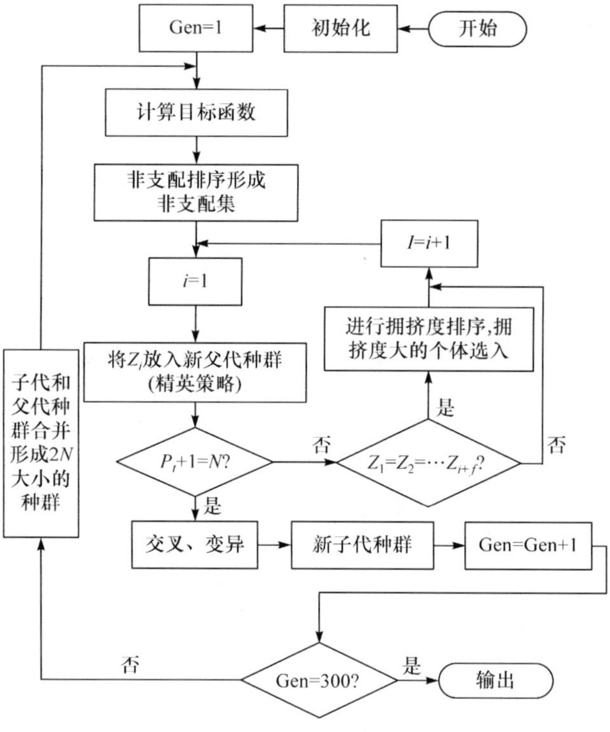


图 5-40　NSGA-II 算法流程图

根据控制系统对车辆影响的程度，设定各动态协调控制因子取值范围为 $0\leqslant\lambda_1'\leqslant1$，$0\leqslant\lambda_2'\leqslant1$，确保获得优化参数 $\lambda_1'$、$\lambda_2'$ 的全局最优解。

(3) 当 $S>0$ 时，车辆丧失转向能力，故此时需要通过 ESP 控制器的介入使车辆重新回到稳定状态，此时取 $\lambda_1=0$，$\lambda_2=1$。

在第(1)、(3)两种情况下：

$$\begin{bmatrix} T_a' \\ \Delta M' \end{bmatrix}=\begin{bmatrix} \lambda_1 & 0 \\ 0 & \lambda_2 \end{bmatrix}\begin{bmatrix} T_a \\ \Delta M \end{bmatrix} \tag{5-87}$$

在第(2)种情况下：

$$\begin{bmatrix} T_a' \\ \Delta M' \end{bmatrix}=\begin{bmatrix} \lambda_1' & 0 \\ 0 & \lambda_2' \end{bmatrix}\begin{bmatrix} T_a \\ \Delta M \end{bmatrix} \tag{5-88}$$

式中，$T_a$、$\Delta M$ 为各子控制器单独控制时的输出；$T_a'$、$\Delta M'$是经协调控制后的输出。

2. 下层控制器设计

1) EPS 控制器设计

建立齿轮齿条式 EPS 系统的动力学方程：

$$\begin{cases} J_c\ddot{\theta}_c=T_h-K_c\left(\theta_c-\dfrac{x_r}{r_p}\right)-B_c\dot{\theta}_c \\ T_s=K_c\left(\theta_c-\dfrac{x_r}{r_p}\right) \end{cases} \tag{5-89}$$

式中，$J_c$ 为转向轴转动惯量；$\theta_c$ 为转向轴转角；$K_c$ 为转向轴刚度；$B_c$ 为转向轴阻尼系数；$r_p$ 为小齿轮的分度圆半径。

构建 EPS 系统的非线性状态空间方程：

$$\begin{cases} \dot{x}=Ax+B_1w+B_2u \\ z=C_1x+D_{11}w+D_{12}u \\ y=C_2x+D_{21}w+D_{22}u \end{cases} \tag{5-90}$$

式中，状态变量 $x=[\theta_c \quad \dot{\theta}_c \quad x_r \quad \dot{x}_r \quad \beta \quad \omega_r]^T$；控制输入 $u=T_a$；干扰输入 $w=[T_h \quad F_r]^T$；受控输出 $z=[T_s \quad \beta \quad \omega_r]^T$；量测输出 $y=T_s$；$A$、$B_1$、$B_2$、$C_1$、$C_2$、$D_{11}$、$D_{12}$、$D_{21}$、$D_{22}$分别为相应矩阵。系统的传递函数矩阵为

$$G=\begin{bmatrix} G_{11} & G_{12} \\ G_{21} & G_{22} \end{bmatrix}=\left[\begin{array}{c:cc} A & B_1 & B_2 \\ \hdashline C_1 & D_{11} & D_{12} \\ C_2 & D_{21} & D_{22} \end{array}\right] \tag{5-91}$$

设计 EPS 系统的 $H_\infty$ 控制器并运用线性矩阵不等式求解，以提高转向轻便性和操纵稳定性，使驾驶员有良好的路感。为保证驾驶员的路感，取权函数：

$$W(s)=\frac{30.5}{0.000296s^3+0.013333s^2+0.2s+1}$$

经计算，基于鲁棒控制理论的控制器 $K$ 有解，得到 $H_\infty$ 控制系统最佳指标 $\|G_g(s)\|_\infty<1$，从而证明所设计的控制器能保证被控闭环系统的稳定性。

2) ESP 控制器设计

ESP 控制器采用滑模控制策略，可表示为

$$\begin{cases} s=\omega_r-\omega_{rd}+\xi(\beta-\beta_d) \\ \dot{s}=-\eta s \end{cases} \tag{5-92}$$

式中，$\xi$、$\eta$ 分别为偏差比例系数、趋近率系数。得到

$$\Delta M=\frac{I_z}{\rho+\cos\delta_f}\left[-\frac{a}{I_z}(F_{yfl}+F_{yfr})\cos\delta_f-\eta s+\dot{\omega}_{rd}+\frac{b}{I_z}(F_{yrl}+F_{yrr})-\xi(\dot{\beta}-\dot{\beta}_d)\right] \tag{5-93}$$

$$\Delta F_{xf}=\frac{2\Delta M}{l_w} \tag{5-94}$$

前轮理想的差动纵向轮胎力 $\Delta F_{xf}$ 可通过选择左、右前轮制动压力来控制：

$$\begin{cases} P_{bfl}=P_0-c\dfrac{\Delta F_{xf}r_e}{A_w\mu_b R_b} \\ P_{bfr}=P_0+(1-c)\dfrac{\Delta F_{xf}r_e}{A_w\mu_b R_b} \end{cases} \tag{5-95}$$

式(5-93)～式(5-95)中，$P_0$ 为初始差动制动时刻车轮处测得的制动压力；$c$ 为常数，$0\leqslant c\leqslant 1$；$\rho$ 由前、后轮制动力比值决定；$\Delta M$ 为差动制动中的横摆力矩；$l_w$ 为轮距；$A_w$ 为摩擦块面积；$\mu_b$ 为摩擦块摩擦系数；$R_b$ 为摩擦块中心与轮心距离；$r_e$ 为制动盘有效制动半径。

### 5.5.3 仿真计算与分析

在相同的行驶工况下，分别对 EPS/ESP 系统采用分散控制（上层协调控制器不工作，各子系统控制器单独工作）、基于行驶安全边界的协调控制构建的闭环控制系统进行仿真，并对仿真结果进行比较。

仿真工况如下：双移线工况下车速为 80km/h，路面附着系数为 0.3。根据优化问题实际情况，优化种群数取为 2，种群规模数目取为 40，误差精度为 $10^{-3}$，为防止算法过早收敛，设定算法运行代数为 300 代。利用 MATLAB 编写 NSGA-II 算法程序，调用建立的协调控制模型进行仿真，其结果如图 5-41 所示。

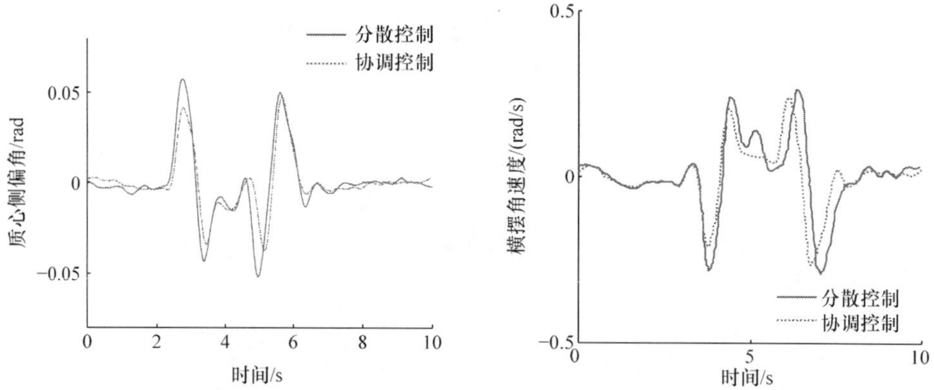


(a) 质心侧偏角 (b) 横摆角速度

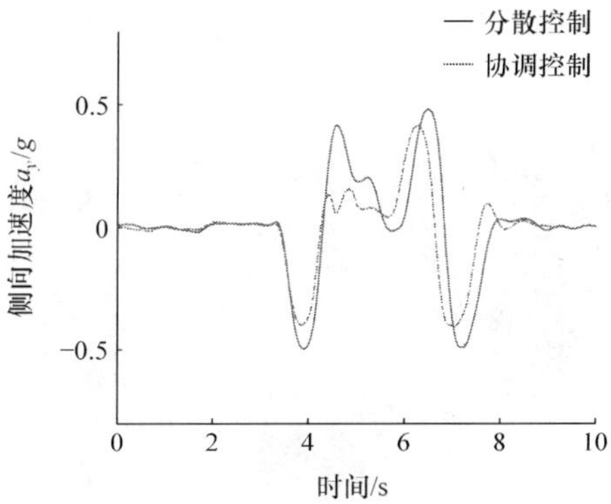

(c) 侧向加速度

图 5-41　双移线仿真工况下时域响应

在分散控制、EPS/ESP 协调控制情况下，双移线仿真工况性能指标如表 5-7 所示。可见，与分散控制相比，质心侧偏角、横摆角速度和侧向加速度均方根值均有所减少。

**表 5-7　双移线仿真工况性能指标对比**

| 控制方式 | 质心侧偏角/rad | 横摆角速度/(rad/s) | 侧向加速度/g |
|---|---|---|---|
| 分散控制 | 0.0183 | 0.1096 | 0.0428 |
| 协调控制 | 0.0149 | 0.0914 | 0.0292 |

综上所述，与分散控制方法进行对比，基于车辆行驶安全边界的 EPS/ESP 协调控制方法能够较好地提高车辆的操纵性和稳定性。

### 5.5.4　实验验证

为了验证所提出的基于行驶安全边界的车辆 EPS/ESP 协调控制算法的有效性，测试所开发控制器的可靠性，进行了实车实验。实验车型为某款普通轿车，将开发的 EPS 和 ESP 两个控制器分别取代原车控制器，并安装了上层协调控制器，进行双移线等实验。图 5-42 为实车实验系统。

测力转向盘测量转向盘转角与转矩信号，VBOX GPS 引擎不断地接收搜索到的卫星提供的信息，并精确计算出固定在车辆上的 VBOX 天线的移动情况，采集到的横摆角速度、质心侧偏角、侧向加速度等信号输入基于 Freescale 微处理器设计的协调控制器中进行计算处理，协调控制器的输出信号控制 EPS 助力电动机和

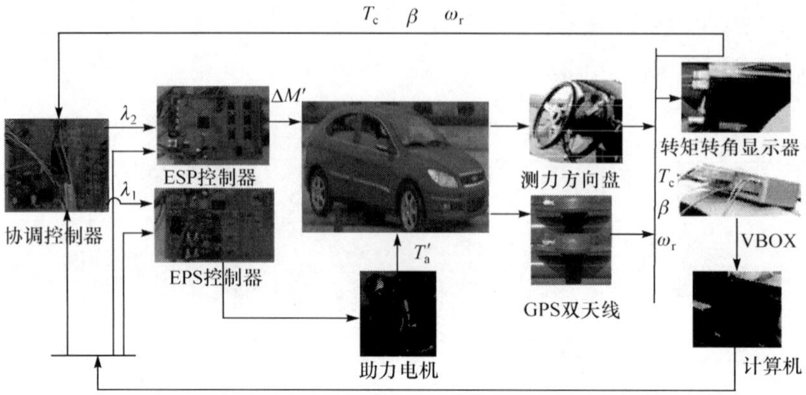


图 5-42　实车实验系统

ESP 液压控制单元，使其根据安全边界实时调整协调控制因子，使车辆性能达到最优，所有信号均由 VBOX 实时显示并保存。

实验前，将上述控制算法下载到 Freescale 微处理器中。纵向加速度、侧向加速度、横摆角速度、转向盘转角、转矩等信号经调理后输入上层协调控制器中；转向盘转矩、车速、横摆角速度等传感器信号经调理后发送到 EPS 和 ESP 控制器中，信号通过 CAN 总线发送/接收。出于安全考虑，在高附着系数路面上进行实车实验验证，此时通过调低软件程序中 ESP 控制器起作用的阈值，以达到预期的控制效果。车速为 80km/h，路面附着系数为 0.8。如图 5-43 所示，实验结果与仿真结果基本相符，表明以上所提出的基于车辆行驶安全边界的协调控制策略较好地改善了车辆的各项性能指标，提高了车辆的动力学性能。

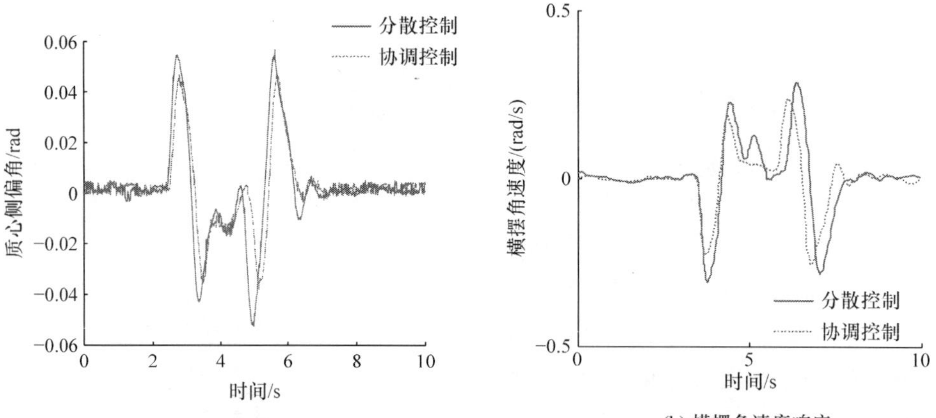


(a) 质心侧偏角响应　　(b) 横摆角速度响应

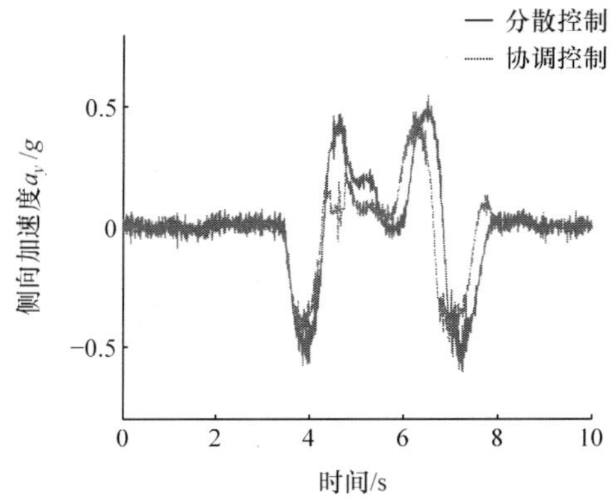

(c) 侧向加速度响应

图 5-43　双移线实验工况下时域响应

## 5.6　车辆横向运动混沌分析及滑模变结构控制

智能车辆系统是一个复杂的非线性系统，以往在研究其横向运动稳定性时，大都是将其转换成线性系统来进行的，并未考虑混沌现象，这使得研究结果和实际情况存在较大差异。混沌是指系统末态值敏感依赖于初态值，即初始状态的微小变化，会使系统在参数空间内的运行轨迹发生严重偏离，而随着时间增加，轨迹走向难以预测以及相邻轨迹的距离会在有限区域内越来越大。由于车辆在极限工况下行驶时，会受到较多外界干扰，往往在混沌出现时就已失稳。本节将运用 Lyapunov 指数方法对车辆横向运动进行混沌分析[12]。

### 5.6.1　非线性系统模型

1. 车辆模型

本节建立的车辆模型包括侧向、横摆和侧倾三个自由度，能够很好地描述车辆急速转向、连续避障等极限工况时的横向特性。该模型忽略了对横向稳定性影响较小的车辆俯仰运动以及空气阻力，并假定其纵向车速不变，如图 5-44 所示。

车辆动力学方程如下，包括横摆、横向和侧倾运动：

$$\begin{cases} mV_x(\dot{\beta}+\omega_r)-m_sh\ddot{\phi}=2F_{yf}\cos\delta_f+2F_{yr} \\ I_z\dot{\omega}_r=2l_fF_{yf}\cos\delta_f-2l_rF_{yr} \\ (I_{sx}+m_sh^2)\ddot{\phi}=m_sgh\phi+m_shV_x(\dot{\beta}+\dot{\omega}_r)+\dfrac{t}{2}F_{sl}-\dfrac{t}{2}F_{sr} \end{cases} \tag{5-96}$$

式中，$m$ 为总质量；$m_s$ 为悬挂质量；$I_z$ 为绕 $Z$ 轴的转动惯量；$I_{sx}$ 为悬挂质量绕 $X$ 轴

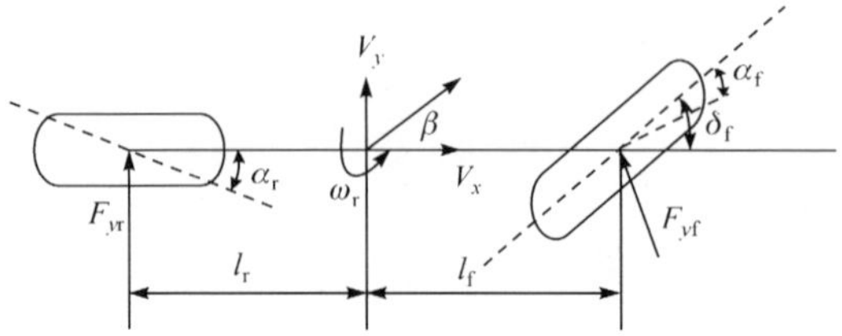

(a) 横向和横摆运动

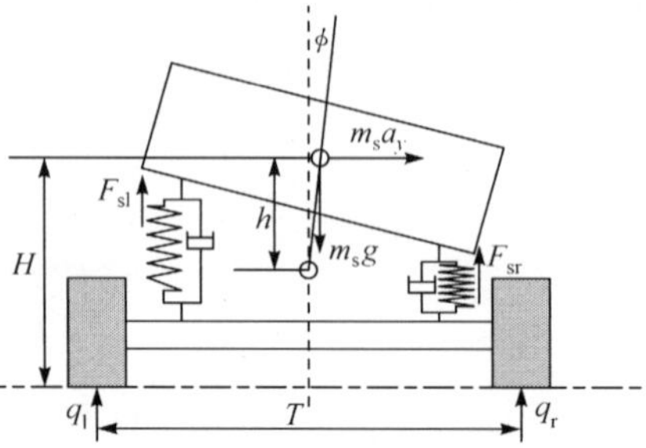

(b) 侧倾运动

图 5-44　车辆模型

的转动惯量；$\delta_f$ 为前轮转向角；$\omega_r$、$\beta$、$\phi$、$V_x$ 为横摆角速度、质心侧偏角、侧倾角和纵向车速；$F_{yf}$、$F_{yr}$分别为前后轴的侧向力；$F_{sl}$、$F_{sr}$为左右侧悬架对车身的支持力；$l_f$、$l_r$、$h$、$t$ 分别为质心到前后轴的距离、到侧倾轴的距离以及左右轮距。

2. 轮胎模型

由于轮胎的强非线性特征，这里采用“魔术公式”来描述轮胎侧向力与侧偏角之间的关系，车辆前、后轴所对应的轮胎侧向力可表示如下：

$$F_{yf}=d_f\sin(c\arctan(b_f((1-e_f)\alpha_f+(e_f/b_f)\arctan(b_f\alpha_f)))) \tag{5-97}$$

$$F_{yr}=d_r\sin(c\arctan(b_r((1-e_r)\alpha_r+(e_r/b_r)\arctan(b_r\alpha_r)))) \tag{5-98}$$

式中，$d_i=a_1F_{zi}^2+a_2F_{zi}$，$e_i=a_6F_{zi}^2+a_7F_{zi}+a_8$，$b_icd_i=a_3\sin(a_4\arctan(a_5F_{zi}))$，$c=1.30$，$F_{zi}\,(i=\mathrm{f,r})$为车辆的垂直载荷，在计算前后轴所对应轮胎侧向力时，分别代表前后轴对应的垂直载荷。

为便于研究而又不影响该模型的非线性，可对式(5-97)、式(5-98)进行正弦幂级数展开，并保留三次项，则有

$$F_{yf}\approx k_f\alpha_f-k_{f1}\alpha_f^3 \tag{5-99}$$

$$F_{yr}\approx k_r\alpha_r-k_{r1}\alpha_r^3 \tag{5-100}$$

式中，$k_f$、$k_r$ 即 $b_icd_i$，为前、后轮胎线性侧偏刚度；$k_{f1}$、$k_{r1}$ 即 $-b_i^3c^3d_i/6$，为前、后轮胎非线性侧偏刚度($i=\mathrm{f,r}$)；$\alpha_f$、$\alpha_r$ 分别为前、后轴车轮侧偏角。

假设左、右侧轮胎的侧偏角和左、右前轮转向角均相等，则前、后轴车轮的侧偏角可表示为

$$\alpha_f=-\delta_f+\arctan\left(\beta+\frac{l_f\omega_r}{V_x}\right) \tag{5-101}$$

$$\alpha_r=\arctan\left(\beta-\frac{l_r\omega_r}{V_x}\right) \tag{5-102}$$

3. 悬架模型

悬架系统由于包含弹簧以及减振器等非线性部件,需采用以下非线性悬架模型:

$$F_{sl}=k_{sl}z_l+k_{sl2}z_l^3+C_{sl}\dot{z}_l+C_{nl1}\dot{z}_l^3 \tag{5-103}$$

$$F_{sr}=k_{sr}z_r+k_{sr2}z_r^3+C_{sr}\dot{z}_r+C_{nr1}\dot{z}_r^3 \tag{5-104}$$

式中,$k_{sl}$、$k_{sr}$和 $C_{sl}$、$C_{sr}$分别为左、右悬架的线性刚度和阻尼系数;$k_{sl2}$、$k_{sr2}$和 $C_{nl1}$、$C_{nr1}$分别表示左、右悬架的非线性刚度和阻尼系数,其量纲分别为 $N/m^3$ 和 $N\cdot s^3/m^3$;$z_l$、$z_r$ 为左、右悬架的上支点与路面间的相对位移,记为 $z_l=\frac{T}{2}\phi-q_l$、$z_r=-\frac{T}{2}\phi-q_r$,其中 $q_l$、$q_r$ 为左、右侧路面输入。

采用一个滤波白噪声作为路面输入模型:

$$\dot{q}_i=-2\pi f_0q_i+2\pi w_i\sqrt{G_0V_x},\quad i=l,r \tag{5-105}$$

式中,$G_0$ 为路面不平度系数;$w_i$ 为均值为零的高斯白噪声;$f_0$ 为下截止频率;$q_i$ 为路面不平度函数。

### 5.6.2　车辆横向运动混沌分析与数值仿真

1. 混沌分析

由上述建立的非线性系统模型,可得

$$\dot{x}=F(x)+g(u,t) \tag{5-106}$$

式中,$F(x)=[f_1(x),f_2(x),f_3(x),f_4(x),f_5(x),f_6(x)]^T$;$x=[\omega,\beta,\phi,\dot{\phi},q_l,q_r]^T$;$u=[\delta_f]^T$;$g(u,t)=[g_1(u,t),g_2(u,t),g_3(u,t),g_4(u,t),g_5(u,t),g_6(u,t)]^T$。其中,$f_j(x)$,$g_j(x)$($j=1,2,\cdots,6$)的具体表达式可根据所建立的非线性系统模型推导出,在此不再重复。

对于式(5-106),在某一状态范围内受到外界激励时,就会出现混沌。Lyapunov 指数是用来定量判断与分析混沌的一种重要方法,它表征了系统两相邻轨迹按指数收敛与发散的速率,其推导如下。

假设初始条件很近的两条轨迹,初始条件分别为 $x_0$ 与 $x_0+\delta x_0$,$\delta x_0$ 很小,它们所对应的轨迹分别为 $x(t)$与 $x(t)+\delta x(t)$,代入式(5-106),可得

$$\frac{d\delta x(t)}{dt}=DF(x(t))\cdot\delta x(t) \tag{5-107}$$

式中,$DF(x(t))$为方程组在 $x(t)$处的导算子。

设 $\varphi(t,x)$为式(5-107)的基础解矩阵,$\rho_1(t)$,$\rho_2(t)$,$\cdots$,$\rho_6(t)$为 $\varphi(t,x)$的特征值,$z_j(t)$为 $\rho_j(t)$对应的特征向量,$\lambda_j$ 为系统的 Lyapunov 指数,并假设 $\lambda_1\geqslant\lambda_2\geqslant\cdots\geqslant$

$\lambda_6$，则 $\delta x_0$ 可表示为

$$\delta x_0 = \sum_{j=1}^{6} \zeta_j z_j \tag{5-108}$$

同理有

$$\delta x(t) = \varphi(t,x) \cdot \delta x_0 = \sum_{j=1}^{6} \zeta_j \rho_j z_j \tag{5-109}$$

定义

$$\varepsilon_j(t) = \lambda_k - \frac{1}{t} |\rho_j(t)| \tag{5-110}$$

将式(5-110)对时间取极限，即 $\lim\limits_{t\to 0}\varepsilon_j(t)=0$ 时，有

$$\rho_j = e^{\lambda_j t - \varepsilon_j t + i\theta_j} \tag{5-111}$$

代入式(5-109)，有

$$\delta x(t) = \sum_{j=1}^{6} \zeta_j e^{\lambda_j t - \varepsilon_j t + i\theta_j} z_j = e^{\lambda_1 t}\left(\zeta_1 e^{-\varepsilon_1 t + i\theta_1} z_1 + \sum_{j=2}^{6} \zeta_j e^{\lambda_j t - \varepsilon_j t + i\theta_j - \lambda_1 t} z_j\right) \tag{5-112}$$

当 $\zeta_1$ 非零时，取对数可得

$$\lambda_1 = \lim_{t\to +\infty} \frac{1}{t} \ln \frac{|\delta x(t)|}{|\delta x_0|} \tag{5-113}$$

由式(5-113)可知，当时间较大时，$|\delta x(t)| \approx e^{\lambda_1 t} |\delta x_0|$，说明只要 $\lambda_1 > 0$，那么初始状态邻近的两条轨迹之间的距离是按照指数 $e^{\lambda_1 t}$ 的速度增长的。所以在判断系统是否会出现混沌时，只需判断其最大 Lyapunov 指数的正负。若为负，则系统稳定不出现混沌；若为正，则会出现混沌。

2. 数值仿真

当车辆在急速转向或连续避障工况下行驶时，研究相关参数发生变化时对其行驶状态的影响，选取通过横向运动稳定性控制能够调整的前轮转角幅值、频率以及悬架非线性阻尼作为变化参数进行数值仿真。

仿真时运用定步长龙格-库塔算法进行求解，取前轮转角为正弦输入，记为 $\delta_f = A_0 \sin(\omega_0 t)$；纵向车速为 30m/s，步长为 0.01，积分时间为 2000 周期，取 500 周期后稳定的数据，分别得到前轮转角幅值、频率以及悬架非线性阻尼变化时，所对应的最大 Lyapunov 指数图和横摆角速度、质心侧偏角、侧倾角以及侧向加速度对应的分岔图，见图 5-45。

图 5-45(a)为前轮转角频率为 2.5rad/s，幅值在 0.03～0.15rad 范围内变化时，系统所对应的最大 Lyapunov 指数图。从图中可得，当前轮转角幅值小于 0.11rad 时，其最大 Lyapunov 指数是负值，此时系统稳定；在 0.11～0.115rad 以

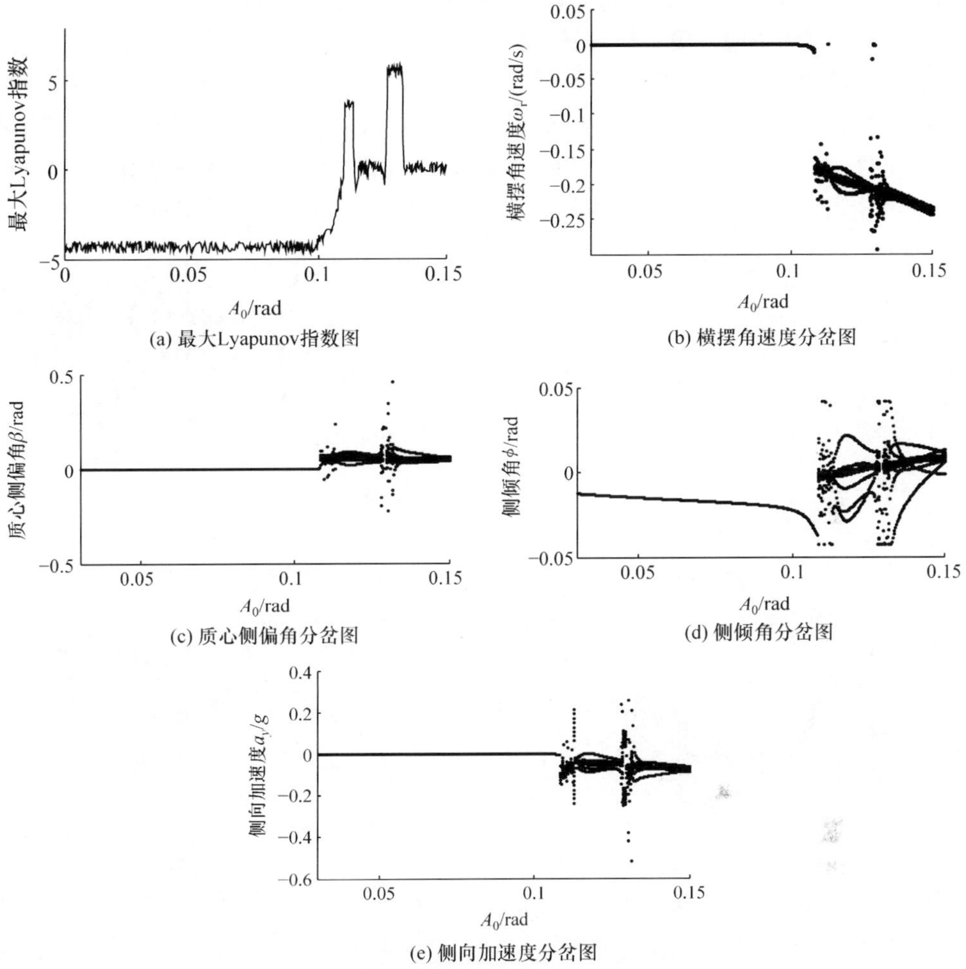


图 5-45　前轮转角幅值变化时仿真结果

及 0.126～0.134rad 两个范围时，最大 Lyapunov 指数大于零，此时系统在做混沌运动；在余下范围内，最大 Lyapunov 指数在零附近，系统做倍周期或拟周期运动。对于高速运动的车辆，倍周期、拟周期以及混沌运动均不利于稳定行驶，应予以避免。图 5-45(b)～(e)是幅值变化所对应的横摆角速度、质心侧偏角、侧倾角以及侧向加速度的分岔图，其反映的车辆运动状态能很好地与图 5-45(a)所示的正负值对应，充分证明车辆高速运动时，前轮转角输入幅值的变化能够导致倍周期、拟周期或者混沌运动。因此，在车辆处于极限工况下行驶时，需要对横向运动的混沌进行控制。

图 5-46(a)为前轮转角输入幅值为 0.075rad，频率在 2.5～5.5rad/s 范围内变

化时，系统所对应的最大 Lyapunov 指数图。图 5-46(b)～(e)为前轮转角输入频率变化时，横摆角速度、质心侧偏角、侧倾角以及侧向加速度的分岔图。图中曲线显示，当前轮输入频率小于 3rad/s 时，最大 Lyapunov 指数小于零，系统稳定，做单周期运动；而当前轮输入频率大于 3rad/s 时，最大 Lyapunov 指数大于零或在零附近，系统处于倍周期、拟周期或混沌运动状态。对急速转向或连续避障行驶的车辆来说，这些运动状态是危险的，极易造成激转、侧翻等危险情况的出现。

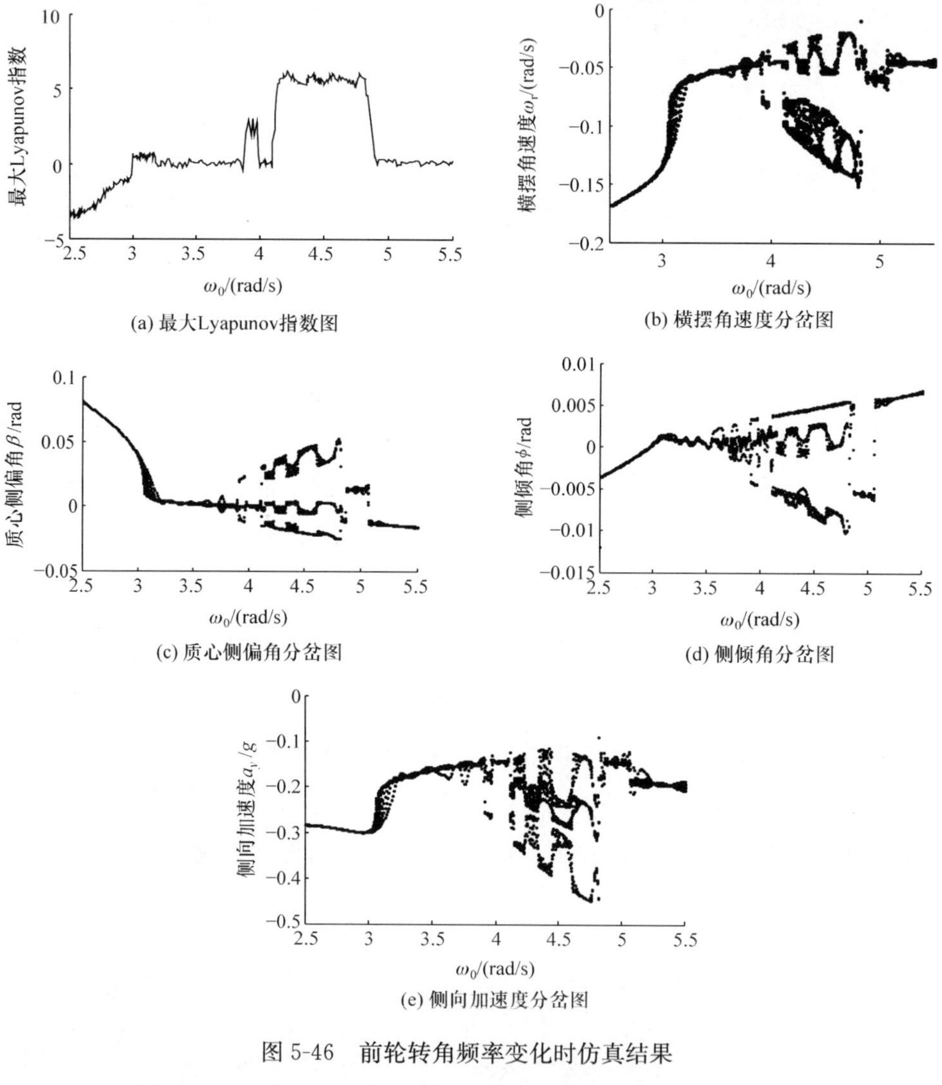


图 5-46　前轮转角频率变化时仿真结果

图 5-47(a)为前轮转角输入频率为 2.5rad/s，转角幅值为 0.1rad，悬架阻尼在 −2500～−100N · $s^3/m^3$ 范围内变化时，系统所对应的最大 Lyapunov 指数图。

图 5-47(b)～(e)为悬架阻尼变化时，横摆角速度、质心侧偏角、侧倾角以及侧向加速度的分岔图。图中曲线显示，当阻尼小于－2000N · s³/m³ 和大于－750N · s³/m³ 时，最大 Lyapunov 指数小于 0，系统做单周期运动，是稳定的；而从图 5-47(a)中可

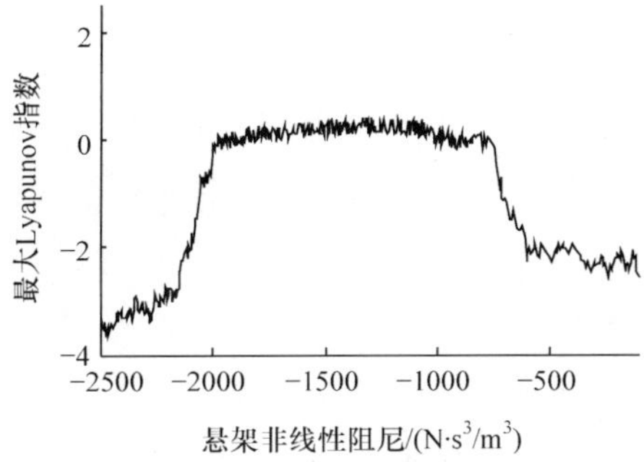


(a) 最大Lyapunov指数图

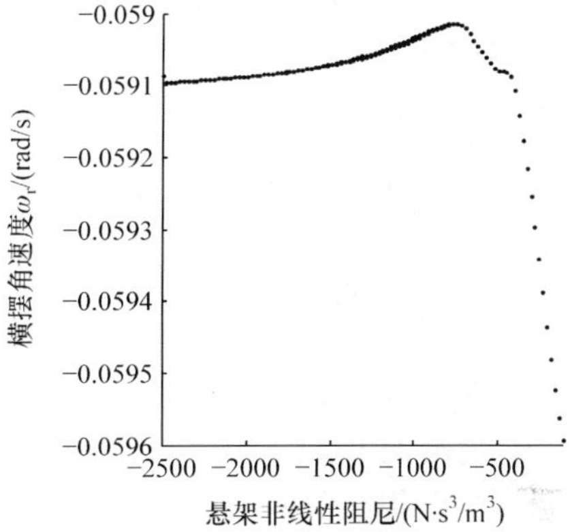


(b) 横摆角速度分岔图

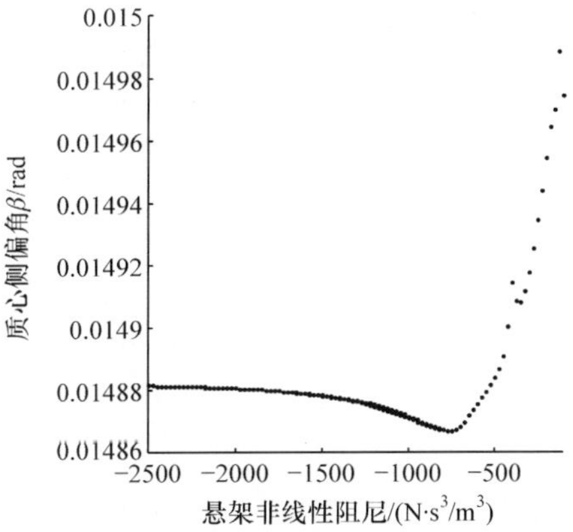


(c) 质心侧偏角分岔图

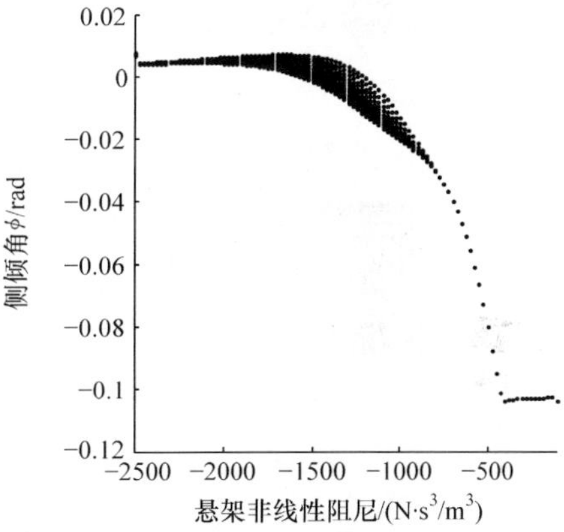


(d) 侧倾角分岔图

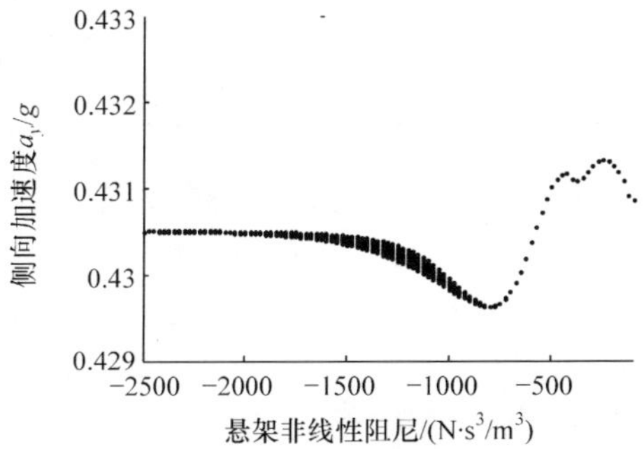


(e) 侧向加速度分岔图

图 5-47　仿真结果(悬架阻尼变化)

明显看出，当悬架阻尼在$-2000\sim-750\text{N}\cdot\text{s}^3/\text{m}^3$时，最大 Lyapunov 指数在零附近，系统处于倍周期运动状态。图 5-47(b)与(c)中的数据可近似为一条曲线，但最大 Lyapunov 指数在零附近的区间内，所对应的倍周期不明显。这表明对高速转向或连续避障行驶的车辆进行侧倾控制时，悬架阻尼对侧倾角的影响比横摆角速度、质心侧偏角以及侧向加速度要大。因此，在选择悬架阻尼受控变化范围时，应避开侧倾角倍周期运动所对应的范围，这有利于改善车辆侧倾稳定性。

### 5.6.3 自适应趋近滑模变结构控制

通过以上分析，在前轮转角输入幅值和频率以及悬架阻尼发生变化时，为使车辆具有更好的行驶稳定性，需要对混沌现象进行控制。

目前对混沌控制进行了多方面研究，主要有两种：一种是以表征非线性系统混沌最主要特征的 Lyapunov 指数小于零为控制目标；另一种是以实际期望状态作为控制目标。相比这两种方法，第二种较适合对实际问题进行研究，其中滑模变结构控制(SMVSC)因其滑动模态可设计，且具有与系统参数和扰动无关的性能等优点，而成为研究热点。本节所采用的 SMVSC 方法，如图 5-48 所示。

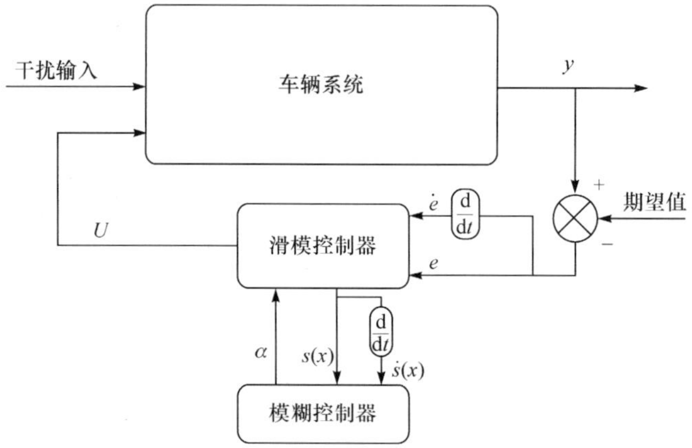


图 5-48 SMVSC 框图

这里采用模糊自适应趋近的 SMVSC 方法来实现混沌控制。当车辆行驶时，采用 SMVSC，通过车辆系统输出的实际与期望状态值的偏差来设计切换函数，并以切换函数 $s(x)$及其导数 $\dot{s}(x)$为模糊控制器的输入，幂次趋近律的参数 $\alpha_m$ 为输出，来调整 SMVSC 控制器的输出 $U$，使系统更好地跟踪期望运动状态和有效抑制混沌，使其有良好的横向稳定性。

将式(5-106)改写成线性与非线性部分，见式(5-114)：

$$\begin{cases}\dot{x}=Ax+Bd+B_1U+g(x,d,t)\\ y=Cx\end{cases} \tag{5-114}$$

式中，$A$ 为线性矩阵；$B$ 为干扰矩阵；$B_1$ 为控制矩阵；$g(x,d,t)$ 为非线性部分；$y=[\omega,\beta,\phi,\dot{\phi}]^T$；$C$ 为输出矩阵；$d$ 为有界干扰输入，包含前轮转角和路面输入；$U$ 为控制输入，包含对附加横摆力矩及悬架阻尼的控制。

1. 期望值选取

期望横摆角速度和质心侧偏角是根据车辆二自由度模型，并考虑路面附着系数求解所得。经分析，横摆角速度和质心侧偏角的期望值为

$$\begin{cases}\omega_{rd}=\min\left\{\dfrac{V_x\delta_f}{l(1+KV_x^2)},0.85\dfrac{\mu g}{V_x}\right\}\\ \beta_d=\min\left\{\left(\dfrac{l_r}{l(1+KV_x^2)}+\dfrac{l_f mV_x^2}{k_r l^2(1+KV_x^2)}\right)\delta_f,\arctan(0.02\mu g)\right\}\end{cases} \tag{5-115}$$

而在车辆急速转向或者连续避障过程中，为使其具有较好的行驶稳定性和乘坐舒适性，侧倾角的期望值可取为 $\phi_d=0$。

2. SMVSC 控制器设计

SMVSC 控制器要实现的目标为：根据车辆系统期望状态来设计一个切换面，控制器的作用为使车辆实际状态达到切换面，并保持在其上滑动，这样就能使其实际运动状态逐渐达到期望的运动状态，抑制混沌。

为让实际运动状态 $x$ 跟踪期望运动状态 $x^*$，则系统的跟踪误差定义为

$$e=x-x^* \tag{5-116}$$

误差变化率为

$$\dot{e}=\dot{x}-\dot{x}^*=Ax+Bd+B_1U+g(x,d,t)-\dot{x}^* \tag{5-117}$$

定义切换函数为

$$\begin{aligned}s(x)&=ce\\ \dot{s}(x)&=c\dot{e}=\text{slaw}\end{aligned} \tag{5-118}$$

式中，slaw 为趋近律，这里采用幂次趋近律，即 $\text{slaw}=-k_m|s|^{\alpha_m}\text{sgn}(s)$，$k_m>0$，$\alpha_m\in(0,1)$。

由式(5-116)～式(5-118)，得系统 SMVSC 控制器为

$$U=-(cB_1)^{-1}[cAx+cBd+cg(x,d,t)-c\dot{x}^*+k_m|s|^{\alpha_m}\text{sgn}(s)] \tag{5-119}$$

定义如下 Lyapunov 函数：

$$V=\frac{1}{2}s^2 \tag{5-120}$$

得

$$\dot{V}=s\dot{s}=s(-k_m|s|^{\alpha_m}\mathrm{sgn}(s))\leqslant 0 \tag{5-121}$$

另外，对幂次趋近律积分可以得

$$s^{1-\alpha_m}=-(1-\alpha_m)k_m t+s_0^{1-\alpha_m} \tag{5-122}$$

到达滑模面的时间为

$$t=\frac{s_0^{1-\alpha_m}}{(1-\alpha_m)k_m} \tag{5-123}$$

在式(5-119)作用下，由式(5-121)可知，系统满足滑动模态存在的充要条件是 $s\dot{s}\leqslant 0$，且 Lyapunov 函数也是渐近稳定的。从式(5-123)可知，实际状态到达滑模面的时间有限，即是可达的。因此，所设计的 SMVSC 控制器满足滑动模态的存在性、可达性及滑模运动的稳定性这三个条件。

在利用 SMVSC 控制器对系统进行控制时，会产生抖振。抖振现象严重时会使控制效果恶化，这里采用模糊自适应趋近的方法来抑制抖振。

### 3. 模糊自适应趋近规则的实现

经以上分析，设计的 SMVSC 控制器须使系统状态在滑模面外时，能快速到达滑模面，到达之后能在其上平滑运动，且在到达滑模面或其附近之后有较小的抖振。

趋近滑模面的性能可用设计趋近律来改善，即

$$\dot{s}=-k_m|s|^{\alpha_m}\mathrm{sgn}(s),\quad k_m>0,\alpha_m\in(0,1) \tag{5-124}$$

选择合理的参数 $k_m$ 和 $\alpha_m$，控制器就能够控制系统状态在趋近和滑动过程中具有较好的快速性和平滑性。因而，模糊自适应趋近规则要达到的目标为：当系统状态距滑模面较远时，能以较快的趋近速度到达滑模面，而在滑模面附近或在其上时，趋近或滑动速度要小，用以抑制系统的抖振，使其性能更好。

采用模糊控制方法来制定自适应趋近规则，设计一个两输入单输出的模糊控制器。由于切换函数就是系统实际状态对期望状态进行跟踪的误差函数，故可将切换函数 $s(x)$ 及其导数 $\dot{s}(x)$ 作为模糊控制器的输入。取切换函数 $s(x)$ 及其导数 $\dot{s}(x)$ 作为模糊控制器的输入语言变量，每个语言变量的语言值模糊子集为{负大，负中，负小，0，正小，正中，正大}，记为{NB，NM，NS，ZO，PS，PM，PB}。趋近律参数 $\alpha_m$ 对应的语言变量的语言值模糊子集为{零正，正小，正中，正大}，记为{PO，PS，PM，PB}，且输入输出均采用三角隶属函数。

对参数 $\alpha_m$ 进行控制的目的是使系统实际状态能快速达到滑模面并在其上平滑运动，使抖振现象能够得到抑制，最终使车辆系统在极限工况下具有更好的跟踪期望状态的性能和横向稳定性。模糊自适应趋近规则表，如表 5-8 所示。

表 5-8　模糊自适应趋近规则

| $s(x)$ | $\dot{s}(x)$ | | | | | | |
|---|---|---|---|---|---|---|---|
| | NB | NM | NS | ZO | PS | PM | PB |
| NB | PB | PB | PB | PM | PM | PS | PS |
| NM | PB | PB | PM | PM | PS | PS | PS |
| NS | PB | PM | PM | PS | PS | PS | PM |
| ZO | PM | PM | PS | PO | PS | PM | PM |
| PS | PM | PS | PS | PS | PM | PM | PB |
| PM | PS | PS | PS | PM | PM | PB | PB |
| PB | PS | PS | PM | PM | PB | PB | PB |

通过模糊自适应趋近规则将模糊控制器输出的模糊量进行解模糊化，其方法为加权平均法，经过相应尺度转换，就可求出参数 $\alpha_m$ 的实际输出值。所以，可利用模糊控制器根据切换函数及其导数的变化来调节幂次趋近律参数 $\alpha_m$ 的值，以达到抑制抖振、改善 SMVSC 性能的目的。

### 5.6.4　仿真计算与分析

为了验证所提控制方法的有效性，在 Simulink 中分别建立了自适应趋近的 SMVSC 控制器和车辆模型，进行了仿真分析。选择阶跃转向和正弦输入两种典型工况来分别模拟车辆急速转向和连续避障的极限情况。仿真条件如下：车速为 30m/s，滤波白噪声路面输入，路面附着系数为 0.8。

1. 阶跃转向工况

在阶跃转向工况仿真时，前轮转角输入的幅值为 0.12rad，如图 5-49(a)所示。在阶跃转向工况仿真时，未控制、SMVSC 与自适应趋近 SMVSC 的仿真对比如图 5-49(b)～(e)所示，输出结果为车辆横摆角速度、质心侧偏角、侧倾角和侧向加速度。

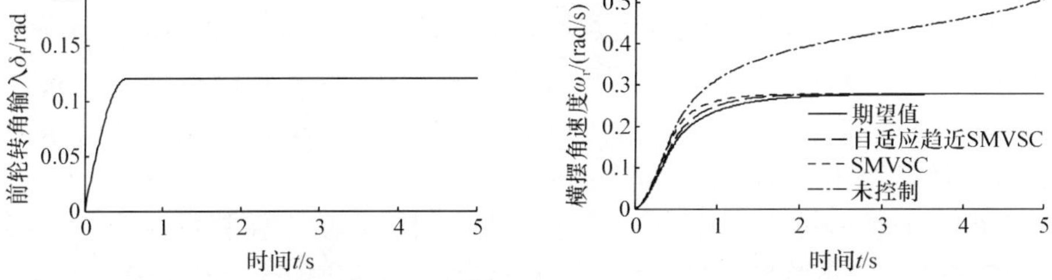


(a) 前轮转角　　(b) 横摆角速度

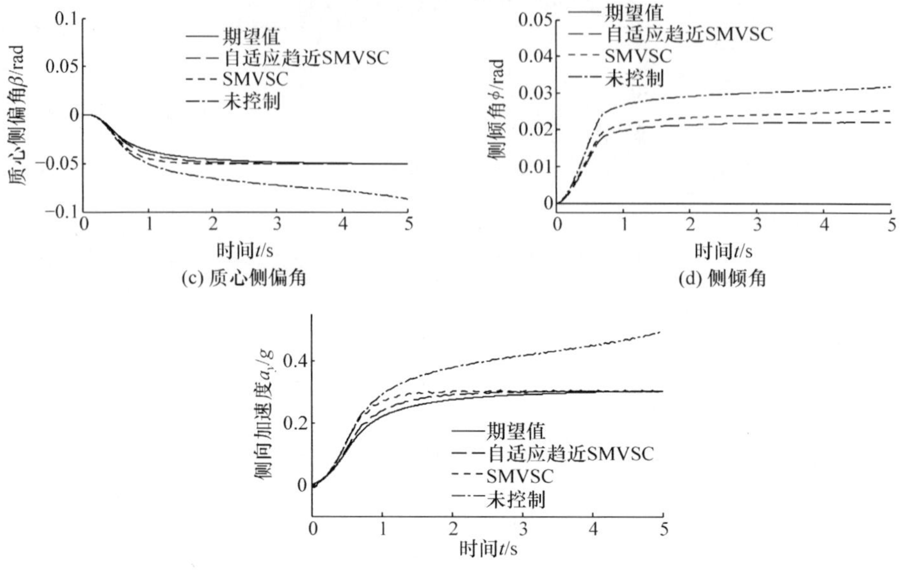


(c) 质心侧偏角　　(d) 侧倾角

(e) 侧向加速度

图 5-49　阶跃转向工况时的仿真结果

由图 5-49 可见,未控制时,随着时间的推移,车辆的横摆角速度、质心侧偏角、侧倾角以及侧向加速度值都在增大,最终会滑出车道而失稳;进行 SMVSC 或自适应趋近 SMVSC 之后,各个状态值最终都趋向于期望值,车辆能够保持横向行驶稳定性,但在自适应趋近 SMVSC 下各状态的值更接近期望值,混沌能够得到较好的抑制,车辆行驶稳定性得到改善。

### 2. 正弦输入工况

在正弦输入工况下,取前轮转角输入频率为 4.5rad/s、幅值为 0.12rad 的正弦信号,利用未控制、SMVSC 和自适应趋近 SMVSC 三种情况对比的方案来分析其控制效果。横摆角速度、质心侧偏角、侧倾角和侧向加速度的仿真结果见图 5-50。由图中结果可见,未控制时,虽然车辆行驶并未完全失稳,但所有状态参数值都较大,且刚开始 3s 内的值都很大且不规则。如果遇到横向风、驾驶员不当操作等情况,极易发生横向失稳。进行 SMVSC 之后,各状态值都较为靠近车辆行驶过程中相应的期望值,自适应趋近 SMVSC 效果比一般的 SMVSC 效果更好,充分说明本节提出的方法对系统混沌控制是有效的。

图 5-51(a)、(b)是 $\beta$-$\dot{\beta}$ 与 $\beta$-$\omega_r$ 相平面图。由图可见,未控制时,系统的相平面轨迹距期望值围成的稳定区域较远,说明车辆在极限工况下,容易出现失稳的危险情况。相比一般的 SMVSC,自适应趋近 SMVSC 距稳定区域更近。

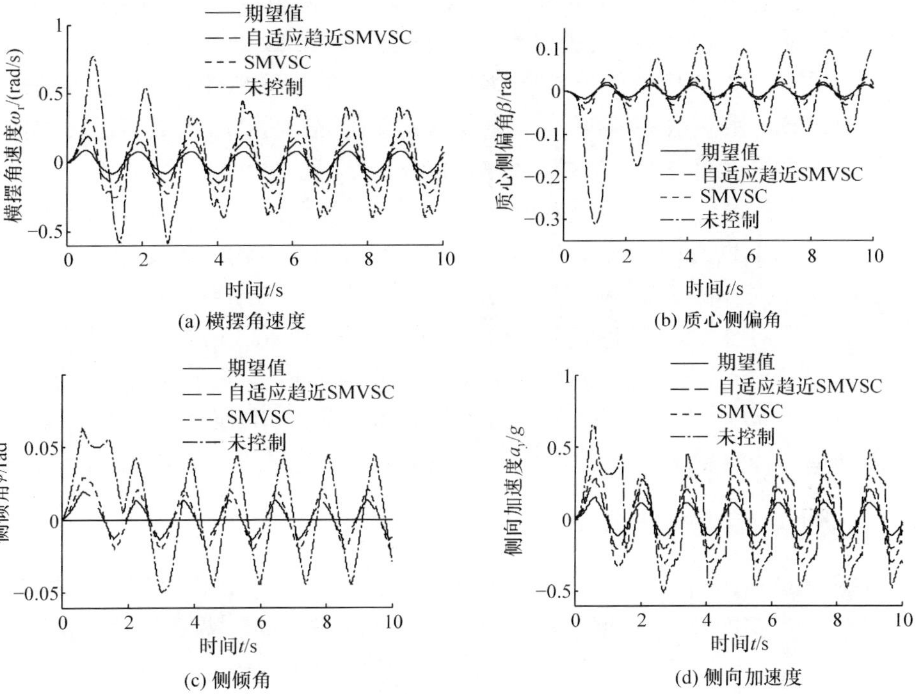


(a) 横摆角速度　(b) 质心侧偏角

(c) 侧倾角　(d) 侧向加速度

图 5-50　正弦输入工况时的仿真结果

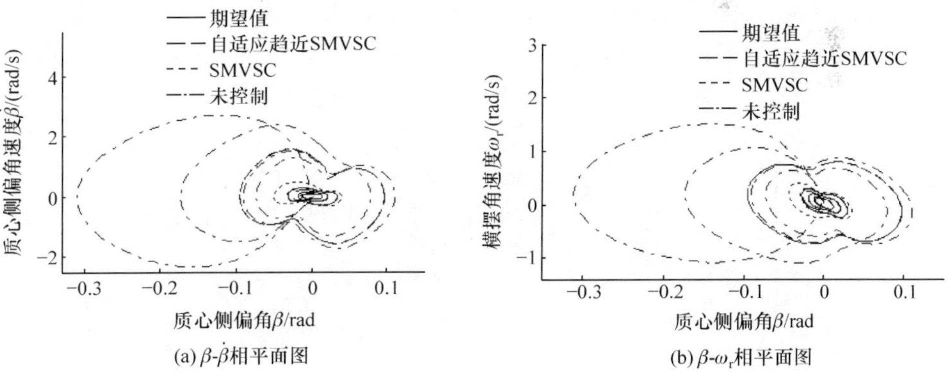


(a) $\beta$-$\dot{\beta}$相平面图　(b) $\beta$-$\omega_r$相平面图

图 5-51　相平面图

## 5.7　差动助力转向系统稳定性可拓协调控制

轮毂电机驱动的智能电动车辆以其四轮转矩独立可控的特点，在车辆稳定性控制及转向助力方面有着显著的优势。在转向助力方面，通过调节转向轮的驱动转矩，进而改变左右转向轮的驱动力，使得该驱动力差值作用在转向系中，为驾驶员转向提供助力，该过程称为差动助力转向(differential drive assisted steering，DDAS)。在轮毂电机驱动的智能电动车辆中，DDAS不仅能够代替EPS的作用，还能够简化转向系结构，降低整车质量及成本。但是，在DDAS工作过程中，左右转向轮驱动力的改变会引入额外的横摆力矩，对车辆的稳定性产生影响。一方面，在车辆安全行驶状态下，该横摆力矩减小了车辆不足转向量，并间接减小了转向盘转矩。另一方面，助力产生过大的正横摆力矩，有可能使车辆迅速变为过度转向，趋于不稳定，发生危险。因此，对于轮毂电机驱动的智能电动车辆，为了保证车辆行驶的稳定性，在趋于失稳时需要加入横摆力矩控制，这样不仅拓展了DDAS的工作范围，还能提高整车稳定性。当助力效果难以维持车辆行驶稳定性时，需要取消DDAS，只对车辆进行横摆力矩控制，最大可能地保证整车稳定性。所以，如何提高装备差动助力转向系统的智能电动车辆的稳定性，具有十分重要的意义[13]。

### 5.7.1 动力学模型的建立

如图5-52所示，使用CarSim/Simulink联合建立四轮轮毂电机驱动智能电动车辆模型。由于CarSim模型主要是传统内燃机车辆模型，需要对模型部分模块进行修改。选择车辆模型A-Class，传动系模块选择四轮驱动，并取消其动力传递部分，以此切断传动系统与车轮的联系。由于本节是在DDAS系统的基础上进行研究，所以转向系采用纯机械式齿轮齿条转向系。与Simulink接口方面，选择轮毂电机转矩加载方案[14]，输入量为IMP_MYUSM_L1、IMP_MYUSM_R1、IMP_MYUSM_L2和IMP_MYUSM_ R2，输出量可根据控制器需要的信号来确定。根据以上步骤，即可完成电动车辆模型CarSim部分的建立。

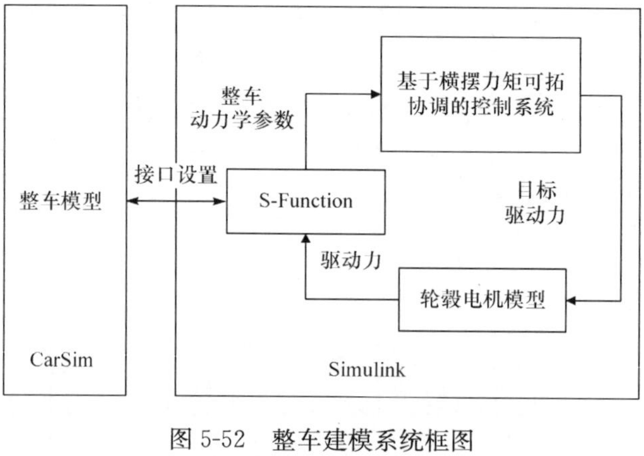


图5-52 整车建模系统框图

在 CarSim 中没有轮毂电机模型，需要在 Simulink 中建立。考虑到这里的重点是对可拓协调控制策略的研究，且轮毂电机的扭矩闭环控制响应迅速[15]，故对电机模型进行了简化，可表示为一个二阶系统，即

$$\frac{T_{mi}}{T_{wi}}=\frac{p\Phi R}{(L_m-L_s)s+R}\cdot\frac{1}{T_p s+1}=\frac{1}{2\xi^2 s^2+2\xi s+1} \tag{5-125}$$

式中，$T_{mi}$ 为轮毂电机输出转矩；$T_{wi}$ 为可拓协调控制系统所求的目标转矩；电机参数 $\xi$ 由电机磁极对数 $p$、电机电阻 $R$、转子磁链 $\Phi$、自感 $L_s$、互感 $L_m$、驱动电路开关周期 $T_p$ 等参数确定。

由于四轮轮毂电机驱动车辆需要考虑车轮驱动力对整车横摆运动的影响，这里基于式(5-96)作为参考的车辆动力学模型，用于下面的横摆力矩控制器设计和质心侧偏角经典域边界的确定。

### 5.7.2　基于横摆力矩可拓协调的控制系统设计

1. 控制系统设计

基于横摆力矩可拓协调的控制系统分为上下两层，如图 5-53 所示。

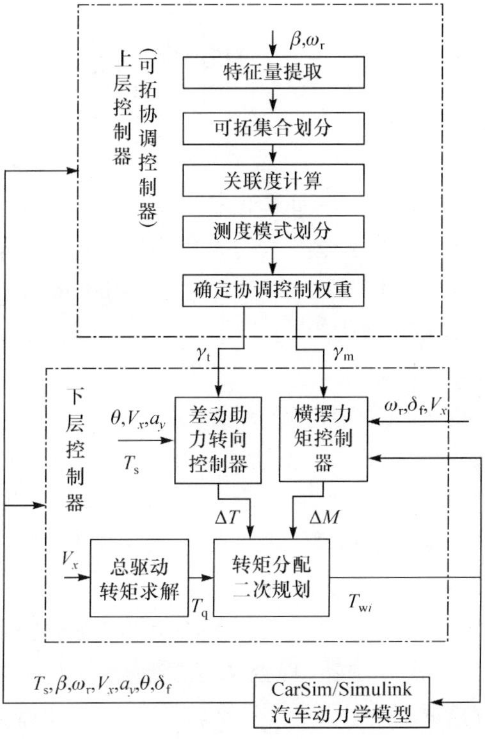


图 5-53　基于横摆力矩可拓协调的控制系统

图 5-53 中，$T_s$ 为转向盘实际转矩，$V_x$ 为车速，$\omega_r$ 为实际横摆角速度，$a_y$ 为侧向加速度，$\theta$ 为转向盘转角，$T_q$ 为总驱动转矩。

上层控制器为可拓协调控制器。可拓协调控制器根据传感器所采集的特征参数，获得质心侧偏角和横摆角速度偏差，对车辆行驶状态进行划分。不同的行驶状态对应不同的稳定程度，采用可拓理论中不同的域对应描述，根据稳定程度，在不同的域内采用不同的控制方式，如图 5-54 所示。

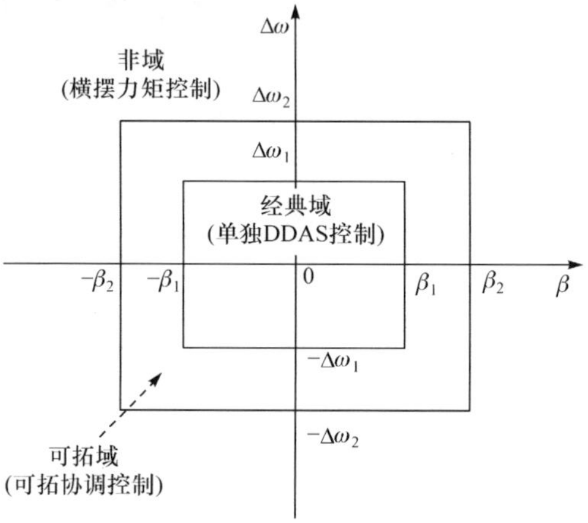


图 5-54　可拓集合

其中，经典域对应安全行驶状态，只有 DDAS 控制器工作；可拓域中，车辆即将趋于失稳，而 DDAS 工作所产生的横摆力矩会加剧车辆失稳，需适当减小 DDAS 控制器输出的差动助力矩，并加强对整车横摆力矩的控制，通过确定两控制器输出权重实现共同控制，协调处理差动助力矩和横摆力矩，这样既能保证一定的助力效果，又能维持车辆稳定性；非域中，若继续保持 DDAS，车辆转向将处于失稳状态，难以控制，即所采用可拓域中操纵变量的情况下，无法通过改变量值使特征状态发生转变。此时，需要更换操纵量，改变控制系统的工作方式，取消 DDAS 控制器，不提供助力效果，通过四轮转矩调节只对整车横摆力矩进行控制。在车辆实际行驶过程时，在非域中，随着车辆特征状态远离可拓域，轮胎附着力达到极限，横摆力矩控制器即将失效，最终导致车辆失稳。所以，在非域中横摆力矩控制器的作用效果有限，只能在接近可拓域而不是远离可拓域的范围内尽最大可能地确保整车稳定性，减小不稳定区域。由于关联函数反映了车辆行驶状态所处可拓集合的位置，可据此确定不同域内差动助力矩权重系数 $\gamma_t$ 和横摆力矩的权重系数 $\gamma_m$。

下层控制器包括 DDAS 控制器、横摆力矩控制器以及总驱动转矩的确定，结合上层控制器求解的权重系数 $\gamma_t$ 和 $\gamma_m$，分别输入 DDAS 控制器和横摆力矩控制器中，获得 DDAS 控制器和横摆力矩控制器确定的差动转矩 $\Delta T$ 和横摆力矩 $\Delta M$，然后结合总驱动转矩，在不同值域内利用二次规划算法对四轮转矩进行优化分配，输入整车模型中，从而使整车稳定性得到提高。

2. 上层控制器设计

实现协调控制需要研究两方面内容：一是如何确定车辆转向行驶的稳定性边界，划分车辆行驶状态；二是如何确定差动助力矩与横摆力矩之间的关系，共同实现稳定性控制。由此，建立可拓协调控制器。

利用系统特征状态的可拓集合对车辆的稳定状态和经典域、可拓域、非域进行划分，不同的区域内对应着不同的行驶状态以及相应的控制策略，实现了差动助力矩与横摆力矩的协调控制，即实现了 DDAS 控制器与横摆力矩控制器的协调控制。

可拓协调控制器的建立分为以下几步。

1）特征量提取

为了使可拓集合中经典域、可拓域的边界与车辆行驶稳定、失稳边界相对应，同时考虑到后面需采用质心侧偏角 $\beta$、实际横摆角速度 $\omega_r$ 和期望横摆角速度 $\omega_{rd}$ 的偏差 $\Delta\omega_r$ 来确定经典域和可拓域，故选择 $\beta$ 和 $\Delta\omega_r$ 作为特征量，组成特征状态 $S(\Delta\omega_r, \beta)$。

2）可拓集合划分

选择 $\Delta\omega_r$ 为纵坐标，$\beta$ 为横坐标，组成可拓集合，并将其划分为经典域、可拓域和非域。

对纵坐标横摆角速度偏差采用公差带划分法，其中经典域为 $|\omega_r-\omega_{rd}|\leqslant|C_1\omega_{rd}|$，即令经典域边界值 $|\Delta\omega_1|=|C_1\omega_{rd}|$；可拓域为 $|C_1\omega_{rd}|\leqslant|\omega_r-\omega_{rd}|\leqslant|C_2\omega_r|$，即令可拓域边界值 $|\Delta\omega_2|=|C_2\omega_{rd}|$。其中 $C_1$、$C_2$ 为常系数。由此确定了横摆角速度偏差的经典域和可拓域边界。

质心侧偏角的可拓域和经典域的边界设定如下[5]：可拓域边界为 $\beta_2=\arctan(0.02\mu g)$，$\mu$ 为路面附着系数，这样可拓域边界可随路面附着系数动态变化；经典域边界通过横摆角速度增益的线性区和非线性区的界限确定，当车辆处于线性状态时，前轮转角和横摆角速度增益呈现出线性关系，故针对所建立的整车模型，观察不同车速且前轮转角输入为逐渐增大的正弦转角下，前轮转角和横摆角速度增益的关系，据此拟合出线性区前轮转角极限值与车速关系，即

$$\delta_{fmax}=\frac{0.05}{0.00667V_x^2-0.575V_x+13.333} \tag{5-126}$$

将 $\delta_{fmax}$ 单独输入式(5-96)中，可确定此时的经典域边界值 $\beta_1$。

3）关联度计算

选取状态特征量为横摆角速度偏差及质心侧偏角。由于该选择不同于传统可

拓控制器中选取偏差及偏差微分为状态特征量，故需重新确定可拓距及关联函数的求解方式[16]。二维可拓集合如图 5-55 所示。

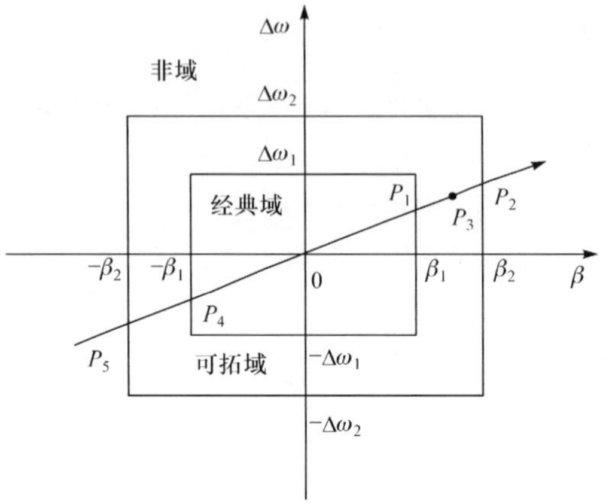


图 5-55　二维可拓集合

在二维可拓集合中，原点(0,0)为特征状态的最优点。假设可拓域中存在一点 $P_3$，连接原点与 $P_3$ 点，则线段 $0P_3$ 为 $P_3$ 趋近最优点(0,0)的最短距离，该线段所在直线交经典域边界于 $P_1$、$P_4$ 点，交可拓域边界于 $P_2$、$P_5$ 点，根据这些交点即可确定在保证 $P_3$ 趋近于原点距离最短的前提条件下，$P_3$ 与可拓域、经典域的最近距离。而在一维可拓集合中，点与区间的可拓距实质上是该点到区间最近边界的距离[17]，由此可将二维集合中的可拓距转换到一维可拓集合中，即将该直线转换到一维可拓集合，如图 5-56 所示。此时欲求 $P_3$ 点与经典域或可拓域的可拓距，可根据 $P_1$ 和 $P_4$、$P_2$ 和 $P_5$ 在直线上所确定的区间进行求解。

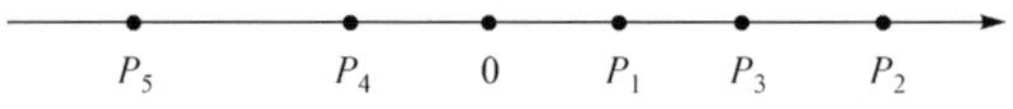


图 5-56　一维可拓集合

由此可确定点到经典域的可拓距为 $\rho(P_3,\langle P_4,P_1\rangle)$，到可拓域的可拓距为 $\rho(P_3,\langle P_5,P_2\rangle)$。同理，当 $P_3$ 点在其他位置时，最终可得一维可拓集合中 $P_3$ 点与区间的可拓距如下（以区间 $\langle P_4,P_1\rangle$ 为例）：

$$
\rho(P_3,\langle P_4,P_1\rangle)=\begin{cases}|P_3P_4|, & P_3\in\langle-\infty,P_4\rangle\\ -|P_3P_4|, & P_3\in\langle P_4,0\rangle\\ -|P_3P_1|, & P_3\in\langle 0,P_1\rangle\\ |P_3P_1|, & P_3\in\langle P_1,+\infty\rangle\end{cases}\tag{5-127}
$$

由此确定关联函数如下：

$$K(S)=\frac{\rho(P_3,\langle P_5,P_2\rangle)}{D(P_3,\langle P_5,P_2\rangle,\langle P_4,P_1\rangle)} \tag{5-128}$$

式中，$D(P_3,\langle P_5,P_2\rangle,\langle P_4,P_1\rangle)=\rho(P_3,\langle P_5,P_2\rangle)-\rho(P_3,\langle P_4,P_1\rangle)$。

将式(5-128)应用到横摆角速度偏差 $\Delta\omega_r$ 和质心侧偏角 $\beta$ 的可拓集合中，即可确定两者的关联函数。

4）测度模式划分及协调控制权重确定

根据关联函数 $K(S)$ 对协调控制权重划分如下：

当 $K(S)\geqslant 1$ 时，特征状态 $S(\Delta\omega_r,\beta)$ 处在经典域中，车辆稳定性较好，此时只需要对差动助力矩进行控制，无须考虑横摆力矩。在该情况下取差动助力矩权重 $\gamma_t=1$，横摆力矩权重 $\gamma_m=0$。

当 $0\leqslant K(S)<1$ 时，特征状态 $S(\Delta\omega_r,\beta)$ 处于可拓域中，车辆行驶趋于不稳定状态，此时需减小差动助力矩的权重，增加横摆力矩的权重，对车辆稳定性控制进行加强。随着特征状态 $S(\Delta\omega_r,\beta)$ 远离经典域，关联函数 $K(S)$ 会随之减小，恰好反映了差动助力矩权重的变化状态，故取 $\gamma_t=K(S)$，$\gamma_m=1-K(S)$。

当 $K(S)<0$ 时，特征状态 $S(\Delta\omega_r,\beta)$ 处于非域中，车辆转向行驶将处于不稳定状态，考虑 DDAS 已无法维持车辆的稳定性，此时需取消 DDAS 控制，在接近可拓域的范围内加强整车横摆力矩控制，最大限度地保证整车稳定性，以取得更好的控制效果，故取 $\gamma_t=0$，$\gamma_m=1$。

通过以上几步，即可确定差动助力矩与横摆力矩的协调权重。

### 3. 下层控制器设计

1）DDAS 控制器

差动助力来源于左右电动转向轮的驱动力差，而轮胎驱动力在实际行驶中难以准确测量，且转向系的阻尼和刚度、轮胎滚动半径及前轮定位参数等发生变化时其助力特性也会发生改变，所以难以准确确定 DDAS 的助力特性。因此，采用转向盘转矩直接控制策略，将转向盘转矩信号作为反馈控制变量，控制真实转向盘转矩和参考转向盘转矩之间的偏差，进而实现差动助力。

当车辆低速行驶时，较大的转向盘转角变化只能引起较小的侧向加速度变化，转向盘转角变化更易于感知；当车辆处于较高车速时，较小的转向盘转角即可使侧向加速度明显改变，侧向加速度变化更易于感知。为了获得更好的反馈控制效果，在低速时，采用转向盘转角和车速信号确定参考转向盘转矩；在较高车速时，采用侧向加速度和车速信号确定参考转向盘转矩。确定参考转向盘转矩 $T_{dsw}$ 与车速、转向盘转角及侧向加速度的公式如下：

$$T_{dsw}=\begin{cases}(a_1V_x+b_1)(c_1-d_1\mathrm{e}^{m_1\theta}), & V_x<40\mathrm{km/h}\\(a_2V_x+b_2)(c_2-d_2\mathrm{e}^{m_2a_y}), & V_x\geqslant 40\mathrm{km/h}\end{cases} \tag{5-129}$$

式中，$a_i$、$b_i$、$c_i$、$d_i$、$m_i$ 为常系数，$i=1,2$。DDAS 控制系统如图 5-57 所示。

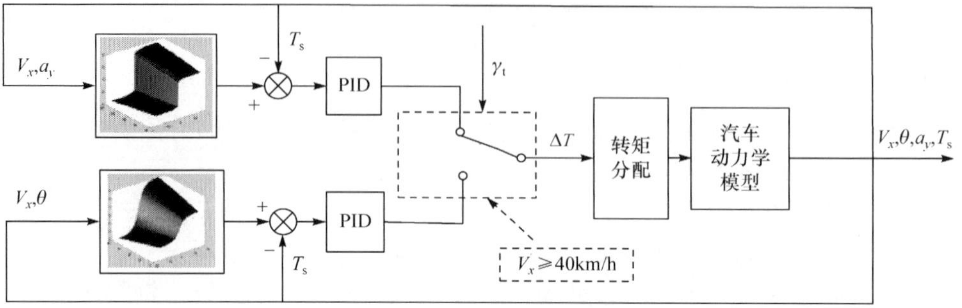


图 5-57 DDAS 控制器

求得参考转向盘转矩与实际转向盘转矩的差值，通过 PID 控制确定差动转矩。再结合权重系数 $\gamma_t$，最终确定所需的差动助力转矩，如式(5-130)所示：

$$\Delta T=\gamma_t\left[k_p(T_{ds}-T_s)+\frac{T_{ds}-T_s}{k_t}+\frac{k_d d(T_{ds}-T_s)}{dt}\right] \tag{5-130}$$

2）横摆力矩控制器

当车辆特征状态处于经典域时，车辆能够保证安全行驶，只需要 DDAS 控制器单独工作，故横摆力矩控制器主要用于可拓域和非域，以保证整车稳定性。根据参考的车辆模型即可确定四轮轮毂电机驱动电动车辆的期望横摆角速度 $\omega_{rd}$ 和质心侧偏角 $\beta_d$，再根据整车动力学模型反馈的实际值，求得横摆角速度偏差 $\Delta\omega_r$ 及其微分 $\Delta\dot{\omega}_r$，用于横摆力矩的横摆角速度控制；另外，质心侧偏角模糊控制器中需要获得质心侧偏角的偏差 $\Delta\beta$ 及其微分 $\Delta\dot{\beta}$，故选择 $\Delta\beta$ 和 $\Delta\dot{\beta}$ 作为控制器输入。

在质心侧偏角很小的情况下，车辆的横摆角速度与转向盘转角增益能够较好地反映车辆稳定性；若质心侧偏角很大，同样的增益无法正确反映车辆稳定性，此时需控制车辆的质心侧偏角以保障整车稳定性。这里可根据可拓协调控制器中车辆的特征状态，对质心侧偏角控制和横摆角速度控制进行选择，实现两者的协调控制，如图 5-58 所示。

分别建立质心侧偏角和横摆角速度模糊控制器[18]。以横摆角速度模糊控制器为例，输入为 $\Delta\omega_r$ 和 $\Delta\dot{\omega}_r$，输出为横摆力矩 $\Delta M$，隶属度函数均为三角形函数，输入输出模糊集均为{NB，NM，NS，ZO，PS，PM，PB}。当横摆角速度误差 $\Delta\omega_r$ 为正大(PB)，$\Delta\dot{\omega}_r$ 为正值时，说明误差有增大趋势，需要增加负的附加横摆力矩加以减小误差。同理可推导出其他情况下的变化规律，据此建立控制规则。

根据横摆角速度模糊控制器的建立过程，可同样建立质心侧偏角模糊控制器，不再对此进行过多阐述，最后根据质心侧偏角偏差及其变化率确定该情况下的横摆力矩 $\Delta M_\beta$。

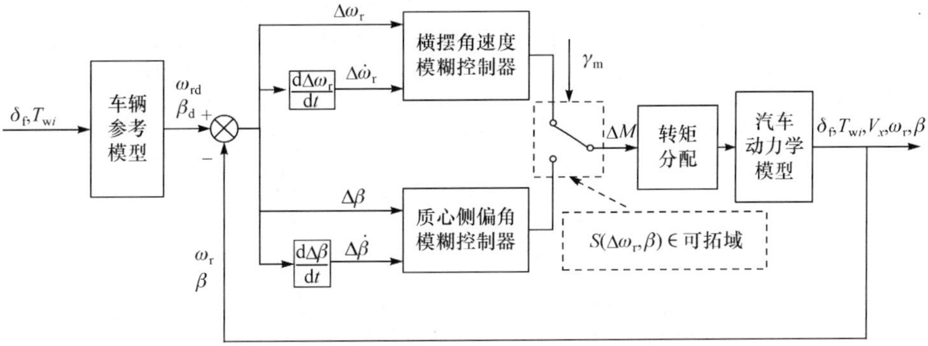


图 5-58 横摆力矩控制器

当特征状态处于可拓域时，采用横摆角速度控制；当特征状态处于非域时，质心侧偏角很大，此时需采用质心侧偏角控制来确定横摆力矩，但是随着特征状态远离可拓域，轮胎附着力饱和，质心侧偏角控制也难以满足要求，所以非域中只能在接近可拓域的范围内最大限度地加强整车稳定性控制。结合可拓协调控制器确定横摆力矩权重 $\gamma_m$，最终横摆力矩控制器输出值如下：

$$\Delta M=\begin{cases}\gamma_m \Delta M_\omega, & S(\Delta\omega_r,\beta)\in \text{可拓域}\\ \gamma_m \Delta M_\beta, & S(\Delta\omega_r,\beta)\in \text{非域}\end{cases} \tag{5-131}$$

3) 转矩分配

在电机转矩优化分配中，为保证车辆有较好的稳定性，考虑轮胎的负荷率与附着力之间的关系，引入表征车辆整体路面负荷状态的优化目标[17]，同时考虑到 DDAS 控制及横摆力矩控制均为轮毂电机转矩的控制，侧向力为不可控变量，故将目标函数定为

$$\min J=\sum_{i=1}^{4}\frac{T_{wi}^2}{(\mu r_w F_{zi})^2},\quad i=1,2,3,4 \tag{5-132}$$

式中，$T_{wi}$ 为各轮毂电机目标转矩；$r_w$ 为车轮半径；$F_{zi}$ 为各轮垂向力。

根据可拓协调控制器，约束函数划分三种情况。

(1) 当特征状态处于经典域时，车辆处于稳定状态，此时只需对差动助力矩进行控制，考虑到总驱动转矩 $T_q$ 和差动转矩 $\Delta T$ 的需求以及电机峰值转矩 $T_{wmax}$ 的限制，根据摩擦圆定理建立如下约束：

$$\begin{cases}(T_{w1}+T_{w2})\cos\delta_f+T_{w3}+T_{w4}=T_q\\ T_{w1}-T_{w2}=\Delta T\\ |T_{wi}|\leqslant \mu r_w F_{zi}\\ |T_{wi}|\leqslant T_{wmax}\end{cases} \tag{5-133}$$

(2) 当特征状态处于可拓域时，需要在控制差动助力转矩的同时考虑横摆力矩的影响，保证车辆稳定性，故在约束(5-133)的基础上加入所需横摆力矩的求解公式，建立如下约束：

$$\begin{cases}(T_{w1}+T_{w2})\cos\delta_f+T_{w3}+T_{w4}=T_q\\ \dfrac{l_w}{2}\left(\dfrac{T_{w1}-T_{w2}}{r}\right)\cos\delta_f+\dfrac{l_w}{2}\left(\dfrac{T_{w3}-T_{w4}}{r}\right)=\Delta M\\ T_{w1}-T_{w2}=\Delta T\\ |T_{wi}|\leqslant\mu r_w F_{zi}\\ |T_{wi}|\leqslant T_{wmax}\end{cases} \tag{5-134}$$

(3) 当特征状态处于非域时，若继续保持 DDAS 的助力效果，车辆将失稳，此时需取消 DDAS，同时考虑到对整车横摆力矩的需求，最大可能地防止失稳，建立如下约束：

$$\begin{cases}(T_{w1}+T_{w2})\cos\delta_f+T_{w3}+T_{w4}=T_q\\ \dfrac{l_w}{2}\left(\dfrac{T_{w1}-T_{w2}}{r}\right)\cos\delta_f+\dfrac{l_w}{2}\left(\dfrac{T_{w3}-T_{w4}}{r}\right)=\Delta M\\ |T_{wi}|\leqslant\mu r_w F_{zi}\\ |T_{wi}|\leqslant T_{wmax}\end{cases} \tag{5-135}$$

在下层控制器中，可将求得实际车速与目标车速的偏差通过 PID 控制获得 $T_q$。利用 MATLAB 中 Quadprog 函数即可求解，最终完成四轮转矩分配。

### 5.7.3 仿真计算与分析

利用 CarSim/Simulink 联合仿真，对基于横摆力矩可拓协调的控制系统进行验证。由于这里的重点是对 DDAS 性能的延伸，扩大 DDAS 系统的使用范围，故对 DDAS 控制系统和横摆力矩可拓协调的 DDAS 控制系统进行对比，采用车辆在实际运行中容易失稳的双移线工况作为仿真工况，以验证可拓协调系统的控制效果，其助力特性已被多次验证，此处不再说明。

首先在路面附着系数为 0.8 的双移线工况下仿真，车速为 80km/h。仿真结果如图 5-59 所示。

由图 5-59(a)可见，与 DDAS 单独控制相比，可拓协调控制提高了车辆的道路跟踪能力。DDAS 单独控制的车辆在横坐标 300～320m、350～380m 在纵向距离上偏离程度较大，最大偏移距离达 0.4m，横向距离最大偏差出现在横坐标 340～350m，最大偏差为 10m；可拓协调控制的车辆纵向误差能保证在 0.2m 以内，误差改善了 50%，横向距离误差不超过 7m，改善了 30%。由图 5-59(b)和(c)可以看到，可拓协调控制下的横摆角速度和质心侧偏角有着明显减小，其均方根值分别为

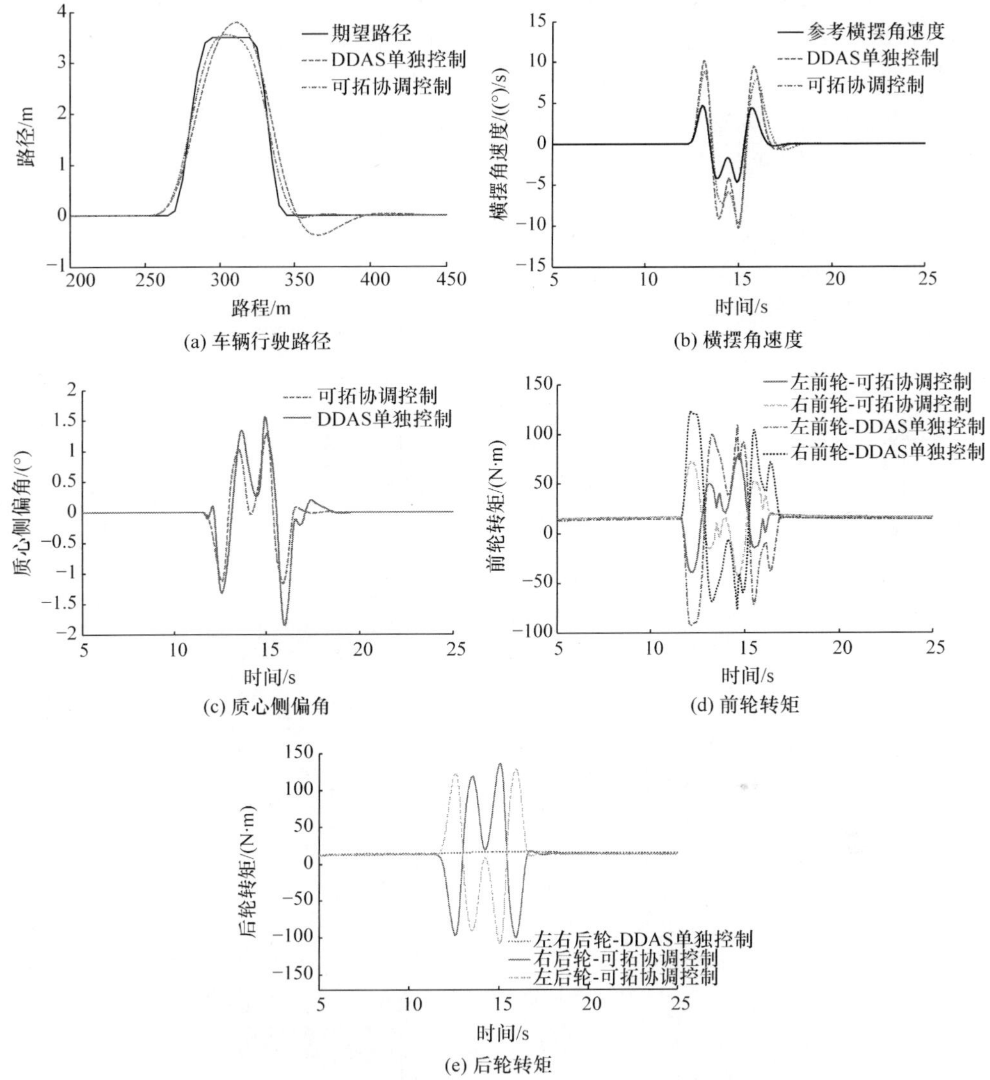


图 5-59　双移线工况时的仿真结果($\mu$=0.8)

0.618°/s 和 0.264°，与 DDAS 单独控制下的 1.369°/s 和 0.336°相比，分别优化了 54.9%和 21.4%，显著提高了车辆的稳定性。由图 5-59(d)和(e)中的车轮转矩变化可知，当 DDAS 单独控制时，前轮转矩变化较大，产生了较大的差动助力矩，而后轮转矩没有产生转矩差；当可拓协调控制时，前轮转矩有着明显的减小，同时后轮转矩发生改变，产生转矩差，抑制了整车稳定性的恶化。

由此分析可得，可拓协调控制系统拓展了 DDAS 系统的工作范围，当车辆运动处在可拓域内，此时控制系统会相应地减小前轮差动助力转矩，同时通过在后轮产生差动转矩的方式加强横摆力矩控制，进而保证车辆行驶的稳定性。仿真结果证明，该方法能够减小横摆角速度及质心侧偏角，提高道路跟随能力，保证车辆行驶稳定性。

为了验证基于横摆力矩可拓协调的控制系统在车辆失稳状态(非域)下的控制效果，在双移线仿真工况中降低路面附着系数($\mu$=0.4)，令车速为 80km/h。仿真结果如图 5-60(a)～(e)所示。

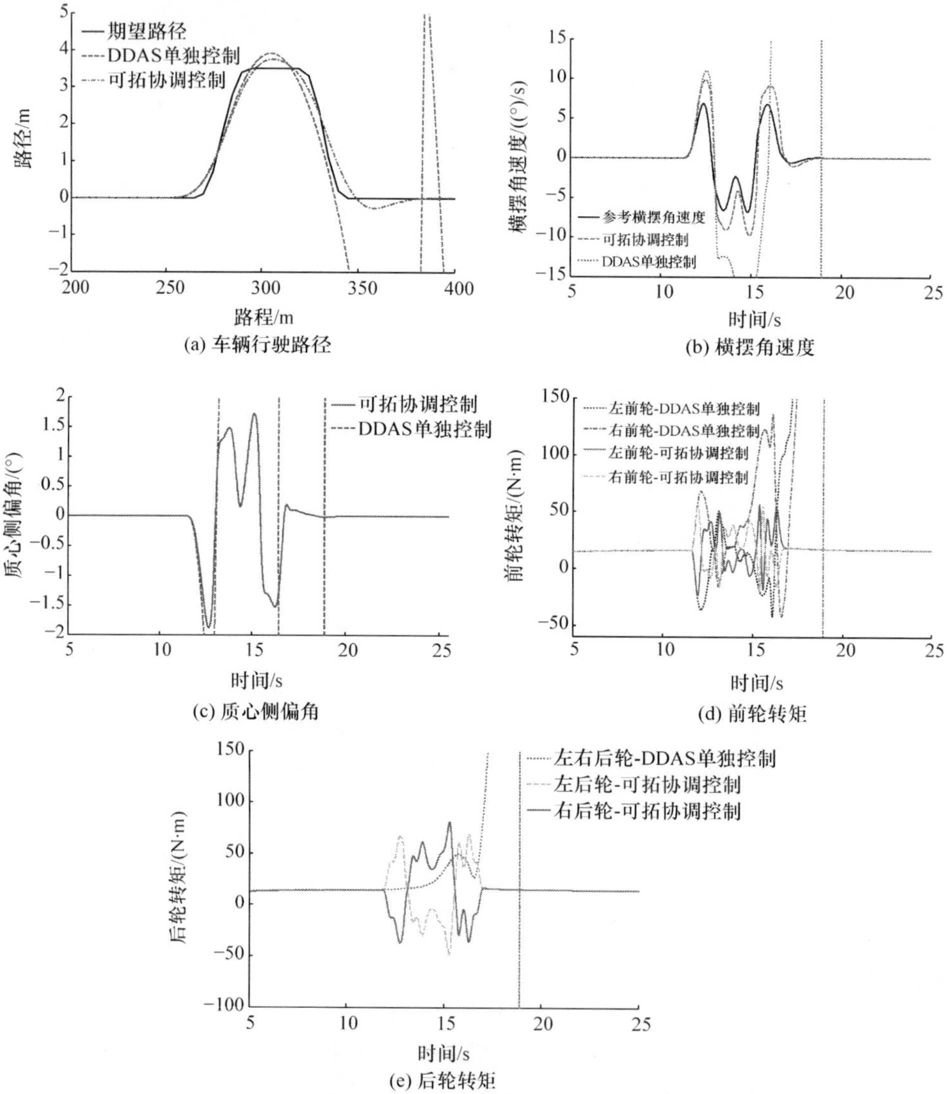


(a) 车辆行驶路径　(b) 横摆角速度　(c) 质心侧偏角　(d) 前轮转矩　(e) 后轮转矩

图 5-60　双移线工况时的仿真结果($\mu$=0.4)

由图 5-60(b)和(c)可知，当 DDAS 单独控制时，车辆会在约 13s 时失稳，此时车辆无法维持期望路径，横摆角速度和质心侧偏角均有较大的波动；而可拓协调控制能够提高车辆行驶稳定性，可将横摆角速度、质心侧偏角和侧向加速度维持在一个较小范围，避免出现失稳状态。另外，由图 5-60(d)和(e)可知，在 DDAS 单独控制下，在仿真时间为 13s 处，前后轮转矩开始失去控制，从而使车辆无法维持稳定行驶状态；若采用可拓协调控制，当车辆开始出现失稳时，控制系统会取消 DDAS，对车辆采用横摆力矩控制，前后轮转矩均发生改变。从图 5-60(d)还可看到，从 13s 开始，车辆出现失稳状态，且车辆特征状态处在非域中，此时控制系统将取消前轮的差动助力矩输出，并根据转矩分配产生一定阻力矩差，以加强横摆力矩控制，当车辆重新回到稳定状态时，DDAS 开始工作，提供转向助力。同时由图 5-60(e)可以看出，控制系统也会通过转矩分配改变后轮转矩，进而控制横摆力矩，以达到保证车辆稳定行驶的目的。

通过以上分析可得，基于横摆力矩可拓协调的控制系统，能够通过采集车辆行驶信息完成对车辆稳定性状态的划分，在不同的划分区域内采取相应的控制策略，进而保证车辆的安全行驶。

## 参考文献


[1] 张荣芸，赵林峰，陈无畏，等. 基于 LPV/$H_\infty$控制的 EPS 及其硬件在环研究. 中国机械工程，2015，26(4)：545-552

[2] 张荣芸. 基于 EPS/ESP 的汽车横向运动稳定性及其混沌控制研究. 合肥：合肥工业大学博士学位论文，2015

[3] 俞立. 鲁棒控制——线性矩阵不等式处理方法. 北京：清华大学出版社，2002

[4] 胡延平，陈无畏，刘翔宇，等. 基于非线性直接横摆力矩控制的 ESP 研究. 汽车工程，2013，35(5)：424-434

[5] 刘翔宇. 基于直接横摆力矩控制的车辆稳定性控制研究. 合肥：合肥工业大学博士学位论文，2010

[6] 张荣芸，黄鹤，陈无畏，等. 基于功能分配与多目标模糊决策的 EPS 和 ESP 协调控制. 机械工程学报，2014，50(6)：99-106

[7] 陈无畏，杨军，汪洪波，等. 基于功能分配的 EPS 与 ESP 集成协调控制. 机械工程学报，2015，51(16)：1-10

[8] 杨军，陈无畏，赵林峰，等. 基于 ESP 功能分配的 EPS 回正力矩补偿控制策略. 汽车工程，2015，37(7)：794-801

[9] 王其东，王金波，陈无畏，等. 基于汽车行驶安全边界的 EPS 与 ESP 协调控制策略. 机械工程学报，2016，52(6)：99-107

[10] Chen W W，Xiao H S，Wang Q D. Integrated Vehicle Dynamics and Control. Singapore：John Wiley & Sons，2016

[11] Pratap A，Agarwal S，Meyarivan T. A fast and elitist multi-objective genetic algorithms：

NSGA-II. IEEE Transactions on Evolutionary Computation, 2002, 6(2): 182-197

[12] 陈无畏,张荣芸,赵林峰,等. 运用 Lyapunov 指数方法的车辆横向运动混沌分析及其滑模变结构控制. 中国科学 技术科学,2014,44(9):979-990

[13] 陈无畏,孙晓文,汪洪波. 汽车差动助力转向系统的可拓协调控制. 中国科学 技术科学,2017,47(3):324-335

[14] 熊璐,陈晨,冯源. 基于 CarSim/Simulink 联合仿真的分布式驱动电动汽车建模. 系统仿真学报,2014,26:1143-1148

[15] Wang J, Wang Q, Jin L, et al. Independent wheel torque control of 4WD electric vehicle for differential drive assisted steering. Mechatronics, 2011, 21: 63-76

[16] 杨春燕,蔡文. 可拓学. 北京:科学出版社,2014

[17] Smarandache F. Generalizations of the distance and dependent function in extenics to 2D, 3D, and *n*D. Progress in Physics, 2012, 3(8): 961-968

[18] Tao T, Su S F. Moment adaptive fuzzy control and residue compensation. IEEE Transactions on Fuzzy Systems, 2014, 22(4): 803-816

# 第 6 章　智能车辆的悬架系统模型降阶与控制

悬架系统是保证智能车辆安全的重要总成件。由于智能车辆系统的复杂性，对其进行建模往往获得复杂且高阶的系统动力学模型，采用某种控制后，所得到的控制器往往较为复杂，而且阶数较高，给控制器的工程实现带来了诸多不便；同时，智能车辆系统内传感器或作动器故障、信号传输滞后等也给车辆安全性带来威胁。本章以智能车辆悬架系统为例，采用模型降阶方法对复杂高阶模型进行简化并维持系统的控制性能，采用主动容错和可拓控制等方法以最大限度地保障系统的性能，维持车辆的安全性。

## 6.1　悬架系统模型降阶

悬架系统模型降阶有三条路径。第一种是设计高阶悬架模型后，采用模型降阶方法获得低阶近似悬架模型，基于低阶近似悬架模型可设计出低阶控制器模型；第二种是针对高阶悬架系统模型，设计出的控制器模型阶数高，然后采用模型降阶方法对高阶控制器模型进行降阶获得低阶控制器模型；第三种是针对高阶悬架模型直接设计出低阶控制器模型。三种方法最终都为了获得低阶的控制器。本节采用最优 Hankel 范数对悬架模型降阶后获得低阶控制器属于第一条路径，采用频率加权互质分解方法进行悬架控制器降阶属于第二条路径。两条路径获得的低阶控制器模型不仅能够实现模型阶数低，同时也要保证其能达到全阶控制器近似的控制效果。

### 6.1.1　最优 Hankel 范数降阶

设定一个带有最小实现$(A,B,C,D)$的渐近稳定系统 $G$，其中 $A\in\mathbf{R}^{n\times n}$，$D\in\mathbf{R}^{p\times m}$，Hankel 范数定义为 Hankel 操作 $\Gamma_G$ 的 $H_\infty$ 范数，即

$$\|G\|_H \overset{\text{def}}{=} \|\Gamma_G\|_\infty \tag{6-1}$$

其中，$(\Gamma_G v)(t) \overset{\text{def}}{=} \int_0^\infty C\mathrm{e}^{A(t+\tau)}Bv(\tau)\mathrm{d}\tau$。

Hankel 范数也可定义为 $G$ 的未来输出能量与过去输出能量比率的最小上界，也就是导出的从过去输出到未来输出的 $L_2$ 范数。

一个 $n$ 阶系统 $G$ 的 Hankel 奇异值(HSV)为 $\sigma_i(G)=\sqrt{\lambda_i(PQ)}$，其中 $i\in\{1,2,\cdots,n\}$，$P$ 和 $Q$ 分别为 $G$ 的格拉姆行列式可控性和可观性矩阵，满足

$$\begin{cases}AP+PA^{\mathrm{T}}+BB^{\mathrm{T}}=0\\A^{\mathrm{T}}Q+QA+C^{\mathrm{T}}C=0\end{cases}\tag{6-2}$$

假设

$$\sigma_1(G)\geqslant\cdots\geqslant\sigma_i(G)\geqslant\cdots\geqslant\sigma_n(G)$$

那么 $\|G\|_H=\sigma_1(G)$。

最优 Hankel 范数降阶的目的是建立一个 $r$ 阶系统 $\hat{G}$，使得降阶误差 $(G-\hat{G})$ 满足

$$\|G-\hat{G}\|_H=\sigma_{r+1}(G)\overset{\mathrm{def}}{=}\gamma\tag{6-3}$$

$$\|G-\hat{G}\|_\infty\leqslant\sigma_{r+1}(G)+\cdots+\sigma_n(G)\tag{6-4}$$

最优 Hankle 范数降阶(optimal Hankel-norm reduction，OHNR)算法主要由两个部分组成。

(1) 用一个 $r$ 阶、严格正则的系统 $\widetilde{G}$ 近似估计全阶系统 $G$，满足式(6-4)和下列不等式[1]：

$$\|G-\widetilde{G}\|_\infty\leqslant 2(\sigma_{r+1}(G)+\cdots+\sigma_n(G))\tag{6-5}$$

① 计算由式(6-1)和式(6-2)定义的 $P$ 和 $Q$。

② 将奇异值分解应用到 $\Gamma=QP-\gamma^2 I$：

$$\Gamma=U_\Gamma\begin{bmatrix}\Sigma_\Gamma & 0\\0 & 0\end{bmatrix}V_\Gamma^{\mathrm{T}}=\begin{bmatrix}U_{\Gamma_1} & U_{\Gamma_2}\end{bmatrix}\begin{bmatrix}\Sigma_\Gamma & 0\\0 & 0\end{bmatrix}\begin{bmatrix}V_{\Gamma_1}^{\mathrm{T}}\\V_{\Gamma_2}^{\mathrm{T}}\end{bmatrix}\tag{6-6}$$

③ 计算：

$$\begin{cases}\begin{bmatrix}\widetilde{A}_{11} & \widetilde{A}_{12}\\\widetilde{A}_{21} & \widetilde{A}_{22}\end{bmatrix}=\begin{bmatrix}U_{\Gamma_1}^{\mathrm{T}}\\U_{\Gamma_2}^{\mathrm{T}}\end{bmatrix}(\gamma^2A^{\mathrm{T}}+QAP)\begin{bmatrix}V_{\Gamma_1} & V_{\Gamma_2}\end{bmatrix}\\\begin{bmatrix}\widetilde{B}_1\\\widetilde{B}_2\end{bmatrix}=\begin{bmatrix}U_{\Gamma_1}^{\mathrm{T}}\\U_{\Gamma_2}^{\mathrm{T}}\end{bmatrix}\begin{bmatrix}QB-C^{\mathrm{T}}\end{bmatrix}\\\begin{bmatrix}\widetilde{C}_1 & \widetilde{C}_2\end{bmatrix}=\begin{bmatrix}CP\\-\gamma B^{\mathrm{T}}\end{bmatrix}\begin{bmatrix}V_{\Gamma_1} & V_{\Gamma_2}\end{bmatrix}\\D_1=\begin{bmatrix}\widetilde{D} & I\\\gamma I & 0\end{bmatrix}\end{cases}\tag{6-7}$$

④ 计算：

$$\begin{cases}A_H=\Sigma_\Gamma^{-1}(\widetilde{A}_{11}-\widetilde{A}_{12}\widetilde{A}_{22}+\widetilde{A}_{21})\\B_H=\Sigma_\Gamma^{-1}(\widetilde{B}_1-\widetilde{A}_{12}\widetilde{A}_{22}+\widetilde{B}_2)\\C_H=\widetilde{C}_1-\widetilde{C}_2\widetilde{A}_{22}+\widetilde{A}_{21}\\D_H=\widetilde{D}_1-\widetilde{C}_2\widetilde{A}_{22}+\widetilde{B}_2\end{cases}\tag{6-8}$$

式中，$\widetilde{A}_{22}^{+}$ 是 $\widetilde{A}_{22}$ 的伪逆，有

$$H(s)=C_H(sI-A_H)^{-1}B_H+D_H \tag{6-9}$$

⑤ 选择系统 $M(s)$（其任意一个极点在 $s$ 右半平面边），使得 $\|M\|_\infty\leqslant 1$，并且计算 $\hat{H}(s)=F_1(H(s),-M(s))$。此处，选择 $M(s)=0$。

⑥ 将 $\hat{H}(s)$ 分解成一个稳定的部分 $[\hat{H}(s)]_-$、一个常量部分 $[\hat{H}(s)]_0$ 和一个不稳定部分 $[\hat{H}(s)]_+$，即 $\hat{H}(s)=[\hat{H}(s)]_-+[\hat{H}(s)]_0+[\hat{H}(s)]_+$，其中 $[\hat{H}(s)]_-$ 的阶数为 $r$，$[\hat{H}(s)]_+$ 的阶数为 $n-r-1$。

⑦ 获得 $\widetilde{G}=[\hat{H}(s)]_-$。

(2) 计算常数矩阵 $\widetilde{D}_0$，可使模型降阶误差中 $H_\infty$ 的上限值减半，即

$$\|G-\widetilde{G}-\widetilde{D}_0\|_\infty\leqslant\sigma_{r+1}(G)+\cdots+\sigma_n(G)$$

但近似误差的 Hankel 范数仍未改变[2]。

① 若 $[\hat{H}(s)]_+$ 是空的，则令 $\widetilde{D}_0=[\hat{H}(s)]_0$ 并跳到第(3)步。

② 定义具有状态空间实现 $(A_F,B_F,C_F,D_F)$ 的 $F(s)\stackrel{\text{def}}{=}[\widetilde{H}(s)]_0+[\widetilde{H}(s)]_+$，其中 $D_F=[\hat{H}(s)]_0$。获得一个平衡实现系统 $(-A_F,B_F,C_F,D_F)$，设定带有 Hankel 奇异值 $\mu_1>\mu_2\cdots>\mu_{n-r-1}\geqslant 0$ 的 $(A_3,B_3,C_3,D_3)$。

③ 由 $Z=\begin{bmatrix}B_3^{\mathrm{T}}\\0_{p\times(n-r-1)}\end{bmatrix}$，$Y=\begin{bmatrix}C_3\\0_{m\times(n-r-1)}\end{bmatrix}$，获得 $Z$ 和 $Y$，$z_i$、$y_i$ 分别为 $Z$ 和 $Y$ 的第 $i$ 列。

④ 对于 $i=1\sim n-k-1$：

(a) 通过辅助变换获得

$$\begin{aligned}(I-\pi_1^{-1}W_1W_1^{\mathrm{T}})y_i&=-[\alpha,0,0,\cdots,0]^{\mathrm{T}}\\(I-\pi_2^{-1}W_2W_2^{\mathrm{T}})z_i&=-[\beta,0,0,\cdots,0]^{\mathrm{T}}\end{aligned} \tag{6-10}$$

(b) 令

$$U=(I-\pi_1^{-1}W_1W_1^{\mathrm{T}})\begin{bmatrix}\dfrac{-\alpha}{\beta}&0&0&0\\0&0&I_{p-1}&0\\0&I_{m-1}&0&0\\0&0&0&1\end{bmatrix}(I-\pi_2^{-1}|W_2W_2^{\mathrm{T}}) \tag{6-11}$$

(c) 若 $i<n-r-1$，那么对于 $j=(i+1)\sim(n-r-1)$，有

$$y=-(y_j\mu_j+Uz_j\mu_i)(\mu_i^2-\mu_j^2)^{-1/2}$$

$$z_j=-(z_j\mu_j+U^{\mathrm{T}}y_j\mu_i)(\mu_i^2-\mu_j^2)^{-1/2}$$

$$y_j=y$$

(d) 令

$$D_F=D_F+(-1)^i\mu_i[I_p\quad 0]U\begin{bmatrix}I_m\\0\end{bmatrix} \tag{6-12}$$

⑤ 得到 $\widetilde{D}=D_F$。

(3) $\hat{G}(s)=\widetilde{G}(s)+\widetilde{D}_0$,即得最初的全阶模型 $G(s)$ 的 $r$ 阶最优 Hankel 范数降阶模型,可在文献[3]中找到有关该算法的证明。

由于 $\|G-\hat{G}\|_H \leqslant \|G-\hat{G}\|_\infty$,由算法获得的降阶模型具有以下特征:

$$\sigma_{r+1}(G)\leqslant \|G-\hat{G}\|_\infty \leqslant \sum_{j=r+1}^{n}\sigma_j(G)$$

本节所用的悬架系统模型[4],其参数见表 6-1。在下面将用 OHNR 方法对悬架模型 $G_0$ 降阶。$G_0$ 的 Hankel 奇异值(Hankel singular value,HSV)为

$$\sigma(G_0)=[9.57\quad 8.74\quad 8.16\quad 7.11\quad 3.91\quad 3.64\quad 3.04\quad 2.63]$$

主动悬架系统的 HSV 可以根据大小分成两组:$\sigma_1(G_0)\sim\sigma_4(G_0)$ 和 $\sigma_5(G_0)\sim\sigma_8(G_0)$。第二组的 HSV 大约是第一组的一半。通过式(6-3)和式(6-4),预计 4～7 阶的降阶悬架模型彼此接近。

**表 6-1　半车悬架模型的参数**

| 符号 | 数值 | 单位 | 符号 | 数值 | 单位 |
|---|---|---|---|---|---|
| $m_s$ | 690 | kg | $k_{sf}$ | 17000 | N/m |
| $I_y$ | 1222 | kg·m$^2$ | $k_{sr}$ | 22000 | N/m |
| $m_{uf}$ | 40 | kg | $k_{tf}$ | 200000 | N/m |
| $m_{ur}$ | 45 | kg | $k_{tr}$ | 200000 | N/m |
| $c_{sf}$ | 1700 | N·s/m | $l_f$ | 1.3 | m |
| $c_{sr}$ | 2000 | N·s/m | $l_r$ | 1.5 | m |
| $c_{tf}$ | 250 | N·s/m | $l$ | 2.8 | m |
| $c_{tr}$ | 250 | N·s/m | | | |

根据该算法,将主动悬架模型 $G_0$ 降到 $r$ 阶系统,用 $\hat{G}_{ohi}$ 表示,其中 $i\in\{3,4,5,6,7\}$。表 6-2 总结了近似误差 $E_i \overset{\text{def}}{=} G_0-G_{ohi}$ 的 Hankel 范数、$H_\infty$ 范数以及它的上界。显然,近似误差 $E_7$ 是最小的。另外,它满足 $\|E_7\|_H=\|E_7\|_\infty=\sigma_8(G_0)$,因为在模型的阶数减 1 阶时,$\|E_{n-1}\|_\infty$ 的上下界是相同的。随着悬架模型阶数的减少,近似误差相应逐渐增加。当模型阶数从 6 减少到 4 时,模型的近似误差略微增加。然而,当模型从 4 阶减少到 3 阶时,近似误差的 Hankel 范数和 $H_\infty$ 范数变为近似原来的两倍,$\|E_3\|_H$ 和 $\|E_3\|_\infty$ 分别比 $\|E_4\|_H$ 和 $\|E_4\|_\infty$ 增加了 81.9%和 110.4%。因此,4 阶悬架模型可显著地减少悬架模型的阶数,并保证模型降阶误差在可接受的范围内。

**表 6-2　采用 OHNR 方法得到的各降阶主动悬架模型指标比较**

| 系统 | 阶数 $i$ | $\|E_i\|_H$ | $\|E_i\|_\infty$ | $\sum_{j=i+1}^{8}\sigma_j(G_0)$ |
|---|---|---|---|---|
| $\hat{G}_{oh7}$ | 7 | 2.630 | 2.630 | 2.630 |
| $\hat{G}_{oh6}$ | 6 | 3.040 | 3.838 | 5.670 |
| $\hat{G}_{oh5}$ | 5 | 3.642 | 5.891 | 9.312 |
| $\hat{G}_{oh4}$ | 4 | 3.906 | 5.779 | 13.218 |
| $\hat{G}_{oh3}$ | 3 | 7.105 | 12.157 | 20.323 |

图 6-1 反映了悬架系统在被动模式即未控制时，在前轮路面速度信号下簧载质量的垂直加速度的频率响应增益。在中间频率 0.8～20Hz 范围内，4～7 阶模型与全阶模型有相同的响应，然而 3 阶模型的响应完全不同。

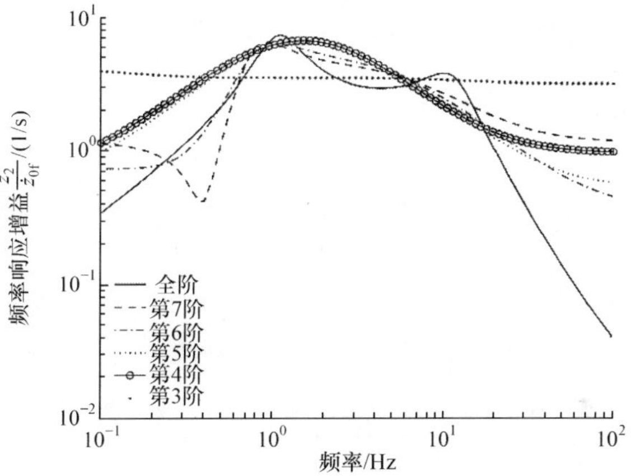

图 6-1　采用 OHNR 方法得到的不同阶数降阶主动悬架模型的比较

### 6.1.2　其他降阶方法比较

模态截断(MT)方法、平衡截断(BT)方法和平衡奇异摄动(BSPA)方法是常用的线性系统模型降阶方法。在本节中，利用这些方法将悬架模型降至 4 阶，并与采用 OHNR 方法获得的 $\hat{G}_{oh4}$ 模型进行比较。

为了将 MT 方法应用到主动悬架中，分析了悬架模型极点的分布规律，也就是极值、阻尼系数和固有频率，结果见表 6-3。

**表 6-3　主动悬架模型的极点和阻尼系数以及固有频率**

| 极对数 | 极值 | 阻尼系数 | 固有频率 |
|---|---|---|---|
| 1 | －2.09±6.42i | 0.31 | 6.74 |
| 2 | －2.81±7.81i | 0.34 | 8.30 |
| 3 | －24.68±68.12i | 0.34 | 72.45 |
| 4 | －25.50±63.55i | 0.37 | 68.48 |

根据车辆系统动力学理论[5]，前两个极对数与车身动力学有关，后两个极对数与前后轮胎动力学有关。由于第 3、4 极对数对应的固有频率是前两个的近 10 倍，可以截去以获得降阶模型 $\hat{G}_{mr}$。

BT 方法是为了省略具有弱可控性和可观性的状态。可控性和可观测性的程度由式(6-2)所定义的格拉姆行列式的可控性矩阵 $P$ 以及可观测性矩阵 $Q$ 表示。对于一个平衡悬架模型，$P$ 和 $Q$ 是相同的对角矩阵并且 $P=Q=\mathrm{diag}(\sigma_1(G_0)\sim\sigma_8(G_0))$。通过截断与 $\sigma_5(G_0)\sim\sigma_8(G_0)$ 相关的 4 个状态，获得主动悬架的 4 阶模型 $\hat{G}_{bt}$。$\hat{G}_{bt}$ 的可控性和可观测性矩阵将变成 $\mathrm{diag}(\sigma_1(G_0)\sim\sigma_4(G_0))$。

BSPA 方法可通过双线性变换实现。BSPA 方法如下：

(1) 利用一种双线性操作符将悬架模型 $G_0(s)$ 转换成 $L_0(\omega)=G_0(1/\omega)$；

(2) 应用 BT 方法，将模型 $L_0(\omega)$ 降至 4 阶模型 $\hat{L}_{bspa}(\omega)$；

(3) 利用一种双线性操作将 $\hat{L}_{bspa}(\omega)$ 转换成 $\hat{G}_{bspa}(s)=\hat{L}_{bspa}(\omega)$。

通过 BSPA 方法和 BT 方法获得的降阶模型仍保留着与原始模型相同的稳定性，且它们降阶误差的 $H_\infty$ 上界值为 $2\sum_{j=5}^{8}\sigma_j(G_0)$。然而，BSPA 方法会在低频率阶段产生较小的近似误差，BT 方法则在高频率阶段产生较小的近似误差。

表 6-4 对不同方法下悬架降阶模型的近似误差进行了比较。显然，尽管 MT 方法便于运用，但近似误差较大。就近似误差而言，BT 方法要略好于 BSPA 方法，但一般来说它们有着相似的效果。OHNR 方法对应的近似误差是最小的。

**表 6-4　不同方法下悬架降阶模型近似误差的比较**

| 方法 | $\Vert E\Vert_H$ | $\Vert E\Vert_\infty$ |
|---|---|---|
| MT | 6.694 | 10.003 |
| BT | 4.905 | 6.153 |
| BSPA | 5.618 | 7.604 |
| OHNR | 3.906 | 5.779 |

采用近似误差 $E(s)$ 的频率响应评价悬架模型降阶效果。由于 $E(s)$ 是一个多输入、多输出的系统(4 个输入、8 个输出)，对系统在不同频率 $\omega$ 下的最大奇异值 $\bar{\sigma}(E(\mathrm{j}\omega))\overset{\mathrm{def}}{=}\max_i(\lambda_i(E^*(\mathrm{j}\omega)E(\mathrm{j}\omega)))^{1/2}$ 进行评价，如图 6-2 所示。MT 方法的 MSV 最大。另外，因为移除的极点与轮胎动力学有关，该方法的最大奇异值在 10Hz 附近达到最大值，且其固有频率为 10.90Hz 和 11.54Hz。由 BT 方法获得的最大奇异值在频率无限大时接近 0，而由 BSPA 方法获得的最大奇异值有稳态误差。在 1～10Hz OHNR 方法对应的 MSV 最小，该范围是对悬架控制器设计最重要的频段。总之，由 OHNR 方法获得的表示为 $\hat{G}_{oh4}$ 的 4 阶悬架模型充分接近全阶模型 $G_0$。

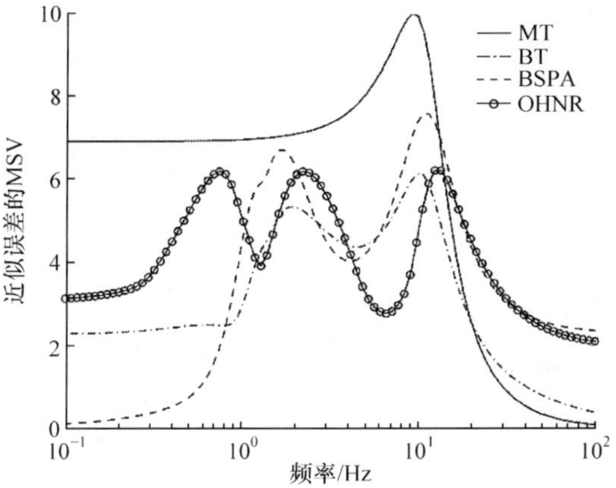


图 6-2　不同模型降阶方法的最大奇异值

### 6.1.3　仿真计算与分析

定义闭环降阶的主动悬架系统(RASS)、全阶主动悬架系统(FASS)和被动悬架系统(PSS)分别为：$G_{rass} \overset{def}{=} F_1(G_0, \hat{K})$，$G_{fass} \overset{def}{=} F_1(G_0, K)$，$G_{pss} \overset{def}{=} G_{0p}$。其中控制器 $K$ 采用 $H_2$/极点配置混合控制方法进行设计[3]。

为了评价降阶悬架模型 $\hat{G}_0$ 的降阶效果，可将 RASS 的性能与 FASS 和 PSS 的性能进行比较。图 6-3 反映了在 RASS、FASS 和 PSS 的前轮路面速度信号 $\dot{z}_{0f}$ 下的车身垂直加速度 $\ddot{z}_2$、俯仰角加速度 $\ddot{\theta}$、前悬架挠度($z_{2f}-z_{1f}$)和前轮动位移($z_{1f}-z_{0f}$)的频率响应增益。

图 6-3 表明，$G_{rass}$ 和 $G_{fass}$ 的车身垂直加速度和俯仰角加速度要远远低于 $G_{pss}$ 的车身垂直加速度和俯仰角加速度。前两个主动悬架的前轮动位移在任意频率都小于被动悬架的前轮动位移，只是在 10Hz 时略大于被动悬架。主动悬架和被动悬架动挠度在高频率时具有接近相同的响应增益，但是主动悬架的响应增益在低频(低于 1Hz)时要更大一些。然而，$G_{rass}$、$G_{fass}$ 和 $G_{pss}$ 的悬架挠度响应增益的峰值很接近。总体来讲，全阶和降阶主动悬架系统较被动悬架系统具有更优越的性能。

由于路面不平度的不均匀性，主动悬架系统设计的主要原则是在充分利用悬架可用工作空间和保证良好的轮胎与路面接触下，保证车身振动的平稳性。下面应用国际标准 ISO 2631-1：1997(E)来评价 $G_{rass}$ 和 $G_{fass}$ 的车辆乘坐舒适性。

假设车辆以 $V_x=20\text{m/s}$ 的速度沿直线行驶。路面激励信号可描述为经过低通滤波的白噪声信号[6]：

$$z_{0f}(s)=\frac{\sqrt{C_{rd}V_x}}{\omega_0^{-1}s+1} \tag{6-13}$$

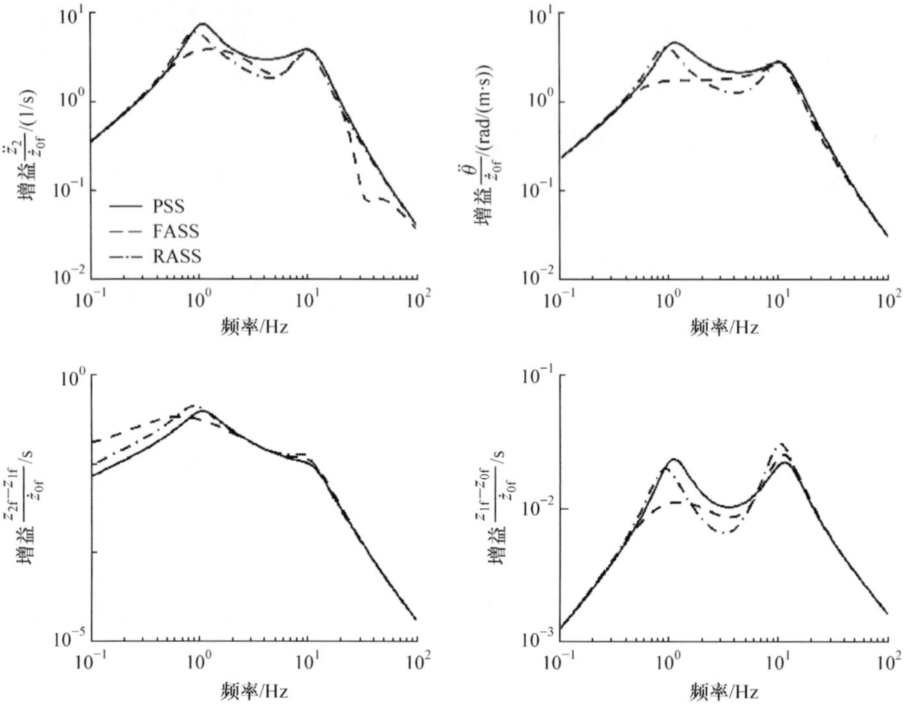


图 6-3　在前轮路面速度信号 $\dot{z}_{0f}$ 下的悬架频率响应

式中，该路面不平度系数 $C_{rd}$ 为 $5\times10^{-6}\,\mathrm{m}^3$，频率 $\omega_0=2\pi\times0.25\mathrm{rad}$。因此，前轮路面速度激励信号为[6]

$$\dot{z}_{0f}(s)=\frac{0.01s}{0.637s+1} \tag{6-14}$$

当车辆沿直线行驶，后轮路面速度激励相对于前轮路面速度激励信号被延迟了 $\tau=l/V_x=0.14\mathrm{s}$，其中前后轮距离 $l$ 为 2.8m。后轮路面速度激励信号的频率表示为 $\ddot{z}_{0r}(s)=\dfrac{0.01s}{0.637s+1}\mathrm{e}^{-0.14s}$，其中延时单元 $\mathrm{e}^{-0.14s}$ 是 $s$ 的无理函数。根据 $\mathrm{e}^{-\tau s}$ 的定义，可表示为

$$\mathrm{e}^{-\tau s}=\lim_{n\to\infty}\frac{1}{\left(\dfrac{\tau}{n}s+1\right)^n} \tag{6-15}$$

为了方便频域分析，以一个 3 阶系统来近似 $\mathrm{e}^{-\tau s}$ 得到

$$\dot{z}_{0r}(s)=\frac{0.01s}{(0.637s+1)(0.0467s+1)^3} \tag{6-16}$$

人们在不同频率下对振动有着不同的感觉，文献[3]给出了人们对于车辆垂直加速度和俯仰角加速度的灵敏度函数：

$$W_k=\frac{3.10\times10^7 s^2(s+78.54)(s^2+16.36s+221.7)}{(s^2+3.554s+6.317)(s^2+23.13s+443)(s^2+124.7s+6169)(s^2+888.6s+3.948\times10^5)} \tag{6-17}$$

$$W_e=\frac{2.48\times10^6 s^2(s+6.283)}{(s^2+3.554s+6.317)(s^2+9.973s+39.48)(s^2+888.6s+3.948\times10^5)} \tag{6-18}$$

图 6-4 和图 6-5 给出了车辆在以 $V_x=20\text{m/s}$ 的速度沿直线行驶时，加权车身垂直加速度和加权俯仰角加速度的功率谱密度(PSD)，即当前、后轮分别受到式(6-15)和式(6-16)所得信号的激励时，$W_k\ddot{z}_2$ 和 $W_e\ddot{\theta}$ 的 PSD。

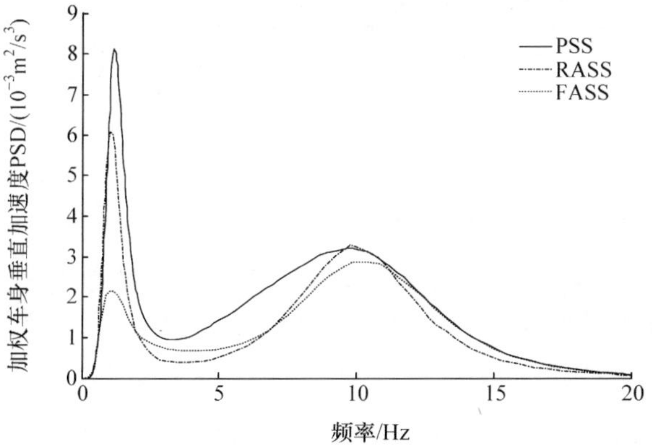


图 6-4　加权车身垂直加速度的 PSD

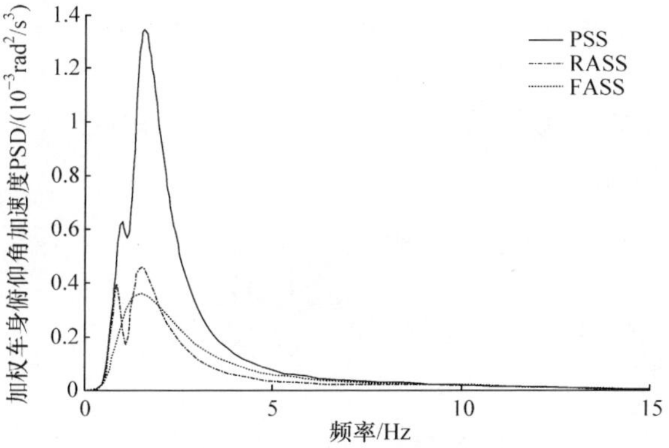


图 6-5　加权车身俯仰角加速度的 PSD

图 6-4 和图 6-5 可以看出主动悬架系统 $G_{rass}$ 和 $G_{fass}$ 有着相似的隔振能力。

为了进行更精确的比较，计算在上述道路的加权车身加速度 $\|W_k\ddot{z}_2\|_{rms}$ 和 $\|W_e\ddot{\theta}\|_{rms}$ 的均方根值(RMS)。ISO 2631-1：1997 也给出了一般舒适性指标

(GCI)。由于此处只考虑了车身垂直加速度和俯仰角加速度，GCI 修改如下：$GCI=\sqrt{k_1^2\parallel W_k\ddot{z}_2\parallel_{rms}^2+k_2^2\parallel W_e\ddot{\theta}\parallel_{rms}^2}$，其中系数 $k_1=1$，$k_2=0.4$。为了方便起见，用 $GCI_{pss}$、$GCI_{fass}$以及 $GCI_{rass}$分别表示 PSS、FASS 和 RASS 对应的 GCI。

表 6-5 为 RMS 和 GCI 的计算结果。可以看出，主动悬架系统的 GCI 要比被动悬架系统大约少 15%，主动悬架系统有着更好的乘坐舒适性。通过表 6-5 还可以看出，在保证俯仰角加速度平稳性方面，降阶控制器 $\hat{K}$ 要略优于全阶控制器 $K$，但是在垂直隔振方面要差一些。由于 $GCI_{rass}$仅比 $GCI_{fass}$大 1.8%，所以 $\hat{K}$ 和 $K$ 是接近的。

**表 6-5 乘坐舒适性比较**

| 指标 | PSS | FASS | RASS |
|---|---|---|---|
| $\parallel W_k\ddot{z}_2\parallel_{rms}$ | 0.263 | 0.222 | 0.226 |
| $\parallel W_e\ddot{\theta}\parallel_{rms}$ | 0.068 | 0.046 | 0.041 |
| GCI | 0.265 | 0.222 | 0.226 |

当车辆载荷发生变化时，其簧载质量将随之变化，且当轮胎载荷或充气压力变化时，轮胎刚度也将发生变化。当悬架参数改变时，观测主动悬架系统的性能和稳定性的变化。当车辆以 $V_x=20\text{m/s}$ 的速度沿直线行驶时，定义 GCI 变化百分比为 $\Delta_{GCI}=\dfrac{GCI_{rass}-GCI_{pss}}{GCI_{pss}}\times100\%$。

由图 6-6 可以看出，当使用降阶控制器的主动悬架的簧载质量 $m_s$ 和前轮胎刚度 $k_{tf}$有±20%的变化时，它不仅能够保证自身平稳性，而且比被动悬架系统有着更好的乘坐舒适性。其中 $GCI_{rass}$至少比 $GCI_{pss}$少 13%。当车辆受到其他参数不确定性影响时，也可得到类似的结论。因此，所设计的多目标控制器 $\hat{K}$ 在车辆参数变化时仍具有良好的工作状况。

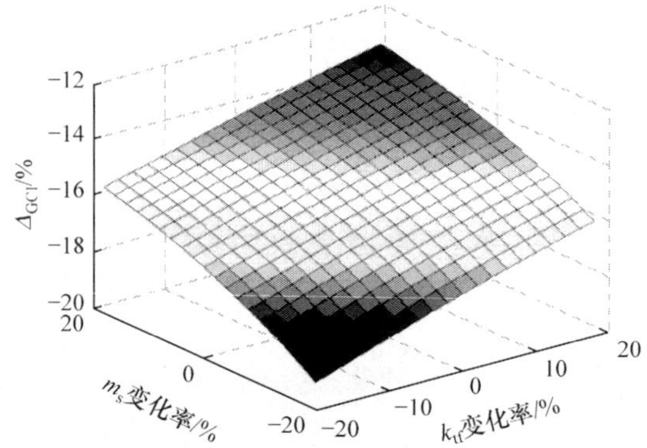


图 6-6 簧载质量 $m_s$ 和前轮胎刚度 $k_{tf}$变化±20%时 GCI 的变化百分比

综上所述，基于降阶主动悬架模型 $\hat{G}_0$ 的 $H_2$/极点配置混合控制的多目标控制器 $\hat{K}$ 可以有效地改善车辆乘坐舒适性，达到与全阶多目标控制器 $K$ 相近的性能。准确地说，当控制器阶数从 10 降到 6 时(将近 40%)，GCI 仅增加 1.8%。此外，受到车辆不确定性参数的影响，降阶控制器 $\hat{K}$ 具有一定程度的鲁棒稳定性和鲁棒性能。

## 6.2　基于频率加权互质分解的控制器降阶

### 1. 频率加权左互质分解控制器降阶方法

设$(A,B,C,D)$为 $n$ 阶被控对象 $G(s)$ 的状态空间模型，$(A_c,B_c,C_c,D_c)$为使闭环稳定的 $n_c$ 阶控制器 $K(s)$ 的状态空间模型。频率加权的左互质分解控制器降阶可表述为[7]：给定控制器 $K(s)$ 的一左互质分解 $K(s)=V(s)^{-1}U(s)$，寻找 $r_c(<n_c)$ 阶控制器 $K_r(s)$，其左互质分解形式 $K_r(s)=V_r(s)^{-1}U_r(s)$，使得

$$\| W_o(s)[U(s)-U_r(s) \quad V(s)-V_r(s)]W_i(s) \|_\infty$$

达到最小。其中，$W_o$、$W_i(s)$ 分别为加权输出、输入矩阵。

为保证降阶闭环系统(由降阶控制器与原系统构成)的稳定性，可取加权阵为[7]

$$W_o(s)=I, \quad W_i(s)=\begin{bmatrix} -G(s) \\ I \end{bmatrix}(I-K(s)G(s))^{-1}V(s)^{-1}$$

频率加权左互质分解控制器降阶算法如下：

(1) 选取任意矩阵 $L_c$，使得 $A_c+L_cC_c$ 的特征值实部均小于 0。

(2) 计算传递函数矩阵$[U(s) \quad V(s)]$的一个状态空间实现为

$$\begin{bmatrix} A_c+L_cC_c & [B_c+L_cD_c \quad L_c] \\ C_c & [D_c \quad I] \end{bmatrix}$$

(3) 计算输入加权阵 $W_i(s)$ 的状态空间实现$(A_i,B_i,C_i,D_i)$(阶数为 $n+n_c$)，其中

$$A_i=\begin{bmatrix} A+B\bar{R}^{-1}D_cC & -B\bar{R}^{-1}C_c \\ -B_cR^{-1}C & A_c+B_cD\bar{R}^{-1}C_c \end{bmatrix}$$

$$B_i=\begin{bmatrix} -B\bar{R}^{-1} \\ B_cD\bar{R}^{-1}-L_c \end{bmatrix}$$

$$C_i=\begin{bmatrix} R^{-1}C & -D\bar{R}^{-1}C_c \\ -\bar{R}^{-1}D_cC & \bar{R}^{-1}C_c \end{bmatrix}$$

$$D_i=\begin{bmatrix} -D\bar{R}^{-1} \\ \bar{R}^{-1} \end{bmatrix}$$

而 $R=I-DD_c$，$\bar{R}=I-D_cD$。

(4) 构造 $[U(s)\quad V(s)]W_i(s)$（其状态空间实现为 $(\bar{A}_i,\bar{B}_i,\bar{C}_i,\bar{D}_i)$），使其有

$$\bar{A}_i=\begin{bmatrix}A_c+L_cC_c & [B_cR^{-1}C \quad L_cC_c-B_cD\bar{R}^{-1}C_c] \\ 0 & A_i\end{bmatrix},\quad \bar{B}_i=\begin{bmatrix}L_c-B_cD\bar{R}^{-1} \\ B_i\end{bmatrix}$$

(5) 计算 $[U(s)\quad V(s)]W_i(s)$ 的能控格拉姆矩阵 $P_i$，$[U(s)\quad V(s)]$ 的能观格拉姆矩阵 $Q$。将 $P_i$ 分块为 $P_i=\begin{bmatrix}P_{11} & P_{12}\\ P_{21} & P_{22}\end{bmatrix}$，取 $P_E=P_{11}$。

(6) 用均衡截取法求取降阶控制器 $K_r$。

2. 降阶控制器设计

对七自由度悬架系统设计出 14 阶状态空间模型，考虑人体敏感的振动频段，设计的 20 阶控制器 $K$ 为稳定的且完全能控能观的状态空间模型。为简便起见，进行控制器降阶时取 $L_c=0$，在 MATLAB 中编写程序实现上述算法，依次求得各阶降阶控制器。

考虑车辆以 $V_x=20\text{m/s}$ 速度直线行驶于 B 级路面，表 6-6 列出了采用全阶、5～9 阶控制器时的各项指标对应值，其中 $\text{RMS}(W_k\ddot{x}_s)$、$\text{RMS}(W_e\ddot{\theta})$、$\text{RMS}(W_e\ddot{\phi})$ 分别为加权车身质心垂直加速度均方根、加权车身俯仰角加速度均方根和加权侧倾角加速度均方根。

**表 6-6 频率加权左互质分解控制器降阶结果比较**

| 控制器阶数 $i$ | $\Vert T_{i\bar{w}\bar{z}}\Vert_\infty$ | 车辆乘坐舒适性指标 | | | |
|---|---|---|---|---|---|
| | | $\text{RMS}(W_k\ddot{x}_s)$ /(m/s²) | $\text{RMS}(W_e\ddot{\theta})$ /(rad/s²) | $\text{RMS}(W_e\ddot{\phi})$ /(rad/s²) | GCI /(m/s²) |
| 20(全阶) | 1.4885 | 0.4983 | 0.0912 | 0.2100 | 0.5169 |
| 9 | 1.4887 | 0.4990 | 0.0917 | 0.2111 | 0.5177 |
| 8 | 1.4885 | 0.4993 | 0.0922 | 0.2130 | 0.5183 |
| 7 | 1.4885 | 0.4993 | 0.0921 | 0.2135 | 0.5184 |
| 6 | 1.4885 | 0.4993 | 0.0921 | 0.2135 | 0.5184 |
| 5 | 1.4884 | 0.5536 | 0.1081 | 0.2140 | 0.5714 |

从表 6-6 可见，控制器的阶数降至 6～9 阶时，各项指标值变化不大，而从 6 阶降至 5 阶时，车辆乘坐舒适性指标有较大的变化。图 6-7 为各降阶控制器构成的闭环系统从左前轮处位移输入至车身质心垂直加速度的幅频特性比较，可以看出使用 6～8 阶控制器时减振性能十分相近，而 5 阶控制器明显变差。因此，综合比较表 6-6 各项指标及各阶控制器控制效果，选取降阶控制器的阶数 7 阶。

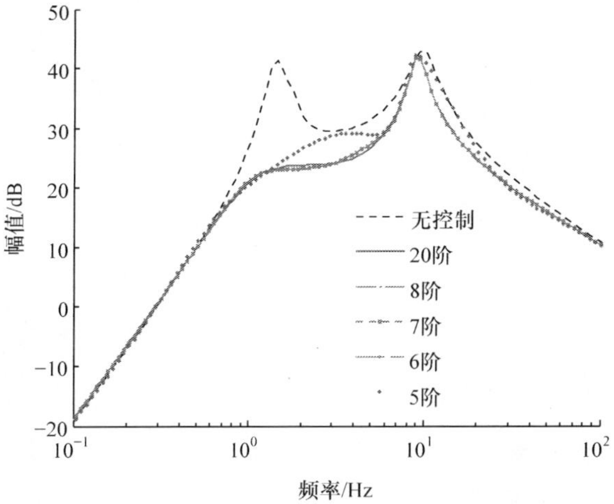


图 6-7　左前轮处位移输入至车身质心垂直加速度之间的幅频特性比较

3. 仿真计算与分析

用频率加权左互质分解的控制器降阶算法将原 20 阶 $H_\infty$ 控制器降至 7 阶，并将之施加于原主动悬架系统构成降阶闭环系统（RASS）；将原 20 阶 $H_\infty$ 控制器施加于原主动悬架系统构成全阶闭环系统（FASS）。将 FASS、RASS 与被动悬架系统（PSS）进行仿真比较如图 6-8 和图 6-9 所示。

RASS 与 FASS 车身质心垂直加速度在 4～8Hz，车身俯仰角加速度、侧倾角加速度在 1～2Hz 的幅频特性十分近似，均较 PSS 有较大程度的降低，能使振动给人带来的不舒适性大大减少。

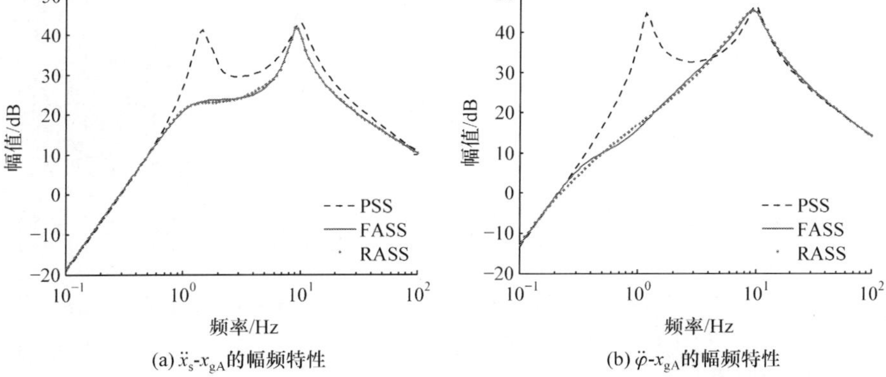


图 6-8　左前轮处位移 $x_{gA}$ 输入至车身质心垂直加速度、侧倾角加速度之间的幅频特性

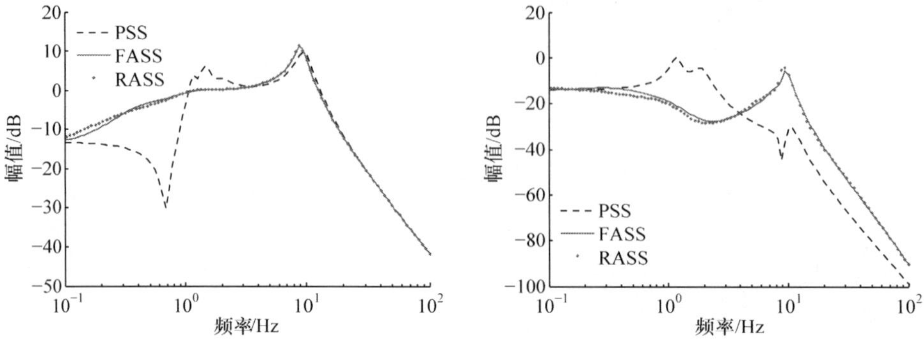


(a) $x_{su1}$-$x_{gA}$的幅频特性　　(b) $x_{su4}$-$x_{gA}$的幅频特性

图 6-9　左前轮处位移 $x_{gA}$ 输入至悬架动挠度(左前 $x_{su1}$、右后 $x_{su4}$)之间传递函数的幅频特性

FASS、RASS 悬架动挠度的幅频特性非常相近,且在 1～10Hz 频率范围较 PSS 小,因此当车辆行驶于平坦的路面上时,其悬架动挠度均较被动悬架小。当车轮受到脉冲激励时,车辆主动悬架动挠度能在较短的时间内恢复平稳,如图 6-10 所示。

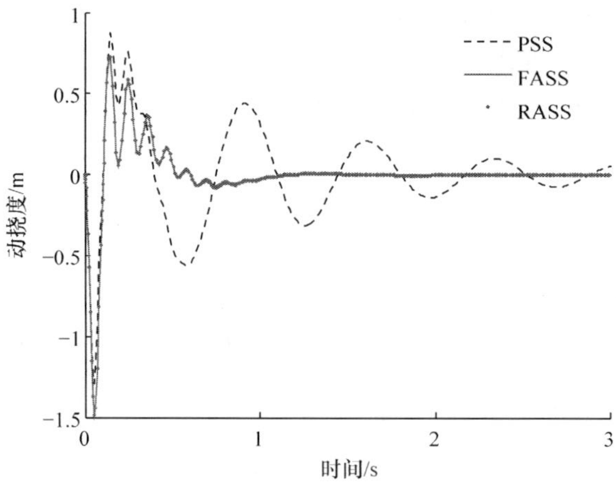


图 6-10　4 轮均受脉宽为 0.1s 的单位脉冲激励时,前左悬架动挠度的响应曲线

图 6-11 中 RASS 和 FASS 的频率特性很相近,说明两种情况下能量消耗差不多。

当车辆行驶在 B 级路面上时,PSS、FASS、RASS 的乘坐舒适性指标比较见表 6-7。从表 6-7 可看出 FASS 和 RASS 较 PSS 各项指标均有较大程度的减小(>30%),RASS 各项指标与 FASS 相差很小(<5%),其中总的乘坐舒适性指标 GCI 增加不到 1%。

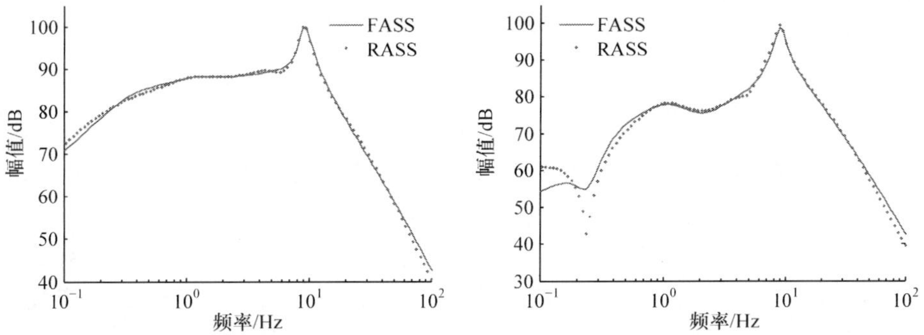


(a) $f_A$-$x_{gA}$的幅频特性　　(b) $f_B$-$x_{gA}$的幅频特性

图 6-11　左前轮处位移输入至作动器力输出之间的幅频特性

**表 6-7　车辆乘坐舒适性指标比较**(频率加权左互质分解降阶)

| 乘坐舒适性指标 | PSS | FASS | RASS | RASS 较 FASS 增加百分比 |
|---|---|---|---|---|
| RMS($W_k\ddot{x}_s$)/(m/s$^2$) | 0.8000 | 0.4983 | 0.4993 | 0.20% |
| RMS($W_e\ddot{\theta}$)/(rad/s$^2$) | 0.4469 | 0.0912 | 0.0921 | 0.99% |
| RMS($W_e\ddot{\phi}$)/(rad/s$^2$) | 1.3197 | 0.2100 | 0.2130 | 1.43% |
| GCI/(m/s$^2$) | 0.8436 | 0.5169 | 0.5183 | 0.27% |

## 6.3　主动悬架系统的主动容错控制

容错控制系统就是具有冗余能力的控制系统，容错控制方法一般分为被动容错控制和主动容错控制。被动容错控制是在离线状态下根据一定的先验故障知识来设计结构与参数相对固定的控制器，使其控制系统不仅稳定，且可保证对某些特定的故障不敏感。这种容错控制方法无需故障检测与诊断系统提供故障信息，易于实现，但需要设计者预先对故障先验知识掌握充分，因而设计出的控制器具有相当的保守性，容错控制性能也不是最优的。主动容错控制是在故障发生后，根据故障检测与诊断或隔离结果，重新设计控制器，使控制系统稳定，同时使控制系统性能得到恢复或接近完好无故障状态时的性能水平。主动容错控制常采用集成化、网络化、智能化的控制技术，以实现复杂系统多个资源共享、多种方法的综合诊断和容错控制策略。在智能车辆主动悬架系统中，传感器和作动器作为控制系统的信号测量元件和执行元件，其故障的发生在时间和类型上具有随机性和适时性，不能事先预知。为此，实时跟踪车辆主动悬架系统中传感器或作动器故障，根据故障实时情况，及时调整控制器参数或对控制器结构与参数同时进行调整显得相当有必要，这就需要研究车辆主动悬架系统的主动容错控制。

### 6.3.1 基于传感器信号重构的主动悬架主动容错控制

1. 主动容错控制策略

基于传感器信号重构的车辆主动悬架主动容错控制策略框图如图 6-12 所示。车辆主动悬架输出反馈控制器以量测输出传感器信号作为输入。当量测输出传感器发生相应故障时，传感器故障输出将偏离完好输出发生异常变化，随之导致控制器控制输出信号异常，最终影响车辆主动悬架目标控制效果。基于自适应技术设计的观测器获得车辆主动悬架系统输出残差，再以输出残差为信号设计悬架故障估计系统，估计出量测输出传感器故障信号。利用故障传感器故障估计值和故障输出共同重构量测输出传感器信号，以重构的量测输出传感器信号作为输出反馈控制器输入，实现车辆故障悬架主动容错控制目标，使故障悬架性能恢复到与完好无故障主动悬架性能相接近的水平[8,9]。

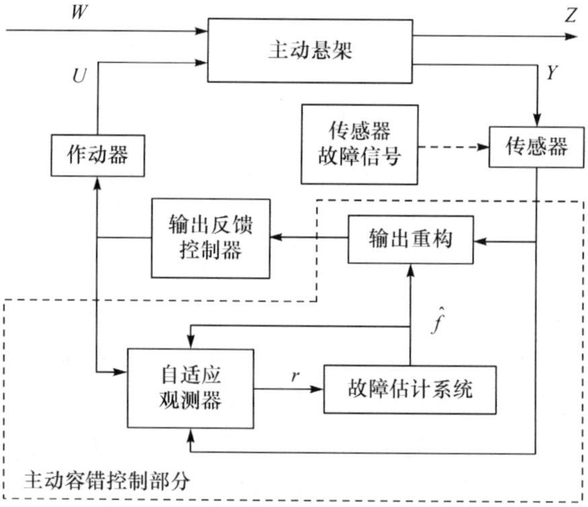


图 6-12 主动悬架主动容错控制策略框图

2. 基于自适应观测器的传感器故障估计

主动悬架系统量测输出传感器发生相应故障时，设计如下自适应观测器来获得主动悬架状态和传感器故障估计信息：

$$\begin{cases}\dot{\hat{X}}=A\hat{X}+B_1U+G_a(Y-\hat{Y})\\ \hat{Y}=C_y\hat{X}+D_{y1}U+F_s\hat{f}\end{cases} \tag{6-19}$$

式中，$\hat{X}$ 为状态估计向量；$\hat{Y}$ 为量测估计输出；$\hat{f}$ 为传感器故障估计值，$\hat{f}=$

$[f_1^e \quad f_2^e \quad f_3^e]^T$，$f_1^e$、$f_2^e$、$f_3^e$ 分别代表车身垂直加速度、俯仰角速度、侧倾角速度传感器故障估计值；$G_a$ 为维数适当待设计的自适应观测器增益矩阵。

故障诊断算法采用如下自适应故障估计律：

$$\dot{\hat{f}} = G_s(Y - \hat{Y}) \tag{6-20}$$

式中，$G_s$ 为学习率，为维数适当待设计矩阵。

同样，取状态误差 $\overline{X} = \hat{X} - X$，残差 $r = \hat{Y} - Y$，故障误差 $\overline{f} = \hat{f} - f$。从而有

$$\begin{aligned}\dot{\overline{X}} &= \dot{\hat{X}} - \dot{X} = A\hat{X} + B_1U + G_a(Y - \hat{Y}) - AX - B_1U - B_2W \\ &= A\hat{X} - AX + G_a(C_yX + D_{y1}U + F_sf - C_y\hat{X} - D_{y1}\hat{U} - F_s\hat{f}) - B_2W \\ &= (A - G_aC_y)(\hat{X} - X) + G_aF_s(f - \hat{f}) - B_2W \\ &= (A - G_aC_y)\overline{X} - G_aF_s\overline{f} - B_2W\end{aligned} \tag{6-21}$$

$$\begin{aligned}\dot{\overline{f}} &= \dot{\hat{f}} - \dot{f} = G_s(Y - \hat{Y}) - \dot{f} = G_s(C_yX + D_{y1}U + F_sf - C_y\hat{X} - D_{y1}U - F_s\hat{f}) - \dot{f} \\ &= -G_sC_y\overline{X} - G_sF_s\overline{f} - \dot{f}\end{aligned} \tag{6-22}$$

取误差增广矩阵为

$$\begin{bmatrix}\dot{\overline{X}} \\ \dot{\overline{f}}\end{bmatrix} = \begin{bmatrix}A - G_aC_y & -G_aF_s \\ -G_sC_y & -G_sF_s\end{bmatrix}\begin{bmatrix}\overline{X} \\ \overline{f}\end{bmatrix} + \begin{bmatrix}0 & -B_2 \\ -I & 0\end{bmatrix}\begin{bmatrix}\dot{f} \\ W\end{bmatrix} \tag{6-23}$$

写成如下简化形式：

$$\dot{\psi} = \overline{A}\psi + \overline{B}w \tag{6-24}$$

式中，$\overline{A} = \begin{bmatrix}A - G_aC_y & -G_aF_s \\ -G_sC_y & -G_sF_s\end{bmatrix}$，$\overline{B} = \begin{bmatrix}0 & -B_2 \\ -I & 0\end{bmatrix}$，$\psi = \begin{bmatrix}\overline{X} \\ \overline{f}\end{bmatrix}$，$w = \begin{bmatrix}\dot{f} \\ W\end{bmatrix}$。

针对以上误差增广矩阵，取 Lyapunov 函数：

$$L = \psi^T P_1 \psi \tag{6-25}$$

对 Lyapunov 函数(6-25)，沿着误差增广矩阵轨迹求导，有

$$\begin{aligned}\dot{L} &= \dot{\psi}^T P_1 \psi + \psi^T P_1 \dot{\psi} = (\psi^T \overline{A}^T + w^T \overline{B}^T) P_1 \psi + \psi^T P_1 (\overline{A}\psi + \overline{B}w) \\ &= \psi^T (P_1\overline{A} + \overline{A}^T P_1)\psi + 2\psi^T P_1 \overline{B}w\end{aligned} \tag{6-26}$$

将悬架干扰输入 $W$ 视为扰动输入，引入 $H_\infty$ 性能指标：

$$J_H = \int_0^t (\psi^T\psi - \gamma w^T w)\mathrm{d}t \tag{6-27}$$

则有

$$\begin{aligned}J_H &= \int_0^t (\psi^T\psi - \gamma w^T w)\mathrm{d}t = \int_0^t (\psi^T\psi - \gamma w^T w)\mathrm{d}t + \int_0^t \dot{L}\mathrm{d}t - \int_0^t \dot{L}\mathrm{d}t \\ &= \int_0^t (\psi^T\psi - \gamma w^T w + \dot{L})\mathrm{d}t - L(t) + L(0) < \int_0^t (\psi^T\psi - \gamma w^T w + \dot{L})\mathrm{d}t + L(0) \\ &= \int_0^t [\psi^T\psi - \gamma w^T w + \psi^T(P_1\overline{A} + \overline{A}^T P_1)\psi + 2\psi^T P_1 \overline{B}w]\mathrm{d}t + L(0)\end{aligned}$$

$$=\int_0^t[-\gamma w^{\mathrm{T}}w+\psi^{\mathrm{T}}(P_1\bar{A}+\bar{A}^{\mathrm{T}}P_1+I)\psi+2\psi^{\mathrm{T}}P_1\bar{B}w]\mathrm{d}t+L(0)$$

$$=\int_0^t\left[[\psi^{\mathrm{T}}\quad w^{\mathrm{T}}]\begin{bmatrix}P_1\bar{A}+\bar{A}^{\mathrm{T}}P_1+I & P_1\bar{B}\\ \bar{B}^{\mathrm{T}}P_1 & -\gamma I\end{bmatrix}\begin{bmatrix}\psi\\ w\end{bmatrix}\right]\mathrm{d}t+L(0)$$

$$=\int_0^t\left[\begin{bmatrix}\bar{X}\\ \bar{f}\\ w\end{bmatrix}^{\mathrm{T}}\begin{bmatrix}P_1\bar{A}+\bar{A}^{\mathrm{T}}P_1+I & P_1\bar{B}\\ \bar{B}^{\mathrm{T}}P_1 & -\gamma I\end{bmatrix}\begin{bmatrix}\bar{X}\\ \bar{f}\\ w\end{bmatrix}\right]\mathrm{d}t+L(0) \tag{6-28}$$

式中，$\gamma$ 为 $H_\infty$ 性能指标；$I$ 为适维单位矩阵。

取

$$P_1=\begin{bmatrix}P & 0\\ 0 & S\end{bmatrix} \tag{6-29}$$

目标是使

$$\begin{bmatrix}P_1\bar{A}+\bar{A}^{\mathrm{T}}P_1+I & P_1\bar{B}\\ \bar{B}^{\mathrm{T}}P_1 & -\gamma I\end{bmatrix}<0 \tag{6-30}$$

以保证性能指标

$$J_H<\psi(0) \tag{6-31}$$

且 Lyapunov 函数稳定。即

$$J_H=\int_0^t\left[\begin{bmatrix}\bar{X}\\ \bar{f}\\ w\end{bmatrix}^{\mathrm{T}}\begin{bmatrix}P_1\bar{A}+\bar{A}^{\mathrm{T}}P_1+I & P_1\bar{B}\\ \bar{B}^{\mathrm{T}}P_1 & -\gamma I\end{bmatrix}\begin{bmatrix}\bar{X}\\ \bar{f}\\ w\end{bmatrix}\right]\mathrm{d}t+L(0)<L(0) \tag{6-32}$$

将式(6-29)代入式(6-30)，有

$$\begin{bmatrix}PA-PG_{\mathrm{a}}C_y+A^{\mathrm{T}}P-(PG_{\mathrm{a}}C_y)^{\mathrm{T}}+I & -PG_{\mathrm{a}}F_{\mathrm{s}}-(SG_{\mathrm{s}}C_y)^{\mathrm{T}} & 0 & -PB_2\\ -(PG_{\mathrm{a}}F_{\mathrm{s}})^{\mathrm{T}}-SG_{\mathrm{s}}C_y & -SG_{\mathrm{s}}F_{\mathrm{s}}-(SG_{\mathrm{s}}F_{\mathrm{s}})^{\mathrm{T}}+I & -S & 0\\ 0 & -S^{\mathrm{T}} & -\gamma I & 0\\ 0 & 0 & 0 & -\gamma I\end{bmatrix}<0 \tag{6-33}$$

式(6-33)为非凸式，所以取 $PG_{\mathrm{a}}=N$，$SG_{\mathrm{s}}=V$，则有

$$\begin{bmatrix}PA-NC_y+A^{\mathrm{T}}P-(NC_y)^{\mathrm{T}}+I & -NF_{\mathrm{s}}-(VC_y)^{\mathrm{T}} & 0 & -PB_2\\ * & -VF_{\mathrm{s}}+(-VF_{\mathrm{s}})^{\mathrm{T}}+I & -S & 0\\ * & * & -\gamma I & 0\\ * & * & * & -\gamma I\end{bmatrix}<0 \tag{6-34}$$

$$\begin{cases} P>0 \\ S>0 \end{cases} \tag{6-35}$$

式中，* 为对称转置矩阵。

找到适当的 $P$、$S$、$N$、$V$ 矩阵使以上线性矩阵不等式组成立，则满足性能指标 $J<V(0)$ 且 Lyapunov 函数稳定。在 MATLAB 中用 feasp 命令求线性矩阵不等式(6-34)和不等式组(6-35)可行解 $P^*$、$S^*$、$N^*$、$V^*$，而自适应观测器增益矩阵 $G_a$、故障估计律学习率 $G_s$ 分别为

$$G_a=(P^*)^{-1}N^* \tag{6-36}$$

$$G_s=(S^*)^{-1}V^* \tag{6-37}$$

这样，设计出自适应观测器后，利用自适应故障估计律可对传感器故障信号 $\hat{f}$ 进行估计。视路面输入为干扰输入及给定 $H_\infty$ 性能指标约束情况下，基于自适应技术观测器设计和故障估计系统设计可转化成 LMI 可行解问题。

### 3. 主动容错控制器设计

车辆主动悬架系统量测输出传感器发生相应故障时，利用式(6-20)获传感器故障估计值，结合传感器故障输出，将故障悬架量测输出传感器信号重构为

$$Y_r=Y_f-F_s\hat{f} \tag{6-38}$$

式中，$Y_r$ 为故障悬架量测输出传感器的重构信号。

故障悬架传感器信号重构后，进一步将重构信号 $Y_r$ 作为输出反馈控制器输入，实现故障悬架主动容错控制。这种基于输出传感器信号重构的主动容错控制，无需改变车辆主动悬架输出反馈控制器的结构和参数，仍采用原控制律，利用传感器重构信号 $Y_r$ 进行容错控制。控制输入为

$$U=K(s)(Y_f-F_s\hat{f}) \tag{6-39}$$

### 4. 仿真计算与分析

取 $H_\infty$ 性能指数 $\gamma=0.015$，利用 LMI 求得自适应观测器增益矩阵 $G_a$ 和自适应故障估计律学习率 $G_s$。在 Simulink 中分别建立主动悬架系统、输出反馈 $H_\infty$ 控制器、自适应观测器、故障估计系统、传感器故障及传感器信号重构等仿真模块，构建车辆主动悬架传感器信号重构容错控制系统。此处仅考虑同一时间内仅单个传感器发生故障的容错计算。传感器故障具体情况描述见表 6-8。为了清晰对比容错控制前后结果，在仿真中设置了容错控制时刻 $t_r$ 值。表 6-8 中，$\Delta_j$ 为第 $j$ 个传感器增益变化故障程度大小的故障增益，$\alpha_j$ 为第 $j$ 个传感器卡死位置值或恒偏差值，$j=1\sim4$ 为传感器编号。

**表 6-8 传感器故障具体情况描述**

| 故障 | 故障传感器 | 故障行为 | 容错控制时刻 |
|---|---|---|---|
| 1 | 车身垂直加速度传感器 | $t_f=1s$ 时发生 $\Delta_1=0.2$ 增益变化故障 | $t_r=5s$ |
| 2 | 车身垂直加速度传感器 | $t_f=1s$ 时发生 $\alpha_1=0.5$ 卡死故障 | $t_r=2s$ |
| 3 | 俯仰角速度传感器 | $t_f=1.5s$ 时发生 $\alpha_2=-0.004$ 恒偏差故障 | $t_r=5s$ |
| 4 | 俯仰角速度传感器 | $t_f=1.5s$ 时发生 $\alpha_2=1$ 输出饱和故障 | $t_r=5s$ |
| 5 | 侧倾角速度传感器 | $t_f=2s$ 时发生 $\Delta_3=0.65$ 增益变化故障 | $t_r=6s$ |

1) 故障估计结果与分析

车辆主动悬架量测输出传感器在完好无故障时完好输出 $y_j$ 与故障 1～故障 5 情况下故障输出 $y_{jf}$、故障实际值与故障估计值仿真结果对比，分别见图 6-13～图 6-17。

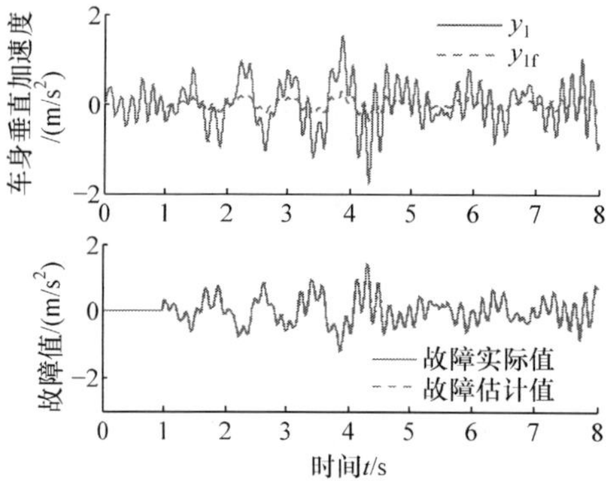


图 6-13 故障 1 情况下故障估计

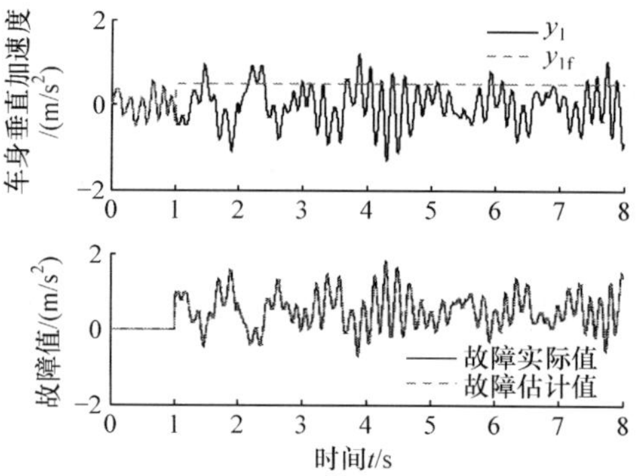


图 6-14 故障 2 情况下故障估计

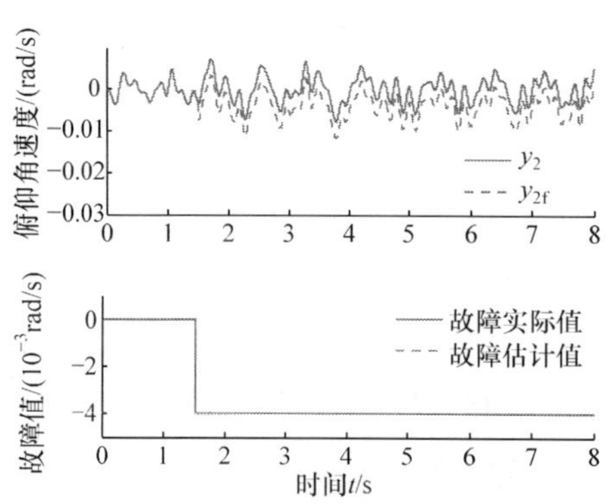


图 6-15 故障 3 情况下故障估计

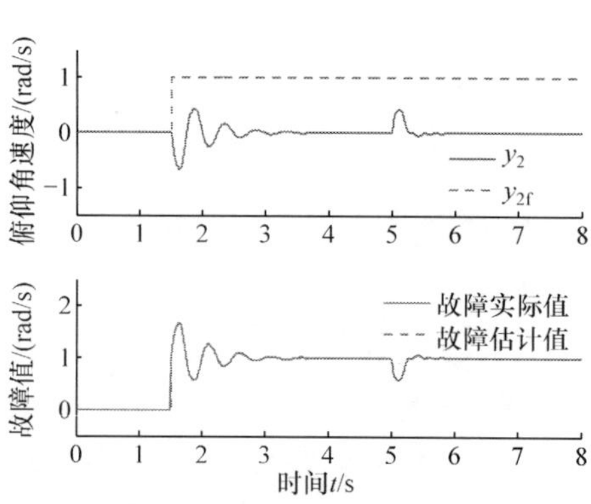


图 6-16 故障 4 情况下故障估计

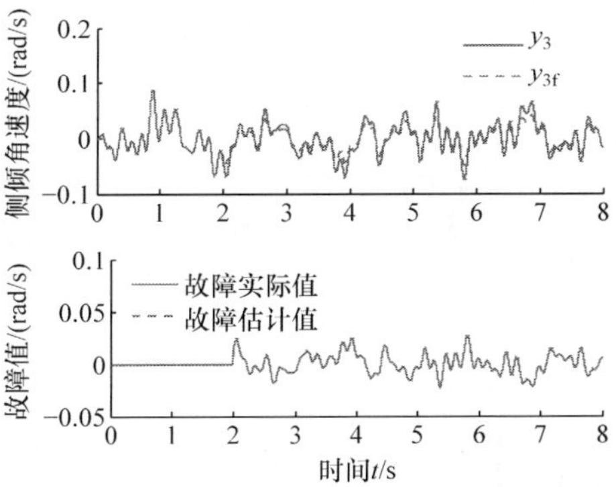


图 6-17　故障 5 情况下故障估计

由图 6-13 可以看出，在故障时刻 $t_f=1s$ 前，车身垂直加速度传感器完好无故障，其故障输出 $y_{1f}$ 与完好无故障状态时完好输出 $y_1$ 相同，自适应观测器和故障估计系统能较准确地估计出该传感器状态，故障估计值为 0。故障时刻 $t_f=1s$ 发生 $\Delta_1=0.2$ 的增益变化故障后，车身垂直加速度传感器处于故障 1 情况。此时，传感器故障输出 $y_{1f}$ 如图 6-13 所示，相对传感器完好输出损失 80%。自适应观测器和故障估计系统能较准确地估计出传感器完好输出和故障输出间的故障估计值，且故障估计误差值很小，故障估计值与故障实际值基本吻合。在容错时刻 $t_r=5s$，故障悬架系统采取输出传感器信号重构容错控制后，自适应观测器和故障估计系统仍能很好地跟踪故障信号，对输出故障值进行较准确的故障估计。

同样由图 6-14～图 6-17 可看出，车身垂直加速度传感器处于故障前后，自适应观测器和故障估计系统均能很好地跟踪故障信号，较准确地估计故障值，故障估计值与故障实际值基本一致。

以上仿真实验表明，对于车身垂直加速度、俯仰角速度及侧倾角速度传感器出现增益变化、恒偏差、卡死及输出饱和等常见故障情况时，基于自适应方法设计的观测器和故障估计系统能较准确地估计量测输出传感器故障实际值。

2）容错控制结果与分析

车身垂直加速度、俯仰角速度、侧倾角速度传感器发生相应故障后，在故障估计基础上按照式(6-38)、式(6-39)对量测输出进行传感器信号重构，仍以表 6-8 中所列故障情况分别对故障悬架进行容错控制仿真。为清晰对比容错控制前后结果，仿真中设置了容错时刻 $t_r$ 值。

(1) 车身垂直加速度故障容错控制结果与分析。

车身垂直加速度传感器分别处于故障 1、故障 2 情况下，主动容错控制下的故障悬架(FTASS)与完好无故障车辆主动悬架(ASS)各性能响应对比图分别如图 6-18 和图 6-19 所示，仿真结果如表 6-9 所示。

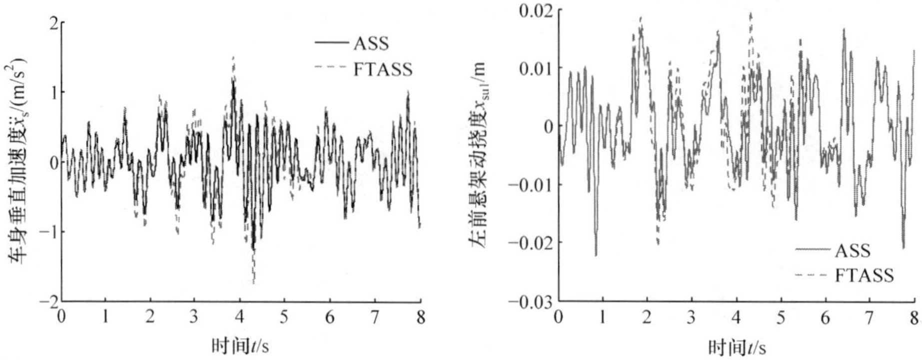


(a) 车身垂直加速度　　(b) 左前悬架动挠度

图 6-18　故障 1 情况容错控制前后性能响应对比

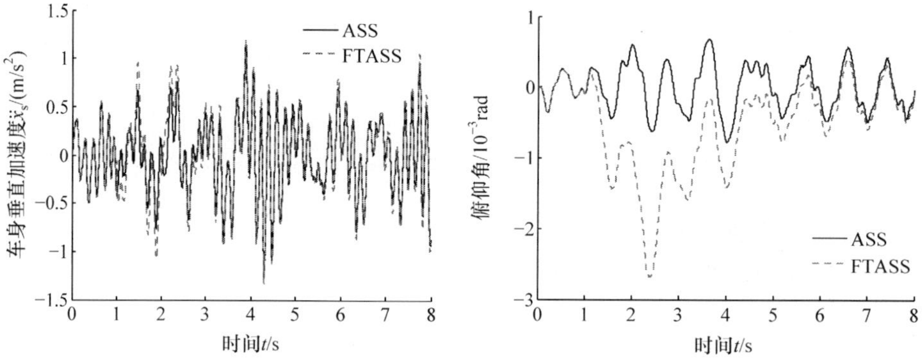


(a) 车身垂直加速度　　(b) 俯仰角

图 6-19　故障 2 情况容错控制前后性能响应对比

**表 6-9　车身垂直加速度传感器故障时悬架性能对比**

| 性能指标 | 均方根值 | | |
|---|---|---|---|
| | 车辆主动悬架（$H_\infty$控制下） | 故障悬架（主动容错控制下） | |
| | | 故障 1 | 故障 2 |
| $\ddot{x}_s$ | 0.4014 | 0.5118 | 0.4564 |
| $\dot{\theta}$ | 0.0030 | 0.0035 | 0.0032 |
| $\dot{\varphi}$ | 0.0263 | 0.0263 | 0.0263 |
| $x_{su1}$ | 0.0073 | 0.0083 | 0.0105 |
| $x_{su2}$ | 0.0080 | 0.0093 | 0.0117 |
| $x_{su3}$ | 0.0085 | 0.0096 | 0.0127 |
| $x_{su4}$ | 0.0093 | 0.0109 | 0.0140 |

自故障时刻 $t_f=1$s 开始，车身垂直加速度传感器处于故障 1 情况，在主动容错控制时刻 $t_r=5$s 前，相对完好无故障主动悬架性能响应（图中实线）来说，故障悬

架车身垂直加速度、俯仰角、左前悬架动挠度响应(图中虚线)开始变差，振幅明显变大，其峰值将分别增加 31.2%、40.4%、24.3%，均方根值将分别增加 38.12%、40.07%、22.73%。自容错时刻 $t_r=5s$ 开始，基于传感器信号重构对故障悬架采取主动容错控制，上述故障悬架的性能响应经 0.5～1s 短暂时滞后开始逐渐恢复，最终恢复到与完好无故障主动悬架性能相接近的水平。同样，当车身垂直加速度传感器处于故障 2 情况下时，主动容错控制前各性能响应均变差，均值与峰值均增大。在主动容错控制时刻 $t_r=2s$ 后，故障悬架性能响应经短暂时滞后即刻恢复到与完好无故障主动悬架性能相接近的水平。

由表 6-9 可看出，当车身垂直加速度传感器出现表 6-8 中所列故障 1、故障 2 时，在主动容错控制下，故障悬架各性能指标的均方根值相对于主动悬架性能指标的均方根值虽有所增加，但基本上与主动悬架的性能指标均方根值相接近，性能水平得到了较好恢复。

(2) 俯仰角速度故障容错控制结果与分析。

俯仰角速度传感器分别处于故障 3、故障 4 情况下，故障悬架主动容错控制与完好无故障车辆主动悬架控制时各性能响应对比仿真图分别如图 6-20 和图 6-21

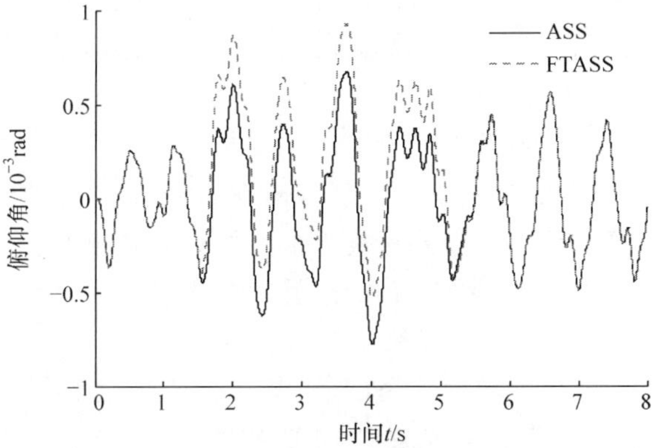


图 6-20　故障 3 情况容错控制前后性能对比

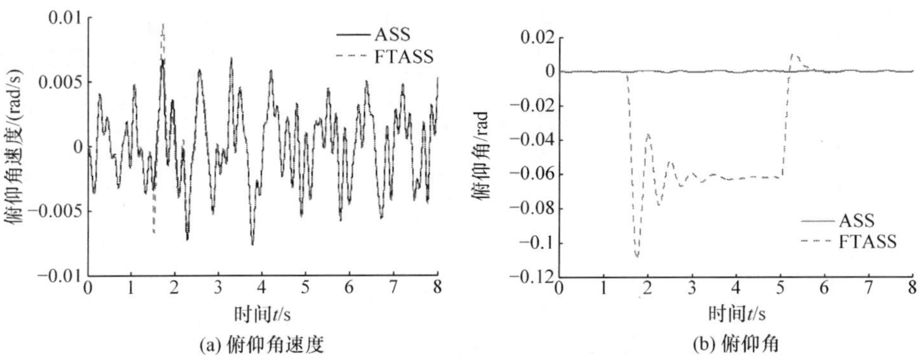


图 6-21　故障 4 情况容错控制前后性能响应对比

所示，仿真结果分别如表 6-10 所示。

**表 6-10　俯仰角速度传感器故障时悬架性能对比**

| 性能指标 | 均方根值 | | |
| --- | --- | --- | --- |
| | 主动悬架（$H_\infty$控制下） | 故障悬架（主动容错控制下） | |
| | | 故障 3 | 故障 4 |
| $\ddot{x}_s$ | 0.4014 | 0.3920 | 0.4466 |
| $\dot{\theta}$ | 0.0030 | 0.0031 | 0.0032 |
| $\dot{\varphi}$ | 0.0263 | 0.0263 | 0.0263 |
| $x_{su1}$ | 0.0073 | 0.0074 | 0.0553 |
| $x_{su2}$ | 0.0080 | 0.0079 | 0.0555 |
| $x_{su3}$ | 0.0085 | 0.0085 | 0.0655 |
| $x_{su4}$ | 0.0093 | 0.0093 | 0.0665 |

当俯仰角速度传感器分别处于故障 3、故障 4 时，在主动容错控制时刻前，相对完好无故障主动悬架性能响应来说，故障悬架各项性能响应开始变差，振幅明显变大，乘坐舒适性恶化。但自容错时刻开始，基于传感器信号重构对故障悬架采取主动容错控制，故障悬架各项性能响应经 0.5s 左右短暂时滞开始逐渐恢复，最终恢复到与完好无故障主动悬架性能相接近的水平。

由表 6-10 可看出，当俯仰角速度传感器出现表 6-8 中所列故障 3、故障 4 时，在主动容错控制下，故障悬架各性能指标均方根值相对主动悬架性能指标均方根值，基本上保持接近。因而，主动容错控制使故障悬架性能水平得到了一定的改善。

(3) 侧倾角速度故障容错控制结果与分析。

侧倾角速度传感器处于故障 5 情况下，故障悬架主动容错控制与完好无故障车辆主动悬架控制时各性能响应对比仿真如图 6-22 所示，仿真结果如表 6-11 所示。

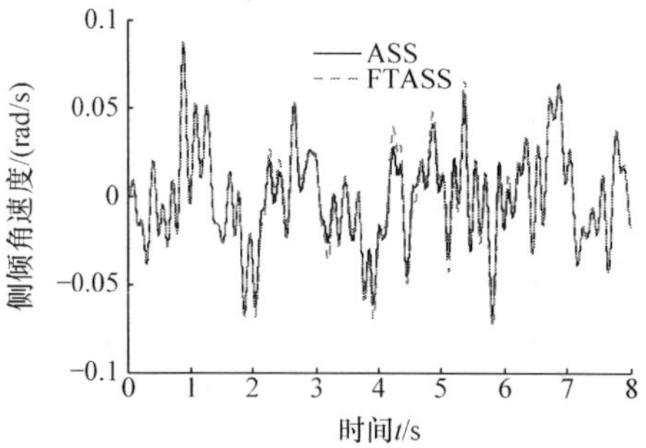

(a) 侧倾角速度

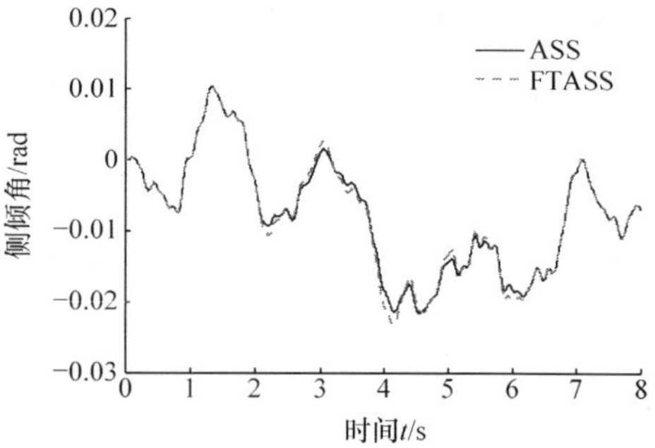

(b) 侧倾角

图 6-22　故障 5 情况容错控制前后性能响应对比

表 6-11　侧倾角速度传感器故障时悬架性能对比

| 性能指标 | 均方根值 | |
|---|---|---|
| | 主动悬架（$H_\infty$控制下） | 故障悬架（主动容错控制下） |
| | | 故障 5 |
| $\ddot{x}_s$ | 0.4014 | 0.4012 |
| $\dot{\theta}$ | 0.0030 | 0.0030 |
| $\dot{\varphi}$ | 0.0263 | 0.0281 |
| $x_{su1}$ | 0.0073 | 0.0074 |
| $x_{su2}$ | 0.0080 | 0.0081 |
| $x_{su3}$ | 0.0085 | 0.0086 |
| $x_{su4}$ | 0.0093 | 0.0093 |

在图 6-22 中，自故障时刻 $t_f=2s$ 开始，侧倾角速度传感器处于故障 5 情况，在主动容错控制时刻 $t_r=6s$ 前，相对完好无故障主动悬架性能响应（图中实线）来说，故障悬架侧倾角响应（图中虚线）开始变差，振幅明显变大，其均方根值将增加 2.87%。但自容错时刻 $t_r=6s$ 开始，基于传感器信号重构对故障悬架采取主动容错控制，故障悬架上述性能指标响应经 0.5～1s 短暂时滞后开始逐渐恢复，最终恢复到与完好无故障主动悬架性能相接近的水平。

由表 6-11 可看出，当侧倾角速度传感器出现表 6-8 中所列故障 5 时，在主动容错控制下，故障悬架各性能指标均方根值与主动悬架性能指标均方根值基本上相接近。故障悬架性能得到了较好的恢复，容错控制恢复了故障悬架的性能。

以上各传感器发生各类故障的容错控制仿真实验结果表明，基于量测输出传感器信号重构的主动容错控制策略，使故障悬架性能经短暂时滞后得到迅速恢复，提高了主动悬架系统控制可靠性和控制品质。

### 6.3.2　基于控制律重组的主动悬架主动容错控制

作动器是主动悬架系统中的执行元件。当作动器发生故障时，作为执行元件将无法准确执行控制器送来的控制指令，无法准确地将控制输出施加到悬架系统上，也达不到原预期控制效果。所以，针对故障作动器需进行适时故障容错控制，才能维持故障悬架性能在可接受范围内或保持故障悬架性能与完好无故障悬架性能相一致[10]。

文献[11]和[12]对主动悬架研究均是在各部件完好无故障基础上进行的，控制律重组可实现车辆主动悬架作动器故障主动容错控制，无须改变控制器自身结构，仅仅通过控制器参数调整或改变来实现主动容错控制；同时，不同于改变控制器结构的重构容错控制。但要对控制器的控制律实现重组，必须建立在对传感器或作动器甚至是控制对象的故障检测与诊断基础上。通过对主动悬架系统作动器故障检测获得相关故障特征信息，为控制律重组提供依据或信息，从而最终针对故障悬架实现主动容错控制。

1. 故障悬架模型

对主动悬架七自由度整车来说，仅考虑主动悬架作动器发生故障增益变化故障。所以，故障开关矩阵 $M$ 为

$$M=\delta \tag{6-40}$$

式中，$\delta$ 为主动悬架作动器故障增益，$\delta=[\delta_1 \quad \delta_2 \quad \delta_3 \quad \delta_4]^{\mathrm{T}}$。

结合作动器故障建模，故障悬架系统状态空间模型为

$$\dot{X}=AX+B_1\delta U+B_2W \tag{6-41}$$

$$Y=C_yX+D_{y1}\delta U \tag{6-42}$$

2. 主动容错控制系统设计

1）主动容错控制策略

车辆主动悬架作动器出现增益变化故障时，完好无故障状态下设计的控制器将达不到原预期控制效果，主动悬架出现性能降低、可靠性变差的现象。图 6-23 是主动悬架作动器发生增益变化故障时主动容错控制策略框图。完好无故障状态下车辆主动悬架通过 LQG 控制器控制可获得良好的控制效果；作动器发生故障时，基于鲁棒观测器获得系统输出残差 $r$，以输出残差 $r$ 为信号设计主动悬架故障检测系统，检测故障发生时刻，再以输出残差 $r$ 和控制输入 $U$ 为信号设计主动悬架在线诊断系统，实时在线估计作动器故障增益大小；最后，基于诊断信息和控制

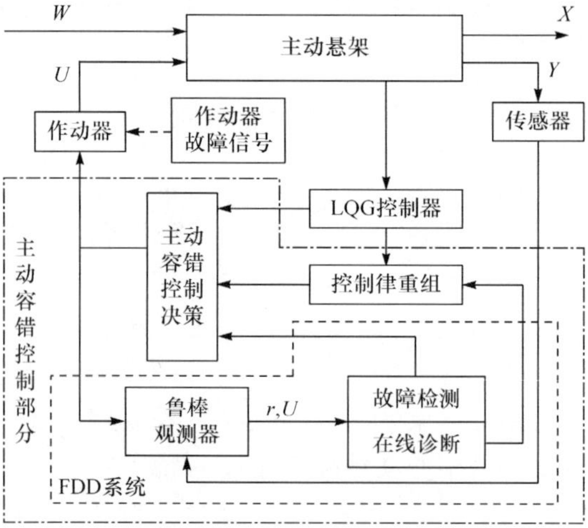


图 6-23　主动容错控制策略框图

律重组思想进行容错控制器设计。主动容错控制决策机构将根据故障检测与诊断信息结果在 LQG 控制器和主动容错控制器间进行切换，对故障悬架实行主动容错控制，使其仍具有良好乘坐舒适性或具有与完好无故障主动悬架性能相接近的性能，以提高悬架系统的可靠性。

2) 故障检测与诊断系统设计

(1) 鲁棒观测器设计。

由于主动悬架七自由度整车模型考虑了路面干扰输入影响，为了抑制其对状态观测影响，设计如下形式鲁棒观测器[13]：

$$\dot{z}=T_{r}z+G_{r}B_{1}U+K_{r}Y \tag{6-43}$$

$$\hat{X}=z+H_{r}Y \tag{6-44}$$

式中，$z$ 为鲁棒观测器状态向量；$\hat{X}$ 为车辆主动悬架状态估计向量。

定义状态误差 $\overline{X}=X-\hat{X}$，输出残差 $r=Y-\hat{Y}$，结合主动悬架状态空间模型(6-41)和(6-42)，则完好无故障主动悬架状态误差为

$$\begin{aligned}
\dot{\overline{X}}&=\dot{X}-\dot{\hat{X}}=\dot{X}-\dot{z}-H_{r}C_{y}\dot{X}-H_{r}D_{y1}\dot{U}=(I-H_{r}C_{y})\dot{X}-\dot{z}-H_{r}D_{y1}\dot{U}\\
&=(I-H_{r}C_{y})(AX+B_{1}U+B_{2}W)-T_{r}z-G_{r}B_{1}U-K_{r}Y-H_{r}D_{y1}\dot{U}\\
&=(I-H_{r}C_{y})AX+(I-H_{r}C_{y})B_{1}U+(I-H_{r}C_{y})B_{2}W-T_{r}z\\
&\quad -G_{r}B_{1}U-K_{r1}Y-K_{r2}Y-H_{r}D_{y1}\dot{U}\\
&=(A-H_{r}C_{y}A-K_{r1}C_{y})X-T_{r}z-K_{r2}Y+[(I-H_{r}C_{y})B_{1}-G_{r}B_{1}-K_{r1}D_{y1}]U\\
&\quad +(I-H_{r}C_{y})B_{2}W-H_{r}D_{y1}\dot{U}\\
&=(A-H_{r}C_{y}A-K_{r1}C_{y})X-T_{r}z-K_{r2}Y-(A-H_{r}C_{y}A-K_{r1}C_{y})\hat{X}\\
&\quad +(A-H_{r}C_{y}A-K_{r1}C_{y})\hat{X}+[(I-H_{r}C_{y})B_{1}-G_{r}B_{1}-K_{r1}D_{y1}]U\\
&\quad +(I-H_{r}C_{y})B_{2}W-H_{r}D_{y1}\dot{U}\\
&=(A-H_{r}C_{y}A-K_{r1}C_{y})\overline{X}-T_{r}z-K_{r2}Y+(A-H_{r}C_{y}A-K_{r1}C_{y})z\\
&\quad +(A-H_{r}C_{y}A-K_{r1}C_{y})H_{r}Y+[(I-H_{r}C_{y})B_{1}-G_{r}B_{1}-K_{r1}D_{y1}]U\\
&\quad +(I-H_{r}C_{y})B_{2}W-H_{r}D_{y1}\dot{U}\\
&=(A-H_{r}C_{y}A-K_{r1}C_{y})\overline{X}+[(A-H_{r}C_{y}A-K_{r1}C_{y})-T_{r}]z\\
&\quad +[(A-H_{r}C_{y}A-K_{r1}C_{y})H_{r}-K_{r2}]Y+[(I-H_{r}C_{y})B_{1}-G_{r}B_{1}-K_{r1}D_{y1}]U\\
&\quad +(I-H_{r}C_{y})B_{2}W-H_{r}D_{y1}\dot{U}
\end{aligned} \tag{6-45}$$

由式(6-45)可知，所设计的鲁棒观测器参数满足以下 6 个条件，则可保证观测器稳定，具有较为准确的状态估计性能和较好的干扰抑制作用。

$$(I-H_{r}C_{y})B_{2}=0 \tag{6-46}$$

$$H_{r}D_{y1}=0 \tag{6-47}$$

$$\lambda_{i}(T_{r})\subset C^{-} \tag{6-48}$$

$$T_{r}H_{r}=K_{r2} \tag{6-49}$$

$$A-H_rC_yA-K_{r1}C_y=T_r \tag{6-50}$$

$$(I-H_rC_y)B_1-G_rB_1=K_{r1}D_{y1} \tag{6-51}$$

式中，$\lambda_i(\cdot)$为系统矩阵特征值复变量；$C^-$为复平面左半平面。

按以下步骤来计算鲁棒观测器参数矩阵。

① 根据式(6-46)，算出 $H_r$；

② 按照式(6-47)，验证矩阵 $H_r$ 的计算值；

③ 根据式(6-48)，设矩阵 $T_r=-\lambda I$，其中 $\lambda>0$，$I$ 为适维单位矩阵，可保证鲁棒观测器特征值具有负实部；

④ 依次按照条件(6-49)、(6-50)，计算 $K_{r1}$、$K_{r2}$、$K_r$；

⑤ 按照式(6-51)，计算矩阵 $G_r$；

⑥ 在 Simulink 中对设计的观测器进行仿真，根据状态观测效果对 $\lambda$ 进行调整和修正。若观测效果不良，则重复步骤③～⑥，直到设计出稳定、具有良好状态观测效果和干扰输入抑制的鲁棒观测器。

(2) 故障检测。

当设计的鲁棒观测器满足以上 6 个条件时，完好无故障主动悬架系统状态误差和输出残差可写为

$$\dot{\overline{X}}=T_r\overline{X} \tag{6-52}$$

$$r=C_y\overline{X} \tag{6-53}$$

由式(6-52)和式(6-53)可见，当 $t\to\infty$时，状态估计误差 $\overline{X}$ 趋向于 0 向量，残差 $r$ 也趋向于 0 向量。

当主动悬架作动器发生增益变化故障时，结合故障悬架模型(6-41)、(6-42)和所设计的鲁棒观测器模型，状态误差和输出残差变为

$$\dot{\overline{X}}=T_r\overline{X}+G_rB_1(\delta-I)U \tag{6-54}$$

$$r=C_y\overline{X}+D_{y1}(\delta-I)U \tag{6-55}$$

式中，$I$ 为维数适当的单位矩阵。

(3) 故障实时诊断。

当主动悬架作动器发生增益变化故障时，由式(6-54)、式(6-55)可得输出残差表达式：

$$\begin{aligned} r &= C_y\int_0^t e^{T_r(t-\sigma)}G_rB_1(\delta-I)U(\sigma)d\sigma+D_{y1}(\delta-I)U(t) \\ &= C_y\int_0^t e^{T_r(t-\sigma)}G_rB_1\overline{U}(\sigma)(\overline{\delta}-\overline{I})d\sigma+D_{y1}\overline{U}(t)(\overline{\delta}-\overline{I}) \end{aligned} \tag{6-56}$$

式中，$\overline{U}$ 为主动悬架系统控制输入 $U$ 的转换向量，$\overline{U}=\mathrm{diag}\{u_1,u_2,u_3,u_4\}$；$\overline{\delta}=[\delta_1\quad\delta_2\quad\delta_3\quad\delta_4]^T$；$\overline{I}=[1\quad1\quad1\quad1]^T$；$\sigma$ 为积分变量。

从而，由式(6-56)可得作动器故障增益 $\delta$ 估计值为

$$\hat{\delta}=\left[\int_0^t C_y \mathrm{e}^{T_\mathrm{r}(t-\sigma)} G_\mathrm{r} B_1 \overline{U}(\sigma)\mathrm{d}\sigma + D_{y1}\overline{U}(t)\right]^+ r+\overline{I} \tag{6-57}$$

式中，$\hat{\delta}$ 为作动器故障增益估计值；$\left[\int_0^t C_y \mathrm{e}^{T_\mathrm{r}(t-\sigma)} G_\mathrm{r} B_1 \overline{U}(\sigma)\mathrm{d}\sigma + D_{y1}\overline{U}(t)\right]^+$ 为伪逆矩阵。

由式(6-57)可实时诊断出故障增益估计值，为控制律重组提供信息依据。

3) 基于控制律重组的主动容错控制策略设计

完好无故障主动悬架在 LQG 控制律控制下，闭环系统 $\Sigma_\mathrm{c}$ 为

$$\dot{X}=(A-B_1K_\mathrm{s})X+B_2W \tag{6-58}$$

$$Y=(C_y-D_{y1}K_\mathrm{s})X \tag{6-59}$$

当主动悬架作动器发生增益变化故障时，为保证悬架控制效果良好，故障悬架控制律需重新设计为

$$U=-K_\mathrm{sf}X \tag{6-60}$$

式中，$K_\mathrm{sf}$ 为故障悬架的主动容错控制反馈增益矩阵。

在主动容错控制律 $K_\mathrm{sf}$ 控制下，故障闭环系统 $\Sigma_\mathrm{cf}$ 为

$$\dot{X}=(A-B_1\delta K_\mathrm{sf})X+B_2W \tag{6-61}$$

$$Y=(C_y-D_{y1}\delta K_\mathrm{sf})X \tag{6-62}$$

闭环系统 $\Sigma_\mathrm{c}$ 的闭环特征极点由 $A-B_1K_\mathrm{s}$ 决定，而故障闭环系统 $\Sigma_\mathrm{cf}$ 的闭环特征极点由 $A-B_1\delta K_\mathrm{sf}$ 决定。若希望故障悬架能保持性能不变或与完好无故障状态车辆主动悬架性能相接近，则要求

$$\lambda_i(A-B_1K_\mathrm{s})=\lambda_{if}(A-B_1\delta K_\mathrm{sf}) \tag{6-63}$$

式中，$\lambda_i$ 为闭环系统特征极点；$\lambda_{if}$ 为故障闭环系统特征极点。

根据式(6-63)有

$$B_1K_\mathrm{s}=B_1\delta K_\mathrm{sf} \tag{6-64}$$

取 $B_{1j}\in\mathbf{R}^{14\times1}(j=1,2,3,4)$ 为矩阵 $B_1$ 的第 $j$ 列；$K_{\mathrm{s}i}\in\mathbf{R}^{1\times14}(i=1,2,3,4)$ 为矩阵 $K_\mathrm{s}$ 的第 $i$ 行；$K_{\mathrm{sf}i}\in\mathbf{R}^{1\times14}(i=1,2,3,4)$ 为矩阵 $K_\mathrm{sf}$ 的第 $i$ 行。式(6-64)可写为

$$\begin{bmatrix}B_{11} & B_{12} & B_{13} & B_{14}\end{bmatrix}\begin{bmatrix}K_\mathrm{s1}\\K_\mathrm{s2}\\K_\mathrm{s3}\\K_\mathrm{s4}\end{bmatrix}=\begin{bmatrix}B_{11} & B_{12} & B_{13} & B_{14}\end{bmatrix}\delta\begin{bmatrix}K_\mathrm{sf1}\\K_\mathrm{sf2}\\K_\mathrm{sf3}\\K_\mathrm{sf4}\end{bmatrix} \tag{6-65}$$

考虑到主动悬架四个作动器按前后左右分布在车身四个位置上，当某一作动器输出控制力发生增益变化时，可相应调整其他作动器的输出控制力，以达到对车辆乘坐舒适性和操纵稳定性的控制。基于重组思想对故障悬架反馈控制律 $K_\mathrm{sf}$ 进行重组设计，以相应地补偿作动器增益变化故障情况下故障作动器的输出。设

$$K_{sfi}=K_{si}+\Delta_i \tag{6-66}$$

式中，$\Delta_i$ 为故障情况下控制器控制律重组分量。

由式(6-65)、式(6-66)可得

$$[B_{11}\quad B_{12}\quad B_{13}\quad B_{14}]\begin{bmatrix}K_{s1}\\K_{s2}\\K_{s3}\\K_{s4}\end{bmatrix}=[B_{11}\quad B_{12}\quad B_{13}\quad B_{14}]\delta\begin{bmatrix}K_{s1}+\Delta_1\\K_{s2}+\Delta_2\\K_{s3}+\Delta_3\\K_{s4}+\Delta_4\end{bmatrix} \tag{6-67}$$

$$[\delta_1 B_{11}\quad \delta_2 B_{12}\quad \delta_3 B_{13}\quad \delta_4 B_{14}]\begin{bmatrix}\Delta_1\\\Delta_2\\\Delta_3\\\Delta_4\end{bmatrix}=\begin{bmatrix}(1-\delta_1)B_{11}\\(1-\delta_2)B_{12}\\(1-\delta_3)B_{13}\\(1-\delta_4)B_{14}\end{bmatrix}^{\mathrm{T}}\begin{bmatrix}K_{s1}\\K_{s2}\\K_{s3}\\K_{s4}\end{bmatrix} \tag{6-68}$$

$$\begin{bmatrix}\Delta_1\\\Delta_2\\\Delta_3\\\Delta_4\end{bmatrix}=[\delta_1 B_{11}\quad \delta_2 B_{12}\quad \delta_3 B_{13}\quad \delta_4 B_{14}]^{+}\begin{bmatrix}(1-\delta_1)B_{11}\\(1-\delta_2)B_{12}\\(1-\delta_3)B_{13}\\(1-\delta_4)B_{14}\end{bmatrix}^{\mathrm{T}}\begin{bmatrix}K_{s1}\\K_{s2}\\K_{s3}\\K_{s4}\end{bmatrix} \tag{6-69}$$

式中，$[\delta_1 B_{11}\quad \delta_2 B_{12}\quad \delta_3 B_{13}\quad \delta_4 B_{14}]^{+}$ 为伪逆矩阵。

用故障增益估计值 $\hat{\delta}$ 取代式(6-69)中故障增益 $\delta$，主动容错控制律重组增量为

$$\Delta=\begin{bmatrix}\Delta_1\\\Delta_2\\\Delta_3\\\Delta_4\end{bmatrix}=[\delta_1 B_{11}\quad \delta_2 B_{12}\quad \delta_3 B_{13}\quad \delta_4 B_{14}]^{+}\begin{bmatrix}(1-\delta_1)B_{11}\\(1-\delta_2)B_{12}\\(1-\delta_3)B_{13}\\(1-\delta_4)B_{14}\end{bmatrix}^{\mathrm{T}}\begin{bmatrix}K_{s1}\\K_{s2}\\K_{s3}\\K_{s4}\end{bmatrix} \tag{6-70}$$

式中，$\Delta$ 为主动容错控制律重组增量。

对于故障悬架，基于控制律重组思想所设计的主动容错控制律 $K_{sf}$ 为

$$K_{sf}=K_s+\Delta=[K_{s1}+\Delta_1\quad K_{s2}+\Delta_2\quad K_{s3}+\Delta_3\quad K_{s4}+\Delta_4]^{\mathrm{T}} \tag{6-71}$$

4) 仿真计算与分析

在 Simulink 中反复进行仿真调试实验，取性能加权系数 $q_1=1\times10^6$，$q_2=1\times10^6$，$q_3=1.4\times10^5$，$q_4=q_5=q_6=q_7=100$，$q_8=q_9=q_{10}=q_{11}=100$，$q_{12}=q_{13}=q_{14}=q_{15}=1$，得到完好无故障状态下设计的 LQG 控制律 $K_s$，称为控制器 I。取矩阵 $T_r=-0.42I$，利用线性矩阵理论和相关矩阵运算求出稳定的鲁棒观测器矩阵 $G_r$、$K_r$、$H_r$。基于控制律重组思想设计的主动悬架主动容错控制律为 $K_{sf}$，称为控制器 II。

假设主动悬架四个作动器发生增益变化故障情况如表 6-12 所示，主动容错控制决策机构在 $t_r=4.5$s 时刻切换至基于控制律重组思想设计的容错控制器 II 系统。

**表 6-12　作动器故障情况描述**

| 故障作动器 | 故障行为 |
|---|---|
| 左前作动器($i=1$) | $t_f=1s$ 时发生 $\delta_1=0.1$ 增益变化故障 |
| 右前作动器($i=2$) | $t_f=2s$ 时发生 $\delta_2=0.8$ 增益变化故障 |
| 左后作动器($i=3$) | $t_f=1.5s$ 时发生 $\delta_3=0.25$ 增益变化故障 |
| 右后作动器($i=4$) | $t_f=2.5s$ 时发生 $\delta_4=0.6$ 增益变化故障 |

当主动悬架发生故障情况：左前悬架的作动器输出发生 90%的损失，即发生故障增益 $\delta_1=0.1$ 的增益变化故障；右前悬架作动器输出发生 20%的损失，即发生故障增益 $\delta_2=0.8$ 的增益变化故障；左后悬架作动器输出发生 75%的损失，即发生故障增益 $\delta_3=0.25$ 的增益变化故障；右后悬架作动器输出发生 40%的损失，即发生故障增益 $\delta_4=0.6$ 的增益变化故障。其主动容错控制结果如图 6-24～图 6-26 所示。

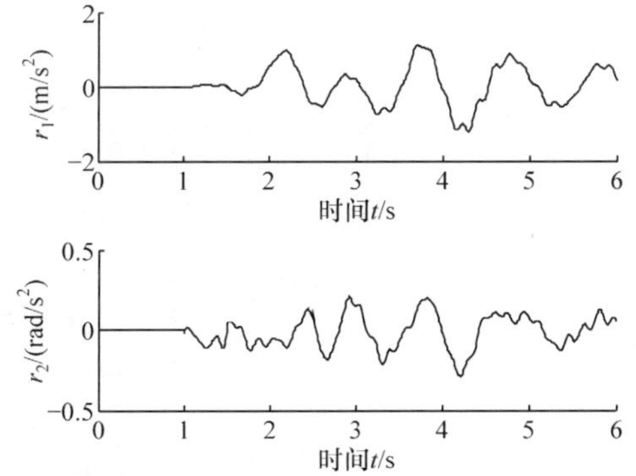


图 6-24　输出残差

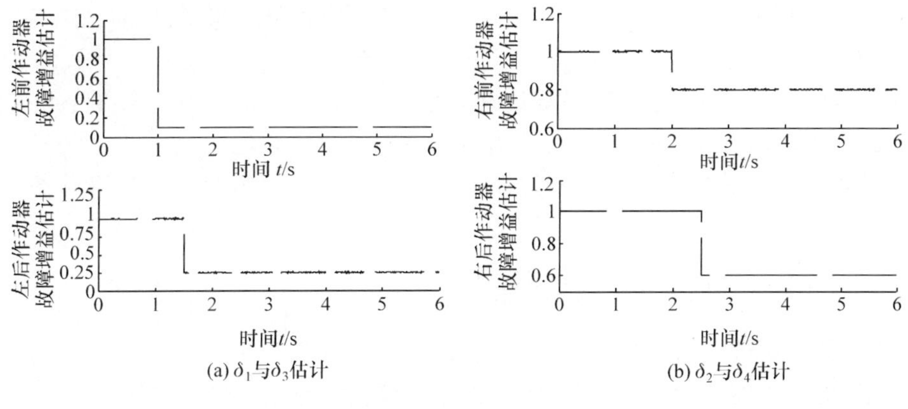


图 6-25　故障增益估计

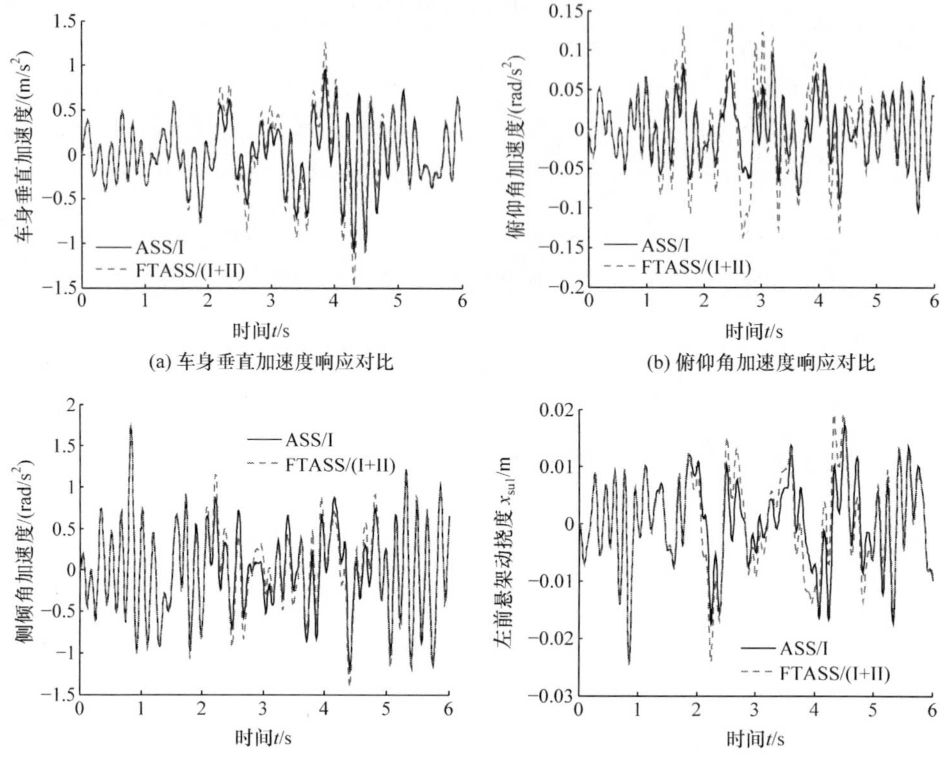


(a) 车身垂直加速度响应对比　(b) 俯仰角加速度响应对比

(c) 侧倾角加速度响应对比　(d) 左前悬架动挠度响应对比

图 6-26　主动容错控制仿真结果

图 6-26 的主动容错控制仿真结果显示，若作动器完好无故障，则主动悬架系统在控制器 I 控制下具有很好的性能控制效果，如图中实线所示。当作动器在故障时刻发生相应增益变化故障时，若仍由控制器 I 控制，相对完好无故障主动悬架来说，故障悬架的车身垂直加速度、俯仰角加速度、侧倾角加速度、左前悬架动挠度的均方根值将分别增加 23.18%、48.70%、4.36%、15.79%。而在 $t_r=4.5$s 时刻采取主动容错控制，切换至控制器 II 后，经 0.5s 短暂时滞，主动悬架的各性能响应开始逐渐恢复，最终和完好无故障状态的主动悬架性能响应相接近。仿真结果说明，采取主动容错控制后故障悬架性能可得到恢复并接近完好无故障状态时主动悬架性能水平。

### 6.3.3　基于故障补偿的主动悬架系统容错控制

在悬架系统传感器或作动器出现故障时，针对其故障采用估计和补偿的方法对所设计的控制器控制输出进行修正，也是一种较好的悬架容错控制方法[14]。

### 1. 容错控制系统结构

以左前作动器故障为例的车辆主动悬架系统故障补偿容错控制结构如图 6-27 所示，主要由 $H_\infty$ 加权输出反馈控制器、故障诊断观测器、故障估计及作动器故障补偿(actuator fault compensation，AFC)等几部分组成。

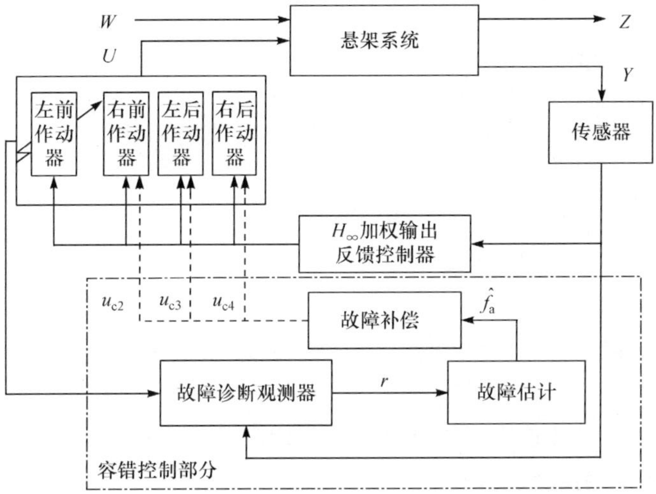


图 6-27　主动悬架系统故障补偿容错控制结构框图

$H_\infty$ 加权输出反馈控制器为主动悬架系统的常规控制器，作动器完好无故障时，主动悬架系统在常规控制器的控制下具有较好的性能；故障诊断观测器通过检测系统残差 $r$ 来判定作动器是否发生故障。作动器发生故障时，故障估计算法则根据残差信息估计故障值 $\hat{f}_a$；故障补偿模块的功能是消除因作动器故障引起的整车性能变化，由三个完好作动器补偿故障作动器作用力的损失，通过悬架模型计算各完好作动器的补偿力，并与常规的作用力共同作为悬架系统控制输入，实现故障补偿容错控制。

### 2. 主动悬架作动器故障估计

设计一个 $H_\infty$ 加权输出反馈控制器，以保证主动悬架系统在无故障情形下可获得较好的动态性能。而当悬架作动器发生故障后，仅在 $H_\infty$ 加权输出反馈控制器作用下的系统性能将会出现不同程度的损失。为检测作动器发生故障后系统状态及故障信息，建立如下的故障诊断观测器：

$$\begin{cases}\dot{\hat{X}}=A\hat{X}+B_2(U+\hat{F}_a)-L(\hat{Y}-Y)\\ \hat{Y}=C_y\hat{X}\end{cases}\tag{6-72}$$

式中，$\hat{X}$ 为状态 $X$ 的估计；$\hat{Y}$ 为量测输出 $Y$ 的估计；$\hat{F}_a$ 为作动器故障 $F_a$ 的估计；$L$ 为观测器增益矩阵。

定义 $e_x=\hat{X}-X, e_{fa}=\hat{F}_a-F_a, r=\hat{Y}-Y$，并设计如下的故障估计算法：

$$\dot{\hat{F}}_a=-Gr \tag{6-73}$$

式中，$G$ 为故障估计学习率。则误差动态方程可表示为

$$\dot{e}_x=\dot{\hat{X}}-\dot{X}=(A-LC_y)e_x-B_1W+B_2e_{fa} \tag{6-74}$$

$$\dot{e}_{fa}=\dot{\hat{F}}_a-\dot{F}_a=-GC_ye_x-\dot{F}_a \tag{6-75}$$

由式(6-74)和式(6-75)构成的增广误差系统可写为

$$\dot{\bar{e}}=(\bar{A}-\bar{L}\bar{C})\bar{e}-\bar{B}\omega \tag{6-76}$$

式中，$\bar{e}=\begin{bmatrix} e_x \\ e_{fa} \end{bmatrix}, \omega=\begin{bmatrix} W \\ \dot{F}_a \end{bmatrix}, \bar{A}=\begin{bmatrix} A & B_2 \\ 0 & 0 \end{bmatrix}, \bar{L}=\begin{bmatrix} L \\ G \end{bmatrix}, \bar{C}=[C_y \quad 0], \bar{B}=\begin{bmatrix} B_1 & 0 \\ 0 & I \end{bmatrix}$，$I$ 为适维单位矩阵。

为保证建立的故障诊断观测器可准确估计状态信息和故障信息，必须设计适当的观测器矩阵 $L$ 及故障学习矩阵 $G$，使增广误差系统(6-76)满足以下目标：

(1) 增广误差系统稳定且满足 $H_\infty$ 性能指标 $\|\bar{e}\|_2\leqslant\gamma\|\omega\|_2$；

(2) 增广误差系统状态向量 $\bar{e}$ 渐近趋于 0。

取 Lyapunov 函数 $V=\bar{e}^{\mathrm{T}}P\bar{e}$，则

$$\dot{V}=\dot{\bar{e}}^{\mathrm{T}}P\bar{e}+\bar{e}^{\mathrm{T}}P\dot{\bar{e}}=\bar{e}^{\mathrm{T}}[P(\bar{A}-\bar{L}\bar{C})+(\bar{A}-\bar{L}\bar{C})^{\mathrm{T}}P]\bar{e}-2\bar{e}^{\mathrm{T}}P\bar{B}\omega \tag{6-77}$$

将 $\omega$ 视为扰动输入，定义 $H_\infty$ 性能指标 $\gamma$，故障估计误差系统的目标是

$$\frac{\|\bar{e}\|_2}{\|\omega\|_2}\leqslant\gamma \tag{6-78}$$

式(6-78)等价于

$$\int_0^t\left(\frac{1}{\gamma}\bar{e}^{\mathrm{T}}II^{\mathrm{T}}\bar{e}-\gamma\omega^{\mathrm{T}}\omega\right)\mathrm{d}t\leqslant 0 \tag{6-79}$$

应用式(6-77)并将 $\dot{V}<0$ 代入式(6-79)：

$$\int_0^t\left(\begin{bmatrix} \bar{e} \\ \omega \end{bmatrix}^{\mathrm{T}}\begin{bmatrix} P(\bar{A}-\bar{L}\bar{C})+(\bar{A}-\bar{L}\bar{C})^{\mathrm{T}}P+\dfrac{1}{\gamma}I_mI_m^{\mathrm{T}} & -P\bar{B} \\ * & -\gamma I \end{bmatrix}\begin{bmatrix} \bar{e} \\ \omega \end{bmatrix}^{\mathrm{T}}\right)\mathrm{d}t<0 \tag{6-80}$$

如果

$$\begin{bmatrix} P(\bar{A}-\bar{L}\bar{C})+(\bar{A}-\bar{L}\bar{C})^{\mathrm{T}}P+\dfrac{1}{\gamma}I_mI_m^{\mathrm{T}} & -P\bar{B} \\ * & -\gamma I \end{bmatrix}<0 \tag{6-81}$$

成立，则可使增广误差系统稳定并满足 $H_\infty$ 性能指标，对式(6-81)利用 Schur 补定理，得

$$\begin{bmatrix} P(\overline{A}-\overline{L}\overline{C})+(\overline{A}-\overline{L}\overline{C})^{\mathrm{T}}P & -P\overline{B} & I \\ * & -\gamma I & 0 \\ * & * & -\gamma I \end{bmatrix}<0 \tag{6-82}$$

式(6-82)仅满足了设计目标(1)，为进一步改善状态估计和故障估计的性能，以满足目标(2)，引入以下区域极点配置引理。

**引理**[15]　一个给定系统的状态矩阵 $A\in\mathbf{R}^{n\times n}$ 的特征根 $z$ 位于区域 $D_\alpha(z\in C,\mathrm{Re}(z)\leqslant-\alpha)(\alpha>0)$，当且仅当存在一个对称正定矩阵 $P\in\mathbf{R}^{n\times n}$，满足

$$PA+A^{\mathrm{T}}P+2\alpha P<0 \tag{6-83}$$

式中，区域 $D_\alpha$ 为保证状态响应具有 $\alpha$ 衰减度的半平面区域。

根据引理，将式(6-83)中的矩阵 $A$ 替换为增广误差系统的状态矩阵 $\overline{A}-\overline{L}\overline{C}$，得式(6-84)，从而保证增广误差系统的状态向量 $\bar{e}$ 以 $\alpha$ 稳定裕度指数收敛并渐近趋于 0。

$$P(\overline{A}-\overline{L}\overline{C})+(\overline{A}-\overline{L}\overline{C})^{\mathrm{T}}P+2\alpha P<0 \tag{6-84}$$

联立式(6-81)与式(6-83)，并同取 $N=P\overline{L}$，得式(6-85)：

$$\begin{cases} \begin{bmatrix} P\overline{A}+\overline{A}^{\mathrm{T}}P-N\overline{C}-\overline{C}^{\mathrm{T}}N^{\mathrm{T}} & -P\overline{B} & I \\ * & -\gamma I & 0 \\ * & * & -\gamma I \end{bmatrix}<0 \\ P\overline{A}+\overline{A}^{\mathrm{T}}P-N\overline{C}-\overline{C}^{\mathrm{T}}N^{\mathrm{T}}+2\alpha P<0 \\ P>0 \end{cases} \tag{6-85}$$

在 MATLAB 中利用 feasp 命令解矩阵不等式组(6-85)，可得满足设计目标的可行解 $P^*$、$N^*$。进一步，由观测器矩阵 $L$ 及故障学习率矩阵 $G$ 构成的矩阵 $\overline{L}$ 的可行解 $\overline{L}^*$ 为

$$\overline{L}^*=(P^*)^{-1}N^* \tag{6-86}$$

### 3. 作动器故障补偿设计

为使主动悬架系统在故障模式下仍能保持稳定并具有可接受的性能，在作动器故障在线估计的基础上，由完好作动器补偿故障作动器的作用力损失。不失一般性，假设在特定时刻仅有一个作动器发生故障，以 $u_i(i=1)$ 代表左前作动器发生故障为例，结合整车动力学关系，建立如下方程：

$$\begin{cases} m_{\mathrm{s}}\ddot{x}_{\mathrm{s}}=F_{\mathrm{s1}}+f_{\mathrm{a1}}+F_{\mathrm{s2}}+u_{\mathrm{c2}}+F_{\mathrm{s3}}+u_{\mathrm{c3}}+F_{\mathrm{s4}}+u_{\mathrm{c4}} \\ I_{\mathrm{p}}\ddot{\theta}=-l_{\mathrm{f}}(F_{\mathrm{s1}}+f_{\mathrm{a1}}+F_{\mathrm{s2}}+u_{\mathrm{c2}})+l_{\mathrm{r}}(F_{\mathrm{s3}}+u_{\mathrm{c3}}+F_{\mathrm{s4}}+u_{\mathrm{c4}}) \\ I_{\mathrm{r}}\ddot{\varphi}=d_{\mathrm{l}}(F_{\mathrm{s1}}+f_{\mathrm{a1}}+F_{\mathrm{s3}}+u_{\mathrm{c3}})-d_{\mathrm{r}}(F_{\mathrm{s2}}+u_{\mathrm{c2}}+F_{\mathrm{s4}}+u_{\mathrm{c4}}) \end{cases} \tag{6-87}$$

式中，$u_{cj}(j\neq i)$为第 $j$ 个作动器的补偿力。

为保证整车乘坐舒适性，完好作动器的补偿力需满足：

$$\begin{cases} f_{a1}+u_{c2}+u_{c3}+u_{c4}=0 \\ -l_f(f_{a1}+u_{c2})+l_r(u_{c3}+u_{c4})=0 \\ d_l(f_{a1}+u_{c3})-d_r(u_{c2}+u_{c4})=0 \end{cases} \tag{6-88}$$

以故障估计值 $\hat{f}_{a1}$ 代替 $f_{a1}$，并将式(6-88)描述为矩阵形式：

$$\begin{bmatrix} 1 \\ -l_f \\ d_l \end{bmatrix}\hat{f}_{a1}+\begin{bmatrix} 1 & 1 & 1 \\ -l_f & l_r & l_r \\ -d_r & d_l & -d_r \end{bmatrix}\begin{bmatrix} u_{2c} \\ u_{3c} \\ u_{4c} \end{bmatrix}=0 \tag{6-89}$$

定义

$$M=\begin{bmatrix} 1 \\ -l_f \\ d_l \end{bmatrix},\quad H=\begin{bmatrix} 1 & 1 & 1 \\ -l_f & l_r & l_r \\ -d_r & d_l & -d_r \end{bmatrix}$$

由于 $\det(H)=-2(b+a)\neq 0$，则

$$\begin{bmatrix} u_{2c} \\ u_{3c} \\ u_{4c} \end{bmatrix}=-H^{-1}M\hat{f}_{a1}=\begin{bmatrix} -1 \\ -1 \\ 1 \end{bmatrix}\hat{f}_{a1} \tag{6-90}$$

对于可能发生故障的各作动器 $u_i(i=1,2,3,4)$及其故障估计值 $\hat{f}_{ai}$，各完好作动器的补偿力 $u_{cj}(j\neq i)$的计算可扩展为

$$\begin{bmatrix} u_{c1} \\ u_{c2} \\ u_{c3} \\ u_{c4} \end{bmatrix}=\begin{bmatrix} 0 & -1 & -1 & 1 \\ -1 & 0 & 1 & -1 \\ -1 & 1 & 0 & -1 \\ 1 & -1 & -1 & 0 \end{bmatrix}\begin{bmatrix} \hat{f}_{a1} \\ \hat{f}_{a2} \\ \hat{f}_{a3} \\ \hat{f}_{a4} \end{bmatrix} \tag{6-91}$$

考虑主动悬架作动器作用力输出的有界性，补偿容错控制下各完好作动器的作动力 $u_{ftj}$ 为

$$u_{ftj}=\begin{cases} u_j+u_{cj}, & u_j+u_{jc}\leqslant u_{max} \\ u_{max}, & u_j+u_{jc}>u_{max} \end{cases} \tag{6-92}$$

4. 仿真计算与分析

在 Simulink 中建立图 6-27 所示容错控制结构框图中的各模块，编写程序后进行主动悬架故障估计及容错控制仿真与分析。随机路面采用滤波白噪声路面，车辆以 20m/s 经过 B 级路面，路面不平度系数为 $6.4\times10^{-5}\,m^3$，下截止频率为 0.1Hz。$H_\infty$ 控制器加权系数选取如下：

$$S_w=\mathrm{diag}(0.00014,0.00014,0.00014,0.00014)$$

$$S_z = \mathrm{diag}(6,5,5,25,25,25,25,0.022,0.022,0.022,0.022)$$

$$W_z = \mathrm{diag}(W_2,W_1,W_1,1,1,1,1,1,1,1,1)$$

式中

$$W_1 = \frac{s^2+50.27s+25.72}{s^2+7.037s+25.72},\quad W_2 = \frac{s^2+314.2s+987}{s^2+43.98s+987}$$

式中，$s$ 为 Laplace 算子。

1) 故障估计仿真分析

设定适当的 $H_\infty$ 性能指数 $\gamma$ 和稳定裕度 $\alpha$，在 MATLAB 中求解可得观测器增益矩阵 $L$ 及故障估计矩阵 $G$。

考虑作动器(这里设为电磁阀式可调阻尼减振器)发生增益、偏差、卡死及信号中断等故障下的容错控制，故障值的具体设置如表 6-13 所示。表中，$u_j$ 为作动器 $j$ 正常时的输出，$\delta_j$ 为作动器 $j$ 增益故障值，$\beta_j \in (0, u_{\max}]$ 为作动器 $j$ 卡死或恒偏差的故障值，$j=1,2,3,4$ 分别代表主动悬架左前、右前、左后、右后作动器。

**表 6-13　故障具体情况描述**

| 故障 | 故障行为 | 容错时刻/s |
|---|---|---|
| 1 | 左前减振器 $u_1$ 在 $t=1$s 发生 $\delta_1=0.3$ 的增益故障 | 5 |
| 2 | 右前减振器 $u_2$ 在 $t=1$s 发生 $\beta_2=-200$N 的偏差故障 | 5 |
| 3 | 左后减振器 $u_3$ 在 $t=1$s 卡死在 $\beta_3=-245$N 处 | 5 |
| 4 | 右后减振器 $u_4$ 在 $t=1$s 发生信号中断故障 | 5 |

在故障 1 和 3 下，故障值估计的仿真结果如图 6-28 和图 6-29 所示。其中，图 6-28(a)和图 6-29(a)为减振器正常工作时输出的阻尼力 $u_j$ 和各故障模式下减振器输出的作用力 $u_{fj}$ 的仿真结果，图 6-28(b)和图 6-29(b)为各故障模式下故障值估计的仿真结果。图中，故障设定值是指作动器故障输出与正常输出的差值；故障估计值是指由故障估计算法得到的故障值。如果二者误差较小，则说明设计的故障估计算法是有效的。左前减振器发生增益故障 1 时，由图 6-28(a)可见，自故障发生时刻 1s 开始，可调阻尼力输出值变为正常输出的 30%。在图 6-28(b)中，左前减振器未发生故障的 1s 时间内，故障估计算法估计当前故障值为 0；在 1s 发生增益故障后，其故障估计曲线可较好地跟踪故障设定值，仅在数值突变处会有微小偏差；同时，因故障估计法的计算时间较短，故障估计值曲线较设定值曲线略有时滞。减振器发生卡死故障 3 时，电磁阀处于固定开度，故障减振器输出的可调阻尼力大小为卡死处的阻尼力值，阻尼力的正负由流经电磁阀的液流方向来决定。由图 6-29(a)可见，左后减振器电磁阀在 1s 发生卡死故障，卡死处的阻尼力为 −245N，当完好减振器输出正阻尼力时，故障减振器输出的阻尼力为 245N；而当完好减振器输出负阻尼力时，故障减振器输出的阻尼力为 −245N。同样由图 6-29(b)可见，除在阻尼力突变处故障估计值与故障设定值有一定偏差，故障估计曲线均可

较好地逼近故障设置值曲线。故障 2、4 模式下减振器输出曲线和故障估计曲线与故障 1、3 相似，在此不做进一步阐述。

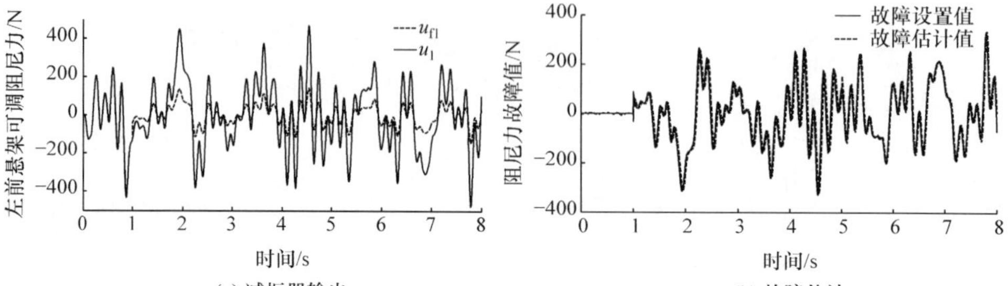

(a) 减振器输出 (b) 故障估计

图 6-28 故障 1 左前减振器输出及故障值估计

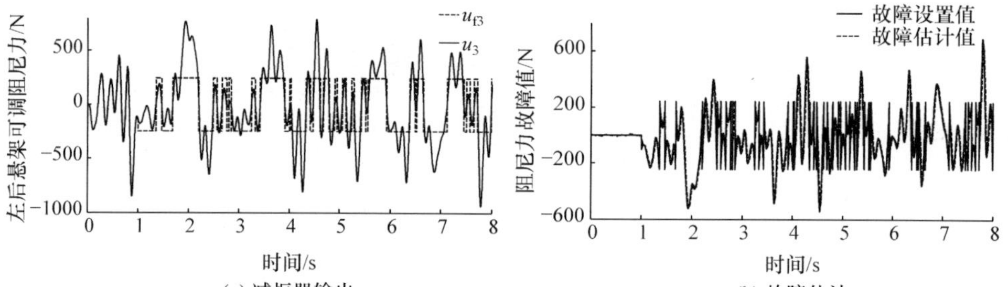

(a) 减振器输出 (b) 故障估计

图 6-29 故障 3 左后作动器输出与故障值估计

通过上述仿真结果可见，主动悬架减振器在未发生故障及发生常见增益、偏差及卡死等故障时，设计的故障估计算法均可有效估计减振器故障的幅值，为开展故障补偿容错控制提供一定的参考。

2）容错控制仿真分析

在有效估计可调阻尼力故障幅值的基础上，通过 AFC（作动器故障补偿）和 $H_\infty$ 加权输出反馈控制器共同作用实现主动悬架减振器的补偿容错控制。

图 6-30～图 6-32 列出了各故障模式下具有代表性的容错控制前后悬架性能对比曲线。图中，实线部分代表减振器无故障时由 $H_\infty$ 控制器控制的悬架性能输出；虚线部分代表减振器发生故障时，容错控制前、后（以容错时刻 5s 为分界点）的主动悬架性能输出。

由图 6-30 可见，在 0～1s，减振器未发生故障时，由于故障估计值为 0，故障补偿模块不影响 $H_\infty$ 控制器的控制。左前减振器在 1s 发生增益故障 1 时，从故障发生时刻 1s 至容错时刻 5s，由 $H_\infty$ 控制器控制的主动悬架较无故障悬架输出特性变差，各项性能指标均出现不同程度的损失。在 5s 时启用 AFC 模块，由图可见，经

0.5～1s 的短暂时间后，悬架各项性能均可在 AFC 和 $H_\infty$ 控制器共同作用的补偿容错控制下恢复至与无故障悬架系统相接近的性能，达到容错控制的目的。在补偿容错控制下，车身垂直加速度较俯仰角加速度指标性能恢复更好，这是由于角加速度对故障估计误差较为敏感。

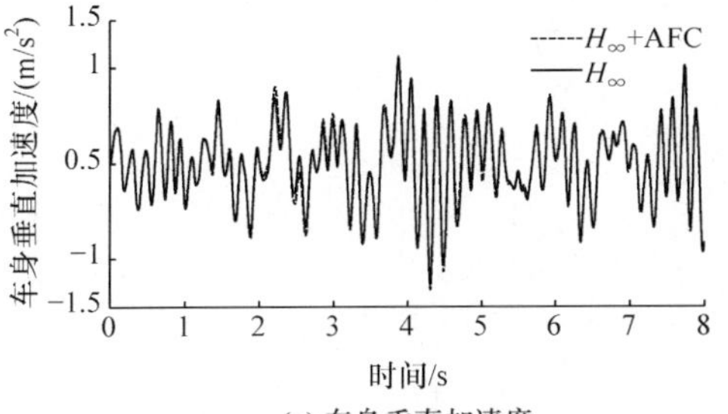

(a) 车身垂直加速度　　(b) 俯仰角加速度

图 6-30　故障 1 容错控制前后性能对比

由图 6-31 可见，右前减振器在 1s 发生偏差故障 2 后，半主动悬架性能恶化，其中，俯仰角和侧倾角恶化较为明显。在 5s 进行补偿容错控制，经 0.5～1s 的时间后恢复至与无故障悬架系统相接近的性能水平，验证了容错控制的有效性。

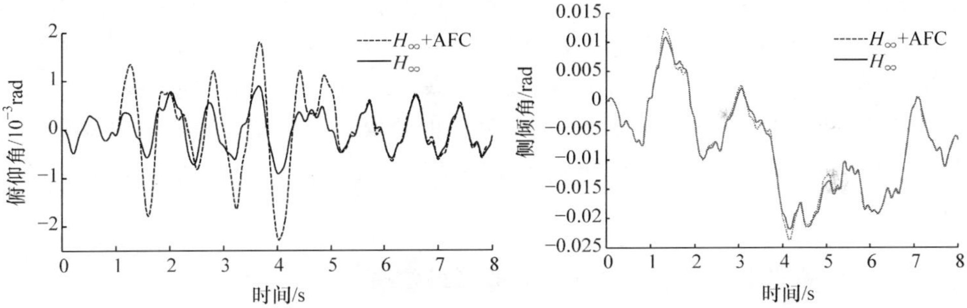

(a) 俯仰角　　(b) 侧倾角

图 6-31　故障 2 容错控制前后性能对比

由图 6-32 可见，主动悬架左后、右后减振器发生卡死及信号中断故障时，悬架性能均自故障发生时刻起逐渐变差，影响整车的乘坐舒适性。从容错时刻 5s 开始，故障补偿容错控制均可使故障悬架性能经短暂时间后恢复至与无故障悬架系统性能相接近的水平。

主动悬架减振器未发生故障时，AFC 的补偿阻尼力均为 0，并不会对主动悬架常规控制产生影响；当作动器发生增益、偏差、卡死及信号中断等故障时，仅在常规控制器控制下的主动悬架达不到原有的性能，各项指标出现不同程度的恶化，影响整车的乘坐舒适性。而由 AFC 与 $H_\infty$ 控制器共同作用的补偿容错控制，可使故障

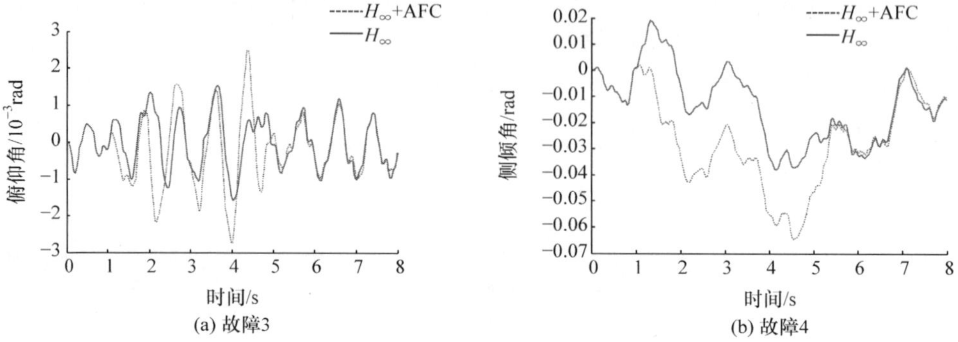


图 6-32　故障 3、4 容错控制前后性能对比

悬架性能经短暂时间后恢复至与无故障悬架系统性能相接近的水平，验证了所提出容错控制方法的有效性。

## 6.4　磁流变半主动悬架系统控制研究

由于磁流变液在不同的情况下能够出现不同的动态特性，车辆悬架系统采用磁流变减振器作为执行机构，在悬架系统中能够获得不同的阻尼特性，已吸引很多学者对其进行研究。采用磁流变减振器后，由于信号传输通道带来的信号传递滞后，控制器的输出力可能不能实时地作用在车身上，所以需在悬架控制系统中引入时滞。本节针对这种控制器输出时滞，采用时滞依赖 $H_2/H_\infty$ 控制方法进行系统的控制设计，保证悬架系统不受时滞带来的不稳定或控制性能衰减等因素的影响[16,17]。

### 6.4.1　含时滞的磁流变半主动悬架离散系统建模

根据文献[4]中建立的车辆磁流变半主动悬架时滞微分方程，可得到系统的状态方程为

$$\dot{x}=Ax+Bu(t-\tau)+Ew(t) \tag{6-93}$$

车辆磁流变半主动悬架的控制目的是尽可能减小悬挂质量垂直加速度，并把悬架动挠度、轮胎动载荷限制在允许范围内。此外，磁流变减振器线圈具有磁饱和性，磁流变减振器的库仑阻尼力也不能超过最大极限值，因此选择控制输出矢量 $z_1(t)$、约束输出矢量 $z_2(t)$ 分别为

$$\begin{cases}z_1(t)=C_1x(t)+\overline{D}_1u(t-\tau)\\z_2(t)=C_2x(t)+\overline{D}_2u(t-\tau)+E_2w(t)\end{cases} \tag{6-94}$$

式中，$C_1=\begin{bmatrix}0 & -\dfrac{k_s}{m_s} & 0 & -\dfrac{c_e}{m_s}\end{bmatrix}$，$\overline{D}_1=-\dfrac{1}{m_s}$，$C_2=\begin{bmatrix}0 & \varepsilon & 0 & 0\\ \delta k_t & -\delta k_t & 0 & 0\\ 0 & 0 & 0 & 0\end{bmatrix}$，$\overline{D}_2=[0\quad 0\quad \eta]^{\mathrm{T}}$，$E_2=[0\quad -\delta k_t\quad 0]$，其中 $\varepsilon$、$\eta$、$\delta$ 分别为确定悬架动挠度、轮胎动载荷、库仑阻尼力最大极限值的权值常数。

考虑到控制算法的实验验证，根据时滞连续系统离散方法[18]，对系统的状态方程(6-93)、输出方程(6-94)离散化，得到车辆磁流变半主动悬架控制系统等效离散方程为

$$\begin{cases}x(k+1)=\overline{A}x(k)+\overline{B}u(k-\lambda)+\overline{E}w(k)\\ z_1(k)=C_1x(k)+\overline{D}_1u(k-\lambda)\\ z_2(k)=C_2x(k)+\overline{D}_2u(k-\lambda)+E_1w(k)\end{cases}\tag{6-95}$$

式中，$\overline{A}=\mathrm{e}^{Ad}$，$\overline{B}=\int_0^d\mathrm{e}^{At}\,\mathrm{d}t\cdot B$，$\overline{E}=\int_0^d\mathrm{e}^{At}\,\mathrm{d}t\cdot E$，其中 $d$ 为采样周期，且 $\tau=\lambda d$；$\lambda$ 为滞后步长，且为正整数。

### 6.4.2　磁流变半主动悬架时滞依赖 $H_2/H_\infty$ 控制系统设计

1. 控制问题描述

假设系统的状态可以直接测量得到，对于离散时滞系统(6-95)，构造磁流变半主动悬架系统的无记忆状态反馈控制器：

$$u(k)=Gx(k)\tag{6-96}$$

式中，$G$ 为 1×4 待求矩阵，且依赖于具体的时滞量大小。

将式(6-96)代入式(6-95)得闭环控制系统方程为

$$\begin{cases}x(k+1)=\overline{A}x(k)+\overline{B}Gx(k-\lambda)+\overline{E}w(k)\\ z_1(k)=C_1x(k)+\overline{D}_1Gx(k-\lambda)\\ z_2(k)=C_2x(k)+\overline{D}_2Gx(k-\lambda)+E_1w(k)\end{cases}\tag{6-97}$$

定义磁流变半主动悬架系统的 $H_2$ 和 $H_\infty$ 性能指标分别为

$$\begin{cases}J_{H_2}=\sum\limits_{k=0}^{\infty}z_1^{\mathrm{T}}(k)z_1(k)\\ J_{H_\infty}=\sum\limits_{k=0}^{\infty}(z_2^{\mathrm{T}}(k)z_2(k)-\gamma^2w^{\mathrm{T}}(k)w(k))\end{cases}\tag{6-98}$$

对于含时滞的车辆磁流变半主动悬架系统，设计的无记忆状态反馈控制器的控制目标如下：

(1) 保证闭环控制系统(6-97)渐近稳定。

(2) $w(k)$到$z_1(k)$的闭环传递函数的$H_2$范数尽可能小。

(3) $w(k)$到$z_2(k)$的闭环传递函数的$H_\infty$范数不超过一个给定的上界$\gamma$。

若闭环系统(6-97)同时满足上述三个条件，则控制器(6-96)为系统(6-95)的一个时滞依赖$H_2/H_\infty$状态反馈控制器。下面利用LMI方法给出车辆磁流变半主动悬架系统的时滞依赖$H_2/H_\infty$状态反馈控制器的存在条件和设计方法。

2. 时滞依赖$H_2/H_\infty$状态反馈控制器设计

**定理** 对于含控制输入时滞的离散系统(6-95)，给定一个标量$\gamma>0$，以及任意满足$0\leqslant\tau\leqslant\bar{\tau}$的时滞$\tau$，若以下优化问题：

$$\min\{\alpha+\mathrm{tr}(Q_1)+\mathrm{tr}(Q_2)\} \tag{6-99}$$

s. t.

$$\begin{bmatrix} \Phi & -W+\bar{B}M & L\bar{A}^{\mathrm{T}}-L & LC_1^{\mathrm{T}} \\ * & -S & M^{\mathrm{T}}\bar{B}^{\mathrm{T}} & M^{\mathrm{T}}\bar{D}_1^{\mathrm{T}} \\ * & * & -L-\lambda^{-1}T & 0 \\ * & * & * & -I \end{bmatrix}<0 \tag{6-100}$$

$$\begin{bmatrix} \Phi & -W+\bar{B}M & E & L\bar{A}^{\mathrm{T}}-L & LC_2^{\mathrm{T}} \\ * & -S & 0 & M^{\mathrm{T}}\bar{B}^{\mathrm{T}} & M^{\mathrm{T}}\bar{D}_2^{\mathrm{T}} \\ * & * & -\gamma^2 I & \bar{E}^{\mathrm{T}} & E_1^{\mathrm{T}} \\ * & * & * & -L-\lambda^{-1}T & 0 \\ * & * & * & * & -I \end{bmatrix}<0 \tag{6-101}$$

$$\begin{bmatrix} N & W \\ W^{\mathrm{T}} & L \end{bmatrix}\geqslant 0 \tag{6-102}$$

$$\begin{bmatrix} -\alpha & \chi^{\mathrm{T}}(0) \\ \chi(0) & -L \end{bmatrix}<0 \tag{6-103}$$

$$\begin{bmatrix} -Q_1 & N_1^{\mathrm{T}} \\ N_1 & -F \end{bmatrix}<0 \tag{6-104}$$

$$\begin{bmatrix} -Q_2 & N_2^{\mathrm{T}} \\ N_2 & -T \end{bmatrix}<0 \tag{6-105}$$

有一个解$\alpha$、$Q_1$、$Q_2$、$L$、$N$、$W$、$S$、$M$、$T$和$F$，则控制器(6-96)为含时滞的车辆磁流变半主动悬架系统(6-95)的一个时滞依赖$H_2/H_\infty$状态反馈控制器，且$G=ML^{-1}$。式中，tr(·)表示矩阵的迹；$*$表示对角线对称位置的块转置矩阵；$\chi(0)$表示系统状态初始值。

$$\sum_{l=1}^{\lambda}\chi^{\mathrm{T}}(-l)\chi(-l)=N_1N_1^{\mathrm{T}},\quad \sum_{s=-\lambda+1}^{0}\sum_{l=s-1}^{-1}e^{\mathrm{T}}(l)e(l)=N_2N_2^{\mathrm{T}}$$

$$\Phi=L\bar{A}^{\mathrm{T}}+\bar{A}L-2L+\lambda N+W+W^{\mathrm{T}}+S$$

**证明**　给定 $\gamma>0$，当 $w(k)$ 到 $z_2(k)$ 的闭环传递函数的 $H_\infty$ 范数小于 $\gamma$ 时，则悬架动挠度、轮胎动载荷和库仑阻尼力被限制在极限值范围内，令 $x(k+1)-x(k)=e(k)$，闭环系统(6-97)的状态方程被转化为

$$x(k+1)=(\bar{A}+\bar{B}G)x(k)-\bar{B}G\sum_{i=k-\lambda}^{k-1}e(i)+\bar{E}w(k)$$

选择以下形式的 Lyapunov-Krasovskii 泛函：

$$V(x(k))=x^{\mathrm{T}}(k)Px(k)+\sum_{l=1}^{\lambda}x^{\mathrm{T}}(k-l)Qx(k-l)+\sum_{s=-\lambda+1}^{0}\sum_{l=k-1+s}^{k-1}e^{\mathrm{T}}(l)Ze(l)$$

式中，$P$、$Q$、$Z$ 分别为 $4\times4$ 维对称正定矩阵。

令 $a=x(k)$，$b=e(k)$，$\psi=P\bar{B}G$，可以得到上述泛函的一阶向前差分 $\Delta V(x(k))$ 满足

$$\begin{aligned}\Delta V(x(k))\leqslant&2x^{\mathrm{T}}(k)P(\bar{A}+\bar{B}G-I)x(k)+\lambda x^{\mathrm{T}}(k)Xx(k)\\&+2x^{\mathrm{T}}(k)(Y-P\bar{B}G)(x(k)-x(k-\lambda))+2x^{\mathrm{T}}(k)P\bar{E}w(k)\\&+x^{\mathrm{T}}(k)Qx(k)+e^{\mathrm{T}}(k)(P+\lambda Z)e(k)-x^{\mathrm{T}}(k-\lambda)Qx(k-\lambda)\end{aligned}\tag{6-106}$$

由式(6-106)可得

$$\begin{aligned}&\Delta V(x(k))+z_2^{\mathrm{T}}(k)z_2(k)-\gamma^2w^{\mathrm{T}}(k)w(k)\\\leqslant&[x^{\mathrm{T}}(k)\quad x^{\mathrm{T}}(k-\lambda)\quad w^{\mathrm{T}}(k)]H_1[x^{\mathrm{T}}(k)\quad x^{\mathrm{T}}(k-\lambda)\quad w^{\mathrm{T}}(k)]^{\mathrm{T}}\end{aligned}\tag{6-107}$$

式中

$$H_1=\begin{bmatrix}\phi_1+C_2^{\mathrm{T}}C_2 & -Y+P\bar{B}G+C_2^{\mathrm{T}}\bar{D}_2G & P\bar{E}+C_2^{\mathrm{T}}E_1\\ * & G^{\mathrm{T}}\bar{D}_2^{\mathrm{T}}\bar{D}_2G-Q & G^{\mathrm{T}}\bar{D}_2^{\mathrm{T}}E_1\\ * & * & -\gamma^2I+E_1^{\mathrm{T}}E_1\end{bmatrix}+\begin{bmatrix}\bar{A}^{\mathrm{T}}-I\\ G^{\mathrm{T}}\bar{B}^{\mathrm{T}}\\ \bar{E}^{\mathrm{T}}\end{bmatrix}(P+\lambda Z)[\bar{A}-I\quad \bar{B}G\quad \bar{E}]$$

$$\phi_1=P\bar{A}+\bar{A}^{\mathrm{T}}P-2P+\lambda X_1+Y+Y^{\mathrm{T}}+Q$$

若 $H_1<0$ 成立，那么对 $w(k)\in L_2[0,\infty)$ 的路面激励，有

$$\Delta V(x(k))+z_2^{\mathrm{T}}(k)z_2(k)-\gamma^2w^{\mathrm{T}}(k)w(k)<0\tag{6-108}$$

对不等式(6-108)的左、右两边分别从 0 到 $\infty$ 求和可得

$$\sum_{k=0}^{\infty}(z_2^{\mathrm{T}}(k)z_2(k)-\gamma^2w^{\mathrm{T}}(k)w(k))<-V(\infty)\leqslant0$$

可见，若 $H_1<0$，那么 $w(k)$ 到 $z_2(k)$ 闭环传递函数的 $H_\infty$ 范数小于给定的标量 $\gamma$。根据矩阵的 Schur 补性质，$H_1<0$ 等价于

$$\begin{bmatrix} \phi_1 & -Y+P\overline{B}G & P\overline{E} & \overline{A}^{\mathrm{T}}-I & C_2^{\mathrm{T}} \\ * & -Q & 0 & G^{\mathrm{T}}\overline{B}^{\mathrm{T}} & G^{\mathrm{T}}\overline{D}_2^{\mathrm{T}} \\ * & * & -\gamma^2 I & \overline{E}^{\mathrm{T}} & E_1^{\mathrm{T}} \\ * & * & * & -P^{-1}-\lambda^{-1}Z^{-1} & 0 \\ * & * & * & * & -I \end{bmatrix}<0 \tag{6-109}$$

对不等式(6-109)分别左乘和右乘对角阵 $\mathrm{diag}\{P^{-1}\quad P^{-1}\quad I\quad I\}$，并令 $P^{-1}=L,M=GL,N=LXL,W=LYL,S=LQL,Z^{-1}=T$，可转化式(6-109)为定理中的式(6-101)。

注意不等式条件：

$$\begin{bmatrix} X & Y \\ Y^{\mathrm{T}} & Z \end{bmatrix}\geqslant 0 \tag{6-110}$$

类似地，对式(6-110)分别左乘和右乘对角阵 $\mathrm{diag}\{P^{-1}\quad P^{-1}\}$，可得

$$\begin{bmatrix} N & W \\ W^{\mathrm{T}} & LZL \end{bmatrix}\geqslant 0 \tag{6-111}$$

式(6-111)为非线性矩阵不等式，若令 $P=Z$，式(6-111)便转化为定理中的 LMI 式(6-102)。

在满足上述约束下，为得到较小的悬挂质量垂直加速度，可对系统的 $H_2$ 性能指标进行优化，采用相同的 Lyapunov-Krasovskii 泛函得

$$\begin{aligned} \Delta V(x(k))+z_1^{\mathrm{T}}(k)z_1(k) \leqslant\ & 2x^{\mathrm{T}}(k)P(\overline{A}+\overline{B}G-I)x(k)+\lambda x^{\mathrm{T}}(k)Xx(k) \\ & +2x^{\mathrm{T}}(k)(Y-P\overline{B}G)(x(k)-x(k-\lambda)) \\ & +e^{\mathrm{T}}(k)(P+\lambda Z)e(k)x^{\mathrm{T}}(k)Qx(k) \\ & -x^{\mathrm{T}}(k-\lambda)Qx(k-\lambda)+z_1^{\mathrm{T}}(k)z_1(k) \\ =\ & [x^{\mathrm{T}}(k)\quad x^{\mathrm{T}}(k-\lambda)]H_2[x^{\mathrm{T}}(k)\quad x^{\mathrm{T}}(k-\lambda)]^{\mathrm{T}} \end{aligned} \tag{6-112}$$

式中，$H_2=\begin{bmatrix} \phi_1+C_1^{\mathrm{T}}C_1 & -Y+P\overline{B}G+C_1^{\mathrm{T}}\overline{D}_1G \\ * & G^{\mathrm{T}}\overline{D}_1^{\mathrm{T}}\overline{D}_1G-Q \end{bmatrix}+\begin{bmatrix} \overline{A}^{\mathrm{T}}-I \\ G^{\mathrm{T}}\overline{B}^{\mathrm{T}} \end{bmatrix}(P+\lambda Z)[\overline{A}-I\quad \overline{B}G]$。

若 $H_2<0$，可得式(6-113)成立：

$$\Delta V(x(k))<-z_1^{\mathrm{T}}(k)z_1(k) \tag{6-113}$$

式(6-113)保证了闭环控制系统(6-97)的渐近稳定性，对式(6-113)的两边分别从 0 到∞求和可得

$$\sum_{k=0}^{\infty}z_1^{\mathrm{T}}(k)z_1(k)\leqslant \chi^{\mathrm{T}}(0)P\chi(0)+\sum_{l=-\lambda}^{-1}\chi^{\mathrm{T}}(l)Q\chi(l)+\sum_{s=-\lambda+1}^{0}\sum_{l=s-1}^{-1}e^{\mathrm{T}}(l)Ze(l)=J_{H_2}^{*} \tag{6-114}$$

显然，式(6-114)中的 $J_{H_2}^{*}$ 即为闭环系统(6-97)$H_2$ 性能指标的一个最小上界。

根据矩阵的 Schur 补性质，$H_2<0$ 等价于

$$\begin{bmatrix} \phi_1 & -Y+P\overline{B}G & \overline{A}^{\mathrm{T}}-I & C_1^{\mathrm{T}} \\ * & -Q & G^{\mathrm{T}}\overline{B}^{\mathrm{T}} & G^{\mathrm{T}}\overline{D}_1^{\mathrm{T}} \\ * & * & -P^{-1}-\lambda^{-1}Z^{-1} & 0 \\ * & * & * & -I \end{bmatrix}<0 \tag{6-115}$$

对不等式(6-115)分别左乘和右乘对角阵 $\mathrm{diag}\{P^{-1}\quad P^{-1}\quad I\quad I\}$，便可转化式(6-115)为定理中的约束(6-100)。

为了得到较小悬挂质量垂直加速度，下面极小化 $H_2$ 性能指标的最小上界 $J_{H_2}^*$。对于组成 $J_{H_2}^*$ 的三个部分：

$$\chi^{\mathrm{T}}(0)P\chi(0)<\alpha \tag{6-116}$$

$$\sum_{l=-\lambda}^{-1}\chi^{\mathrm{T}}(l)Q\chi(l)=\sum_{l=-\lambda}^{-1}\mathrm{tr}(\chi^{\mathrm{T}}(l)Q\chi(l))=\mathrm{tr}(N_1N_1^{\mathrm{T}}Q)=\mathrm{tr}(N_1^{\mathrm{T}}QN_1)<\mathrm{tr}(Q_1) \tag{6-117}$$

$$\begin{aligned}\sum_{s=-\lambda+1}^{0}\sum_{l=s-1}^{-1}e^{\mathrm{T}}(l)Ze(l)&=\sum_{s=-\lambda+1}^{0}\sum_{l=s-1}^{-1}\mathrm{tr}(e^{\mathrm{T}}(l)Ze(l))=\mathrm{tr}(N_2N_2^{\mathrm{T}}Z)\\&=\mathrm{tr}(N_2^{\mathrm{T}}ZN_2)<\mathrm{tr}(Q_2)\end{aligned} \tag{6-118}$$

若式(6-116)～式(6-118)成立，$J_{H_2}^*$ 的极小化问题便转化为优化问题(6-99)。此外，令 $F=Q^{-1}$，应用矩阵的 Schur 补性质，可得式(6-116)～式(6-118)分别等价于式(6-103)～式(6-105)。

定理证毕。

依据上述理论推导过程，下面进一步给出车辆磁流变半主动悬架系统时滞依赖 $H_2/H_\infty$ 状态反馈控制器设计的具体步骤：

(1) 给定 $\gamma>0$，求解如下优化问题，满足式(6-99)～式(6-105)，保存一个最优解 $\alpha$、$Q_1$、$Q_2$、$L$、$N$、$W$、$S$、$M$、$T$ 和 $F$。

(2) 若问题(6-99)不可解，重新给定 $\gamma$，重复步骤(1)。

(3) 根据步骤(1)中得到的解 $M$ 和 $L$，由 $G=ML^{-1}$ 可计算得到控制器(6-96)的增益矩阵 $G$。

(4) $\gamma$ 的取值改变，重复步骤(1)～(3)，综合比较闭环系统的各项性能，确定最终的控制器。

对于优化问题(6-99)，可以应用 MATLAB LMI 工具箱中的求解器 mincx 求解，由于约束(6-100)、(6-101)与具体的滞后步长 $\lambda$ 有关，所以求解上述优化问题得到的控制器增益矩阵 $G=ML^{-1}$ 是时滞依赖的。

### 6.4.3 仿真计算与分析

首先，设计了车辆磁流变半主动悬架系统的时滞依赖 $H_2/H_\infty$ 状态反馈控制器，综合比较闭环悬架系统各项性能指标，经反复调试后，设置仿真参数 $\gamma=100$，

$\varepsilon=1250$，$\delta=0.033$，$\eta=0.125$，即悬架动挠度、轮胎动载荷和库仑阻尼力的峰值分别被限制在 8cm、3kN 和 0.8kN 范围内。仿真中，可根据磁流变减振器的时滞测试结果在控制通道中加入 $\tau=28$ms 的延时，并设定采样周期 $d=14$ms，用 MATLAB 中的求解器 mincx 求解问题(6-99)在 28ms 时滞下的最优解 $L$、$N$、$S$、$T$、$F$、$W$、$M$、$\alpha$、$Q_1$ 和 $Q_2$，进而得到增益矩阵 $G=[-275.421\quad 166.09\quad 20.766\quad -4.873]$，并得到系统 $H_2$ 性能指标的最小值为 $J_{H_2}^*=10.33$。

其次，为进行仿真对比，根据文献[19]中的方法设计了另一个普通 $H_2/H_\infty$ 状态反馈控制器，但在控制器设计中没有考虑控制输入时滞的影响。设置与上述相同的仿真参数 $\gamma=100$，$\varepsilon=1250$，$\delta=0.025$，$\eta=0.125$，得到控制增益矩阵 $G=[813.6\quad 92.541\quad 45.766\quad -2.830]$ 和 $J_{H_2}^*=9.8$，仿真中也在控制通道中加入 $\tau=28$ms 的延时。

用滤波白噪声模拟路面随机干扰输入，车辆以 72km/h 的速度匀速行驶通过 B 级路面，路面不平度系数为 $6.4\times10^{-5}\text{m}^3$，下截止频率为 0.1Hz。仿真得到悬挂质量垂直加速度曲线见图 6-33，可见，时滞依赖 $H_2/H_\infty$ 控制能较好地抑制悬挂质量垂直加速度的峰值响应，而普通 $H_2/H_\infty$ 控制的悬挂质量垂直加速度峰值由 $3.53\text{m/s}^2$ 增加到 $4.32\text{m/s}^2$，增加了 22.4%。

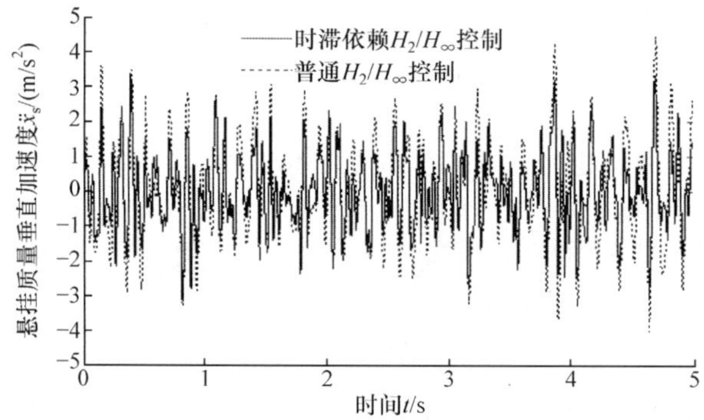


图 6-33　悬挂质量垂直加速度

图 6-34 为路面激励 $x_r$ 到悬挂质量垂直位移 $x_s$ 的幅频特性曲线，可见，控制输入时滞使普通 $H_2/H_\infty$ 控制在低频共振区和高频共振区的幅频特性值均有所增加，而且在车轮振动的高频段出现多个波峰，影响了轮胎的接地性能。

仿真得到的悬架动挠度、轮胎动载荷及库仑阻尼力的 RMS 值见表 6-14。由 $3\sigma$ 准则可知，如果悬架动挠度、轮胎动载荷和库仑阻尼力的 RMS 值分别小于 2.67cm、1kN 和 266.7N，则悬架动挠度、轮胎动载荷和库仑阻尼力的峰值超过其限制范围的概率只有 0.3%。由表 6-14 可见，28ms 时滞下，普通 $H_2/H_\infty$ 控制的悬架动挠度、轮胎动载荷及库仑阻尼力均大于时滞依赖 $H_2/H_\infty$ 控制的相应值，并

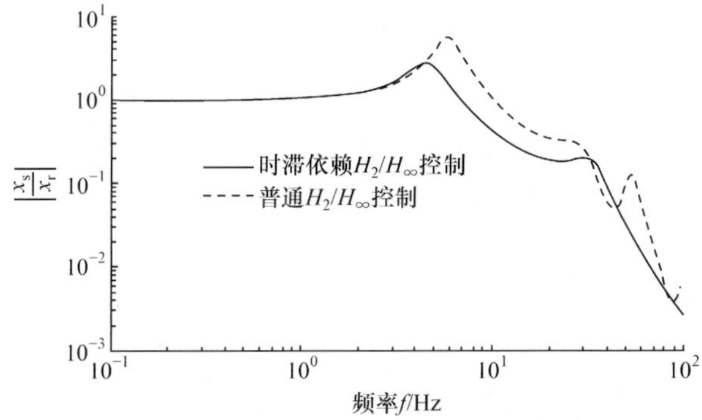


图 6-34　$x_r$ 到 $x_s$ 的幅频特性曲线

且普通 $H_2/H_\infty$ 控制的悬架动挠度 RMS 值大于 2.67cm，增加了车辆行驶中悬架撞击限位的概率，使车辆行驶平顺性变坏。

**表 6-14　系统约束输出的 RMS 值**

| 控制方法 | RMS 值 | | |
|---|---|---|---|
| | 悬架动挠度/cm | 轮胎动载荷/kN | 库仑阻尼力/N |
| 时滞依赖 $H_2/H_\infty$ 控制 | 2.33 | 0.78 | 212.6 |
| 普通 $H_2/H_\infty$ 控制 | 2.75 | 0.86 | 247.3 |

为分析不同时滞对磁流变半主动悬架系统控制性能的影响，定义了控制器的均方根比值 RMS($\tau$)/RMS(0)。其中，RMS($\tau$)为时滞 $\tau$ 下闭环控制系统的 RMS 值，RMS(0)为无时滞条件下闭环系统的 RMS 值。两种控制方法下悬挂质量垂直加速度、悬架动挠度及轮胎动载荷的均方根比值见图 6-35 和图 6-36。可见，当时

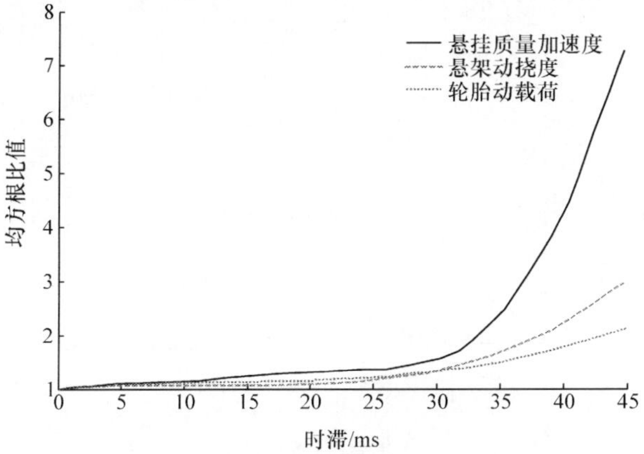


图 6-35　时滞依赖 $H_2/H_\infty$ 控制的均方根比值

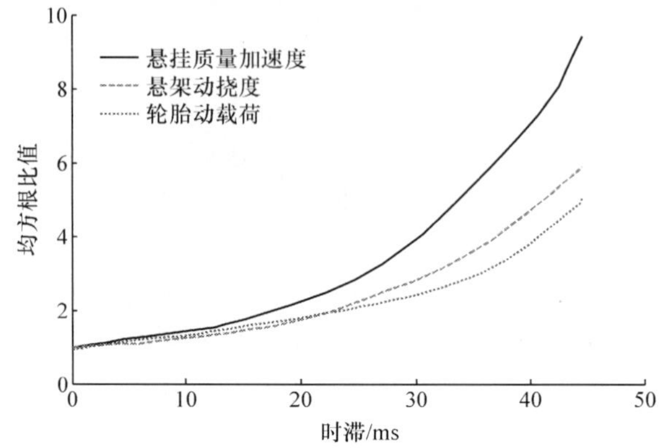


图 6-36 普通 $H_2/H_\infty$ 控制的均方根比值

滞较小时($\tau \leqslant 10$ms),两种控制方式下的均方根比值基本为 1,反映较小的时滞对磁流变半主动系统控制性能影响极小。随时滞的增大,普通 $H_2/H_\infty$ 控制的均方根比值急剧增加,而时滞依赖 $H_2/H_\infty$ 控制的均方根比值增加缓慢;但时滞超过 35ms 时,时滞依赖 $H_2/H_\infty$ 控制的性能也急剧恶化,系统趋于失稳。可见,设计的时滞依赖 $H_2/H_\infty$ 控制扩大了磁流变半主动悬架系统对时滞的控制范围,使得系统在0～35ms 范围内都能保持较好的控制性能。由于磁流变减振器的响应比较快,整个控制系统的时滞比较小,采用时滞依赖 $H_2/H_\infty$ 控制是可行的。

### 6.4.4 实验验证

分别采用时滞依赖 $H_2/H_\infty$ 控制与普通 $H_2/H_\infty$ 控制算法在四通道车辆道路模拟振动台上进行随机路面激励下的实验,实验及车辆参数与仿真中相同,得到的实验结果见图 6-37 和图 6-38。

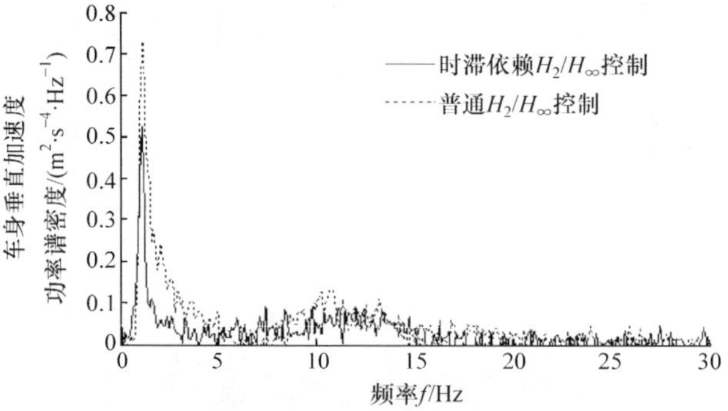


图 6-37 车身垂直加速度功率谱密度

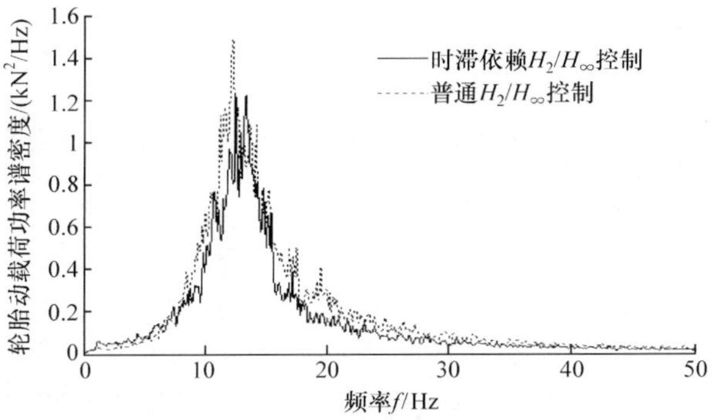


图 6-38　轮胎动载荷功率谱密度

由图 6-37 可见，对于磁流变半主动悬架控制系统，时滞依赖 $H_2/H_\infty$ 控制降低了车身垂直加速度功率谱密度，特别是在车身共振的低频附近(1.3Hz)其能量大大减弱，说明时滞依赖 $H_2/H_\infty$ 控制能削减时滞对车身振动的影响，有效提高整车的行驶平顺性。图 6-38 中，在车轮共振频率附近(13.2Hz)，时滞依赖 $H_2/H_\infty$ 控制的轮胎动载荷功率谱密度明显小于普通 $H_2/H_\infty$ 控制的轮胎动载荷功率谱密度，说明时滞依赖 $H_2/H_\infty$ 控制能提高轮胎的接地性，有效改善轮胎的弹跳现象。

在表 6-15 中，相对于普通 $H_2/H_\infty$ 控制，时滞依赖 $H_2/H_\infty$ 控制的悬挂质量垂直加速度 RMS 值由 0.95m/s² 降低到 0.81m/s²，减小了 14.7%，悬架动挠度由 2.81cm 降低到 2.39cm，减小了 14.9%，轮胎动载荷由 0.94kN 降低到 0.83kN，减小了 11.7%。此外，表 6-15 中实验测试结果略大于仿真结果，其原因是在建模过程中忽略了由信号测量、处理以及控制率计算所引起的时滞，从而导致仿真中的时滞小于磁流变半主动悬架系统中的实际时滞量，并且也与车辆载荷及参数变化有关，但实验测试结果与仿真分析结论基本一致。

**表 6-15　控制结果 RMS 值对比表**

| 控制方法 | 参数 | 实验值 | 仿真值 |
|---|---|---|---|
| 时滞依赖 $H_2/H_\infty$ 控制 | 垂直加速度 $\ddot{x}_s/(m/s^2)$ | 0.81 | 0.76 |
| | 悬架动挠度 $x_{su}/cm$ | 2.39 | 2.33 |
| | 轮胎动载荷 $F_d/kN$ | 0.83 | 0.78 |
| 普通 $H_2/H_\infty$ 控制 | 垂直加速度 $\ddot{x}_s/(m/s^2)$ | 0.95 | 0.89 |
| | 悬架动挠度 $x_{su}/cm$ | 2.81 | 2.75 |
| | 轮胎动载荷 $F_d/kN$ | 0.94 | 0.86 |

# 6.5　主动悬架系统 $H_\infty$ 可拓控制

悬架系统的控制一直是很多学者和企业研发人员关注的一个重要方面，其关系到车辆的平顺性，也影响到车辆操纵稳定性和安全性。各种控制方法均被尝试运用到悬架系统的控制中，悬架系统的控制性能也均被不同程度地提升。可拓学是我国学者蔡文提出来的一种新理论，在解决矛盾冲突问题上提供了一种新思路和新方法。可拓控制是基于可拓学，将控制原理融入其中。采用可拓控制可以在原来设计控制器的基础上进行系统控制性能的拓展，并且可拓控制器不受原控制器设计的约束，原控制器设计也不影响可拓控制器的设计，这使可拓控制有着较好的应用前景。本节采用可拓控制对悬架 $H_\infty$ 控制器进行拓展，并且进行进一步优化[20]。

## 6.5.1　$H_\infty$ 可拓控制器设计

建立七自由度悬架系统模型，采用 $H_\infty$ 控制对其进行控制器设计。$H_\infty$ 控制具有很好的鲁棒性，适用于有模型摄动的多输入多输出系统的控制。$H_\infty$ 控制的目的是设计一控制器 $K(s)$，使得闭环系统内部稳定，且 $\| T_{wz}(s) \|_\infty$ 达到最小，其中 $T_{wz}(s)$ 代表从干扰输入 $w$ 到被控输出 $z$ 的闭环传递函数。

同时引入加权系数矩阵 $S_w$、$S_z$ 和加权传递函数矩阵 $W_p$，以构造一个 $H_\infty$ 加权控制系统[14]，采用标准的 $H_\infty$ 控制函数求解控制器，以提高系统的鲁棒性并改善系统的评价指标，获得更好的控制性能。所采用的加权系数矩阵和加权传递函数矩阵分别为

$$S_w=\mathrm{diag}(0.00142,0.00142,0.00142,0.00142)$$

$$S_z=\mathrm{diag}(1,3,3,20,20,20,20,0.0015,0.0015,0.0015,0.0015)$$

$$W_p=\mathrm{diag}\left(\frac{s^2+314.2s+987}{s^2+43.98s+987},\frac{s^2+50.27s+25.72}{s^2+7.037s+25.72},\frac{s^2+50.27s+25.72}{s^2+7.037s+25.72},1,1,1,1,1,1,1,1\right)$$

为了拓展 $H_\infty$ 的控制性能，采用可拓控制优化主动悬架系统的性能指标。选择主动悬架的车身质心垂直加速度、俯仰角加速度和侧倾角加速度作为系统状态的特征量，并对这三个性能指标的值域进行划分，即包括原有的经典域、进行优化的可拓域以及控制性能相对较差的非域。将 $H_\infty$ 控制器在不同值域内进行拓展设计，在不同值域内设计对应的局部最优控制器，从而建立全域 $H_\infty$ 可拓控制器，以进一步提升主动悬架系统控制性能。

考虑到车身在车辆行驶中受到垂直、俯仰及侧倾方向的影响，与 $H_\infty$ 控制器中的测量输出保持一致，并使仿真结果更具有对比性等因素，$H_\infty$ 可拓控制器同样选取主动悬架模型的输出量 $y_i$ 为质心垂直加速度、俯仰角速度、侧倾角速度，对应的

期望值 $r_i$ 均为 0，求得偏差 $e_i=r_i-y_i(i=1,2,3)$。选择 $e_i$ 和偏差微分 $\dot{e}_i$ 为特征变量，从而划分可拓控制器的经典域、可拓域及非域，如图 6-39 所示。

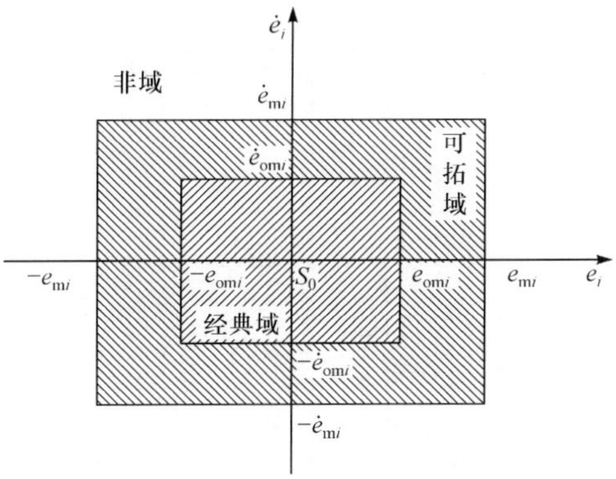


图 6-39　关于特征状态的可拓集合

设 $e_i$-$\dot{e}_i$ 特征平面的原点为 $S_0(0,0)$，令 $M_0=\sqrt{e_{omi}^2+\dot{e}_{omi}^2}$，$M_{-1}=\sqrt{e_{mi}^2+\dot{e}_{mi}^2}$，则对于存在于 $e_i$-$\dot{e}_i$ 特征平面上的任意一点 $S(e_i,\dot{e}_i)(i=1,2,3)$，设计关联函数为

$$K(s)=\begin{cases}1-|SS_0|/M_0, & S\in R_{gy}\\(M_0-|SS_0|)/(M_{-1}-M_0), & S\notin R_{gy}\end{cases}\tag{6-119}$$

式中，$|SS_0|=\sqrt{k_1e_i^2+k_2e_i^2}$，$k_1$、$k_2$ 为加权系数；$R_{gy}$ 为图 6-39 中的经典域。

根据特征状态所求的关联函数，进行如下划分：

(1) 当 $\{S|K(S)\geqslant 0\}$ 时，表示特征状态 $S(e_i,\dot{e}_i)$ 处于经典域内，此时主动悬架的控制性能处在最佳状态，采用 $H_\infty$ 控制方法进行控制。

(2) 当 $\{S|-1\leqslant K(S)<0\}$ 时，表示特征状态处在可拓域内，在此范围内控制性能往往会变差，但是可以通过调节特征状态，改变控制输出量，进而改善系统控制性能。此时构造控制算式 $U=Kx+K_cK(s)(-\mathrm{sgn}(e))$，实现 $H_\infty$ 控制的拓展。其中，$K_c$ 为主动悬架在该模式下的控制系数，$\mathrm{sgn}(e)$ 为偏差符号函数。

(3) 当 $\{S|K(S)<-1\}$ 时，表示特征状态已经远离经典域，处在非域，这时采用该状态下的最大输出值 $u_m$ 为控制器输出，尽可能地维持该范围下的控制性能。

通过以上分别在三个值域内设计的不同控制算法，建立可拓控制器，实现了对 $H_\infty$ 控制的拓展，达到进一步提升悬架系统性能的目的。

## 6.5.2　仿真计算与分析

在本次仿真中，为了对 $H_\infty$ 控制和 $H_\infty$ 可拓控制进行对比，首先对不同路面输入(白噪声信号和单位脉冲信号)下的主动悬架系统进行时域仿真,对其性能指标进行比较。可拓控制器参数如表 6-16 所示。

**表 6-16 可拓控制器参数**

| 符号 | 数值 | 符号 | 数值 |
|---|---|---|---|
| $e_{om1}$ | 0.1 | $\dot{e}_{om1}$ | 1.1 |
| $e_{m1}$ | 0.1 | $\dot{e}_{m1}$ | 2.5 |
| $e_{om2}$ | 0.06 | $\dot{e}_{om2}$ | 0.1 |
| $e_{m2}$ | 0.01 | $\dot{e}_{m2}$ | 0.18 |
| $e_{om3}$ | 0.02 | $\dot{e}_{om3}$ | 0.06 |
| $e_{m3}$ | 0.06 | $\dot{e}_{m3}$ | 0.09 |
| $k_1$ | 1 | $k_2$ | 1 |

1. 白噪声干扰输入下仿真结果分析

将白噪声信号作为路面干扰输入,对被动悬架和主动悬架系统的各性能指标进行分析。图 6-40 给出了被动悬架、$H_\infty$ 控制和 $H_\infty$ 可拓控制下主动悬架的车身质心垂直加速度和右前悬架动挠度的时域响应曲线。

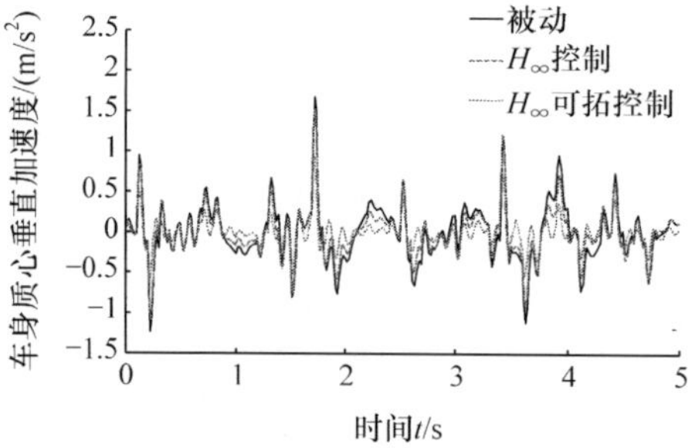

(a) 车身质心垂直加速度

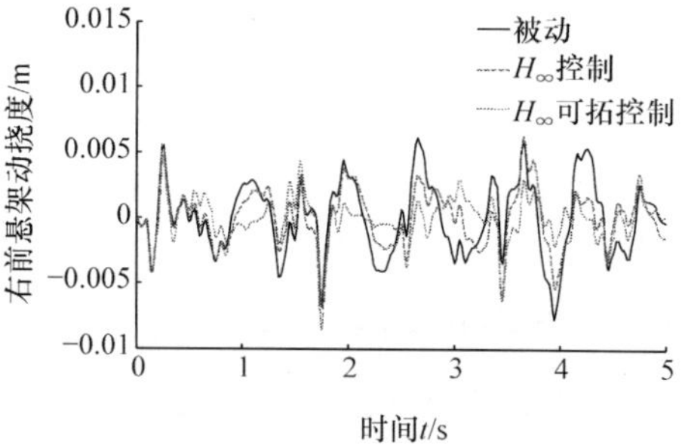

(b) 右前悬架动挠度

图 6-40 白噪声干扰输入的时域响应

从图 6-40 中可以看出,$H_\infty$ 控制下主动悬架的时域响应曲线波动的范围明显要小于被动悬架的响应曲线,$H_\infty$ 可拓控制则进一步提高了主动悬架的性能,其时域响应曲线的波动范围更小。由此可知,$H_\infty$ 控制下主动悬架的性能要优于被动悬架,而 $H_\infty$ 可拓控制性能优于 $H_\infty$ 控制。

表 6-17 给出了相关性能指标的峰值以及均方根值,以进一步比较在白噪声干扰输入下 $H_\infty$ 控制和 $H_\infty$ 可拓控制的控制效果。

**表 6-17　白噪声干扰输入下性能指标比较**

| 控制方法 | | 被动 | $H_\infty$控制 | $H_\infty$可拓控制 |
|---|---|---|---|---|
| 车身质心垂直加速度 $\ddot{x}_s/(m/s^2)$ | 峰值 | 1.569 | 1.514 | 0.937 |
| | 均方根值 | 0.361 | 0.303 | 0.290 |
| 俯仰角加速度$\ddot{\theta}/(rad/s^2)$ | 峰值 | 0.258 | 0.217 | 0.182 |
| | 均方根值 | 0.090 | 0.070 | 0.060 |
| 侧倾角加速度$\ddot{\varphi}/(rad/s^2)$ | 峰值 | 0.877 | 0.540 | 0.481 |
| | 均方根值 | 0.241 | 0.155 | 0.130 |
| 右前悬架动挠度 $x_{su3}/m$ | 峰值 | 0.0073 | 0.0063 | 0.0048 |
| | 均方根值 | 0.0026 | 0.0022 | 0.0016 |

根据表 6-17 可知，$H_\infty$可拓控制下的车身质心垂直加速度、俯仰角加速度、侧倾角加速度和右前悬架动挠度的峰值和均方根值都小于 $H_\infty$控制下的数值，其峰值分别减小了 38.1%、16.1%、10.9%和 23.8%，均方根值分别减小了 4.2%、14.2%、16.1%、27.3%；而 $H_\infty$控制的主动悬架较被动悬架的各性能指标的峰值分别减小了 3.5%、22.2%、38.4%和 13.7%，而均方根值分别减小了 16.1%、22.2%、35.7%和 15.4%。

由此可见，当外界干扰为白噪声输入时，$H_\infty$可拓控制下的主动悬架性能指标最佳，$H_\infty$控制次之，被动悬架性能相对最差。

### 2. 单位脉冲干扰输入下仿真结果分析

将单位脉冲信号作为主动悬架的外部干扰输入，在不同控制方法下对悬架系统控制效果进行对比，表 6-18 给出了各性能指标的峰值和到达稳态所需的调节时间。

**表 6-18　单位脉冲输入下性能指标比较**

| 控制方法 | | 被动 | $H_\infty$控制 | $H_\infty$可拓控制 |
|---|---|---|---|---|
| 车身质心垂直加速度 $\ddot{x}_s$ | 峰值/$(m/s^2)$ | 0.481 | 0.450 | 0.336 |
| | 调节时间/s | 7.3 | 3.9 | 2.9 |
| 俯仰角加速度$\ddot{\theta}$ | 峰值/$(rad/s^2)$ | 0.616 | 0.521 | 0.313 |
| | 调节时间/s | 4.6 | 3.5 | 2.9 |
| 侧倾角加速度$\ddot{\varphi}$ | 峰值/$(rad/s^2)$ | 0.144 | 0.134 | 0.127 |
| | 调节时间/s | 4.6 | 3.8 | 2.5 |
| 右前悬架动挠度 $x_{su3}$ | 峰值/m | 0.0052 | 0.0049 | 0.0047 |
| | 调节时间/s | 6.5 | 4.3 | 3.9 |

在单位脉冲输入下，$H_\infty$可拓控制下的车身质心垂直加速度、俯仰角加速度、

侧倾角加速度和右前悬架动挠度的峰值较 $H_\infty$ 控制分别减小了 25.3%、39.9%、5.2%和 4.1%，调节时间分别缩短了 25.6%、17.1%、34.2%和 9.3%；而 $H_\infty$ 控制下各性能指标的峰值较被动悬架分别减小了 6.4%、15.4%、6.9%和 5.8%，调节时间分别缩短了 46.6%、23.9%、17.4%和 33.8%。

因此，当主动悬架受到外界冲击输入时，$H_\infty$ 可拓控制有着更好的控制效果，较 $H_\infty$ 控制可以进一步提高主动悬架的整体性能，改善车辆乘坐舒适性。

### 6.5.3 $H_\infty$ 可拓控制器值域博弈与模糊整定

博弈论是研究决策主体行为发生直接相互作用时的决策以及决策的均衡问题[21]，用于解决主体各方策略的相互依存性，即决策主体要在考虑其他参与者反馈的基础上确定自己的最优策略。值域的划分是可拓控制研究中的一个重要问题，即当改变控制器中经典域和可拓域边界时，会使可拓控制的关联函数值发生变化，进而影响主动悬架系统的控制性能。为了达到更好的控制效果，需要对经典域和可拓域的边界划分的合理性进行综合考虑。因此，本节将经典域和可拓域看成博弈的参与对象，将对应的性能指标看成二者的收益，根据收益确定双方的决策方案，采用二人非零和对策构造赢得矩阵，求出纳什均衡解，作为经典域和可拓域的平衡点，获得最佳的经典域和可拓域划分，以进一步优化主动悬架系统的性能指标。

将采用值域博弈确定的可拓域和经典域的方法称为基于值域博弈的模糊整定(fuzzy setting based on value domain games，FSVDG)方法。FSVDG 方法是根据不同值域(可拓域和经典域)变化下的性能指标，建立相应的博弈方案，求解指标的纳什均衡点，以此来反映经典域和可拓域的平衡状态，然后求出仿真过程中实时性能指标和均衡点的偏差，通过模糊控制规则整定可拓域和经典域的边界值，进而确定二者大小。

结合主动悬架相关指标，选取车身质心垂直加速度、俯仰角加速度和侧倾角加速度的均方根值，建立如下的性能指标[22]：

$$J=\sqrt{\frac{k_{\mathrm{a}}\mathrm{RMS}^2(\ddot{x}_{\mathrm{s}})+k_{\mathrm{b}}\mathrm{RMS}^2(\ddot{\varphi})+k_{\mathrm{c}}\mathrm{RMS}^2(\ddot{\theta})}{k_{\mathrm{a}}+k_{\mathrm{b}}+k_{\mathrm{c}}}} \tag{6-120}$$

式中，$\ddot{x}_{\mathrm{s}}$、$\ddot{\varphi}$、$\ddot{\theta}$ 分别为车身质心垂直加速度、侧倾角加速度、俯仰角加速度；$k_{\mathrm{a}}$、$k_{\mathrm{b}}$、$k_{\mathrm{c}}$ 分别为相应的加权系数。

根据性能指标，考虑到经典域和可拓域各自的变化情况，构造以下四种博弈控制方案。

(1) 将可拓域转变为经典域，即使整个特征平面为经典域和非域，此时性能指标为 $J_{11}$。

(2) 将经典域转变为可拓域，即使整个特征平面为可拓域和非域，此时性能指

标为 $J_{21}$。

(3) 在保证系统稳定的情况下,增加经典域,此时得到性能指标 $J_{12}$,在保证经典域不大于可拓域的情况下调整可拓域,使此时的性能指标最优,得到 $J_{22}$。

(4) 在保证系统稳定的情况下,减小经典域,此时得到性能指标 $J_{13}$,在保证经典域不大于可拓域的情况下调整可拓域,使此时的性能指标最优,得到 $J_{23}$。

根据以上四个方案,可以得到经典域和可拓域在多种变化下的性能指标,通过指标的直接博弈来反映经典域和可拓域的关系,其本质上是值域之间的博弈,而可拓域和经典域确定后,非域即可自动获得。

根据纳什最大最小谈判解原理求解经典域和可拓域性能指标的纳什均衡[23]:

(1) 由博弈方案构造非零和对策赢得矩阵 $\begin{bmatrix}(J_{11},J_{21}) & (J_{12},J_{22})\\(J_{13},J_{23}) & (J_{11},J_{21})\end{bmatrix}$;分解该矩阵分别得到经典域和可拓域的赢得矩阵 $\begin{bmatrix}J_{11} & J_{12}\\J_{13} & J_{11}\end{bmatrix}$ 和 $\begin{bmatrix}J_{21} & J_{22}\\J_{23} & J_{21}\end{bmatrix}$。

(2) 依据二人非零和对策中最大最小准则确定最大最小策略 $v_1$、$v_2$ 如下:

$$v_1=\frac{J_{11}J_{11}-J_{13}J_{12}}{J_{11}+J_{11}-J_{13}-J_{12}},\quad v_2=\frac{J_{21}J_{21}-J_{23}J_{22}}{J_{21}+J_{21}-J_{23}-J_{22}}$$

(3) 根据赢得矩阵做出合作型对策赢得区域图形,其中协商集由该图形的右上侧边界直线 $g(J_x,J_y)=0$ 确定,而纳什均衡点就在该协商集中。图 6-41 为赢得区域图形示意图,其中 $h=1,2,3,j=1,2,3$。

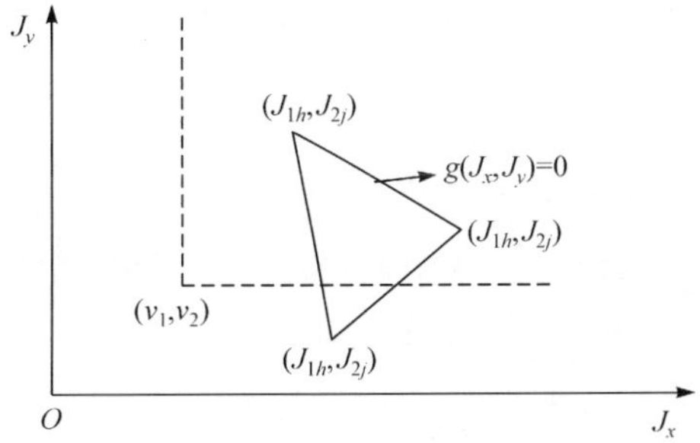


图 6-41　赢得区域图形示意图

(4) 由 $g(J_x,J_y)=0$ 化解得出 $J_y$ 与 $J_x$ 的关系,即 $J_y=m(J_x)$,将 $J_y=m(J_x)$ 代入 $f(J_x,J_y)=(J_x-v_1)(J_y-v_2)$ 得到关于自变量 $J_x$ 的函数 $T(J_x)=0$。

(5) 令 $\frac{\mathrm{d}}{\mathrm{d}J_x}T(J_x)=0$,解出 $J_x^*$,将 $J_x^*$ 代入 $g(J_x,J_y)=0$ 得到 $J_y^*$,根据纳什定理得到纳什均衡解为 $(J_x^*,J_y^*)$。

从以上步骤得到性能指标的纳什均衡,然后采用模糊控制规则对经典域和可拓域的边界值进行整定,以动态调整的方式不断优化可拓控制性能。

令仿真中实时的性能指标为 $J$，定义 $e_1=J-J_x^*$、$e_2=J-J_y^*$，$e_1$、$e_2$ 为模糊控制器输入量，输入语言模糊子集均为{NB,NM,NS,ZO,PS,PM,PB}；$u_1$ 为经典域边界值输出量，$u_2$ 为可拓域边界值输出量，输出语言模糊子集均为{NB,NM,NS,ZO,PS,PM,PB}，模糊控制器输出 $u_1/u_2$。

模糊控制规则依据为：若 $e_1$ 大于零，则增大经典域；若 $e_1$ 小于零，则减小经典域；若 $e_2$ 大于零，则减小可拓域，若 $e_2$ 小于零，则增大可拓域。依据此规则建立模糊规则如表 6-19 所示，以保证经典域和可拓域处在平衡状态。

**表 6-19　模糊规则表**

| $e_2$ \ $e_1$ | NB | NM | NS | ZO | PS | PM | PB |
|---|---|---|---|---|---|---|---|
| NB | NB/PB | NB/PB | NM/PM | NM/PM | NS/PS | NS/PS | ZO/ZO |
| NM | NB/PB | NM/PM | NS/PS | NS/PS | NS/PS | ZO/ZO | PS/NS |
| NS | NM/PM | NS/PS | NS/PS | NS/PS | ZO/ZO | PS/NS | PS/NS |
| ZO | NS/PS | NS/PS | ZO/ZO | ZO/ZO | PS/NS | PM/NM | PM/NM |
| PS | NS/PS | ZO/ZO | ZO/ZO | PS/NS | PS/NS | PM/NM | PM/NM |
| PM | ZO/ZO | PS/NS | PS/NS | PM/NM | PM/NM | PM/NM | PB/NB |
| PB | ZO/ZO | PS/NS | PM/NM | PM/NM | PM/NM | PB/NB | PB/NB |

依据该规则使值域的博弈和选取得到关联，利用模糊规则整定值域边界的方法确定可拓域和经典域的大小，实现了对可拓控制器的动态优化。

### 6.5.4　仿真计算与分析

对博弈前、后的 $H_\infty$ 可拓控制下主动悬架系统的各性能指标进行分析，对比分析两种情况下车身质心垂直加速度、俯仰角加速度、侧倾角加速度和右前悬架动挠度的时域响应，仿真得到的时域响应曲线如图 6-42 所示。

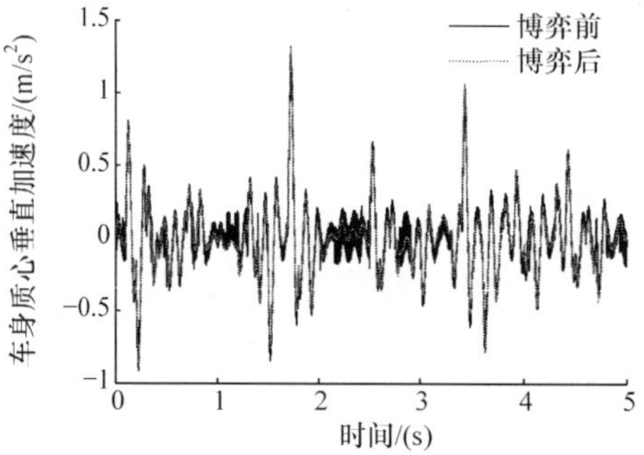


(a) 车身质心垂直加速度

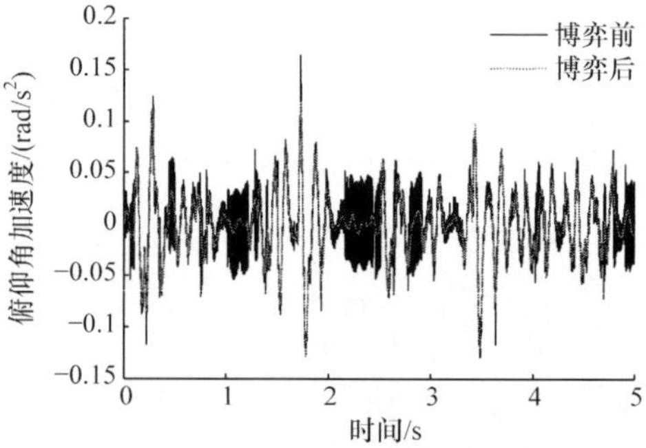


(b) 俯仰角加速度

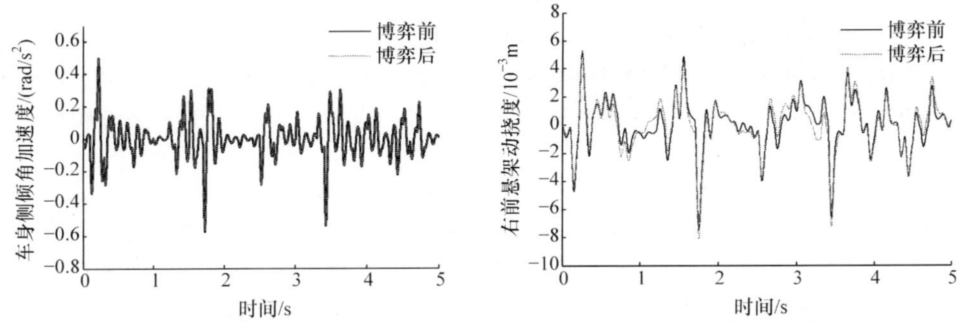


(c) 车身侧倾角加速度　(d) 右前悬架动挠度

图 6-42　博弈前、后的时域响应

计算了相关性能指标均方根值并进行对比,其结果如表 6-20 所示。

**表 6-20　博弈前、后性能指标比较**

| 性能指标均方根值 | 博弈前 | 博弈后 |
|---|---|---|
| 车身质心垂直加速度/($m/s^2$) | 0.268 | 0.216 |
| 俯仰角加速度/($rad/s^2$) | 0.063 | 0.045 |
| 侧倾角加速度/($rad/s^2$) | 0.126 | 0.103 |
| 右前悬架动挠度/m | 0.0015 | 0.0012 |

由图 6-42 可知,采用 $H_\infty$ 可拓控制博弈前车身质心垂直加速度、俯仰角加速度和右前悬架动挠度的响应曲线的波动程度明显大于博弈后。根据表 6-20 可知,博弈后对应的车身质心垂直加速度、俯仰角加速度、侧倾角加速度和右前悬架动挠度的均方根值较博弈前分别减小 19.4%、28.6%、18.3%和 20.0%。因此,由主动悬架各性能指标的均方根值变化可以看出,FSVDG 方法进一步优化了悬架 $H_\infty$ 可拓控制系统性能。

综上所述,FSVDG 方法能根据经典域和可拓域各自变化时相应的性能指标,求出可拓域和经典域平衡状态下性能指标的纳什均衡点,在此基础上利用模糊控制规则动态调整经典域和可拓域的边界。同时,由于在仿真过程中 FSVDG 方法能根据性能指标的变化实时调整经典域和可拓域,实现经典域可拓域的动态整定,所以采用 FSVDG 的 $H_\infty$ 可拓控制器对主动悬架各性能指标提升更加显著。

## 参考文献

[1] Safonov M G, Chiang R Y, Limebeer D N. Optimal Hankel model reduction for nonminimal systems. IEEE Transactions on Automatic Control, 1990, 35(4): 496-502

[2] Glover K. All optimal Hankel-norm approximations of linear multivariable systemsand their $L_1$-error bounds. International Journal of Control,1984,39(6):1115-1193

[3] Wang J,Xu W L,Chen W W. Optimal Hankel-norm reduction of active suspension model with application in suspension multiobjective control. International Journal of Vehicle Design,2006,40(1-3):175-195

[4] 陈无畏,王其东,肖寒松,等. 车辆系统动力学与集成控制. 北京:科学出版社,2014

[5] Gillespie T D. 车辆动力学基础. 赵六奇,金达锋,译. 北京:清华大学出版社,2006

[6] 汪洪波,方敏,陈无畏. 基于频率加权左互质分解的汽车悬架 $H_\infty$ 控制器降阶研究. 汽车工程,2006,28(9):812-816

[7] Varga A. On frequency-weighted coprime factorization based controller reduction. Proceedings of the American Conference,Denver,2003:3892-3897

[8] 杨柳青. 基于容错控制理论的汽车主动悬架控制关键技术研究. 合肥:合肥工业大学博士学位论文,2013

[9] 杨柳青,陈无畏. 基于传感器信号重构的汽车主动悬架主动容错控制. 汽车工程,2013,35(12):1084-1091

[10] 杨柳青,陈无畏,张荣芸,等. 基于控制律重组的汽车半主动悬架容错控制与试验. 农业机械学报,2013,44(10):1-9

[11] 陈杰平,冯武堂,郭万山,等. 整车磁流变减振器半主动悬架变论域模糊控制策略. 农业机械学报,2011,42(5):8-13

[12] Zheng L,Li Y N,Chen B K. A new semi-active suspension control strategy through mixed robust technique. Journal of Central South University of Technology (English Edition),2010,17(2):332-339

[13] Zhou K,Zhang R,Wei W. On the design of unknown input observers and fault detection filters. Proceedings of the 6th World Congress on Intelligent Control and Automation,Dalian,2006:5638-5642

[14] 高振刚,陈无畏,汪洪波,等. 汽车半主动悬架系统故障补偿容错控制研究. 汽车工程,2016,38(6):705-715

[15] Peaucelle D,Arzelier D,Bachelier O. A new robust stability condition for real convex polytrophic uncertainty. Systems & Control Letters,2000,40:21-30

[16] Chen W W,Zhu M F. Delay-dependent $H_2/H_\infty$ control for vehicle magneto-rheological semi-active suspension. Chinese Journal of Mechanical Engineering,2011,24(6):1028-1034

[17] 朱茂飞. 汽车底盘集成系统解耦控制方法及关键子系统时滞控制研究. 合肥:合肥工业大学博士学位论文,2011

[18] Johan N,Bo B,Bjorb W. Stochastic analysis and control of real-time systems with random time delays. Automatica,1998,34(1):57-64

[19] 俞立. 鲁棒控制——线性矩阵不等式处理方法. 北京:清华大学出版社,2002

[20] 汪洪波,林澍,孙晓文,等. 基于可拓理论的汽车主动悬架系统 $H_\infty$ 控制与优化. 汽车工程,2016,38(11):1382-1390

[21] 李帮义. 博弈论及其应用. 北京:机械工业出版社,2010
[22] 王其东,姜武华,陈无畏,等. 主动悬架和电动助力转向系统机械与控制参数集成优化. 机械工程学报,2008,44(8):67-72
[23] 汪洪波,孙晓文,陈无畏,等. 基于值域博弈的主动悬架系统 $H_\infty$ 可拓控制. 系统工程理论与实践,2017,37(9):2431-2439

# 第7章　智能车辆技术展望

智能车辆(辅助驾驶或无人驾驶)是未来发展的方向,人类在不久的将来会使用智能型无人驾驶车辆。智能车辆是指搭载先进的车载传感器、控制器、执行器等装置,并融合现代通信与网络技术,实现车与X(车、路、人、云等)信息交换、共享,具备复杂环境感知、智能决策、协同控制等功能,进而实现安全、高效、舒适、节能行驶,并最终实现替代人来操纵的新一代车辆。智能车辆可以提供更安全、更节能、更环保、更便捷的出行方式和综合解决方案,是城市智能交通系统的重要环节,是构建绿色社会的核心要素,是国际公认的未来发展方向和关注焦点。智能车辆技术发展的意义不仅在于车辆产品与技术的升级,而且可带来车辆及相关产业全业态和价值链体系的重塑,其技术与产业发展是中国汽车工业转型升级的重要机遇。需要指出的是,研发智能车辆并非要完全替代驾驶员,只是在需要替代的领域和场合进行替代。智能车辆在交通领域的应用,从根本上改变了传统的控制方式,可大大提高交通系统的效率和安全性。

虽然目前各种先进辅助驾驶与无人驾驶技术已经得以实现并部分应用,但大部分相关技术仍然停留在实验与概念阶段,辅助驾驶和无人驾驶车辆的大面积推广还需要一个漫长的过程。就目前的智能车辆技术发展现状来看,需要开展深入研究的关键技术有:低成本的先进传感器技术、基于深度学习方法的环境感知与驾驶控制技术、个性化的ADAS、ADAS的容错技术与集成控制技术、智能车辆的技术评估方法和测试方案、车联网技术、完全自动的无人驾驶技术、自适应的人机共驾技术、基于车联网的多车协同驾驶技术以及脑-控车辆技术等。

1. 低成本的先进传感器技术

智能驾驶技术的快速发展将大幅提升对传感器的需求量。智能驾驶主要通过摄像头(长距摄像头、环绕摄像头、立体摄像头)和雷达(超声波雷达、毫米波雷达、激光雷达)实现道路环境感知[1]。车载摄像头是实现众多预警、识别类ADAS功能的基础。在众多ADAS功能中,视觉影像处理系统较为基础,对于驾驶者也更为直观,而摄像头又是视觉影像处理系统的基础,因此车载摄像头对于智能驾驶必不可少。车道偏离预警(LDW)、前向碰撞预警(FCW)、交通标志识别(TSR)、车道保持辅助(LKA)、行人碰撞预警(PCW)、全景泊车(SVP)、驾驶员疲劳预警等众多功能都可借助摄像头实现,有的功能甚至只能通过摄像头来实现。前视摄像头使用频率最高,一般安装在车内后视镜上或者前挡风玻璃上较高的位置,可实现多重功能。侧视摄像头不仅能够取代后视镜以降低风阻，还能覆盖车辆斜后方盲区，提醒驾驶员注意盲区危险[2]，未来将成为发展趋势。车载摄像头广泛采用 CMOS 感光元件，相比 CCD 感光元件，其成像质量稍差，但是其具备成本低、省电、速度快和高动态范围等优点，非常适合像素要求不高的车载摄像头领域。目前 CMOS 市场基本被外资品牌把控，国产品牌的话语权较弱。

车载雷达可分为超声波雷达、毫米波雷达、激光雷达等，不同雷达的原理不尽相同，性能特点也各有优势，可用于实现不同的功能。超声波雷达是利用传感器内的超声波发生器产生 40kHz 的超声波，再由接收探头接收经障碍物反射回来的超声波，根据超声波反射接收的时间差计算与障碍物之间的距离。超声波雷达成本较低、探测距离近、精度高，且不受光线条件的影响，因此常用于泊车系统中。

毫米波雷达是 ADAS 核心传感器，其波长介于厘米波和光波之间，具有众多优点：①同厘米波雷达相比，毫米波雷达具有体积小、质量轻和空间分辨率高的特点；②与激光雷达相比，毫米波雷达穿透雾、烟、灰尘的能力强，传输距离远，具有全天候全天时的特点；③性能稳定，不受目标物体形状、颜色等干扰。毫米波雷达探测距离远、精度高，是 ACC、AEB 的首选传感器。毫米波雷达的收发器芯片普遍使用 SiGe 双极型晶体管等特殊半导体，随着半导体技术的进步，未来若能用 CMOS 替代 SiGe 双极型晶体管，毫米波雷达的成本有望显著下降。

激光雷达相对于毫米波雷达等其他传感器具有分辨率高、识别效果好、抗有源干扰能力强等优点，凭借其超高精准度，已逐渐成为主流的自动驾驶车辆用传感器；但其体积大、成本高，同时也更易受雨雪等天气条件影响，现阶段难以大规模商业化应用。目前激光雷达正向着低成本、小型化的固态扫描或机械固态混合扫描形式发展，但仍需要解决光学相控阵易产生旁瓣影响探测距离和分辨率、繁复的精密光学调装影响量产规模和成本等问题。

### 2. 基于深度学习的环境感知与驾驶控制技术

道路环境感知是辅助驾驶和无人驾驶系统执行判断、决策和控制等高级行为的前提条件和基础。环境感知技术包括利用机器视觉的图像识别技术，利用雷达（激光、毫米波、超声波）的周边障碍物检测技术，多源信息融合技术，传感器冗余设计技术等。环境感知内容主要包括结构化道路和非结构化道路检测、行驶环境中行人和车辆的检测、交通信号灯和交通标志的检测等。道路检测是智能车辆环境感知的重要内容，通过检测车道信息准确获得车辆相对于车道的位置和方向。乡村公路等非结构化道路在结构上符合道路的特征，但一般缺少车道线等标志，无法采用结构化道路所用的车道线检测方法。完成智能车辆定位之后，需要进行行驶环境中的行人、车辆和交通信号等目标的检测与跟踪，避免出现事故和违反交通规则。

基于机器视觉的行人检测主要有基于背景建模的方法和基于统计学习的方法等，通过融合激光雷达与视频图像数据，可以对行人进行较为准确的检测。对行驶环境中的车辆检测可用基于单目视觉的检测方法，分为基于外观的方法和基于运动的方法，结合激光雷达的数据特点选取合适的聚类方法，并结合其数据特征可实现 Kalman 预估跟踪。需要综合色彩分割、形状检测和验证、图形识别等算法和特征识别方法才能适应环境的变化，对不同样式交通信号灯和交通标志进行检测与识别。

基于机器视觉和雷达的道路环境感知方法，一般针对具体任务利用人工数据特征进行设计，算法包含多个不连贯数据处理步骤，无法实现整体优化，且需要对机器视觉和雷达分别设计两套独立算法，两者融合结果也受制于较弱者。近年来，深度神经网络技术的兴起，使得在检测级融合视觉和雷达等多源传感器信息以及从数据端直接到目标信息端(从视觉和雷达等传感器原始数据端到车道位置和障碍物方位及类型等高级信息端，即端到端)的深度感知成为可能[3]。现有的道路环境感知方法大都由多个精心设计的算法组成，不仅处理步骤较为烦琐且计算量大，难以满足准确性和实时性要求。因此，在获取道路环境大数据的基础上，构建一个端到端的环境感知深度学习模型，建立目标函数进行自上而下的整体优化，实现对道路目标的快速检测和准确定位，将是进行辅助驾驶和无人驾驶研究的一个热点。

真实的人类驾驶员是利用感觉器官获取视觉等可感知信息，经由大脑加工处理后产生操纵行为。驾驶员在学会驾驶技能之后，对于车辆特性的掌握、环境信息的感知及动作产生过程的理解是抽象、模糊和不可全知的。而对于利用数学理论人工设计的驾驶员模型或转向控制器，其结构和参数通常是具体、确切和可解释的。这类控制模型直接从传感器中获取车路方位信号，缺少对驾驶员环境感知能力的建模，而传感器往往只能在结构化的道路条件下才能获得准确信息。相比之下，真实驾驶员对道路环境具有更好的适应性且更为智能，因此有必要设计直接以图像为输入、以转向盘转角为输出的端到端车辆转向控制模型。

深度学习通过构建多层结构(或深度结构)来模拟大脑认知时逐层抽象的深度架构。同样，深度学习也被用于模拟驾驶员的转向控制行为以开发自动驾驶系统。英伟达公司展示了一种基于 GPU 的端到端自动驾驶系统，通过构建深度卷积网络直接从原始的前视道路图像数据中学习出转向盘转角控制量。但神经网络内部节点意义无法确定，这将为系统失效原因分析带来困难。文献[4]提出利用深度神经网络从道路环境中识别出一些有意义的中间物理特征，如多个预瞄距离处的车辆横向偏差，据此结合驾驶员可感知的车速和车辆侧向加速度进行自动驾驶控制。百度公司在国内首次利用深度学习方法实现了自动驾驶控制，包括车辆的横向运动控制和纵向运动控制，所设计的端到端自动驾驶车辆有三个特点：①仅使用单目摄像头；②利用深度学习方法，学习人类驾驶习惯；③利用深度学习方法，既学习车辆的横向控制(如车道内的横向调整、转弯),又学习纵向控制(如加减速)。同样,该系统利用卷积神经网络提取道路特征用于转向控制,但在进行车速控制时采用了基于长短期记忆(long-short term memory,LSTM)神经网络的算法。

### 3. 个性化 ADAS

就目前来看,设计个性化的 ADAS 和人机交互界面以适应不同类型驾驶员的喜好和要求,将是一项重要的任务。一方面,这意味着需要特别关注特定用户群体并开发专门针对这些用户的 ADAS。对于需要经常开车出行的老年人、易引发交通事故的新手驾驶员以及那些驾驶频率较高的客车和货车驾驶员,这种个性化的辅助驾驶系统的重要性则更为显著[5]。针对这些特定人员,在他们使用紧急制动和车道保持等辅助驾驶系统之后,还应当重新评估可能带来的其他安全问题,以确定需要的额外辅助。

另一方面,适应用户的偏好和个性化需求也意味着要进一步优化人机交互界面。通过减少现有 ADAS 功能的缺陷,提升系统的透明度和用户的体验质量将有助于提高用户对 ADAS 的满意度,促进市场渗透。随着 ADAS 功能的不断增加,需要反馈给驾驶员的信息以及驾驶员输入的按钮和控件将越来越多,这导致人机交互系统更为复杂,因此有必要对不同 ADAS 的人机交互进行整合[6]。抬头显示和触觉反馈等技术能够用于增强驾驶员与辅助系统之间的信息交互。对于未来的辅助驾驶系统,针对驾驶员个人情况来进行功能开发和辅助系统参数优化将变得更为重要。用于显示和控制的新的人机交互界面技术将提供给驾驶员最佳的驾驶沉浸感,辅助系统可根据驾驶员的眼、头和手的动力学行为来识别驾驶员的操纵意图,驾驶员则可以直观感受到辅助系统按照自己的意图来共同控制车辆,人机交互界面能够高效呈现出驾驶员与辅助系统之间控制主权的转换。

### 4. ADAS 容错控制技术

由于 ADAS 在特定条件下会取代驾驶员,进行主动转向和主动制动操作,在提高整车主动安全性能的同时也给系统的可靠性带来了新的问题。容错控制是 ADAS 必不可少的控制策略,合理准确的容错控制可以充分保证 ADAS 的可靠性,使其满足实车应用的要求[7]。ADAS 的容错控制以冗余控制为主,可采用硬件冗余或者软件冗余实现。能够在系统出现故障的同时及时对故障做出诊断,并且采取合理的控制措施修复或者弥补故障是容错控制有效的重要依据。

在车辆运行过程中,ADAS 的传感器或电控执行设备可能会出现一些无法预料的故障,这些故障将严重影响车辆的正常行驶。对于车道保持系统,当车道线检测程序出现故障时,可能会输出错误的车道线,此时如果继续进行车道保持控制可能会导致交通事故发生。因此,ADAS 应当具备一定的容错控制能力,系统在运行中需要通过专用的冗余侦测硬件和软件判断系统运行情况，检测冗余系统各冗余单元是否存在故障，发现可能的错误和故障，进行判断与分析。为了提高车辆行驶的可靠性与安全性，必须采取容错控制，即当某些部件失效时，失效部件在系统中的功能可用其他部件完全或部分代替，使系统能继续保持规定的性能或及时关闭辅助驾驶功能提醒驾驶员接管车辆。

辅助驾驶系统容错控制的对象主要包括传感器、执行器和控制器三方面。传感器的失效形式以时间作为衡量尺度，其故障分为渐变故障和突发故障。渐变故障主要是由部件磨损或过热引起的，由于其变化很慢，相应的诊断过程也是渐进的，对系统的安全性和可靠性影响相对较小；突发故障产生的原因相对复杂，且对车辆的安全性和可靠性影响较大。特别是对于ADAS，其控制性能在很大程度上依赖于检测车道和障碍物的道路环境传感器的准确性，而目前的识别算法输出的车道线和障碍物位置信息容易出现突变等错误。因此，ADAS的传感器故障诊断及容错控制在辅助驾驶系统容错技术中占据着重要地位。

在未来的ADAS容错控制研究中，可将驾驶员错误操纵及校正动作也考虑在容错控制系统中，其主要方法是进行双系统结构的并联冗余设计。例如，在设计车道保持容错控制时，驾驶员与车道偏离辅助系统相当于容错控制中的主执行子系统及辅助执行子系统，当主执行子系统发生错误时，辅助执行子系统立即启动，以保障整个系统的正常运行。

5. ADAS集成控制技术

由于ADAS子系统众多，各个子系统之间存在传感器与执行器的重叠情况，因而研究ADAS的集成控制(图7-1)将有助于减少传感器和执行器数目，消除各子系统间的干涉，利用彼此间功能互补，改善并提升车辆的综合性能[8]。相比单独设计每个ADAS，对所有ADAS进行集成控制具有以下几个方面的优势。

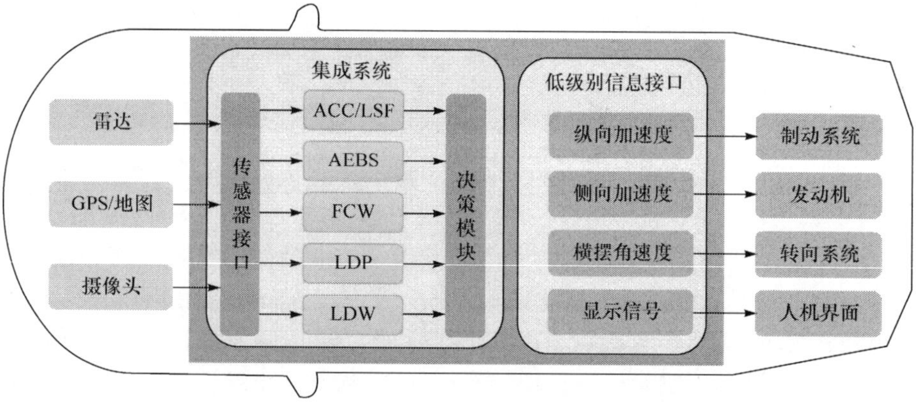


图7-1 ADAS集成控制系统

(1) 利用多个传感器的数据提升目标信息的检测精度,解决传感器由不稳定或故障导致的信息短暂缺失问题[9]。例如,融合雷达和摄像头来检测行人和车辆,结合图像和陀螺仪来估计车辆的质心侧偏角,综合图像和自车运动信息来估计道路曲率。

(2) 利用多源传感器信息提升子系统控制性能。例如,利用从图像中获取的车道曲率信息增强 ACC 功能,获取天气状况和车辆侧后方目标信息以进一步提升车道偏离预警系统的准确性。

(3) 调度传感器的工作时间、处理器的复用和功能的开关,以减少冗余和能耗。例如,当车辆在高速公路上行驶时不需要检测行人,此时关闭相应的行人检测模块以降低处理器的运算损耗。同样,当车辆所处位置在非交通路口时,就不需要运行交通信号灯识别程序。

(4) 协调辅助驾驶功能与传统车辆电子系统之间以及与驾驶员之间的冲突,具体包括 EPS 与车道保持系统、驾驶员与车道保持系统、主动制动系统与 ESP 系统以及驾驶员(误踩油门)与主动防碰撞系统等之间在工作中可能出现的兼容性问题。

(5) 多执行机构集成控制以提升辅助系统性能。例如,通过集成转向与制动控制实现车辆的主动避撞;而对于四轮独立驱动车辆,通过对其驱动力分配与主动转向进行集成控制也能够提升车道偏离辅助性能。

(6) 集成控制器可汇总所有 ADAS 子系统信息,全面分析车辆所处的安全态势,实现更准确的辅助控制决策。

(7) 很多控制系统所需要的传感器信号是相同的,通过集成可以实现信号共享,减少传感器数量,降低成本。另外,随着底盘电控系统数量的不断增加,控制器、传感器和执行器都大大增多,造成成本上升、检修和维护的困难。集成控制从系统工程的角度,可以整合现有的控制器,简化系统结构,降低系统的复杂性。

智能车辆的控制执行技术,包括面向驱动/制动的纵向运动控制,面向转向的横向运动控制,以及基于驱动/制动/转向/悬架的底盘一体化集成控制。目前基于 ADAS 集成控制策略设计的常见控制体系结构有分散式、集中式和分层式。其中分散式结构中各个子系统是独立的,只是通过网络通信的方式实现信息的共享和交互,由于控制器设计时会考虑其他系统的信息,在一定程度上也达到了集成控制的效果,但集成程度较低;集中式结构采用一个控制器汇总所有的信息,包括传感器信息和状态估计信息等,通过多目标的全局优化算法统一控制所有的执行器,该结构对整个系统的考虑全面而充分,控制效果也最好,但是涉及系统多而复杂时,开发难度较大,对 ECU 硬件要求较高,而且控制器开发缺乏足够的灵活性,一旦有新的子系统或执行器加入,则需要对整个系统重新设计;分层式兼顾了以上两种结构的特点,既可以利用既有的子系统,又可以从动力学模型的角度实现类似于集中式结构的优化目标，子系统的控制器和集成控制器可以分开设计，从而缩短开发周期。在分层式 ADAS 集成控制结构中(图 7-2)，下层子系统控制器负责进行局部最优控制以实现子系统的功能，上层协调控制器汇总各个子系统所有的信息(包括车辆状态信息和道路环境信息等)，实施对下层各子系统的协调控制。分层式控制结构中子控制器发生故障只影响相应的局部子系统，上层协调控制器失效时子控制器仍可继续运行。

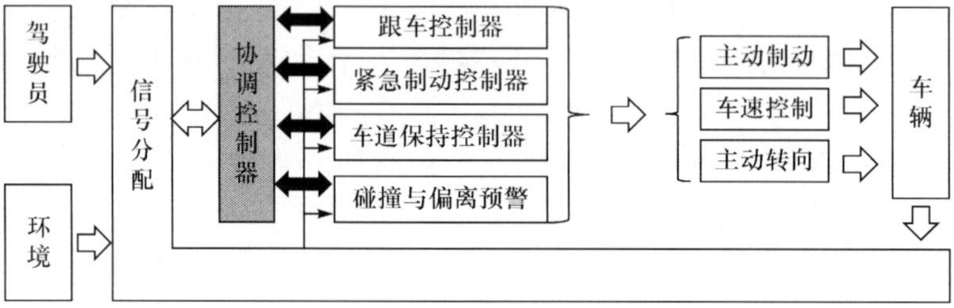


图 7-2　分层式 ADAS 集成控制

6. 智能车辆的技术评估方法和测试方案

过去，关于辅助驾驶和自动驾驶的研究主要侧重于技术上的突破，而现在研究重点开始转变，辅助驾驶和自动驾驶系统的评估方法研究变得越来越重要。如果没有一个适当且被普遍接受的系统评估方法，将无法制定合理的关于辅助驾驶和自动驾驶系统的市场准入机制。

常规的车辆测试方法无法对智能车辆中环境感知和控制决策等日益复杂的系统安全性进行评价。然而，随着 ADAS 的数量及其功能范围的大幅增长，如果测试和评估方法不能跟上这种功能增长的步伐，那么这将成为向市场推出 ADAS 的瓶颈。目前，在 ADAS 发展的各个阶段都缺乏规范且科学的评估方案，包括对环境感知的评估、理想和故障工况下的系统功能评估；以及用户验收测试等。此外，关于如何衡量辅助系统和驾驶员的性能，以及辅助系统和驾驶员共同控制车辆情况下人机协调性能，目前都缺乏有效的评估方法。为了允许不同控制模式之间的比较，必须设计合适的度量方法。

自从特斯拉车发生几起重大安全事故后，智能车辆的安全性越来越多地受到关注，关于辅助驾驶系统和自动驾驶车辆测试评价方法的研究及测试场、示范区的建设成为全球热点。为了对智能车辆进行测试，需要建立一系列定性、定量的关键功能、性能指标[10]，表征自动驾驶车辆的安全程度。如果把自动驾驶系统看作一个驾驶员，对其的考核也可以类比驾驶员的考核过程。首先需要“体检”，检查自动驾驶系统对环境感知、车辆控制等的基本能力；其次需要理论测试，测试自动驾驶车辆对交通法规的遵守能力；再次是场地考核，即在特定场景下的自动驾驶测试；

最后是实路考核，将自动驾驶车辆放置于特定开放测试道路内进行实际测试。在测试场建设方面，美国、日本、欧洲等已建成或正在积极建设各类智能车辆专用测试场，中国第一个专业的智能车辆测试场在上海率先建成(图 7-3)。

图 7-3　智能车辆技术测试验证

7. 车联网技术

车联网是以车内网、车际网和车载移动互联网为基础，按照约定的通信协议和数据交互标准，在 V2X(X：车、路、行人及互联网等)之间，进行无线通信和信息交换的大系统网络，是能够实现智能化交通管理、智能动态信息服务和车辆智能化控制的一体化网络，是物联网技术在交通系统领域的典型应用。从其结构来看，大体可分为三层：第一层(端系统)：端系统是车辆的智能传感器，负责采集与获取车辆的智能信息，感知行车状态与环境。第二层(管系统)：解决车与车、车与路、车与网、车与人等的互联互通，实现车辆自组网及多种异构网络之间的通信。第三层(云系统)：车联网是一个云架构的车辆运行信息平台，它的生态链包含了智能交通系统、紧急救援、移动互联网等，是围绕车辆的数据汇聚、计算、调度、监控、管理与应用的复合体系。

车联网通信技术，包括车辆专用通信系统，实现车间信息共享与协同控制的通信保障机制，移动自组织网络技术，多模式通信融合技术等[11]。车联网技术可以使车辆实现实时交通信息获取、路线规划、变换车道预警、碰撞预警、互联网接入等智能驾驶功能，从而改变传统的驾驶概念，在现有城市规划的基础上提高城市交通的运行效率。车联网是以约定的通信协议和数据交互标准，进行无线通信和信息交换的网络。目前，学术领域主要将车联网技术分为两类：车辆与路边基础设施(vehicle to infrastructure，V2I)的通信和车辆间(vehicle to vehicle，V2V)的通信。V2I 通信允许车辆在行驶过程中与路边基础设施进行数据交换，可以获得所处区域乃至整个城市的交通信息，在信息总体整合的基础上对每个终端提供相应的驾驶指导和预警服务。V2V 通信技术是一种不受限于固定式基站的通信技术，为移动中的车辆提供直接的一端到另一端的无线通信。通过 V2V 通信技术，车辆终端彼此直接交换无线信息,无须通过基站转发。V2V 技术与车辆碰撞预警的结合,对实现智能交通中车与车之间的安全行驶以及城市道路安全具有重要意义。

8. 完全自动的无人驾驶车辆技术

无人驾驶车辆的系统结构非常复杂,不仅具备加速、减速、制动、前进、后退以及转弯等常规的车辆功能,还具有环境感知、任务规划、路径规划、控制、智能避障等类似人类行为的人工智能。它是由传感器系统、知识库、机械装置及行为控制器等组成的相互联系、相互作用、融合视觉和听觉信息的复杂动态系统。无人驾驶车辆的集成设计研究囊括了一些时下较为新兴、热门的关键技术,它包括系统工程、路径规划与控制、定位、传感器信息实时处理以及多传感器信息融合技术等。未来量产的无人驾驶车辆将具备高度或完全自动驾驶的能力[12]。

对于高度自动驾驶的车辆,驾驶员和车辆共享控制权,实现协同自动驾驶。在特定的交通环境下,系统有完全的自动驾驶控制权,驾驶员有能力偶尔控制车辆。现阶段已经提出的高度自动驾驶技术有堵车辅助系统、高速公路自动驾驶系统[13]和无人泊车引导系统等。目前,高度自动驾驶的技术只在特斯拉和奥迪 A8 等极少数量产车型上得到应用,在未来几年的时间,更多技术的量产车辆将会实现。2018 年起,奥迪将逐渐在量产车型上配备奥迪 AI 泊车自动驾驶、奥迪 AI 车库自动驾驶和奥迪 AI 拥堵自动驾驶等自动驾驶功能。奥迪 AI 拥堵自动驾驶系统可操纵车辆的启动、加速、转向和制动,驾驶员不再需要持续驾驶。在所在国法律允许的情况下,驾驶者的双手可以从方向盘上解放出来,转而将精力放在其他事情上,如观看车载电视。但是,一旦自动驾驶系统的操控达到极限,就会立即通知驾驶员重新掌管驾驶。奥迪 AI 泊车自动驾驶系统和奥迪 AI 车库自动驾驶系统可实现自动将车辆停入、驶出停车位或车库,驾驶员则可以对操作进行监控。驾驶员无须坐在车中,只需通过智能手机上的应用程序启动相应系统,并可通过 360°摄像头在智能手机上观看实时影像监控泊车操作。

对于完全自动驾驶的车辆,无人驾驶系统具有完全控制权,整个驾驶过程无须驾驶员参与。完全自动驾驶的实现意味着自动驾驶车辆真正驶入了人们的生活,也将使驾驶员从根本上得到解放。未来无人驾驶车辆甚至可以移除转向盘、油门和制动踏板等控制车辆的人机接口,车辆所有者通过手机等终端设备呼叫无人驾驶车辆到达特定地点迎接乘客,并设定行程的终点,无人驾驶车辆安全到达目的地后自动寻找停车位进行泊车。不过,完全自动驾驶还要受到政策、法律等相关条件的制约,真正量产还面临着很大困难且任重而道远。首先,无人驾驶车辆的环境感知设备,如摄像头、激光雷达等,必须更为高效可靠,尤其是遇到复杂路况和恶劣天气时。其次,连接车辆控制和传感设备的软件必须得到优化,这些软件必须能够预判车辆行驶过程中可能遇到的每一种情境,包括恶劣的天气、交通警察的手势以及行人闯进车道等突发情况。另外，车道标志、交通信号、桥梁这些道路基础设施需要得到改善，还有车辆之间、车辆与基础设施之间的交互系统也要不断完善。为了让车辆在任何情况和速度下实现自主安全行驶，就必须要时刻定位车辆的位置，可是在很多国家，基础设施难以在短时间内改善。

处于高度自动和无人驾驶阶段的智能车辆，驾驶员不需要介入操作，车辆将会自动完成所有工况下的自动驾驶。其中在高度自动驾驶阶段，当车辆遇到无法处理的驾驶工况时，会提示驾驶员是否接管，如果驾驶员不接管，车辆会采取如靠边停车等保守处理模式，保证安全。在无人驾驶阶段，车辆中可能已没有驾驶员或乘客，无人驾驶系统需要处理所有驾驶工况，并确保安全。目前以谷歌为代表的互联网技术公司，其发展思路是跨越人机共驾阶段，直接推广高度自动和无人驾驶系统，而大多数传统车企还是按照渐进式发展路线逐级发展。有关评估报告指出，100%安全、100%全程自动驾驶以及可以在任何路况环境下行驶的全自动驾驶车辆至少还需要 10 年甚至更长时间才会出现。

9. 自适应的人机共驾与基于车联网的多车协同驾驶技术

人机共驾是指驾驶员和智能控制系统同时在环，分享车辆控制权，人机一体化协同完成驾驶任务，如图 7-4 所示。与一般的辅助驾驶系统相比，共驾型智能车辆由于人机同为控制实体，双方受控对象交联耦合，状态转移相互制约，具有双环并行的控制结构，因此要求系统具备更高的智能化水平。系统不仅可以识别驾驶员的意图，实现行车决策的步调一致，而且能够增强驾驶员的操纵能力减轻其操作负荷。广义的人机共驾包含感知层、决策层和控制层三个层次。感知层主要是利用特定传感器向人提供环境信息，增强人的感知能力。决策层的主要技术包括驾驶员决策意图识别、驾驶决策辅助和轨迹引导。人机共驾主要指控制层的控制互补，不同于传统驾驶过程，人机共驾中狭义的人和系统同时在环，驾驶员操控动力学与智能系统操控动力学互相交叠、相互耦合，具有双环交叉的特点。智能辅助驾驶系统可以看作由驾驶员和辅助系统两个智能体组成的多智能体系统，二者不可能同

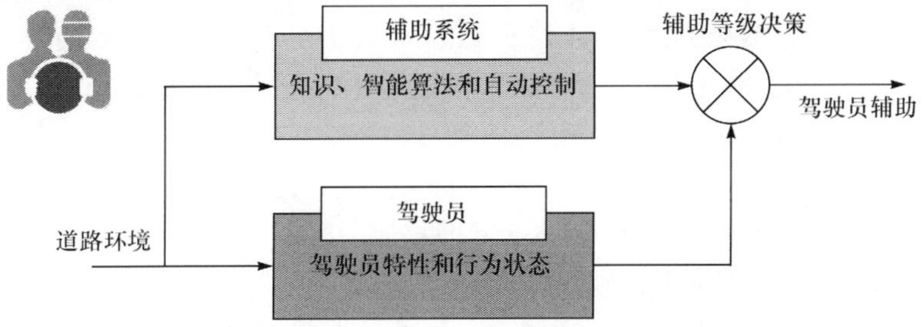


图 7-4　智能车辆辅助驾驶系统人机共享控制

时掌握车辆的控制主权。良好的智能系统是在确保车辆安全的前提下实现人机协调。因此，如何在保障行车安全与减少人机冲突之间权衡，动态地调度人机控制主权实现人机共驾，是智能车辆的研究热点[14,15]。

依靠车联网通信技术，车辆、道路、行人等交通参与者都已经不再是孤岛，而成了智能交通系统中的信息节点。通过 V2V 信息通信，智能驾驶系统可对周围车辆未来运动进行预测，进而更准确地判断自车的安全态势，更好地进行辅助控制。更重要的是，车与车之间互联构成一个整体的交通网络，通过信息共享和多车协同控制能够提升整个交通系统的性能，包括解决交通拥堵与安全问题、提高交通效率和减少能源损耗[16]。

车辆队列化[17]是多车协同控制的一种典型应用，其将单一车道内的相邻车辆进行编队，根据相邻车辆信息自动调整该车的纵向或横向运动状态，最终达到一致的行驶速度和期望的构型。通过多车协同控制，可以实现协同加减速和换道等功能。解决多车协同控制问题的一种行之有效的方法是多智能体系统方法。在控制领域中，多智能体系统是由多个具有独立自主能力的智能体，通过一定的信息拓扑结构相互作用而形成的一种动态系统。对车辆队列进行协同控制可以显著降低能耗、改善交通效率以及提高行车安全性。

10. 脑-控车辆技术

脑-机接口(brain-machine interface，BMI)是指不依赖常规的脊髓/外周神经肌肉系统，在脑与外部环境之间建立一种新型的信息交流与控制通道，实现脑与外部设备之间的直接交互。基于脑-机接口的脑-控车辆技术是指由驾驶员"意念"直接控制车辆，其研究涉及车辆动力学、人机工程学、信息与控制科学及脑与神经科学等多种学科[18]。智能车辆系统利用脑-机接口技术通过"翻译"脑电信号获得驾驶意图，从而控制车辆。脑-控车辆不但能极大地扩展有严重运动障碍的人的移动范围，而且有助于发展以人为中心的智能辅助驾驶系统，提高正常驾驶员的驾驶安全和驾驶性能。脑-控车辆可以充分利用人类驾驶员在环境感知、适应性和机动性方面的优势，利用脑-机接口技术构建人机协同驾驶系统，有效地控制车辆按照驾驶员的意图行驶，完成常规无人驾驶车难以实现的任务。另外，当前的智能车辆(包括无人驾驶车辆)并不能将一个有严重运动障碍的人送到他想到达的地方，因为智能车辆缺少和这些人进行交互的通道，这些人无法将其想要到达的目的地输给车辆。此外，研究脑-控车辆技术有助于发现驾驶行为大脑皮层的神经表达和认知机理，也可能对军用车辆等装备进行辅助控制，提高士兵的作战能力。

脑-控车辆技术的基本思想是通过解读驾驶员不同模式的脑电活动的变化，将解读出的不同变化转化为相应的控制命令。典型的脑-控车辆组成包含信号采集、信号预处理、特征提取、模式分类和控制执行 5 个部分，如图 7-5 所示。进一步地，通过将脑-控驾驶系统与机器控制的无人驾驶系统相融合，设计一个智能、安全且控制精确的人机协同驾驶系统将是未来智能车辆技术研究的一个重要方向。

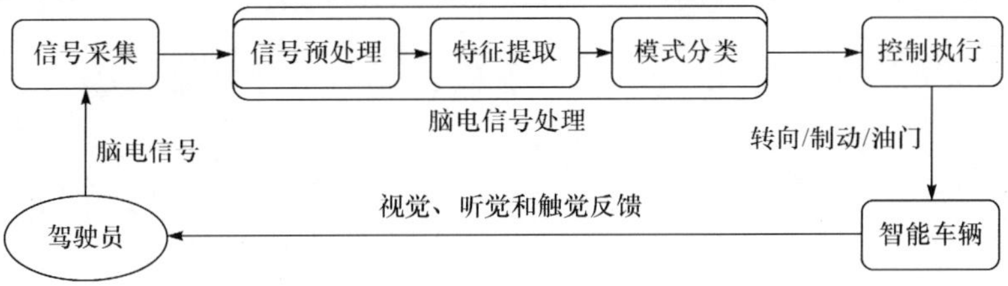


图 7-5　脑-控车辆组成结构

## 参 考 文 献

[1] Ziebinski A, Cupek R, Erdogan H, et al. A survey of ADAS technologies for the future perspective of sensor fusion//Computational Collective Intelligence. Basel: Springer International Publishing, 2016: 135-146

[2] Lin B F, Chan Y M, Fu L C, et al. Integrating appearance and edge features for sedan vehicle detection in the blind-spot area. IEEE Transactions on Intelligent Transportation Systems, 2012, 13(2): 737-747

[3] Chen X, Kundu K, Zhang Z, et al. Monocular 3D object detection for autonomous driving. Proceedings of the IEEE Conference on Computer Vision and Pattern Recognition, Las Vegas, 2016: 2147-2156

[4] 谈东奎. 人机共享的驾驶员横向辅助系统关键技术研究. 合肥：合肥工业大学博士学位论文，2017

[5] 张磊. 基于驾驶员特性自学习方法的汽车纵向驾驶辅助系统. 北京：清华大学博士学位论文，2009

[6] Bengler K, Dietmayer K, Farber B, et al. Three decades of driver assistance systems: Review and future perspectives. IEEE Intelligent Transportation Systems Magazine, 2014, 6(4): 6-22

[7] Nilsson J, Strand N, Falcone P, et al. Driver performance in the presence of adaptive cruise control related failures: Implications for safety analysis and fault tolerance. The 43rd Annual IEEE/IFIP Conference on Dependable Systems and Networks Workshop, Budapest, 2013: 1-10

[8] Weisswange T H, Bolder B, Fritsch J, et al. An integrated ADAS for assessing risky situations in urban driving. IEEE Intelligent Vehicles Symposium, 2013, 36(1): 292-297

[9] Clanton J M, Bevly D M, Hodel A S. A low-cost solution for an integrated multisensor lane departure warning system. IEEE Transactions on Intelligent Transportation Systems, 2009, 10(1): 47-59

[10] 孙扬. 无人驾驶汽车智能水平的定量评价. 北京：北京理工大学博士学位论文，2014

[11] 李克强，戴一凡，李升波，等. 智能网联汽车(ICV)技术的发展现状及趋势. 汽车安全与节能

学报,2017,8(1):1-14

[12] SAE On-Road Automated Vehicle Standards Committee. Taxonomy and definitions for terms related to on-road motor vehicle automated driving systems. Technical Report J3016_201401. Hong Kong:SAE,2014

[13] Ziegler J,Bender P,Schreiber M,et al. Making bertha drive—An autonomous journey on a historic route. IEEE Intelligent Transportation Systems Magazine,2015,6(2):8-20

[14] 谈东奎,陈无畏,王家恩,等. 基于人机共享和分层控制的车道偏离辅助系统. 机械工程学报,2015,51(22):98-110

[15] Merah A,Hartani K,Draou A. A new shared control for lane keeping and road departure prevention. Vehicle System Dynamics,2016,54(1):86-101

[16] Shladover S E. Cooperative (rather than autonomous) vehicle-highway automation systems. IEEE Intelligent Transportation Systems Magazine,2009,1(1):10-19

[17] 秦晓辉,王建强,谢伯元,等. 非匀质汽车队列的分布式控制. 汽车工程,2017,39(1):73-78

[18] 范新安. 脑-控车辆的人车交互及控制研究. 北京:北京理工大学博士学位论文,2015